企业管理思想史系列

供应链管理思想史

舒 辉 ◎ 著

企业管理出版社
ENTERPRISE MANAGEMENT PUBLISHING HOUSE

图书在版编目（CIP）数据

供应链管理思想史 / 舒辉著. —北京：企业管理出版社，2022.5
ISBN 978-7-5164-2577-0

Ⅰ．①供… Ⅱ．①舒… Ⅲ．①供应链管理—思想史—世界 Ⅳ．① F252.1-091

中国版本图书馆 CIP 数据核字（2022）第 040842 号

书　　名：	供应链管理思想史
书　　号：	ISBN 978-7-5164-2577-0
作　　者：	舒　辉
责任编辑：	蒋舒娟
出版发行：	企业管理出版社
经　　销：	新华书店
地　　址：	北京市海淀区紫竹院南路 17 号　　邮　　编：100048
网　　址：	http://www.emph.cn　　电子信箱：emph001 @163.com
电　　话：	编辑部（010）68701638　　发行部（010）68701816
印　　刷：	北京环球画中画印刷有限公司
版　　次：	2022 年 5 月第 1 版
印　　次：	2022 年 5 月第 1 次印刷
开　　本：	710mm×1000mm　1/16
印　　张：	30.5 印张
字　　数：	403 千字
定　　价：	98.00 元

版权所有　翻印必究　·　印装有误　负责调换

企业管理思想史系列

供应链管理思想史

舒 辉◎著

企业管理出版社
ENTERPRISE MANAGEMENT PUBLISHING HOUSE

图书在版编目（CIP）数据

供应链管理思想史 / 舒辉著. —北京：企业管理出版社，2022.5
ISBN 978-7-5164-2577-0

Ⅰ. ①供… Ⅱ. ①舒… Ⅲ. ①供应链管理—思想史—世界 Ⅳ. ① F252.1-091

中国版本图书馆 CIP 数据核字（2022）第 040842 号

书　　名：	供应链管理思想史
书　　号：	ISBN 978-7-5164-2577-0
作　　者：	舒　辉
责任编辑：	蒋舒娟
出版发行：	企业管理出版社
经　　销：	新华书店
地　　址：	北京市海淀区紫竹院南路 17 号　　邮　编：100048
网　　址：	http://www.emph.cn　　电子信箱：emph001@163.com
电　　话：	编辑部（010）68701638　　发行部（010）68701816
印　　刷：	北京环球画中画印刷有限公司
版　　次：	2022 年 5 月第 1 版
印　　次：	2022 年 5 月第 1 次印刷
开　　本：	710mm×1000mm　1/16
印　　张：	30.5 印张
字　　数：	403 千字
定　　价：	98.00 元

版权所有　翻印必究　·　印装有误　负责调换

"企业管理思想史"丛书主编

胡海波　蒋翠珍　林晓伟　曾国华

编委会

曾国华　蒋翠珍　李晓园　陈　武　孙立新　万　金
谌飞龙　甄英鹏　朱文兴　陈　鹰　周　静　刘　磊
许　菱　余来文　舒　辉　李　晶　郭同济　刘元秀
胡海波　陈　颖　林晓伟　蒋明琳　范春风　马孟丽
陈丽琴　邹　玲　周　丽　陈　明　卢　锐　边俊杰
杨旭宁

顾问委员会

陈传明　黄速建　苏　勇　宋志平　徐少春　施　炜

丛书序

中国企业近年来在钢铁、建材、石化、高铁、电子、航空、航天等领域通过锻长板、补短板、强弱项，大步迈向全球产业链和价值链的中高端，成果显著。2021年，我国制造业增加值达到31.4万亿元，已经创造了连续12年制造业总量位列全球首位的佳绩。中国企业在联合国划分的工业41个大类、207个中类和666个小类里辛勤耕耘，这在全世界是独有的。围绕中国企业取得的每一个成就、每一项进步，企业管理无不闪耀着骄人的光辉。当越来越多的中外学者和企业家倾心深入探求企业管理之道时，中外企业发展过程中管理大师每一步重要的理论开拓，管理思想的演变脉络，企业管理实践的成败得失，无不成为有待系统梳理展现的急迫之需。"企业管理思想史"丛书（以下简称"丛书"）的出版注定要成为中国企业管理领域的一件大事。

以知识部类划分，企业管理从属于管理类。管理是人类一项基本的实践活动，管理能力是人类生存和发展不可或缺的软实力，管理思想不仅是人类社会活动所积累的精神财富，也是人类文明的璀璨结晶。企业管理则是工业文明的产物，随着十八世纪末期机器化大生产的兴起与演进，企业管理逐步从随意化、个人化的形式向专业化、科学化的形式过渡。如果从四次工业革命的角度思考，每一次重大技术革命和产业变革之后，都带来一次管理理论以及企业管理模式的飞跃。站在当今发展之巅回顾与展望，以往工业革命进程中企业管理的创新性实践及理论探索弥足珍贵，每一簇思想的火光至今仍可作为借鉴；而面向未来新的攀登，古典管理理论、近代管理理论、现代管理理论，构成了继续向前探索的坚实阶梯和基础。

黑格尔说，历史就是时代观念外化的结果。企业管理思想史与一般思想史动辄煌煌百万言，呈现无所不包的百科全书全景式巨著不同，"丛书"冠之以"思想史"是力图承接前行者的伟大传统，使后来者得以站在巨人肩上，形成宏大开阔的视野和把握脚踏实地的方法，通览企业管理自诞生到辉煌的思想历程。"丛书"通过研究和揭示管理思想的产生、发展、演变的历史过程及其一般规律，包括记载管理的观点、见解，将其理论化、系统化，并论证管理理论产生、发展、演变的历史，进而归集到企业领域。

经典思想史的编撰一般会沿着历史的演进和思想家体系的构建两条主线展开，"丛书"充分体现自身的特点，又增加了企业管理实践的主线。相较二十世纪思想史领域最著名的偏重于哲学范畴的"施特劳斯学派"和偏重于历史学范畴的"剑桥学派"而言，"丛书"更加关注历史对今天的启示。用历史的方法研究思想，不是一般意义的注释考据和推演思辨，而是更注重对现实企业管理的真实关切能否有所裨益和借鉴。

可以看到，自十九世纪末，管理学成为一门相对独立的学科以来，管理思想史的发展相对缓慢，直到二十世纪中后期才成为一个比较独立的研究领域。美国管理思想史学家小乔治（Claude S. George）撰写的《管理思想史》于1972年正式出版，全面介绍了管理思想（主要是西欧和美国的管理思想）发展的过程；美国管理思想史学家雷恩（Daniel A. Wren）所著《管理思想的演变》于1979年出版，比较详细地介绍了西方管理思想发展演变的历程。

中国工业化的探索自清末洋务运动以来就没有停止，但国家层面的工业化建设还是从中华人民共和国建立开始。建国后企业的现代化管理在一开始即按照苏联模式，纳入计划经济的体系。尽管中国式企业现代化管理的尝试不断出现，有的也取得一定成效，但总体上仍没有摆脱计划经济的窠臼。自1978年12月召开的中国共产党十一届三中全会开始，中国走上了改革开放的全新进程。中国企业逐步甩开了计划经济时代的企业管理做法，探索与世界接轨又符合中国特点的企业管理之路。改革开放以来，适应我国企业改革发展和加强管理的需要，有关现代企业管理的研究和著作相继问世，标志着中国企业管理创新进入新的发展阶段。一批中国企业家矢志探索符合中国企业特点的企业管理创新之道，任正非、张瑞敏、宋志平等企业领军人物在带领企业争创世界一流的同时，形成了颇具特色的企业管理创新理论和专门论著。中国企业联合会已经连续28届审定了全国企业管理现代化创新成果逾4000项，展示了我国企业管理创新方面的进展和成果。一批企业家和中国学者也在管理学领域不遗余力地进行实践，并开展了管理思想史的研究。特别是我国学者周三多、杨先举、李明新、孙耀君、郭咸纲、唐任伍、赵志军、彭新武等先后撰写了管理思想史方面的多部专著，在管理思想史的研究上取得了一系列成果。但总的来看，现有管理思想史类著作多以研究西方管理思想为主，较少系统性地研究中国管理思想，也鲜有按管理学特别是企业管理分支学科进行深入研究的成果。"丛书"以此为切入点，以时间为经、以代表人物为纬，旁征博引、纵横推移，对中外企业管理思想各发展阶段的代表人物、见解观点、思想灵感、理论背景及其发展进程进行了系统阐释，以期读者能够从中把握中外企业管理思想的发展脉络和精髓，前瞻分析企业管理问题，更好地提出解决方案。

一、"丛书"的研究对象

"丛书"的研究对象既包括企业管理理论的思想继承、扬弃和创新，也包括企业管理实践，拓展性地研究以下问题。

一是，阐述企业管理思想的演化过程和发展规律。"丛书"不只是梳理企业管理理论的演化过程与发展规律，更多的是从唯物历史观出发，分析企业管理思想的产生背景、发展缘由、理论贡献与局限性等，并对比中外管理理论与思想，试图探索企业管理思想形成与发展的内在规律。

二是，关注社会生产方式的变革与企业管理思想演变的相互关系。厘清社会生产方式与企业管理思想之间存在"实践—理论—实践"的逻辑关系，提出与管理相关的命题，前瞻预见未来的发展与挑战。

三是，把脉不断发展的企业管理实践。从管理实践与管理思想的辩证关系入手，将中国传统文化中的管理思想与现代企业管理实践相融合，用理论不断指导实践，同时提供系统、全面的方案来应对企业管理实践中的复杂变化。

四是，把握中国企业管理实践与中外企业管理思想、管理理论的辩证关系。用辩证的思想将西方管理思想和我国传统的管理理念加以比拟融合，在实践中探索出一套符合我国国情且利于我国企业发展的管理理论。

二、"丛书"的研究内容和研究思路

"丛书"的研究以企业管理各主要分支学科为脉络，以前人管理思想史研究为基础，阐述各学科主要学派的代表人物、见解观点、产生背景及其发展进程，进而抵达管理思想研究前沿，提出企业管理中国化命题。"丛书"包括《管理思想史》《组织管理思想史》《知识管理思想史》《人力资源管理思想史》《营销管理思想史》《战略管理思想史》《财务管理思想史》《创业管理思想史》《商业模式思想史》《供应链管理思想史》《信息管理思想史》《公司治理思想史》《科技管理思想史》《商业伦理思想史》《企业管理思想史精读》《协同管理思想史》《质量管理思想史》《电子商务思想史》《组织行为学思想史》《公共管理思想史》《价值链管理思想史》《企业管理前沿理论》《运营管理思想史》《生产管理思想史》《旅游管理思想史》《跨国公司经营管理思想史》《项目管理思想史》《投资管理思想史》《创新管理思想史》《公司金融思想史》《物流管理思想史》《风险管理思想史》《成本管理思想史》《内部控制思想史》《企业文化思想史》《管理决策思想史》《系统管理思想史》《国际贸易思想史》《品牌管理思想史》《数字管理思想史》《服务管理思想史》《人力资本管理思想史》。

作为丛书，各分册共同的框架逻辑主要体现在以下四个方面。

一是，企业管理思想的形成与发展。以时间为主轴，以具体标志性事件为重要节点，系统地、完整地追溯和回顾企业管理各学科涉及的中外企业管理思想演变和自身成长的进化过程，探讨各学科如何随着企业管理实践的发展和技术的变革而演化发展。

二是，中外管理思想溯源。将企业管理各学科涉及的古今中外管理思想作为一个整体，包括早期管理思想、古典管理思想、现代管理理论和当代管理思想等，溯其源流、综其脉络、述其精华、探其内涵、究其本质，为后续深入剖析各学科流派提供理论基础和观点素材。

三是，主要学派述评。在介绍具体各学科管理思想学派及其分支学派的代表人物、见解观点、产生背景、发展进程的基础上，以生产力、生产关系和上层建筑的决定性作用和能动性作用为标准，评述在不同历史发展阶段和社会形态下，各学科管理思想学派及其分支学派的发展沿革、历史作用、局限性等，并对中外管理思想进行差异性比较。

四是，国内外研究前沿探讨。在生产力层面，数字技术创新及其应用创新使万物互联、信息共享、效率提升成为必然；在生产关系（经济基础）层面，数字化新业态、新模式、新机制层出不穷；在上层建筑层面，数字化新理论、新理念、新价值观不断涌现。数字经济的迅速崛起与国际竞争新态势迫切要求中国企业管理思想与时俱进、拥抱未来。"丛书"探讨国内外研究前沿理论和方法，源于实践、高于实践、引领实践，为中国企业提供前瞻性方案。

三、"丛书"的主要特色

"丛书"遵循辩证唯物史观的本质要求，以"古为今用，洋为中用，践行当下，引领未来"作为使命担当。

一是，突出时代呼唤、时代使命和时代要求，有助于有效填补中国企业管理思想研究的发展空白。"丛书"从专业和微观角度，按照企业管理各分支学科的发展演变分门别类地进行研究，构建具有中国特色的现代化管理思想体系。这一点可以说不仅填补了国内企业管理思想史的空白，在一定程度上也填补了国际企业管理思想史的空白。

二是，突出中国问题、中国元素和中国方案，有助于坚定增强走中国式企业管理道路的发展信心。"丛书"融汇了中国上下五千年管理思想史，对中国企业管理思想的研究上溯到先秦时期，弘扬中华优秀管理文化。"丛书"立足本土，总结凝练中国原创企业管理理论，建设性地提出现代化管理的中国方案，致力于提高中国管理研究在国际上的学术地位和影响力，为中国管理在世界舞台的崛起贡献力量。

三是，突出管理历史、管理研究和管理实践，有助于深入总结中国式企业管理的发展规律。"丛书"覆盖面广、核心内容扎实、重点突出，从中外古代文明的管理思想入手，着重探讨近代以来的企业管理思想，紧密结合相关理论产生的时代背景，紧扣其形成、发展的演进脉络，有利于读者更好地理解相关企业管理理论的缘起、应用与兴替。

四是，突出人文精神、人文道德、人文品格，有助于切实提升中国式企业管理的发展境界。"丛书"注重比较分析，强调企业管理智慧和道德融合统一，总结归纳企业管理实践的历史经验，为"商智"和"商德"的辩证统一关系正本清源，明确了商业主体应该遵守的商业行为原则和规范、应当树立的优良商业精神等商业道德问题，形成了商业群体最重要、最长远的约束机制，同时保证了商业群体的长盛不衰，为中国企业管理理论发展提供正信、正念和正能量。

五是，突出创新理念、创新模式、创新方法，有助于不断增强中国式企业管理的发展动能。"丛书"探讨企业管理创新，提倡学以致用，将中国特色企业管理与数字化创新相结合，在每一分支学科对应分册都有前瞻性研究成果，且重点论述了数字化技术发展对企业管理的促进作用，为中国企业提供新思路、新模式和新方法，助力中国企业用自己的方法解决自己的问题，使中国式管理拥有平视世界的底气和实力。

希望这套丛书能帮助中国企业家迈向世界企业管理的高水平殿堂，助力中国企业探索出具有中国特色的企业管理创新模式，为中国大专院校、科研单位开展企业管理的教学、科研和实践提供有价值的参考，成为向世界展示中国企业管理的窗口，促进中国企业健康可持续发展。

朱宏任

中国企业联合会、中国企业家协会党委书记、

常务副会长兼理事长

2022 年 3 月 26 日

推荐序一

管理思想作为人类对于管理实践过程规律和本质的思考，既是过去和现在的经济、社会、政治和文化的结晶，也是开拓未来的宝贵经验。"企业管理思想史"丛书以"学史明理、学史增信、学史崇德、学史力行"为目标和要求，探寻"上善若水、大制不割、和合共生"等中国传统哲学智慧精髓，探究"科学管理、人本管理"等西方经典管理理论与哲学思维，探讨"去中心化、自组织"等后现代管理前沿理论，探求"物联网技术、量子力学"等世界前沿科技的创新应用。同时，融入"中国元素"，努力创新，科学性、系统性、拓展性地探索中国企业管理面临的诸多普遍性和特殊性问题。

严格意义上讲，现代管理学发展历程不过百余年，但历史长河中的管理思想代表着不同时代、不同地域的管理特色。因此，"企业管理思想史"丛书秉承弘扬中西方优秀文化，以时间为主轴，以学科学派、代表人物、主要观点、研究前沿和发展趋势等为主要内容，突出中国元素，深入阐发、提炼和展示古今中外优秀传统文化的精神标识和具有当代价值、世界意义的文化精髓，廓清该学科理论的发展脉络和演化进程，批判与继承该学科相关研究的精华，具有较高的理论价值和社会效益。

第一，研究框架体系新颖，既梳理学科发展史，也明晰发展脉络。丛书以时间为经，以理论观点为纬，旁征博引、纵横推移，对中外管理思想各发展阶段的代表人物、见解观点、思想灵感、理论产生背景及其发展进程等进行系统阐释，梳理管理学及其主要分支学科的历史沿革和发展脉络。

第二，学派划分的独特性，溯源古今中外管理思想，萃取智慧结晶。将管理学及其主要分支学科涉及的古今中外早期管理思想、古典管理思想、现代管理思想和当代管理思想等作为一个整体（系统），溯其源流、综其脉络、述其精华、探其内涵、究其本质。

第三，研究的前瞻性，多视角地探索中外理论研究前沿，提出前瞻命题。丛书基于 TRIZ 理论（发明问题解决理论）、智慧管理理论、知识管理的视角，探讨未来企业管理的发展趋势，并从政府、学术界、业界、咨询界等多视角，提出中国管理未来的研究焦点和热点。

该丛书是一项庞大的系统工程，是历经多年潜心谋划，集众人心血和智慧之大成，不仅填补企业管理领域的研究空白，拓展相关学科研究的深度、广度和高度，也为管理学科学化、系统化、中国化的前沿研究奠定理论基础，必将成为学习企业管理理论的必备丛书。

该丛书之所以令人耳目一新，不仅源于独特的研究框架、严密的逻辑框架、完整的历史叙事和充实的背景描述，更主要的是裨益读者领悟"古为今用，洋为中用，践行当下，引领未来"之精髓。

南京大学商学院教授、博士生导师
2022 年 3 月 16 日

推荐序二

"企业管理思想史"丛书以管理学分支学科为切入点,以丰富具有中国特色的现代企业管理思想体系为目标,系统研究古代、近代和现代的中外管理思想,比较中西方企业管理思想的差异,并分析造成这种差异的原因。在批判和继承中西方管理思想的基础上,尝试解决企业管理理论研究存在的突出问题:研究对象模糊、史料考证缺乏、忽视时代背景、各种管理思想间关系缺乏梳理等。同时,结合中国国情和实际问题开拓创新,为发展"中国管理"发展提供研究方向、思路和命题。

"企业管理思想史"丛书深入、全面地描绘了企业管理思想的历史画卷,系统梳理中西方管理思想的演化融合进程,不仅能让读者理解管理思想及其研究方法的起源、文化背景、发展过程,更有助于拓展读者思维边界,并为企业管理的实践提供良好的理论基础,具有较高的价值和社会效益。

第一,覆盖面广、核心内容扎实、重点突出,有助于"学史明理"。该丛书从中西方古代文明的管理思想入手,探讨工业革命前后的管理思想,包括科学管理、古典管理理论、行为科学、现代管理思想乃至于当代管理思想等;紧密结合相关理论产生的时代背景,紧扣形成、发展的演进脉络,有利于读者更好地理解相关企业管理理论的一脉相承、百家争鸣之妙。

第二,突出中国问题、中国元素和中国方案,有助于"学史增信"。该丛书各分册都设置"前沿命题和未来发展"章节，旨在提出企业管理理论研究前沿与中国化命题，为中国管理创新与变革提供新思路。

第三，注重比较分析，强调管理智慧和道德融合统一，有助于"学史崇德"。该丛书总结归纳企业管理实践创造和历史经验的启迪智慧，为"商智"和"商德"辩证统一正本清源，为中国管理理论发展提供正信、正念和正能量。

第四，探讨管理创新，提倡学以致用，有助于"学史力行"。企业管理思想史是企业管理实践最好的教科书，也是最好的清醒剂。不仅有助于读者把学习企业管理思想史同推动实际企业管理工作结合起来，也有利于读者将管理智慧同企业管理实际问题结合起来。

一部管理思想史，就是一部人类文明的发展史。以史为镜，可知兴替。管理思想史研究除了探索历史真相以正本清源，为现实管理实践提供历史借鉴外，更重要的是要通过历史映照未来，揭示管理思想的发展趋势。因此，学习该丛书，读者能够了解人类对管理的认知历程，管理者能够从中汲取历史经验与教训。"企业管理思想史"丛书是不可多得的管理智慧结晶，契合目前"中国元素"理论创新与变革的大趋势，为中国新管理理论突破与发展奠定坚实的基础，助力中华民族早日实现伟大复兴的中国梦。

中国企业管理研究会会长
中国社会科学院工业经济研究所研究员、博士生导师
2022 年 3 月 18 日

前言

近年来，供应链成为广受人们关注的新兴词汇之一，特别是在经济全球化倒退和全球性新冠肺炎疫情冲击下，传统产业链供应链遭受巨大冲击，而企业之间的竞争转为供应链与供应链之间的竞争。实际上，在全球化的今天，世界上发生的重大事件无一不与供应链紧密相关，供应链已成为全球性话题。比如，2020年3月26日召开了二十国集团领导人应对新冠肺炎特别峰会，其声明明确提出：努力解决全球供应链中断问题，从而保障全人类的健康和福祉。中国非常重视供应链，2016年国务院政府工作报告首次提出重塑供应链；2017年党的十九大报告提出，要把供应链管理作为中国经济发展的新动能来培育。因而，供应链管理成为稳定供应链、提高供应链效率的核心基石。

供应链管理概念自提出至今只有40年左右的时间，其兴起更是最近20年的事情。据英国克兰菲尔德大学教授马丁·克里斯多夫考证，凯思·奥立夫（Keith Oliver）和麦考尔·威波尔（Michael D. Webber）1982年在一份白皮书中提到，按照传统的方式，在供应链的采购、生产、分销和销售等环节的各种相互冲突的目标中寻找经销商的方式已经不再奏效了，因此需要一个新的视角和新的方法来解决这个问题，那就是供应链管理。这是供应链管理概念的首次提出。

从实践层面来讲，供应链管理思想、方法兴起的原因很多，主要原因在于企业所面临的市场环境发生了巨大转变：从过去供应商主导的、静态的、简单的市场环境变成了现在顾客主导的、动态的、复杂的市场环境。由于20世纪80年代开始，市场中供需双方关系出现了180度的转变，顾客在买卖关系中占据了主导地位，而传统的企业管理无法以准确、有效的策略应对市场需求变化，导致"牛鞭效应"产生。同时，随着先进制造技术在20世纪70、80年代的迅速发展以及对传统制造系统的不断改进，制造周期大大缩短，非制造时间在总供货时间中所占比例有显著的增加，为进一步缩短供货时间就必须考虑改造现有供应链。东亚企业，尤其是日本企业，为此对供应链中的各环节进行了协调、集成。在企业内部，采用TQM（Total Quality Management，全面质量管理）、JIT（Just In Time，准时制生产方式），强调各部门合作来降低成本、提高质量。在企业外部，采用外包制并减少零部件供应商数目，同时与它们建立合作伙伴关系以达到共同提高质量、降低成本的目的；柔性制造系统（FMS）的采用，普遍提高了企业应变能力和服务水平。为了应付这种国际化竞争，欧美企业率先提出了供应链管理的理念。另外一个推动供应链管理的关键因素是科学技术，尤其是信息技术的飞速发展。科学技术的发展使得各国之间的地理和文化上的差距大大缩短，企业能够在全球范围之内获取资源并销售产品，加上产品生命周期不断缩短，供应链管理的作用就更加突出，范围更加广泛的全球性供应链也迫切需要更加有效的管理理念和协调技术。而EDI（Electronic Data Interchange，电子数据交换）、产品数据交换、Internet、Intranet及各种信息系统应用的发展，以及20世纪80年代中后期许多企业所开展的企业流程再造（Business Process Reengineering，BPR）都极大地促进了现代供应链管理理念的实现以及组织结构的转变，从而推动了供应链管理的快速发展。

在国外，供应链管理兴起有两个标志性事件：一是1996年供应链运作参考模型（Supply Chain Operations Reference，SCOR）在美国的诞生。该模型的目的是通过应用企业流程再造和企业资源计划（Enterprise Resource Planning，ERP）等进行企业内外的流程与信息整合，该模型的应用促进了供应链理念的普及与供应链管理的发展。二是2005年美国物流管理协会（Council of Logistics Management，CLM）更名为美国供应链管理专业协会（Council of Supply Chain Management Professionals，CSCMP），标志着美国企业界从物流管理向供应链管理的转变。此后，供应链管理理论与技术开始在全球传播，物流管理加速向供应链管理转变，供应链管理成为学术界的热门研究课题。

供应链管理在我国的兴起源于改革开放获得的外来压力，改革开放激发了我国自身经济发展、社会进步、技术变革、政府治理的内生动力，外来压力和内生动力共同作用，快速提升了我国供应链管理水平。而中国学术界、产业界对供应链管理的研究过程则是从交通运输到物流管理再到供应链管理。1978年之前，主要围绕以铁路、公路为主要运输模式的交通运输问题，如铁路/公路运输的经济性分析、成本和定价、法律和规章、交通管理等进行研究；1978年从国外引入物流管理的概念，这引起了政府、各行各业的高度关注，进而触发了对物流管理研究的热潮；与此同时，中国零售业开始推行商业自动化技术，比如ERP、BPR、ECR（有效客户反应）、CRM（客户关系管理）、POS（销售终端）等，供应链概念在此过程中传到中国。2001年，中国加入世界贸易组织（WTO）后，改革开放进入新阶段，以物流管理为基础的供应链管理快速兴起。尽管供应链管理此时在国内还只是概念，但跨国公司已经在国外实施了20多年的供应链管理，其形成的全球供应链管理最佳实践成为中国企业的标杆。中国企业通过加入跨国公司全球网络，不断学习创新，促进了中国企业供应链管理实践的快速发展和学术研究的蓬勃发展。到2020年，中国学者的供应链研究水平已经与世界领先水平媲美，研究成果频频发表在国际顶级期刊上。

通过对供应链管理思想发展脉络的历史追踪和文献研究的梳理，我们发现，国内外供应链管理概念始于企业运营，成于政府实践，兴于学术界研究，盛于大学教育。1983年和1984年发表在《哈佛商业评论》上的两篇论文，开创了关于供应链管理的学术研究先河，从而促发了全球学术界、产业界针对供应链管理的理论和方法的大研究。实质上，供应链管理是一种不断演变的管理哲学理念与方法，是对供应链中的物流、信息流、资金流等进行组织、计划、控制、协调的一体化管理的过程。如今，供应链管理是一个国际性的热点话题，供应链管理思想及其理论和方法的研究已经取得了一定的成果，但中外供应链管理理论体系和学科体系尚在建设之中。为此，梳理已有的研究成果，探寻未知研究方向，加快开展供应链理论研究和学科建设，是撰写本书的目的所在。

本书选择供应链管理思想作为研究对象，以时间为经、以学派为纬，运用相关经济学理论和管理学理论，依据"供应链管理思想概述—供应链管理思想溯源—五大学派（消费者响应学派、供应链网链结构学派、供应链运作模型学派、供应链协同学派、可持续供应链学派）—前沿命题与未来发展"的逻辑思路，从思想本质、发展历程、主要代表理论、局限性，以及未来研究趋势等方面，对中外供应链管理思想发展的各阶段和各学派的产生背景、代表人物、见解观点、思想灵感等进行系统阐释，厘清供应链管理思想理论的发展脉络和演化进程，批判与继承其相关研究精髓，以期读者能够把握中西方供应链管理思想史的发展脉络和精髓，掌握"中西结合、洋为中用"的活化思维，前瞻性分析企业管理的问题，更好地提出企业管理的中国解决方案。

作为"企业管理思想史"丛书之一的《供应链管理思想史》，是按照

"学史明理、学史增信、学史崇德、学史力行"的目标，遵循"洋为中用、古为今用、学以致用"的要求编撰而成的。因此，本书具有以下几个方面的主要特色。

一是研究框架体系的新颖性。本书采用学术史的梳理手法，以时间为经、以学派为纬，按不同阶段的研究主题，划分供应链管理在中西方的不同发展时期并进行思想溯源，阐述各发展阶段的代表人物、见解观点、思想灵感、理论产生背景及其发展趋势。

二是学派划分的独特性。本书以理论为导向，划分出当前供应链管理思想的五大学派（消费者响应学派、供应链网链结构学派、供应链运作模型学派、供应链协同学派、可持续供应链学派），从而填补了当前国内外对供应链管理学派思想研究的空白。

三是前瞻性研究的多视角性。本书基于 TRIZ 理论（Teoriya Resheniya Izobreatatelskikh Zadatch，发明问题解决理论）、智慧管理理论、知识管理理论等，探讨了未来供应链管理的发展趋势，并从政府、学术界、业界、咨询界等多视角，提出了供应链和供应链管理未来的研究热点。

全书共分八章。第一章介绍供应链管理发展历程、供应链管理思想史的研究；第二章为中外供应链管理思想溯源，以及中外供应链管理思想的研究差异和未来的研究重点及趋势；第三章至第七章依次阐述消费者响应学派、供应链网链结构学派、供应链运作模型学派、供应链协同学派、可持续供应链学派等五大学派的理论基础、发展历程、主要代表理论、局限性，以及未来研究趋势；第八章是对供应链管理的前沿命题与未来发展的前瞻性分析。

本书由舒辉及其团队成员王雅琴、唐飞、詹丽珍、黄美娟、游安奇共同撰写完成。舒辉负责策划、统筹、撰写与总纂定稿。

本书参阅、汲取和引用了大量国内外有关供应链管理、物流管理等方面的书刊资料和业界的研究成果，并尽可能地在书中加以注释。在此对有关专家学者一并表示感谢。

由于编者水平有限，书中难免存在疏漏与不足之处，敬请读者批评指正。

舒 辉

2022 年 2 月 16 日

目 录

第一章 供应链管理思想概述 ... 1

第一节 供应链管理思想的形成与发展 ... 3
一、萌芽期（1960—1995年）：集成供应链（物流管理） ... 3
二、起步期（1996—2004年）：价值增值 ... 12
三、发展期（2005—2015年）：价值网络 ... 16
四、拓展期（2016年至今）：网络经营一体化 ... 21

第二节 供应链管理思想史的研究体系 ... 26
一、研究逻辑框架 ... 26
二、研究内容与研究问题 ... 28
三、研究方法 ... 30

第三节 研究评述 ... 31

本章小结 ... 34

第二章 供应链管理思想溯源 ... 35

第一节 供应链管理的理论基础 ... 37

第二节 国外供应链管理思想溯源 ... 44
一、萌芽期（1960—1995年） ... 44

二、起步期（1996—2004 年）·················· 52
　　三、发展期（2005—2015 年）·················· 59
　　四、拓展期（2016 年至今）··················· 66

第三节　中国供应链管理思想溯源················ 74
　　一、萌芽期（1978—2000 年）·················· 74
　　二、起步期（2001—2007 年）·················· 78
　　三、发展期（2008—2015 年）·················· 84
　　四、拓展期（2016 年至今）··················· 90

第四节　中外供应链管理思想的比较分析············ 98
　　一、萌芽期（国外 1960—1995 年，中国 1978—2000 年）·· 98
　　二、起步期（国外 1996—2004 年，中国 2001—2007 年）·· 100
　　三、发展期（国外 2005—2015 年，中国 2008—2015 年）·· 102
　　四、拓展期（2016 年至今）··················· 103
　　五、中外供应链管理思想对比概要··············· 105

第五节　研究评述··························· 113

本章小结································ 116

第三章　消费者响应学派 ························ 119

第一节　价值链理论的思想与本质················ 121
　　一、价值链理论的思想······················ 121
　　二、价值链理论的本质······················ 125
　　三、消费者响应理论······················· 126

第二节　消费者响应学派的发展历程··············· 127
　　一、消费者响应学派的思想起源················· 127

二、消费者响应学派的形成与发展 …………………………… 130

第三节　消费者响应学派的主要代表理论 …………………… 137
一、基于"降本增效逻辑"的效率型供应链学说 …………… 137
二、基于"时间竞争逻辑"的反应型供应链学说 …………… 146
三、基于"战略融合逻辑"的精敏供应链学说 ……………… 155

第四节　研究评述 ………………………………………………… 163
一、消费者响应学派的发展现状及局限性 ……………………… 163
二、消费者响应学派未来的发展方向 …………………………… 169

本章小结 ……………………………………………………………… 171

第四章　供应链网链结构学派 ……………………………………… 173

第一节　集成理论的思想与本质 ………………………………… 175

第二节　供应链网链结构学派的发展历程 ……………………… 178
一、供应链网链结构学派的思想起源 …………………………… 178
二、供应链网链结构学派的形成与发展 ………………………… 179

第三节　供应链网链结构学派的主要代表理论 ………………… 186
一、供应链集成管理学说 ………………………………………… 186
二、供应链网络规划模型学说 …………………………………… 194
三、供应链复杂网络演化模型学说 ……………………………… 201

第四节　研究评述 ………………………………………………… 209
一、供应链网链结构学派的发展现状及局限性 ………………… 210
二、供应链网链结构学派未来研究方向的展望 ………………… 215

本章小结 ……………………………………………………………… 217

第五章　供应链运作模型学派 ... 219

第一节　哈默和钱皮"企业再造"的思想与本质 ... 221
一、产生背景 ... 221
二、"企业再造"的思想本质 ... 222

第二节　供应链运作模型学派的发展历程 ... 225
一、供应链运作管理思想起源 ... 225
二、供应链运作模型学派的形成与发展 ... 227

第三节　供应链运作模型学派的主要代表理论 ... 241
一、标准供应链运作参考模型 ... 241
二、基于产品视角的供应链运作模型 ... 253
三、基于服务视角的供应链运作模型 ... 261

第四节　研究评述 ... 268
一、供应链运作模型学派的发展现状及局限性 ... 268
二、供应链运作模型学派的发展方向 ... 277

本章小结 ... 280

第六章　供应链协同学派 ... 283

第一节　《协同学》的思想与本质 ... 285
一、哈肯《协同学》的思想 ... 285
二、哈肯的协同模型：系统有序结构的形成和演化 ... 289

第二节　供应链协同学派的发展历程 ... 291
一、供应链协同学派的思想起源 ... 291
二、供应链协同学派的形成与发展 ... 292

第三节　供应链协同学派的主要代表理论 …… 300
一、供应链流程重组模型学说 …… 300
二、供应链复合系统的耦合协调度模型学说 …… 304
三、供应链协同的优化分析方法学说 …… 310

第四节　研究评述 …… 316
一、供应链协同学派的发展现状及局限性 …… 316
二、供应链协同学派未来研究方向的展望 …… 319

本章小结 …… 321

第七章　可持续供应链学派 …… 323

第一节　可持续理论的思想与本质 …… 325
一、三重底线理论 …… 325
二、可持续发展理论 …… 327

第二节　可持续供应链学派的发展历程 …… 329

第三节　可持续供应链学派的主要代表理论 …… 338
一、闭环供应链学说 …… 338
二、绿色供应链学说 …… 345
三、低碳供应链学说 …… 352
四、可持续供应链学说 …… 360

第四节　研究评述 …… 368
一、可持续供应链学派的发展现状及局限性 …… 368
二、可持续供应链学派未来研究方向 …… 373

本章小结 …… 377

第八章 前沿命题与未来发展 ... 379

第一节 供应链创新的动力机制 ... 381
一、供应链创新的基石——TRIZ 理论 ... 381
二、供应链创新的原理 ... 386
三、供应链创新动力机制的研究框架 ... 387
四、供应链创新动力机制的研究局限与研究展望 ... 391

第二节 智慧供应链管理 ... 393
一、智慧供应链管理的思想与本质 ... 393
二、智慧供应链管理的研究框架及内容 ... 398
三、智慧供应链管理的发展趋势 ... 411
四、智慧供应链管理的研究局限与研究展望 ... 412

第三节 基于知识的供应链管理 ... 415
一、知识管理的思想与本质 ... 415
二、基于知识的供应链管理研究框架 ... 417
三、基于知识的供应链管理研究局限与研究展望 ... 423

第四节 未来研究展望 ... 425
一、现有供应链（管理）模式的强化/重生 ... 426
二、新型供应链（管理）的创生 ... 428

本章小结 ... 431

参考文献 ... 433

第一章
供应链管理思想概述

CHAPTER 1

企业间的竞争不再是企业与企业的竞争，而是供应链与供应链的竞争。从20世纪80年代开始，仅二三十年的时间，美国汽车业在日本汽车大厂的强大攻势下一败涂地，就是一个供应链战胜另一个供应链的案例。实际上，在经济全球化的当代，世界上发生的重大事件无一不与供应链紧密相关，供应链越来越成为全球性议题。要研究并运用这种创新动能，重塑供应链，就需要对供应链进行科学管理。因而，供应链管理（Supply Chain Management，SCM）就成为现代管理理论前沿的主题之一。

第一节　供应链管理思想的形成与发展

供应链的概念起源于迈克尔·波特 1985 年出版的《竞争优势》一书，他在书中提出"价值链"的概念，Oliver 和 Webber 在 *Outlook* 杂志上发表的文章中首次提出 SCM，这是有关供应链管理的最早的论文。[①] 然而，供应链管理的理论和方法并非源于学术领域的研究，而是源于近几十年来市场环境和企业运营管理方法发生的巨大变化，为应对变化，企业在管理实践中不断探索和总结。供应链管理理论和方法的发展过程大约经历了萌芽、起步、发展和扩展四个时期。

一、萌芽期（1960—1995 年）：集成供应链（物流管理）

20 世纪 50 年代初，企业内部独立的职能部门在各自部门内部开展供应链计划，逐渐形成职能部门化，这也是企业内部供应链的开始。进入 20 世纪 70 年代后，企业面临的市场环境发生了翻天覆地的变化：从过去相对简单、静态、供应商主导的市场环境，转变为复杂、动态、客户主导的市场环境。为应对不断变化的市场，各企业开始关注"物流管理"，以提升企业运作效率，从而供应链管理的思想逐渐在各国企业的运作中萌芽。

---

① Oliver R Keith, Michael D Webber. Supply-chain management: logistics catches up with strategy [J]. Outlook, 1982, 5 (1): 42-47.

（一）研究的背景和主要问题

1. 日本企业迅速崛起

20世纪80年代初期，日本企业在国际竞争舞台上尽显锋芒，其汽车、半导体、机床、家电等产品凭借质优价廉风靡全球。其他国家的公司，尤其是美国公司，面临着巨大的威胁。美国商界和管理学术界开始探索和研究日本企业迅速崛起的奥秘。

2. 美国服装制造业领先地位受到威胁

在20世纪60年代和70年代，美国食品杂货企业与来自国外的食品杂货企业激烈竞争。20世纪80年代初期，外国进口服装占美国服装市场的40%。面对激烈的外销竞争，20世纪70年代和80年代的纺织业和服装业采取的主要对策是在寻求法律保护的同时，增加对现代设备的资金投入。到了20世纪80年代中期，美国的纺织业和服装业是受进口配额制度保护最深的行业，纺织业也成为美国增长最快的制造业。尽管这些措施在一定程度上取得了成功，但进口对服装工业的渗透仍在继续扩大。一些学术界人士也意识到，保护主义措施也无法保护美国服装制造业的领先地位，他们不得不另谋出路。

3. 全球供应链背景下，各国积极探索如何实现利益最大化

20世纪70年代至90年代，发达国家集团内部跨国贸易矛盾加剧。受石油危机的影响，美国政府科学地重新规划了现有的产业布局。跨国公司的需求是：如何在冲突的国际环境中实现生产要素的配置，以实现自身利益的最大化。

与此同时，经济理论领域出现了一系列新的理论，为全球供应链的研究工作提供了有力的支持。主要贡献来自国际分工理论、交易成本理论和核心竞争力理论。在这些理论的影响下，跨国公司调整经营策略，将出口产品变成出口工厂和出口资本，在世界范围内寻找成本洼地。全球供应链研究工作需要解决一个具体问题，即全球物流系统（Global Logistics System，

GLS）问题，以重新规划跨国公司的生产和分销网络，实现利润最大化。

4."纵向一体化"缺陷暴露

进入20世纪90年代后，科技飞速发展，全球竞争愈演愈烈，消费者需求也日益变化，在原有稳定市场经济环境下适行的"纵向一体化"管理模式暴露出了各种问题。

（1）加重企业投资负担。不管是重新投入建新的厂房，还是对其他公司投资控股，都需要企业自行筹措所必需的资本。这一工作为企业经营带来诸多不便，不仅企业要花费巨大的人力、物力去筹措资金和监管项目，同时也加重企业的投资负担。

（2）承担错失市场时机的风险。"纵向一体化"管理模式下的新建项目施工周期相对较长，很容易错失进入市场的最佳时机而使企业遭受重大经济损失，甚至出现过项目建成之日就是项目下马之时的特殊情形。所以，项目建设周期越长，企业承受的经营风险就越高。

（3）迫使企业从事不擅长的经营活动。实行"纵向一体化"管理模式的企业实际上是"大而全""小而全"类企业的翻版，因为企业内很多管理者总是花费太多的时间、精力和资源去从事辅助性的管理工作，结果就是，不但辅助性的管理工作没有抓起来，关键性业务也没有发挥出核心作用，使得企业失去了竞争特色，也提高了企业生产成本。

（4）企业在各个行业领域都直接面对很多竞争对手。"纵向一体化"管理模式下，企业需要在各个经营领域中直接和不同的对手展开争夺。例如，有的制造商既要生产商品，也要经营物流公司，导致企业需要同时与制造商和经营物流部门的对手争夺市场，在公司资源、精力、管理经验都有限的情况下，各方出击的结果往往是不尽如人意的。

（5）增大企业的行业风险。一旦整个行业不景气，实行"纵向一体化"管理模式的企业会在最终用户市场与各纵向发展的市场同时遭受经济损失。这样的情况曾经出现过：某味精厂为了保障原材料供给，自己投资建立了一个辅料厂，但后来味精市场饱和，该厂生产的味精大多没有销路，结果不但味精厂遭受了经济损失，与之配套的辅料厂的经营也举步维艰。

5. 传统的生产、经营模式效率低下，无法满足市场需求

在同一供应链上，由于供应商、零售商、批发商和制造商都只专注于各自的业务活动，所以未能为他们的营销/物流活动制定一个共同的愿景，导致低效率和低盈利能力。此外，20世纪80年代，特别是90年代后，在美国日杂百货供应链内部，零售商与生产厂家为争夺供应链主导地位进行了激烈的竞争，致使供应链各环节及总体成本上升。

供应链内部的不和谐，致使企业的经营模式与市场环境的变化和技术条件演进速度脱轨，导致企业既无法应对迅速变化且无法预测的买卖方市场，也无法从根本上满足客户的多样化、个性化需求。此外，冗长的物流"管道"所带来的风险日益增加，迫使各组织重新审视其供应链的结构与管理方式。

6. 企业社会责任问题日益凸显

20世纪80年代，国际劳工运动引发了关于劳工权益问题的全球性争论，国际劳工组织开始与跨国公司谈判，要求他们履行供应链上企业行为的社会责任。20世纪90年代初，美国劳工及人权组织发起了针对服装业和制鞋业的"反血汗工厂运动"。1991年，媒体曝光美国Levis公司在亚洲的工厂雇佣低龄女工，该公司的这一做法遭到社会各方指责，产品也受到消费者的强烈抵制。①

（二）问题的探索和新理念的引出

1. 采购管理向供应链管理方向转变

研究日本企业的主要成果之一，是日本企业与其供应商之间的独特

---

① 张志强，王春香. 西方企业社会责任的演化及其体系[J]. 宏观经济研究，2005（09）：19-24.

关系，日本企业通过实行JIT（Just In Time，准时制生产方式）和TQM（Total Quality Management，全面质量管理）策略，提高产品质量、制造效率，缩短运送时间。在JIT的制造环境中，只有少量库存就可以产生缓冲作用，从而解决生产问题，由此企业开始意识到"供应商—买方—顾客"的战略合作伙伴关系所产生的潜在经济效益和重要性。20世纪80年代后半期，关于日本企业与其供应商合作伙伴关系的论文大量涌现，其中较为典型的是：1987年9月，John McMillan 等在 Journal of the Japanese and International Economies 中阐述了日本企业与其供应商的特殊合同关系[①]，并更进一步对比了日本企业、美国企业对供应商的不同管理制度[②]；1989年10月15日，Clark 在 Management Science 中阐述了日本企业与其供应商在新产品开发上的紧密合作伙伴关系[③]。这些研究成果推动着企业的采购管理向供应链管理方向的转变。

2. QR（Quick Response，快速反应）兴起

1984年，美国服装纺织以及化纤行业成立了一个"爱国货运动协会"，给购买美国制造的纺织品和服装的消费者带来了更大的收益。1985年该协会开始做广告，以提升美国消费者对本国生产的服装的信誉度；同时拿出一部分经费，研究如何长期保持美国的纺织与服装行业的市场竞争力。1985—1986年，Kurt Salmon 协会（简称KSA公司）对美国纺织业和服装业的供应链进行系统分析，发现尽管系统的各个部分都拥有高运作效率，但整个系统的效率非常低下。因此，各行业开始探索那些在供应链上产生高成本的环节与活动，并发现供应链的长度才是影响其高效运作的主要原因。

---

① Seiichi Kawasaki, John McMillan. The design of contracts: evidence from Japanese subcontracting [J]. Journal of the Japanese and International Economies, 1987, 1 (4): 327-349.

② John McMillan. Managing suppliers: incentive systems in Japanese and US industry [J]. California Management Review, 1990, 4: 38-55.

③ Clark K B. Project scope and project performance: the effect of part strategy and supplier involvement on project development [J]. Management Science, 1989, 35 (4): 1247-1263.

这项研究推广了快速反应（QR）策略的应用。快速反应是零售商与供应商之间密切合作的策略，即零售商与供应商之间利用共享 POS 系统信息、联合预测未来需求、发掘新产品营销机遇等，以对消费者的需求做出快速反应。从业务操作的角度出发，贸易伙伴用 EDI（电子数据交换）技术促进信息流转，并联合重组他们的经营活动以降低订货前导时间，进而实现生产成本最小化。补货时，应用快速反应策略可降低 75% 的交货前导时间。

3. 全球供应链规划工具的广泛运用

全球供应链整合了散布于世界各国的、从原材料供应商到最终消费者的关键商业流程，用于向消费者和其他利益相关者提供商品、服务、信息等。对于全球物流系统问题，主要的研究范式是混合整数规划（Mixed Integer Programming，MIP）方法，占成果的 50%。目前常用决策变量、绩效指标、供应链结构变量及国际影响因素来归纳 MIP 模型[①]。

4. "横向一体化"（Horizontal Integration）兴起

鉴于"纵向一体化"模式的种种弊病，从 20 世纪 80 年代后期开始，越来越多的企业放弃了这一模式；随之出现的是"横向一体化"思想，即利用企业外部资源迅速响应市场需求，而企业只需抓最核心业务：产品方向和市场。如福特汽车公司的 Festiva 车是由美国人设计，日本马自达工厂制造汽车发动机，韩国制造厂生产其他配件，最后销售到美国市场。在"横向一体化"模式下，企业可利用其他企业的资源加快产品产出速度，缩短投资基建周期，从而赢得产品在低价、优质、早上市等方面的竞争优势。

5. 供应链网络概念的提出

越来越多的企业逐步认识到，供应链竞争力的关键在于有效利用信息技术将内外部供应链有机集成，使供应链达到全局最优的状态。

---

① 肖伟，赖明勇. 全球供应链管理理论的流派分析 [J]. 江西财经大学学报，2009（01）：10-15.

为建立优质高效的供应链运行机制，提高供应链管理绩效，有学者将集成化思想引入供应链管理的研究中，即：将注意力由供应链内部转向供应链外部环境，试图将供应链内部节点企业与外部供应商及客户完全集成。

面对纷繁的客户需求和繁杂的社会环境，企业逐渐与其他企业实行优势互补，共同提升竞争优势，由此供应链网络应运而生。1992年，Christopher 在英国《金融时报》中最早提出供应链网络的概念①，认为供应链网络是指各组织以商品或服务的形式产生价值，通过上下游连接，对不同的商品进行不同的管理活动并将之交付给最终消费者的网络。

6. 有效客户反应的提出

1992 年，Kurt Salmon 协会受美国食品营销协会（Food Marketing Institute，FMI）和美国食品杂货制造商协会（Grocery Manufacturers Association，GMA）的委托，在对美国食品业和超市行业现状研究的基础上，提出了有效客户反应（Efficient Consumer Response，ECR）策略。它与1993 年推出的快速反应的供应链管理策略相类似。

7. 企业再造理论

为探索美国企业面对来自日本、欧洲企业的挑战之道，1990 年哈默教授提出企业流程再造（Business Process Reengineering，BPR），并提出唯有"企业再造理论"才能使美国企业再展雄风。1995 年，詹姆斯·钱皮出版了《再造管理》的论著；2002 年，詹姆斯·钱皮又灵光闪现，将此归结为《企业 X 再造》，提出企业向外部扩张过程中突破组织、部门的各种对策。

8. 全球供应链引入社会责任的概念

20 世纪 80 年代后期，欧美国家出现企业社会责任运动，倡导和平、环保、社会责任和人权等，非政府组织也不断呼吁将社会责任与贸易联系起来。面对越来越激烈的市场竞争以及自身发展的需要，众多跨国公司制

---

① Christopher M. Logistics and supply chain management strategies for reducing costs and improving service [M]. 2nd ed. London: Financial Times Professional Ltd, 1992.

定对社会问题做出必要承诺的社会责任准则[1]，同时，多个行业性、地域性、全国性以及国际性的组织也制定了相应的社会责任准则[2]。

（三）评价

从20世纪70年代开始，供应链管理的思想逐渐在各国的企业运作中萌芽，但人们对供应链管理的理解停留在强调物流管理阶段。在这一阶段，企业开始关注供应链管理的质量与效率，由此提出了一系列相关理论与策略。

1. 研究主题

本阶段的研究主题是物流管理过程，重点是对供应链管理的局部性进行深入研究，如物资供应问题、多级库存管理问题，其中研究较多的是分销运营问题，如分销需求计划等。正是基于这种认知，早期有学者将供应链仅仅看作物流企业自身的一种运作模式[3]。这印证了马士华教授所提出的"供应链管理研究最早是从物流管理开始的"。

注重质量与效率也是这个时期的主旋律，由此产生了JIT、TQM、QR、ECR等策略，这标志着消费者响应学派初步形成。随着集成供应链思想、供应链网络概念的陆续提出，供应链网链学派由此诞生，并不断发展、完善。企业再造理论的提出吸引越来越多的学者加入流程再造的研究之中，这些研究的发展标志着供应链运作模型学派在这一阶段的正式诞生。1960年，Clark等人关于多级库存/销售系统的研究成果 *Optimal Policies for a Multi-Echelon Inventory Problem* 发表在《管理科学》期刊上，表明供应链协同思想研究的出现；随之而来的是"横向一体化"的兴

---

[1] 肖伟，赖明勇. 全球供应链管理理论的流派分析[J]. 江西财经大学学报，2009（01）：10-15.

[2] 张志强，王春香. 西方企业社会责任的演化及其体系[J]. 宏观经济研究，2005（09）：19-24.

[3] 王迅，陈金贤. 供应链管理在不同历史时期的演化过程和未来趋势分析[J]. 科技管理研究，2008（10）：194-195+193.

起以及不同学者对"供应链协同"概念的理解与研究逐步深入,这标志着供应链协同学派在这一时期逐步形成,同时供应链协同管理也上升为企业间的职能协调与集成过程。此外,1982年,凯思·奥立夫(Keith Oliver)和麦考尔·威波尔(Michael D. Webber)在《供应链管理:物流的更新战略》首次提出"供应链管理思想",标志着可持续供应链学派的萌芽,也标志着"供应链管理思想"的初步形成。①

此时的供应链协同管理仅仅是企业自身物流的一种运作模式。与此同时,全球供应链引起了各国关注,各国企业都在积极探索如何在全球供应链下实现利益最大化,随即各种规划工具涌现,其中最主要的研究范式是混合整数规划(MIP)方法。

2. 研究方法

这一时期对供应链管理方面的研究主要采用案例研究法等定性研究方法,通过研究分析一些经营较好的企业,总结其成功经验。

3. 研究成果

这一时期,由于供应链管理处于萌芽期,相关研究成果较少。消费者响应学派,美国服装生产商协会(American Apparel Manufacturers)1987年在 *Getting Started in Quick Response*(《快速反应入门》)中首次提出快速反应的概念;供应链网链结构学派,约瑟夫·哈林顿在1973年出版《计算机集成制造》;供应链运作模型学派,Dick Ling 在1987年首次提出销售与运营规划模型(S&OP),美国生产力与质量中心(American Productivity and Quality Center,APQC)于1992年发布《流程分类框架》;供应链协同学派,伊戈尔·安索夫1965年完成著作《公司战略》;可持续供应链学派,凯思·奥立夫和麦考尔·威波尔1982年发表《供应链管理:物流的更新战略》,Stock 在1992年出版《逆向物流》论

---

① 迈克尔·波特. 竞争优势[M]. 北京:华夏出版社,1997.

著，等等。

尽管这一阶段对供应链管理方面的研究持续了 30 余年，但主要停留在企业管理实践上，此时学术界对供应链管理方面的研究较少，供应链管理体系处于萌芽期，需要深入探索。

二、起步期（1996—2004 年）：价值增值

进入 20 世纪 90 年代，人们对供应商有了全新的认识，随着市场需求环境的改变，原本被排斥在供应链以外的最终用户、消费者也得到了前所未有的重视，被纳入供应链范畴。因此，供应链就不再只是一条生产链，而是一个覆盖全部生产活动过程的价值增值网络。

（一）研究的背景和主要问题

1. 环境问题开始在生产中受到重视

人类物质文明在发展过程中对环境资源的消耗急剧增加，破坏了自然环境和资源，打破了绿色生态的平衡。因此，进入 20 世纪 90 年代以来，多个国家先后相应调整发展战略，全球性的产业结构呈现健康环保绿色发展战略态势。

环境管理者开始使用生命周期评价（Life Cycle Assessment，LCA）方法来评估产品对环境的影响，除用于评估常规产品设计和制造过程，还渗透到物流活动，如物料搬运包装、分销和处理。此外，具有创造性的供应链管理者和分析者试图在供应链管理实践中整合环境问题，以此改善和优化供应链过程。

2. 不同企业对供应链的理解不统一

1996 年，两家美国咨询公司（PRTM 和 AMR）发现，很多大型企业都在谈论一个全新的名词——供应链管理（Supply Chain Management），

但是对于供应链概念的理解不统一，如有的企业认为采购（Sourcing & Procurement）就是供应链。由于大家对供应链的理解各不相同，所以在不同企业供应链负责人之间没有形成共同语言。

3. 企业运作中不断出现各种风险问题

进入21世纪后，企业运作供应链管理过程中，各种问题开始出现，如第三方干预、罢工、自然灾害、人为错误、顾客消费习惯的变化、财务困境等。比如，2000年3月，新墨西哥州Los Alamos地区的诺基亚和爱立信的手机芯片供应商——飞利浦电子半导厂房失火；2003年的伊拉克战争（石油价格大幅上涨），SARS危机；等等[①]。

（二）问题的探索和新理念的引入

1. 敏捷供应链

在急剧变化条件下生存的关键是具有敏捷性，特别是创建响应性供应链[②]。据此，敏捷的应用范围也从制造领域逐渐扩展至供应链层面，被誉为"21世纪供应范式"的敏捷供应链的出现标志着一种基于时间竞争的新型供应链模式的诞生。

2. 绿色供应链管理

1996年，密歇根州立大学制造研究协会（MRC）首次正式提出绿色供应链管理这一概念，即供应链管理要将环境因素考虑其中，将环保原则贯穿于产品设计、采购、生产、组装、包装、物流和分配等供应链各环节，以达到既降低制造业对环境的破坏，又促进资源优化配置的目的[③]。

---

① 周艳菊，邱菀华，王宗润. 供应链风险管理研究进展的综述与分析[J]. 系统工程，2006（03）：1-7.

② Christopher M. The agile supply chain：competing in volatile markets[J]. Industrial Marketing Management，2000，29（1）：37-44.

③ Renato Orozco Pereira, Ben Derudder. The cities/services-nexus：determinants of the location dynamics of advanced producer services firms in global cities[J]. The Service Industries Journal，2010，30（12）：2063-2080.

绿色供应链管理不但具有环保的重要性和必要性，还能通过尽量减少工业废弃物、节约资源和提高产能为企业带来绿色竞争优势。

3. SCOR 模型

为改变各行业对供应链管理概念认识不一的局面，两家咨询公司联合组建了供应链协会/国际供应链理事会（Supply Chain Council，SCC），随即提出适用于各个领域的供应链运作参考模型——SCOR 模型（Supply Chain Operations Reference Model)[1]。该模型把众多先进的企业流程重构、标杆法和流程度量等概念融入一个跨功能的框架中，目的在于通过应用企业流程再造（Business Process Reengineering，BPR）和企业资源计划（Enterprise Resource Planning，ERP）等进行企业内外部流程与信息的整合。该模型的应用促进了供应链理念的普及与供应链管理的发展，也成为供应链管理在国外兴起的标志性事件之一[2]。

4. 供应链风险概念出现

为应对近年来供应链中频发的风险问题，学者从各角度对供应链风险进行研究。各国学者从各种角度对供应链风险进行了定义，2002 年 6 月 15 日，Hallikas 在《国际生产经济学》杂志中提出供应链风险因素，同年克兰菲尔德管理学院在 2002 年报告中重点探讨了供应链脆弱性问题。但综合来看，供应链风险基本含义有以下三个方面：一是供应链风险的主要来源是各类不确定性因素；二是牛鞭效应（Bullwhip Effect）进一步放大了供应链风险；三是由于供应链网络上的企业之间是相互依赖的，因此任何一家企业出现问题都有可能波及和影响其他企业，进而影响整个供应链的正常运作，甚至导致整条供应链破裂和失败。因此，也可将供应链风险

---

[1] Supply-Chain Council. Supply-chain operations reference-model（SCOR⑧）Version 1.0［R］. Houston：Supply-Chain Council，1996.

[2] 何明珂. 供应链管理的兴起：新动能、新特征与新学科［J］. 北京工商大学学报（社会科学版），2020，35（03）：1-12.

定义为供应链的脆弱性[①]。

5.企业间的关系逐渐网络化

进入21世纪后,供应链管理更加强调围绕核心企业的网链关系,即核心企业与供应商、供应商的供应商的所有前向关系,与用户、用户的用户及一切后向关系。由于信息技术的发展和行业环境不确定性的增加,企业间关系正在朝日益明显的网络化趋势发展。

(三)评价

这一时期,供应链管理处于初步形成阶段,开始强调价值增值链,重视最终用户、消费者,并将他们都纳入供应链范畴之内。发展至这一阶段,供应链管理中的消费者响应学派、供应链网链结构学派、供应链运作模型学派、供应链协同学派和可持续供应链学派陆续涌现,随着相关研究的深入,各学派都在不断地发展推进供应链管理理论。

1.研究主题

从这一阶段开始,供应链管理进入了价值增值阶段,学术研究逐渐兴起,诸如供应链风险、绿色供应链、敏捷供应链、SCOR模型等新概念、新理论、新模型不断涌现。

敏捷供应链等是为适应消费者需求变化而催生的新理论,它们的提出与应用标志着消费者响应学派逐步完善;以流程为主导的SCOR模型等的提出,推动着供应链运作学派逐步完善。企业间关系逐渐网络化,表明供应链网络结构模型学派思想开始应用于实践,学派理论体系逐步成熟。供应链风险概念的提出,促进了供应链风险管理方面的学术进步,同时也促进了供应链运作模型学派的发展。此外,闭环供应链、绿色供应链等概念的提出,意味着可持续供应链学派从萌芽期向奠定期发展,

---

① 周艳菊,邱莞华,王宗润.供应链风险管理研究进展的综述与分析[J].系统工程,2006(03):1-7.

逐步成熟。

2. 研究方法

这一阶段研究方法逐渐多样化，除继续使用案例研究法等定性研究法之外，还开始引入新的研究方法，如定量研究法，即以博弈论、优化理论为基础构建相关数学模型，利用理论推导得出均衡解或者最优解，并通过数值仿真来检验模型解的可行性；实证研究法，采用实证方法对获得的相关数据进行统计分析与模拟仿真，对相关规律进行归纳和理论总结。

3. 研究成果

进入20世纪90年代，SCM逐渐发展起来。消费者响应学派Rick Dove于1996年发表《敏捷供应链管理》一文，Naylor等于1999年发表文章《精益敏捷性：在整个供应链中集成精益和敏捷制造模式》；供应链运作模型学派，1996年美国供应链协会提出了供应链运作参考模型；1998年CPFR（Collaborative Planning Forecasting and Replenishment，协同、规划、预测、补货）委员会和VICS（Voluntary Inter-industry Commerce Standards）协会提出协同式供应链库存管理，供应链协同学派的David Anderson提出协同供应链是供应链管理的新战略。

本阶段，供应链管理的相关研究主要集中于国外，中国供应链管理的研究处于萌芽期，刚从库存管理、物流管理的思维中解放出来。

三、发展期（2005—2015年）：价值网络

进入21世纪后，信息技术与全球经济一体化迅猛发展。与此同时，人们对供应链的认识正在从线性的"单链"转变为非线性的"网链"。这标志着供应链管理进入了一个全新的发展阶段：价值链网络阶段。[1]

---

[1] 王迅，陈金贤. 供应链管理在不同历史时期的演化过程和未来趋势分析［J］. 科技管理研究，2008（10）：194-195+193.

（一）研究的背景和主要问题

1. 美国物流管理协会更名

2005 年，美国物流管理协会（Council of Logistics Management，CLM）更名为美国供应链管理专业协会（Council of Supply Chain Management Professionals，CSCMP）。

2. 2008 年国际金融危机

由次贷危机引发的 2008 年国际金融危机，是自 20 世纪 30 年代以来最为剧烈的一次国际性金融危机。这场金融危机来势汹汹，波及面广，所产生的危害已经从实体经济领域蔓延至各领域，成为一场给世界各国经济造成深远影响的危机。[①]

3. 碳排放问题受到重视

碳排放问题越来越受到社会的重视，尤其是 2009 年哥本哈根世界气候大会再次将全世界的关注点聚焦于温室气体排放，"低碳"即刻成为各类新闻媒体上的热门词汇和社会公众谈论的热点，研究者积极探索将碳元素融入供应链中的方式。虽然绿色供应链把环境因素整合到供应链各环节以使供应链整体对环境的影响最小化、资源的效益最优化，对"绿色"的研究也在不断深入，取得了不少研究成果，但对绿色供应链的研究更多地集中在供应链中提升资源利用率、回收废旧产品等方面，并未涉及低碳方面。

4. 2011 年后新一轮电商大战

国内 2011—2014 年电商成交额持续高速增长，网络购物市场异常火爆，占全国社会商品零售总额的比例大幅度提高，"双十一"已成为电商行业独有的网络购物节。这一时期，电商行业在国际竞争中快速发展，这种趋势在中国尤为明显，截至 2014 年年底，我国电商行业已全面超越欧盟、

[①] 张轶璐. 浅议金融危机对我国企业供应链管理的影响［J］. 湖南工业职业技术学院学报，2009，9（05）：42-43.

日本等经济体，在部分领域更是超越了美国。

（二）问题的探索和新理念的引入

1. 美国企业界从物流管理向供应链管理转变

2005 年美国物流管理协会的更名，标志着美国企业界从物流管理全面向供应链管理转变。此后，供应链管理理论与技术开始在世界范围内传播，推动物流管理向供应链管理转变，供应链管理成为学术界的热门研究课题[①]。

2. 绿色供应链、可持续供应链

受 2008 年国际金融危机的影响，可持续的绿色供应链发展成为当时供应链管理领域的一个研究趋势与热点[②]。这一时期所研究的绿色供应链管理关注对企业各环节风险的控制，同时"可持续"强调的是经济的长期效益。Carter 和 Rogers 提出的可持续供应链管理，是对企业中社会、经济和环境三种目标进行战略性的、透明的整合和实现，进而提升企业与供应商双方的长期经济效益[③]。

3. 低碳供应链的提出

在低碳经济背景下，"低碳"这一概念受到了全社会的广泛关注。为尽可能减少温室气体的排放，尤其是二氧化碳的排放，学者提出了低碳供应链的概念，将碳元素整合到供应链中，相比"绿色供应链"有了更多的挑战。低碳供应链倡导增效、减排、清洁的生产方式，通过上下游企业之间的合作和企业内部各部门之间的沟通协调实现整条供应链的低

---

① 何明珂. 供应链管理的兴起：新动能、新特征与新学科［J］. 北京工商大学学报（社会科学版），2020，35（03）：1-12.

② 张轶璐. 浅议金融危机对我国企业供应链管理的影响［J］. 湖南工业职业技术学院学报，2009，9（05）：42-43.

③ Carter C R，Rogers D S. A framework of sustainable supply chain management：moving toward new theory［J］. International Journal of Physical Distribution & Logistics Management，2008，38（5）：360-385.

碳化[①]。

4. 双渠道供应链

电商行业的迅速发展，一定程度上促进了供应链管理体系的发展与完善。这一时期，电商环境不断优化完善，传统渠道与电子渠道相结合的模式取得了一定的成功，也得到了行业的极大认可，成为这一时期国内外研究热点。国外对双渠道供应链管理早有研究，而国内对其的关注是从这一时期开始的。2006年，随着制造型企业的双渠道实践不断推广，相关研究也成为中国学者关注的焦点之一。纵观这一时期国内外双渠道供应链管理的相关研究，研究热点主要集中于双渠道供应链的选择、协调、联合定价策略及双渠道供应链冲突等几个方面[②]。

5. 供应链协同上升到新阶段

供应链的概念跨越了企业界线，从拓展企业的新思维出发，并从全局、整体角度考虑产品经营的竞争力，使供应链从一种运作工具上升为一种管理方法体系、一种运营管理思维和模式，供应链协同管理也上升为企业间的协同与整合过程。

（三）评价

这一时期，对供应链管理的学术研究不断深入，国外研究的热点很多，国内的供应链相关学术研究也逐渐步入正轨。

1. 研究主题

随着供应链管理进入新阶段，学术界更加注重企业间协同与整合的过程，供应商关系管理、产品生命周期管理（Product Life-cycle Management，PLM）、供应链合作关系（Supply Chain Partnership，SCP）与供应链执行

---

① 林金钗，祝静，代应. 低碳供应链内涵解析及其研究现状［J］. 重庆理工大学学报（社会科学），2015，29（09）：48-54.

② 曹细玉，覃艳华，陈本松. 双渠道供应链管理研究综述［J］. 科技管理研究，2014，34（17）：185-189.

（Supply Chain Execution，SCE）等的应用，使供应链上成员间的业务衔接更加紧密，供应链的运作更加协同化，供应链协同学派的研究趋于完善。低碳供应链的提出，有助于在供应链上实现经济效益、生态效益和社会效益的多方共赢，是当时乃至未来的研究重点之一，它进一步丰富了可持续供应链学派的内容，使之逐渐完善。

2. 研究方法

本时期的研究方法与起步期的基本一致，但侧重点有所变化。多数学者偏向于使用建立模型等定量研究法与实证研究法，也有学者融合多种研究方法。

3. 研究成果

这一时期，国内外关于供应链管理的研究成果的文章大量涌现。消费者响应学派，2006年Agarwal等人发表了《精益、敏捷和精敏供应链的度量建模：基于ANP的方法》，2015年肖静华等人发表了《从面向合作伙伴到面向消费者的供应链转型——电商企业供应链双案例研究》；供应链网链结构学派，沈小平与马士华等于2006年构建复杂过程系统管理综合集成的概念框架，Vila等于2014年发表《不同流程工业的物流网络设计：方法论及其在木材工业中的应用》，开始将数理模型引入用于解决集成供应链的网络规划模型问题；供应链运作模型学派，Tuncdan Baltacioglu等于2007年提出IUE-SSC服务供应链模型，陈菊红等于2010年提出产品服务化供应链运作模型，2015年1月宋华出版了《供应链金融》一书；供应链协同学派，2013年龙宇等发表《长江经济带物流业对区域经济发展影响的实证分析》，将Logistic模型运用于供应链研究[①]；可持续供应链学派，杨红娟等于2010年发表《基于DEA方法的低碳供应链绩效评价探讨》，Ahi和Searcy在2013年发表了《绿色与可持

---

① 龙宇，徐长乐，徐廷廷. 长江经济带物流业对区域经济发展影响的实证分析［J］. 物流科技，2013，36（12）：61-65.

续供应链管理定义的比较文献分析》一文。

四、拓展期（2016年至今）：网络经营一体化

随着科学技术和经济一体化的不断发展，供应链管理不断趋于完善，供应链开始进入网络经营一体化阶段，此时所有供应链成员都能够实现有效沟通、密切合作和技术共享，以获得市场和支配地位。

（一）研究的背景和主要问题

1. 美国政府不断变动贸易政策

2016年之后，特朗普政府实行的贸易政策严重阻碍了全球一体化进程。特朗普政府公开反对全球主义，主张"美国优先"政策。通过各种方式及政策阻碍全球化进程，如阻止世界贸易组织上诉机构法官的任命，导致世贸组织争端解决机制停摆，进而阻止多边机制发挥作用；重谈贸易协定，加入对美国有利的保护主义条款，推动制造业回流美国，致使跨国公司在全球跨国配置生产活动受到严重制约；对中国采取有针对性的贸易投资限制措施，发动针对中国的贸易战等[①]。

2021年，拜登就任美国总统后，不同于特朗普政府主张的单边主义、管理贸易及偏好霸凌手段的贸易政策，拜登政府希望重回多边主义，在世贸组织中重新发挥美国在全球的领导力。此外，出现贸易争端时，拜登政府仍倾向于通过多边主义来解决问题。然而，在对华贸易政策方面，拜登政府仍以"公平贸易"和"国家安全"为由，延续特朗普政府对华的强硬路线。综合来讲，拜登政府的对华政策框架是将"竞争、合作、对抗"放进同一个筐子里，其中竞争是主导，是主轴，与此同时不排除合作，也宣称不怕同中国对抗。

---

① 姚枝仲. 新冠疫情与经济全球化[J]. 当代世界，2020（07）：11-16.

2. 新冠肺炎疫情导致全球经济衰退

新冠肺炎疫情的流行对全球经济造成重大冲击，企业停工迫使产业面临中间产品供应链断线的危机。在汽车和电子产品领域，中国零部件断供引发了全球"蝴蝶效应"。《商业周刊》2020年2月16日报道，因新冠肺炎疫情导致中国零部件供应暂停，菲亚特克莱斯勒计划在塞尔维亚的组装厂暂停运营；2020年2月以来，韩国多家企业相继停产，涉及现代、雷诺、起亚、双龙、韩国通用等，日产也暂停了部分生产线。疫情在全球不断蔓延，也不断影响着全球供应链和全球生产网络的配置。[1]此次疫情使全球经济衰退，据国际货币基金组织报道，2020年全球经济急剧下降3.3%，发达经济体的GDP下降4.7%，新兴市场与发展中国家GDP下降2.2%，世界贸易总量下降8.5%。[2]

（二）问题的解决和新理念的引入

1. 中国供应链管理水平与国际接轨

新一轮电商大战带动了供应链管理在中国的快速应用，不仅涌现一大批专业化的供应链企业，许多本土成长起来的传统龙头企业和新兴企业也设立了供应链管理职能部门，国内供应链管理水平已与国际接轨。[3]供应链管理的国际形势也发生变化。

2. 供应链多元化体系的构建

在美国反全球化的贸易政策和新冠肺炎疫情的双重影响下，供应链弹性逐步受到重视，多个国家通过打造多元化供应链，推动基础设施技术升

---

[1] 刘瑶，陈珊珊. 新冠疫情对全球供应链的影响及中国应对——基于供给侧中断与需求侧疲软双重叠加的视角[J]. 国际贸易，2020（06）：53-62.
[2] 朱锋，倪桂桦. 美国对华贸易战与新冠肺炎疫情对全球化的影响[J]. 当代世界，2021（05）：41-49.
[3] 何明珂. 供应链管理的兴起：新动能、新特征与新学科[J]. 北京工商大学学报（社会科学版），2020，35（03）：1-12.

级，提升供应链弹性，增强企业供应链风险抵御能力。

欧洲各国对信息通信行业进行分类，对非核心供应链实行多元化措施以分散经营风险。例如，2020年，德国经济部部长阿尔特迈尔倡议，疫情期间欧洲国家应通力合作，共同努力，逐渐健全国际供应链的多元化体系，避免单边依赖，强化产业基础以稳固高新科技企业的竞争力。同期，英国政府发布了《英国电信供应链评估报告》，报告强调了建设可持续与多元化电信供应链的必要性。①

3. 供应链预警体系的构建

受新冠肺炎疫情影响，企业越来越注重供应链风险，由此引发了学者对建立供应链预警体系的关注。在供应链预警体系下，通过对供应链经营业务不同维度（包括商流、物流、资金流、信息流）指标变化进行监控，并依据指标变动情况和预警触发，及时寻找相关供应链备选方案，从而实现供应链快速恢复。②

4. 全球供应链重构

美国政府实行的逆全球化贸易政策，极大阻碍了全球供应链的发展，甚至导致全球供应链的屡次中断。在这种环境下，中美两国的相关企业及其供应链上下游相关企业不得不在中美两国以外重新选择供应商、重新布局工厂、重新构建贸易渠道，全球供应链因此处于重构之中。

5. 数字化供应链管理

在数字化转型的大环境下，供应链管理正在逐步向动态、互联、实时共享的形式转变，由此推动供应链向数字化方向转型，一场以技术推动业务的变革正在展开。数字化供应链管理是以核心企业为中心的应用平台，通过耦合企业内外的各种信息系统和平台，实现实时数据获取与共享，并

---

① 高婧杰，杨小奇，马英轩，陈丽娜. 国际供应链发展动向对我国"新基建"安全的影响［J］. 通信世界，2021（08）：11-13.
② 张辛欣，王黎. 新冠肺炎疫情对全球供应链的影响和政策建议［J］. 供应链管理，2021，2（02）：5-12.

最大限度地利用数据，配以相应的业务处理，从而实现供应链管理的产、财、税一体化，提高公司绩效，最大限度地降低运营风险。[①]

（三）评价

在这一时期，国内外供应链管理体系趋于完善，各学派的理论体系与界限也逐渐明晰。同时，新一轮电商大战的开展，使得中国供应链管理与国际接轨，中国供应链管理由此进入快速发展的新阶段，与国外差距逐渐缩小。

1. 研究主题

这一阶段，国内外研究重点基本一致，但国内供应链管理研究在供应链模型与框架、供应链绩效评价等方面仍与国外有一定的差距。在经济全球化倒退和突如其来的全球性新冠肺炎疫情的冲击下，各国供应链原有发展进程被打断，传统产业链、供应链也遭受巨大冲击，各国不得不考虑研究供应链风险、供应链多元化等问题，提升企业应对风险能力，降低疫情对国家经济发展的影响。为此，中国政府将供应链战略上升至国家战略层面。与此同时，供应链多元化也被一些国家借以将保护主义提上政治议程[②]，阻碍全球供应链的发展。环境问题越来越受到关注，绿色供应链、低碳供应链等仍是研究重点，也将会是未来一段时间的研究重点。

2. 研究方法

除运用传统的定性研究方法，如文献综述、运筹与优化等方法外，案例研究、定量研究、模型建模等研究方法不断运用于供应链管理的研究中，博弈论及其他复杂性的理论也被引入，用于解决供应链管理中的问题。[③]

---

① 许龙英，陈晓丹. 供应链管理的数字化转型［J］. 信息记录材料，2020，21（01）：181-183.
② 中国应抓住新一轮产业革命机遇，破解"反全球化"困局［N］. 21世纪经济报道，2020-08-19（001）.
③ 赵侃，茅宁莹，姚敏，刘理，晏鹏，沃田，冉兴玉. 我国近十年供应链管理的研究综述——基于词频分析［J］. 现代商贸工业，2017（02）：37-39.

3. 研究成果

消费者响应学派，2019年孙新波等发表《大数据驱动企业供应链敏捷性的实现机理研究》；供应链运作模型学派，2016年10月，美国生产力与质量中心（APQC）发布了《流程分类框架》7.0.5版本，2019年SCOR模型更新到12.0版本；供应链协同学派，2016年邹伟进等构建了产业结构与生态环境综合评价指标体系及耦合协调度模型；供应链网链结构学派，2017年Perera等提出一种基于适应度的演化模型，2019年廖治东等提出了能够反映多种供应链行为要素的网络演化模型，2020年Kannan等提出了不确定性条件下的闭环供应链网络模型；可持续供应链学派，2017年朱庆华提出了可持续供应链的概念模型及其可持续供应链协同管理与创新的研究框架，樊世清等提出了三级低碳供应链的运营模式，Sari提出了一种新决策框架用于评估绿色供应链管理（GSCM）实践，2021年赵军等提出了精益敏捷弹性绿色实践框架（LARG Frame-work）。

第二节　供应链管理思想史的研究体系

对供应链管理思想史的归纳整理，遵循这样的整体研究逻辑：首先对供应链管理思想的形成与发展进行研究，分析整理供应链管理理论基础，分别从国内、国外进行供应链管理思想溯源，并对比分析；其次从理论基础、发展历程、学派主要理论以及研究评述四个方面对五大学派展开分析；最后探讨供应链管理前沿命题与未来展望。

一、研究逻辑框架

本书的研究逻辑框架如图 1-1 所示。

本书由八章构成，具体内容如下所述。

第一章，供应链管理思想概述。本章对供应链管理思想形成与发展进行了概述，同时构建了本书的研究逻辑框架，还介绍了本书的研究内容、研究问题与研究方法等。

第二章，供应链管理思想溯源。本章首先对供应链管理理论基础整理分析，得出几大学派之间的关联。之后，对国内外供应链管理思想进行溯源与比较分析。

第三至七章，对五大学派进行详细阐述：消费者响应学派、供应链网链结构学派、供应链运作模型学派、供应链协同学派以及可持续供应链学派。在各学派研究领域中具有较高影响力的主流文献的基础上，首先

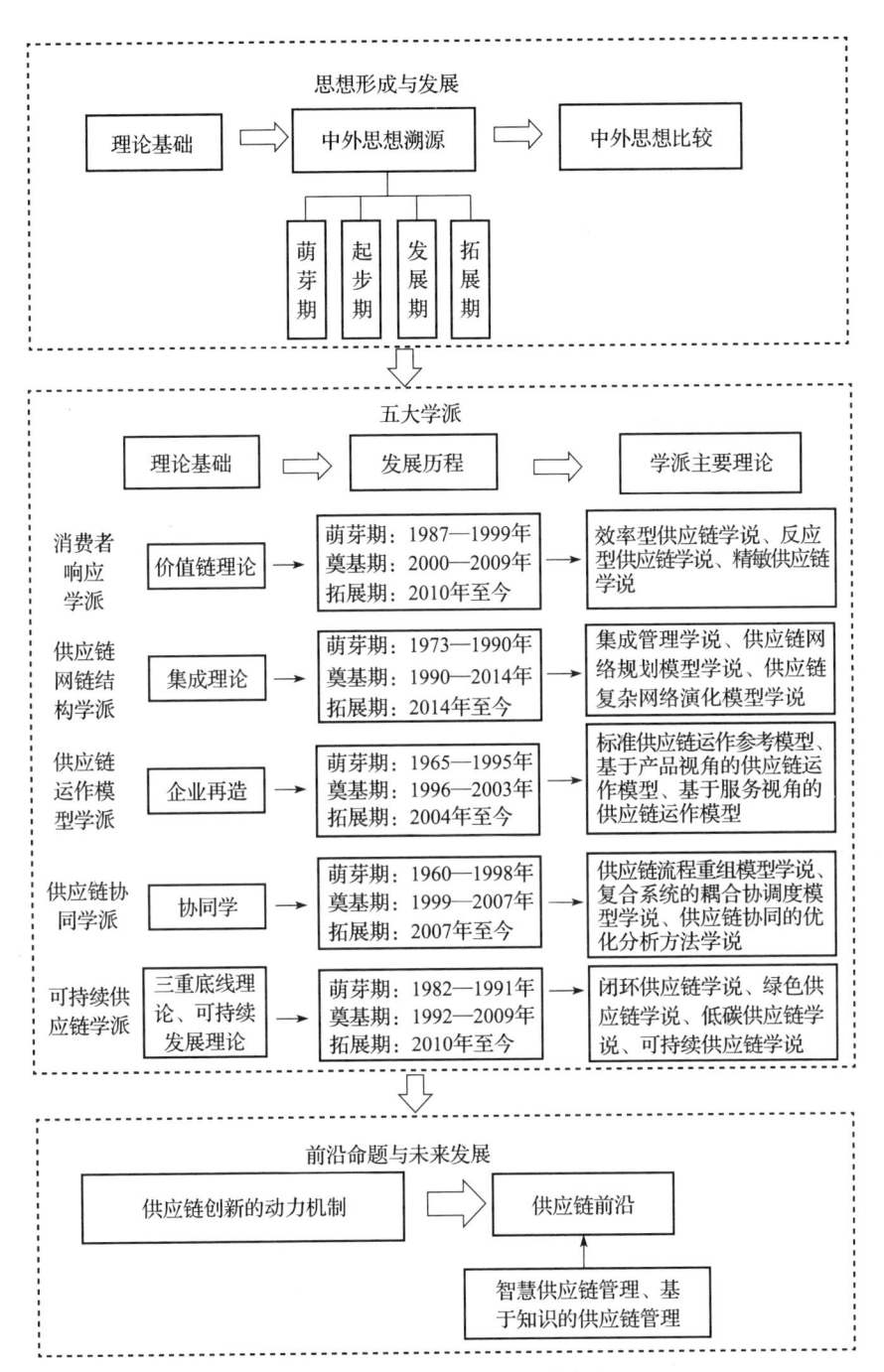

图 1-1　供应链管理研究逻辑框架

对学派产生背景、发展历程进行回顾，介绍学派中的主要理论，分析学派的发展现状、局限性及未来发展，最后做出评述与总结。

第八章，前沿命题与未来发展。本章主要围绕当前供应链管理领域的前沿、热点问题进行述评。探讨、分析供应链管理创新的基石、智慧供应链以及基于知识的供应链管理当前的研究现状，提出研究展望，最后提出七大供应链未来研究热点。

二、研究内容与研究问题

1. 研究内容

本书在国内外相关文献的基础上，对供应链管理的发展阶段重新划分，分析各阶段的研究背景及发展进程，对已有研究成果的优缺点进行系统分析和总结，并对国内外研究情况对比分析，重点研究五大学派的发展背景、发展现状以及发展不足等。

从理论角度，在对各供应链管理相关理论研究分析前，对其理论基础及思想进行溯源，便于更好地了解相关理论。同时，对供应链管理各发展阶段的基本理论进行回顾，对五大学派展开深入研究，分析各学派所衍生出的理论，此外对当前的研究热点及未来研究方向进行分析。具体研究内容如下所述。

第三章消费者响应学派，从其理论基础——价值链理论入手，介绍基于"降本增效逻辑"的效率型供应链学说、基于"时间竞争逻辑"的反应型供应链学说、基于"战略融合逻辑"的精敏供应链学说等学派主要理论的演进、主要内容以及贡献与局限。

第四章供应链网链结构学派，从其理论基础——集成理论入手，介绍集成管理学说、供应链网络规划模型学说、供应链复杂网络演化模型学说等学派主要理论的演进、主要内容以及贡献与局限。

第五章供应链运作模型学派，回顾哈默和钱皮《企业再造》中所涉及的思想，介绍标准供应链运作参考模型、基于产品视角的供应链运作模型、基于服务视角的供应链运作模型等学派主要理论的演进、主要内容以及贡献与局限。

第六章供应链协同学派，回顾哈肯《协同学》中体现的思想，介绍供应链流程重组模型学说、复合系统的耦合协调度模型学说、供应链协同的优化分析方法学说等学派主要理论的演进、主要内容以及贡献与局限。

第七章可持续供应链学派，从三重底线理论、可持续发展理论等学派理论基础入手，介绍闭环供应链学说、绿色供应链学说、低碳供应链学说、可持续供应链学说等学派主要理论的演进、主要内容以及贡献与局限。

第八章前沿命题与未来发展，从TRIZ理论出发，分析供应链管理创新的动力机制，同时对当下前沿研究主题——智慧供应链管理、基于知识的供应链管理等进行分析，之后从现有供应链（管理）模式的强化/重生以及新型供应链（管理）的创生两个方面对供应链未来研究热点进行分析。

2. 研究问题

当前供应链管理研究领域中有学者对供应链管理发展阶段进行分析总结，但涉及各学派的供应链管理思想史系统整理归纳的研究未有学者涉足。本章旨在解决以下问题。

（1）整理归纳供应链管理发展史，建立系统的供应链管理体系架构。重新划分供应链发展阶段（萌芽期、起步期、发展期及拓展期），从四个阶段分别整理、分析相关文献，研究国内外供应链各阶段发展背景及发展状况。

（2）整理分析供应链管理中五大学派的发展历程及所衍生的主要理论。对五大学派分别进行理论溯源，从萌芽期、奠基期及拓展期三个阶段回顾各学派发展历程，并对各学派代表理论进行整理分析。

三、研究方法

1. 文献研究法

查阅文献是研究的基础，也是本书的重要研究方法。本书在对供应链管理领域相关文献整理分析的基础上，学习研究和借鉴前人的研究成果，从而形成本书的整体研究逻辑框架。笔者大量阅读供应链管理领域文献，开阔了研究视野，启发了研究思路，也为本书奠定了理论基础。

2. 比较分析法

本书第二章对国内外供应链管理思想进行溯源与比较分析，从研究背景、基础理论、研究方法以及侧重点等方面进行比较分析，得出国内外供应链发展的基本情况与异同，进而把握国内外当前研究热点与未来研究方向。

3. 分析归纳法

分析归纳法是指综合考虑研究对象的各部分、各方面和各因素，通过分析得到普遍性的、有规律的东西，形成多样性的统一，从而在整体上把握事物的本质与规律。本章在归纳整理前人研究成果的基础上，对供应链管理现有成果的长处与不足进行多方面分析，由此将供应链管理理论体系系统地展现出来。

第三节　研究评述

供应链管理的发展大致可分为四个时期：萌芽期（物流管理）、起步期（价值增值）、发展期（价值网络）、拓展期（网络经营一体化）。本章首先对这四个时期的研究背景及问题进行整理分析，归纳催生出的新理念或者新工具，并对每个时期的发展做出评价。整理发现，萌芽期人们对供应链管理的研究停留在企业实践，起步期才开始供应链管理的学术研究，并在之后两个时期不断发展完善。发展过程中，也会遇到各种风险与挑战，如近年发生的新冠肺炎疫情与美国的逆全球化贸易政策等，阻碍甚至中断供应链的发展，但这也促进对供应链管理的研究不断深入、完善。其次，介绍本书的整体研究逻辑框架、研究内容、研究问题及研究方法。本章基于前人的相关研究结论，借助文献研究法与比较分析法等整理归纳各发展时期供应链管理发展情况，对比国内外研究状况，系统整理各学派的理论及研究模型。

消费者响应学派所提出的 QR、ECR、敏捷供应链、精敏供应链等，最初是为了提高生产效率、增加企业盈利，发展到起步期时逐渐开始重视原来排斥在供应链之外的最终用户、消费者等，通过优化供应链环节来快速响应最终用户的需求。以客户需求为发展目标，企业间开展基于时间的竞争，快速响应市场的同时减少供应链上不必要的浪费，满足客户需求的同时实现价值链增值。在以买方市场为主的当下，该学派的理论仍然适用，如各大企业所倡导的"以客户为中心"等企业文化。

进入20世纪90年代后，各企业逐渐意识到只关注自身的供应链管理越来越不能奏效，只有有效地利用信息技术将内部的供应链与外部的供应链有机集成才能应对市场环境，更好地发展。由此，供应链网链结构学派诞生。研究者们不再拘泥于企业内部的供应链管理，而是将企业上下游以及环境都考虑进来，将原来的单链结构发展为复杂的多链结构，同时研究出各种优化模型应对环境变化。随着全球化以及科技的发展，集成供应链管理系统成为当下供应链管理的主流模式，但日益复杂的市场环境也导致集成供应链在预测、决策、控制等过程中无法应对所有情况，这是供应链网链结构学派的一大不足之处，也是接下来的研究方向之一。

随着供应链管理研究的发展，各学者对其相关概念持有不同观点，这使得相关理论的应用遇到一些问题，为解决这一问题，供应链运作模型学派的SCOR模型应运而生，该模型将许多优秀的企业流程重构、标杆法和流程度量等概念集成进了一个跨功能的框架之中。随着该学派研究的深入，许多相关模型不断诞生，为企业供应链管理的应用提供参考。与此同时，该学派在实际应用中仍面临许多问题，如研究的指标多，考核指标的难度大，导致企业某段时间内无法计算其产生的效益，这也是该学派的研究方向。

20世纪80年代末，供应链"纵向一体化"的弊端逐渐显露，各企业不断探寻出路。随着"横向一体化"思想兴起，供应链协同思想进入各企业供应链管理实践中。企业开始注重跨企业间的合作，通过各节点企业之间的合作达到整个供应链的最优，实现共赢。供应链协同思想仍是当下的主流思想，应用于各企业的运作中，但应用的越来越广泛，问题也逐渐显现，如未融入当下流行的"绿色经济"理念，市场环境的不断变化使得传统的数理理论难以揭露系统动态变化特征，从而降低理论的适用性。

环境逐渐受到各方的重视,"可持续"这一思想也被引入供应链管理中,最先被提出的是绿色供应链,将环境因素纳入供应链管理中,之后又提出低碳供应链的概念。这些概念的引入,使得供应链管理的发展能更好地适应当下可持续发展的思想,因此受到许多企业的青睐。但在应用中,社会责任问题不断显现,有些企业过分追求数据上的可持续,实则对环境造成负面影响。因此,应当将社会责任引入可持续供应链管理中,二者相互作用以促进实现真正的可持续发展。

本章小结

追溯供应链管理的发展历程，发现供应链与供应链的竞争始于20世纪80年代，供应链管理的理论和方法是企业为应对变化，在管理实践中不断探索和总结形成的。它大致经历了四个阶段：萌芽期始于1960年，截至1995年，关注重点在集成供应链（物流管理），主体停留在企业管理实践上，学术界对供应链管理的研究较少；起步期始于1996年，截至2004年，关注重点在价值增值，主体强调价值增值链，重视最终用户、消费者，五大学派陆续涌现，相关研究主要集中于国外，国内研究处于萌芽期；发展期始于2005年，截至2015年，关注重点在价值网络，对供应链认识从线性"单链"转变为非线性"网链"，国外研究热点众多，国内研究逐渐入轨；拓展期始于2016年，现进入全面拓展，关注重点在网络经营一体化。目前国内外供应链管理体系趋于完善，各学派理论体系与界限逐渐明晰，中国供应链管理正与国际同步。

本书对供应链管理思想史的研究体系，遵循的研究逻辑如下所述：首先，对供应链管理思想的形成与发展进行研究；其次，对国内外供应链管理思想进行溯源与比较；再次，从理论基础、发展历程、学派主要理论、研究评述四个方面对五大学派分别展开分析；最后，探讨供应链管理前沿命题与未来展望。研究方法主要运用文献研究法、比较分析法、分析归纳法等。

第二章
供应链管理思想溯源

▲

CHAPTER 2

供应链管理思想的兴起,源于外部竞争环境的巨变。由于市场主导权从卖方向买方迅速转移,单一企业无法应对激烈的市场竞争,进而开始寻求上下游企业的合作,构筑战略联盟。因此,市场及客户需求的变化催生了供应链管理思想的学术研究及各学派的形成。消费者响应学派、供应链网链结构学派、供应链运作模型学派、供应链协同学派和可持续供应链学派基于不同的管理理论,为解决供应链管理中的实际问题先后登场,它们之间存在共同的思维逻辑渊源,有传承,有扬弃,在自身不断迭代升级的基础上相互吸收、相互借鉴、共同发展。各学派的形成意味着供应链管理思想研究进入百花齐放、百家争鸣的大好时期。

第一节 供应链管理的理论基础

2004年1月15日，中国学者聂茂林在国内外学者研究基础之上，首次明确提出了供应链管理的八大管理原理。[①] 相较于传统的企业管理，供应链管理以八大原理作为思维逻辑基础。但我们通过对已有研究成果的梳理、分析发现，如果按供应链管理的研究主题内容来划分，现有的供应链管理大致可分为五大学派，即消费者响应学派、供应链网链结构学派、供应链运作模型学派、供应链协同学派和可持续供应链学派，它们都以1个或数个核心理论为其思维逻辑基础。八大管理原理并不能完全满足供应链各学派发展的理论需求，因此我们在八大管理原理基础之上融合学派观点提出十大核心理论，并以此为导向，探寻各学派的形成和发展、研究主题和拓展方向，以及未来供应链管理研究的前沿命题（见表2-1）。

表 2-1 供应链管理各学派理论基础

序号	核心理论基础	对应学派/前言命题	研究主题
1	价值链理论	消费者响应学派	• 采购与营销环节供应链管理策略：采购、营销、双渠道供应链、供应商合作伙伴选择 • 生产制造环节供应链管理策略：库存管理、大规模定制问题、供应链质量管理、报童问题 • 流通环节供应链管理策略：信息共享、信息传递、牛鞭效应、逆向供应链、供应链物流、供应链的知识管理、供应链绩效评价

---

① 聂茂林.供应链系统管理原理研究[J].经济师，2004（01）：151-152.

续表

序号	核心理论基础	对应学派/前言命题	研究主题
2	消费者响应理论	消费者响应学派	• 消费者效应学派代表性理论：基于"降本增效逻辑"的效率型供应链学说、基于"时间竞争逻辑"的反应型供应链学说、基于"战略融合逻辑"的精敏供应链学说
3	集成理论	供应链网链结构学派	• 供应链集成技术：EDP、MSI、DSS、EDI、ERP、Intranet、Internet、SMT、OR、MS、IT、物联网、大数据、云计算、SaaS、Paas、IaaS、无人化、5G、区块链、AI等 • 集成化目标：供应链动态联盟、产业供应链、虚拟供应链、全球供应链 • 供应链集成管理代表性理论：供应链集成管理学说、供应链网络规划模型学说、供应链复杂网络演化模型学说
4	企业再造理论	供应链运作模型学派	• 供应链运作模型/标准设计：基于产品视角的供应链运作模型（S&OP、SCOR、GSCF、CPFR、SCPR等）、基于服务视角的供应链运作模型（Ellram模型、IUE-SSC模型等） • 运作模型适应性要求：供应链弹性、供应链柔性、不确定环境下的供应链管理、信息不对称下的供应链管理、供应链风险、应急供应链、供应链鲁棒性
5	协同学理论	供应链协同学派	• 协同思想：供应链协调思想、供应链协同思想 • 协同策略：供应链整合、供应链竞争与合作、供应链治理、供应链激励、供应链契约、供应链金融 • 协同学说：供应链流程重组模型学说、供应链复合系统的耦合协调度模型学说和供应链协同的优化分析方法学说
6	三重底线理论	可持续供应链学派	• 供应链策略：可持续供应链、逆向供应链、闭环供应链、绿色供应链、低碳供应链 • 基于不同环境战略的学说：闭环供应链学说、绿色供应链学说、低碳供应链学说和可持续供应链学说
7	可持续发展理论		

续表

序号	核心理论基础	对应学派/前言命题	研究主题
8	TRIZ理论	供应链创新动力机制	• 供应链创新动力机制的研究：关系导向、制度导向、成本导向、其他创新影响机制（个人、组织、社会） • 研究趋势：测度工具和评价体系、深化动态视角下的供应链创新动力机制研究、细化创新分类、新兴技术场景下的创新动力机制
9	智慧供应链管理理论	智慧供应链管理	• 层次研究：战略层（国家层、产业层、企业层）、战术层（智慧供应链的形成要素、构建、创新）和运营层（智慧供应链的技术应用、绩效评价） • 研究趋势：供应链前端智能化改造、智能制造供应链、无人化场景下供应链、供应链中断风险防范
10	知识管理理论	基于知识的供应链管理	• 基础研究：供应链知识管理的内容、供应链知识管理的系统框架模型、供应链知识管理的流程 • 研究趋势：知识管理对供应链绩效的影响、供应链中进行知识共享的实证研究、知识共享收益、服务供应链的知识管理

1. 价值链理论

迈克尔·波特（Michael E. Porter）的价值链理论，核心观点是抓大放小，分清主次，重点关注价值链上的重大产出活动，并上升到战略高度。价值链管理就是以能够创造和获取价值的重要活动为出发点，形成的一系列战略管理方法。其中，供应链是价值链的一种表现形式，价值链则是供应链反映的内容。[①]

2. 消费者响应理论

消费者响应（Consumer Reaction）来自市场营销学对消费者行为的研究，指的是消费者作为主体，从企业产品、服务、行为或文化中获得的最初感知，到形成购买意愿，再到产生购买行为整个过程中心理和行为的响

[①] 郑霖，马士华. 供应链是价值链的一种表现形式 [J]. 价值工程，2002（01）：9-12.

应状态。企业要从消费者的响应态度、意愿、行为角度进行供应链的设计、管理和策略分析。不同的供应链管理策略，达到的结果也不相同，往往需要在速度、效益和满意度中寻求平衡。

3. 集成理论

自1973年约瑟夫·哈林顿（Joseph Harrington）首次提出"集成制造"思想以来，集成思想引起了国内外学者的广泛关注。钱学森、马士华等学者在继承消费者响应学派和运作学派以往观点的基础上，将集成管理思想注入供应链管理体系。集成管理不是简单相加，而是要形成"1+1>2"的超额互补性结果。供应链集成管理重点在于：供应链各节点上的企业都将自身能产生竞争优势的资源参与到"链"上的集成活动中，实现"强强联合+互补结合"的集成效应。

4. 企业再造理论

迈克尔·哈默（Michael Hammer）和詹姆斯·钱皮（James Champy）提出的企业再造理论，本质是流程再造，是对企业核心领域的一场系统变革。供应链管理突破了企业内部运营管理范畴，将供应链上下游企业都纳入其中。这就要求企业重构供应链流程，以产品和服务相关业务为中心，实现整体供应链利益最大化。

5. 协同学理论

赫尔曼·哈肯（Hermann Haken）基于支配原理和自组织理论，认为系统并非是单个子系统的简单相加，而是众多子系统的复杂集合。子系统之间会相互作用，通过有调节的、有目的的自组织作用对总系统施加影响。因此，协同学理论集成了系统原理、合作原理、共享原理，强调供应链中不能忽略供应链参与者之间的关系，需要采用协同的方法产生总体的协同效应。

6. 三重底线理论

约翰·埃尔金顿（John Elkington）的三重底线理论强调企业在经营过

程中的战略目标的多元化，不能将"经济效益最大化"作为唯一指标，而要综合考虑社会绩效和环境绩效。同样，供应链管理若缺乏三重底线的制约机制，企业各自盲目的趋利行为会传导到整条供应链，引起巨大的蝴蝶效应。因此，供应链上的企业要想可持续发展，必须共同坚守社会责任、环境保护和经济利益这三重底线。

7. 可持续发展理论

1972年6月，第一届联合国人类环境会议上通过的《人类环境宣言》中首次提出"可持续发展"，1987年，《我们共同的未来》专题报告对其内涵进行了系统的阐述。可持续发展理论运用在供应链领域，强调供应链的发展要满足经济、生态、社会和企业四个方面的可持续，走绿色、低碳、环保之路。

8. TRIZ 理论

根里奇·阿奇舒勒（G.S. Altshuller）的TRIZ理论，本质是分析问题中的矛盾，利用相应资源找到并解决系统矛盾，从而解决问题，获得最终的理想解。基于TRIZ理论的核心要义，针对供应链管理创新中存在的问题，从资源盘点的角度找到解决问题的最优解，达到化解供应链冲突和解决问题的目标。

9. 智慧供应链管理理论

智慧供应链管理理论是建立在新型信息技术基础上，融信息技术与供应链管理于一体，实现供应链体系的高度智能化。其基本思想体现在四个方面：敏捷、协同、精益和共生。该理论本质就是在供应链中引入数据要素，利用大数据、机器学习、云计算、区块链、物联网等新兴技术实现数智化决策，促进各个节点企业间的网状协同，减少供应链运营过程中的不确定性，实现供应链管理的创新。

10. 知识管理理论

彼得·德鲁克（Peter F. Drucker）认为知识工作者是知识社会的主体，

知识则是这种社会中的"硬通货"。知识管理的范围不应局限于知识本身，还应包括对知识活动、知识载体（知识人员、知识设施和知识组织）、知识形式（有形资产、无形资产）的全面管理。[①] 供应链知识管理是各国获取知识社会竞争密码的诀窍。

尽管五大供应链管理学派都有其核心理论基础，但这并不意味着各学派之间是完全独立的。在它们取长补短、相互借鉴、相互融合、逐步完善的发展历程中，十大理论依然是各学派的研究基础，只是吸取比重不同，各有侧重，这造就了诸多供应链研究主题都跨越了学派界线这样的研究现象。为此，本书以主题的本质理论基础作为标准，追溯各阶段供应链重点研究主题，并将主题与学派对应，以便探寻各学派的发展脉络（见图2-1）。

[①] 邱均平, 段宇锋. 论知识管理与竞争情报 [J]. 图书情报工作, 2000（04）: 11-14.

第二章 供应链管理思想溯源 43

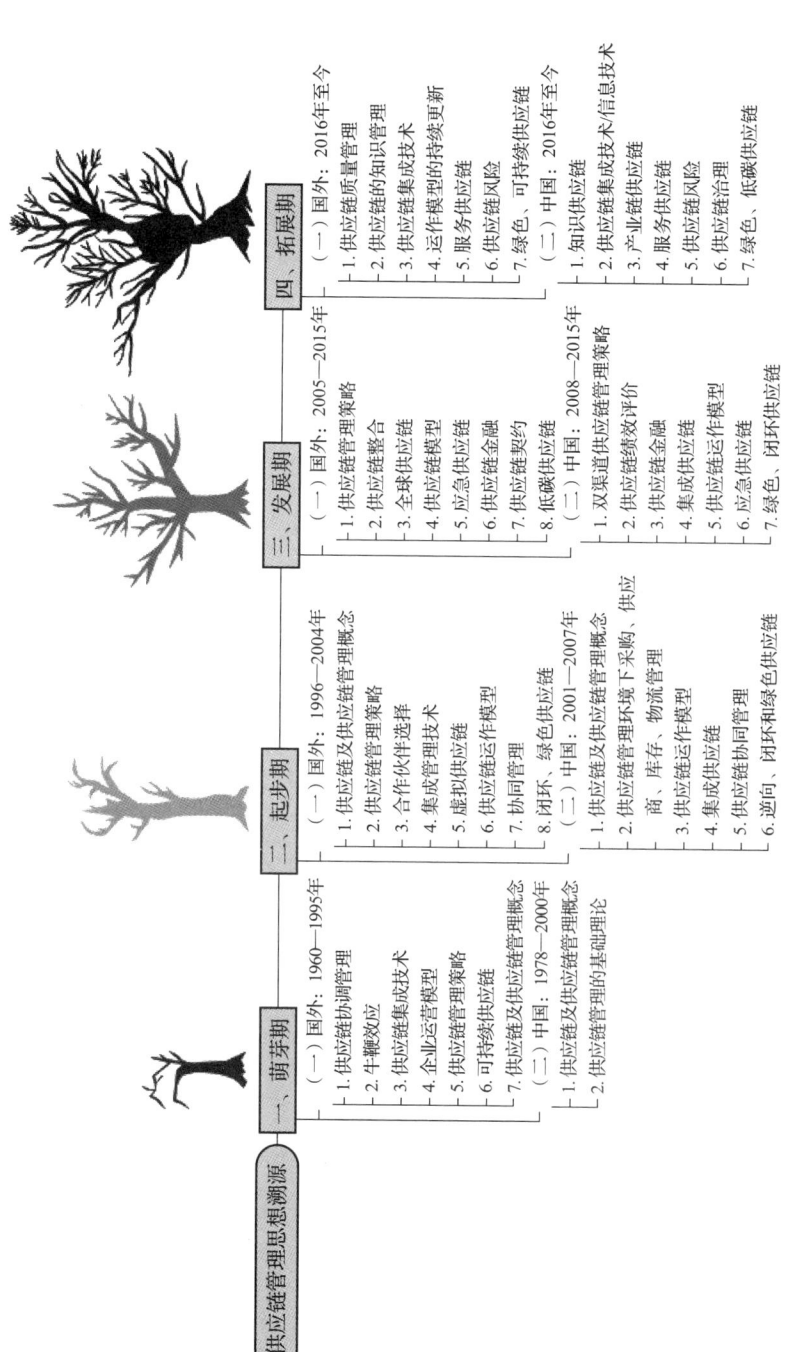

一、萌芽期

（一）国外：1960—1995年
1. 供应链协调管理
2. 牛鞭效应
3. 供应链集成技术
4. 企业运营模型
5. 虚拟供应链
6. 可持续供应链
7. 供应链及供应链管理概念

（二）中国：1978—2000年
1. 供应链及供应链管理概念
2. 供应链管理的基础理论

二、起步期

（一）国外：1996—2004年
1. 供应链及供应链管理概念
2. 供应链整合策略
3. 合作伙伴选择
4. 集成管理技术
5. 虚拟供应链
6. 供应链运作模型
7. 协同管理
8. 闭环、绿色供应链

（二）中国：2001—2007年
1. 供应链及供应链管理环境下采购、供应商、库存、物流管理
2. 供应链运作模型
3. 集成供应链
4. 供应链协同管理
5. 逆向、闭环和绿色供应链

三、发展期

（一）国外：2005—2015年
1. 供应链管理策略
2. 供应链整合
3. 全球供应链
4. 供应链模型
5. 应急供应链
6. 供应链金融
7. 供应链契约
8. 低碳供应链

（二）中国：2008—2015年
1. 双渠道供应链管理策略
2. 供应链绩效评价
3. 供应链金融
4. 集成供应链
5. 供应链运作模型
6. 应急供应链
7. 绿色、闭环供应链

四、拓展期

（一）国外：2016年至今
1. 供应链质量管理
2. 供应链的知识管理
3. 供应链集成技术
4. 运作模型的持续更新
5. 服务型供应链
6. 供应链风险
7. 绿色、可持续供应链

（二）中国：2016年至今
1. 知识供应链
2. 供应链集成技术/信息技术
3. 产业链供应链
4. 服务供应链
5. 供应链风险
6. 供应链治理
7. 绿色、低碳供应链

图 2-1 供应链管理思想溯源

第二节 国外供应链管理思想溯源

供应链管理思想是在价值链理论、消费者响应理论、集成理论、企业再造理论、协同学理论、三重底线理论、可持续发展理论、TRIZ理论、智慧供应链管理理论和知识管理理论十大理论基础之上发展而来的。国外供应链管理概念的提出至今只有40多年的时间，但是任何新兴事物的出现都经历了前期漫长的积累和等待。因此，本书追本溯源，将前期孕育阶段也纳入思想溯源范畴，以标志性事件和供应链研究突破性进展作为划分依据，将国外供应链管理思想分为萌芽期（1960—1995年）、起步期（1996—2004年）、发展期（2005—2015年）和拓展期（2016年至今），并梳理其思想发展的脉络。

一、萌芽期（1960—1995年）

供应链管理的萌芽不是一蹴而就的，从20世纪60年代开始的理论积淀到20世纪80年代概念的正式提出，再到20世纪90年代上半期概念内容的进一步丰富，经历了30多年的酝酿。因此，萌芽期以供应链基础管理理论研究为开端，以供应链及供应链管理概念的基本成型为结束的标志。

（一）背景

20世纪60年代到90年代上半期，"日本模式"的强大、经济全球化、高新技术的发展和外包的兴起，促使美国学者开始关注合作伙伴关系，整合供应链资源，从纵向一体化向横向一体化管理模式发展。

1. 日本制造业的崛起

20世纪60年代，日本企业开始实行JIT、看板管理、5S管理、精益生产和全面质量管理变革。20世纪80年代初期，日本企业顺应时代的变革，依托先进的管理技术和理念，向全球市场提供高质低价的汽车、家电、机床、半导体等产品。日本制造业迅速崛起，使得其他各国企业，尤其是美国企业感受到极大的威胁。这就是典型的一个供应链战胜另一个供应链的故事，因此，引发企业界和学术界对"日本模式"的探究。

2. 经济全球化

1985年，特·莱维在《市场的全球化》中最早提出"经济全球化"一词。经济全球化带来"两个增加"：一是国家间有形资产和无形资产的流动形式、规模和速度增加；二是各国间经济的依存度增加。从20世纪80年代开始，依托高新技术的发展，各国开始大力开拓海外市场，为打破贸易壁垒，各国主动加强经济联系、改变经济制度和规则，通过建立各种多边或区域组织来协调和约束全球化过程中的合作伙伴，打造供应链竞争壁垒。

3. 计算机等高新技术的应用

1971年，世界上第一台微处理器在美国硅谷诞生，开创了微型计算机新时代。20世纪80年代，以微型计算机为代表的高新技术大大推进了规模化生产的发展。仓库数据从简单存储到激活利用，将计算机技术大量应用于流水线各个环节，提升了内部环节的准确性和效率；同时，为物流规划和路线优化提供了巨大机会，赋能供应链管理，使全流程供应链管理成为可能。

4. 外包的兴起

从词源上看，outsourcing（外包）作为一个英语词汇最早出现于1982

年。①过去市场不饱和，企业不愁没有市场，追求"大而全"的战略目标。从20世纪80年代中期开始，世界各国从"日本模式"中吸取经验，掀起了一股业务流程重构的浪潮。企业挖掘自身核心竞争力，并将非核心流程或者业务外包给优势企业，进而促进了外包供应链的形成。1994年，顺应外包和互联网的发展，全球首家电商公司——亚马逊公司成立，拉开了全球供应链发展的序幕。

5. BPR思想的兴起

1993年，哈默和钱皮的企业再造理论，掀起了企业流程再造（BPR）的风潮。BPR引领了20世纪90年代管理思想的前沿，为供应链运作流程再造和运作模型诞生奠定了理论基础。

（二）供应链管理的重点研究主题

本阶段的研究理念是"为了生产而管理""为了竞争而链接"，从关注企业内部流程转向寻求外部合作。学者们主要是从产品原材料到最终产品来理解供应链的。于是，剔除"冗余"环节，积极地与供应商协调、配合，提高供应效率成为核心问题。

1. 供应链协调管理

供应链协调管理思想最早源自1960年7月15日Andrew J. Clark和Herbert Scarf对多级库存/销售系统最优策略的研究。②最初，生产、库存和销售之间的协调问题，是供应链管理协调思想关注的重点。由于供应链上的关系复杂，其最初的思维在于对"链"上的各方进行关系协调、价格协调、契约协调和产权协调，还未形成协同思维。

---

① Van Mieghem J A. Coordinating investment, production, and subcontracting [J]. Management Science, 1999, 45（7）: 954-971.

② Andrew J Clark, Herbert Scarf. Optimal policies for a multi-echelon inventory problem [J]. Management Science, 1960, 6（4）: 475-490.

2.牛鞭效应

1961年,Forrester最早发现季节性商品存在严重的顾客需求逐级放大现象,[1]这是牛鞭效应被纳入研究的开端,并逐渐得到实践界和理论界的重视。与Forrester类似,后来的很多学者在实践中发现了这一现象并对其进行了分析。[2][3][4][5]

1989年,Sterman通过"啤酒博弈"的课堂游戏,发现产生牛鞭效应的主要原因在于决策者自身对反馈信息的误解。[6]为缓解或消除牛鞭效应,学者们提出了许多对策,如采购承诺、数量折扣、数量柔性、QR、VMI和第三方物流等,但这些方法治标不治本,信息共享才是牛鞭效应的解决之道。

3.供应链集成技术

1973年,美国约瑟夫·哈林顿博士首先提出CIM(计算机集成制造),引发管理思想从原来的点线面思考方式向立体多维集成方向发展。20世纪70年代,集成技术在供应链管理中通过比较初级的形式——MIS系统(Management Information System,管理信息系统)来呈现。20世纪80年代,计算机技术又取得长足的进展,EDI使供应链管理借助标准格式信息进行无纸化数据交换和处理。20世纪90年代开始普及的Internet

---

[1] Forrester J. Industrial dynamic [M]. New York: MIT Press and Wiley & Sons, Inc., 1961.

[2] Blanchard OJ. The production and inventory behavior of the American automobile industry [J]. J Political Economy, 1983, 91 (3): 365-400.

[3] West K D. A variance bounds test of the linear quadratic inventory model [J]. J Political Economy, 1986, 94 (4): 374-401.

[4] Blinder AS. Can the production smoothing model of inventory behavior be saved? [J]. Quarterly Journal of Economics, 1986, 101 (3): 431-454.

[5] Krane SD, Braun SN. Production smoothing evidence from physical product data [J]. J Political Economy, 1991, 99 (3): 558-581.

[6] John D Sterman. Modeling managerial behavior: misperceptions of feedback in a dynamic decision making experiment [J]. Management Science, 1989, 35: 321-339.

技术真正将集成化供应链管理推向一个更高的层次，使得供应链中"链"成为真正意义上的"网链"。

随着集成技术的发展，供应链管理的系统工具从20世纪60年代中期的物料需求计划（Material Requirement Planning，MRP），发展到两三年后的闭环物料需求计划（Closed-loop MRP），再到70年代末形成的制造资源计划（MRP Ⅱ），再到90年代的企业资源计划（ERP）。基于集成技术和集成系统的开发，集成供应链的研究日益丰富。1989年，Stevens在《集成供应链》一文中将供应链集成划分为四阶段——各自独立、功能集成、内部集成及外部集成。①

4. 企业运营模型

1965年，安东尼（Anthony）等专家推出著名的安东尼模型。该模型全面地展现了企业经营过程中物流、资金流、信息流的输入和输出过程，本质上是一幅供应链全景图。

1987年，Dick Ling 提出的销售与运营规划模型（S&OP），打破原本以职能为主导的局面，建立以业务为主导的工作流程，将所有的业务计划集成在一起，通过各节点的协同实现企业销售与运营目标。

1992年，美国生产力与质量中心（APQC）发布《流程分类框架》，涉及物流、资金流、信息流、技术流的具体运作。流程分类框架不再局限于制造型企业，开始应用于各个行业，并向全球推广。

上述三个模型虽然主要还是立足于企业运营角度，不是完整的供应链运作模型，但是其模型设计中已经出现了供应链管理的身影。1993年，哈默和钱皮的企业再造理论，助推了基于业务流程再造的供应链运作模型的研究。

---

① Graham C Stevens. Integrating the supply chain [J]. International Journal of Physical Distribution & Logistics Management，1989，19（8）：3-8.

5. 供应链管理策略

库存管理策略研究在物流和供应链管理概念提出之前就已经存在，且一直是研究的热点。库存往往被定义为成本，是需要被降低和控制的。日本JIT模式，使得大量学者研究其JIT模式下的零库存管理问题。

1987年，美国服装生产商协会（American Apparel Manufacturers）在 Getting Started in Quick Response 中首次提出快速反应的概念。QR策略很快从传统服装行业向家电、家具、食器、日用百货、高级时装等领域扩展，几乎席卷整个美国的零售业。

1987年，Seiichi Kawasaki等介绍了日本企业与供应商的特殊合同关系，[1]并于1990年对比了日美企业不同的供应商管理制度。[2] 1989年，Clark介绍了日本企业和其供应商共同开发产品的合作模式。[3] 这些研究促进了企业从采购管理向合作伙伴关系管理的转变。

1990年，美国麻省理工学院深入研究日本丰田模式，推出LP（Lean Production，精益生产）制造模式，促使美国和其他国家纷纷学习日本的精益思想和精益生产方式。

1991年，里海大学艾柯卡研究所的Nagel和Dove在美国政府资助的《21世纪制造业发展战略》中提出"敏捷制造"，进而引起学术界对于敏捷供应链的研究。敏捷供应链与QR在思想精髓、使能技术和典型应用行业上都有相似与互补。

1992年，Kurt Salmon协会受美国两大食品协会（FMI和GMA）的

---

[1] Seiichi Kawasaki, John McMillan. The design of contracts：evidence from Japanese subcontracting [J]. Journal of the Japanese and International Economies，1987，1（4）：327-349.

[2] John McMillan. Managing suppliers：incentive systems in Japanese and US industry [J]. California Management Review，1990，4：38-55.

[3] Clark K B. Project scope and project performance：the effect of part strategy and supplier involvement on project development [J]. Management Science，1989，35（4）：1247-1263.

委托，在调查美国食品业和超市行业现状的基础上，于1993年推出有效客户反应策略（Efficient Consumer Response，ECR），强调降低供应链各个环节不必要的成本和费用。

6. 可持续供应链

1994年，Drumwright提出：企业在追求经济效益的同时要关注社会效益，承担社会责任。[1]同年，Murphy和Poist等认为物流管理中应注重环境问题。[2]几位学者的研究观点促使环保理念和可持续性思想融入供应链管理中，强调在实现产品价值的同时，产品的各个阶段不会带给环境和社会负担，其出发点是经济、社会和环境的"三赢"。

7. 供应链及供应链管理概念

供应链管理最早源自后勤学，即现称的物流学。20世纪80年代，供应链逐步脱离库存管理、物流管理范畴，形成自己的独有概念，90年代上半期得到进一步的丰富，这标志着供应链管理思想的萌芽。

供应链的概念起源于迈克尔·波特1985年《竞争优势》一书中的"价值链"概念。1989年和1990年，Stevens在文章中都明确了供应链的定义和范围，主要强调"过程"（价值增值过程、供应源点到消费终点过程）和"活动"（计划、协调和控制活动）两个内容。[3][4]

1982年，著名的管理大师Oliver和Webber在 *Outlook* 期刊上发表 *Supply-chain Management：Logistics Catches Up with Strategy* 一文，首次提出

---

[1] Drumwright Minette E. Socially responsible organizational buying：environmental concern as a noneconomic buying criterion [J]. Journal of Marketing, 1994, 58 (03): 1-19.

[2] Murphy P R, Poist R F, Braunschweig C D. Management of environmental issues in logistics: current status and future potential [J]. Transportation Journal, 1994, 34 (1): 48-56.

[3] Graham C Stevens. Integrating the supply chain [J]. International Journal of Physical Distribution & Logistics Management, 1989, 19 (8): 3-8.

[4] Graham C Stevens. Successful supply-chain management [J]. Management Decision, 1990, 28 (8): 25-30.

SCM。[1] 随后发表在 Harvard Business Review 上的两篇文章也提到供应链管理及其对采购或物流的重要性。[2][3] 1989 年，Stevens 从目标角度阐释供应链管理内涵：要保持客户需求与供应商物料流动的同步，实现高客户服务、低库存投资和低单位成本的平衡，强调集成管理思维。[4] 1994 年，LaLonde 和 Masters 从战略的角度论述供应链管理，认为其以需求和销售信息的共享、长期合作伙伴关系的建立和物流过程运动轨迹控制潜力的提升为目标。[5] 虽然定义不同，但是学者们普遍都强调供应链管理的增值作用。

从 20 世纪 60 年代到 20 世纪 90 年代上半期，供应链及供应链管理的概念基本成型。整个过程中，供应链协同学派关注协调供应链上的复杂关系，协调思想为供应链的出现奠定了理论基础；供应链网链结构学派提供 MIS、EDI、Internet 等技术和系统的支持；供应链运作模型学派还未形成独立的运作模型，但受企业再造思想影响，开始涉足业务流程变革研究；消费者响应学派研究内容较为丰富，从需求放大的牛鞭效应出发，探讨实现信息共享、满足客户需求所需采取的各类供应链管理策略（JIT 采购、QR 策略、供应商管理、精益生产、敏捷供应链和 ECR 策略等）；可持续供应链学派初显端倪，提倡供应链发展与社会、经济、环境相协调。这个时期供应链管理研究开始关注与合作伙伴的关系，但信息共享成为最大阻碍。

---

[1] Oliver R K, Webber M D. Supply-chain management: logistics catches up with strategy [J]. Outlook, 1982, 5 (1): 42-47.

[2] Kraljic Peter. Purchasing must become supply management [J]. Harvard Business Review, 1983, 61 (5): 109-117.

[3] Shapiro R D. Get leverage from logistics [J]. Harvard Business Review, 1984, 62 (3): 119-126.

[4] Graham C Stevens. Integrating the supply chain [J]. International Journal of Physical Distribution & Logistics Management, 1989, 19 (8): 3-8.

[5] 马士华，林勇. 供应链管理 [M]. 5 版. 北京：机械工业出版社，2016.

二、起步期（1996—2004 年）

1996 年春，供应链运作参考模型（Supply Chain Operations Reference，SCOR）在美国诞生[①]，标志着国外供应链管理研究进入起步阶段。从此以后，国外关于供应链及供应链管理的学术研究进入快车道，研究内容日益丰富，研究视角日益多元。

（一）背景

20 世纪 90 年代后期到 21 世纪初，外包进入黄金发展期，全球电子商务进一步发展，BPR 到 BPM（Business Process Management，业务流程管理）推动供应链流程再造与流程管理，供应链管理进入价值网络阶段。美国重掌世界霸权，引领全球进行了大量的供应链管理研究。

1. 外包进入黄金发展阶段

20 世纪 90 年代中后期，以 IT、通信、网络及信息技术为代表的技术进步，推动着电子商务及外包的兴起，使得企业越来越重视自身核心能力的打造。外包在企业各项职能中深入拓展，如生产、销售、人力、物流、售后等，并进入黄金发展阶段。在电子商务背景下，外包是供应链优势整合的重要一环，促使供应链管理思想的成熟及流行。

2. BPR 的演变与拓展

萌芽期产生的 BPR 思想核心是从根本上反思和重新设计业务流程，但其忽略了沉没成本和人对待变革的态度，失败率高达 50%～70%。于是BPI（Business Process Improvement，业务流程改进）超越 BPR，获得越来越多的认可，但其存在"重 IT 技术，轻管理目标"的缺点。2003 年，

---

① Bolstorff P, Rosenbaum R. Supply chain excellence: a handbook for dramatic improvement using the SCOR model [M]. New York: AMACOM, 2003.

Smith 和 Fingar 发表的《企业流程管理：第三波》预言未来 50 年 BPM 仍是企业管理的主流。其实，BPI 也好，BPM 也罢，本质上都是对 BPR 概念内涵和外延的不断修正和理性补充。BPR 思想对供应链运作管理意义重大。

3. 供应链进入价值链网络阶段

进入 21 世纪以后，互联网进一步将全球经济纳入一体化发展网络，供应链的地位和作用进一步凸显，进入寻求外部合作、构建价值链网络的 win-win 阶段。人们对供应链的认识也从传统的"简单—线性—单链"转变为现实的"复杂—非线性—网链"。在这个时期，供应链及供应链管理触发了行业热潮，从企业日常运营管理的一部分上升到企业重要发展战略的高度。

4. 美国进入"新经济"时代

通过萌芽期的知识积累，从 1991 年 3 月到 2000 年 2 月，美国收获了知识经济和高科技红利，出现了以知识、虚拟和网络为基石的"新经济"。1996 年 12 月 30 日，美国《商业周刊》发表了一篇题为"新经济的胜利"的文章，对这种现象作了最早的回应。新经济时期超过了美国历史上任何一次增长期，是美国向日本学习的成果，同时推动美国供应链向虚拟供应链、全球供应链发展。

（二）供应链管理的重点研究主题

进入 20 世纪 90 年代后期，供应链管理强调企业构建自身价值链网络，少而精地选择合作伙伴，保证合作的有效性。此阶段关于供应链的研究内容最为丰富，出现了许多经典供应链模型和理论。

1. 供应链及供应链管理概念

本阶段国外学者对供应链的定义进行了丰富完善，但出发点和侧重点各不相同。

1998 年，Lin F.R. 等认为供应链是包括供应商、制造商、销售商在内，涉及物流、资金流、信息流的企业网络系统。① 1999 年，Christopher 认为，供应链是一个组织网络（上游到下游），在交付给最终用户产品和服务的各个环节中产生的价值增值。② 同年，Walker 等人认为供应链是由自主或者半自主的企业构成的网络，共同完成一类或多类产品的采购、生产，并最终将产品配送给顾客的过程。③ 2000 年，Riddalls 等人认为供应链是以顾客需求为中心的商业企业系统。④ 2001 年，Chopra 和 Meindl 认为供应链包括为满足顾客需求所直接或间接涉及的所有环节，包含所有链上企业和顾客。⑤

此外，国外对供应链管理的概念研究也在本阶段丰富起来。1997 年，Cooper 等人认为 SCM 是指从最终用户到提供产品、服务和信息以及增加客户和其他利害关系者价值的原始供应商关键经营过程的集成。⑥ 1999 年，Handfield 和 Nichols 认为供应链管理是通过改善供应链关系的那些活动的集成来达到持续竞争优势。⑦ 同年，Simchi-Levi 等人认为供应链管理是应用一组方法将供应商、制造商、仓库和库存有效集成，为了总成本最小和满足需求的服务水平，使商品在正确的数量、正确的地点和正确的时间生产和分销。⑧

---

① Lin F R, Shaw M J. Reengineering the order fulfilment process in supply chain networks [J]. International Journal of Flexible Manufacturing Systems, 1998, 10（3）: 197-229.

② Martin Christopher. Logistics and supply chain management: strategies for reducing cost and improving service (second edition) [J]. International Journal of Logistics: Research and Applications, 1999, 2（1）: 103-104.

③ Walker W T, Alber K L. Understanding supply chain management [J]. APICS the Performance Advantage, 1999, 9: 38-43.

④ Riddalls C E, Bennett S, Tipi N S. Modelling the dynamics of supply chains [J]. International Journal of Systems Science, 2000, 31（8）: 969-976.

⑤ Chopra S, Meindl P. Supply chain management: strategy, planning and operation [M]. Upper Saddle River, NJ: Prentice-Hall, 2001.

⑥ Cooper M C, Lambert D M, Pagh J D. Supply chain management: more than a new name for logistics [J]. The International Journal of Logistics Management, 1997, 8（1）: 1-14.

⑦ Handfield RB, Nichols E. Introduction to supply chain management [M]. Eaglewood Cliffs: Prentice Hall, 1999.

⑧ David Simchi-Levi, Philip Kaminsky, Edith Simchi-Levi. Designing and managing the supply chain: concepts, strategies and case studies [M]. New York: McGraw-Hill, 1999.

虽然各方观点不同，但是与萌芽期相比，关于供应链及供应链管理的概念研究被进一步丰富。总的来说，学者们主要从四个角度定义供应链：① 参与主体（生产商/制造商、供应商、运输商、销售商、顾客等）；② 活动内容（计划、采购、加工制造、运输、销售等）；③ 四流（商流、物流、资金流、信息流）；④ 拓扑结构（网络、链条、网链等）。同时，对供应链管理的认识已经形成了系统、网链的概念。

2. 供应链管理策略

在外包和电子商务不断发展的背景下，为了更快、更好响应客户需求，供应链研究开始关注供应商管理库存 VMI（Vendor Managed Inventory）、联合库存管理 JMI（Joint Inventory Management）、协同计划预测补给 CPFR 和多级库存管理 MIM（Multi-echelon Inventory Management）等相关策略。这些策略的研究为后期供应链管理实践及研究奠定了扎实的基础。

同时，供应链管理策略开始吸取精益生产经验，从萌芽期的敏捷供应链研究向精益化、精敏化方向发展。1996 年，Lamming 在《国际运营与生产管理杂志》的论文《将精益供应与供应链相结合》中提出 Lean Supply Chain（精益供应链）。① 1999 年，美国学者 Naylor 等人认为，无论是将精益思维和敏捷制造看成一个进程还是孤立开来看，都过于简单。基于此，他们率先提出 Leagile Supply Chain（精敏供应链）概念，将精益和敏捷方法结合在一个解耦点上，以实现最优供应链管理。②

3. 合作伙伴选择

起步期，由供应商、制造商和客户等作为一个整体构成的供应链已

---

① Lamming R. Squaring lean supply with supply chain management [J]. International Journal of Operations & Production Management, 1996, 16（2）: 183-196.

② J Ben Naylor, Mohamed M Naim, Danny Berry. Leagility: integrating the lean and agile manufacturing paradigms in the total supply chain [J]. International Journal of Production Economics, 1999, 62（1）: 107-118.

经成为竞争的基本单元。[①]因此，要构建一个高效的合作伙伴队伍，离不开对合作伙伴选择方法、合作契约、绩效评价及动态调整等问题的研究。1996年，Talluri等提出了两阶段的伙伴选择过程模型。[②] 1998年，Duystets等探讨了战略技术联盟中的合作伙伴选择。[③]然而，许多合作伙伴选择和评价标准多考虑定量的因素，而忽略了非定量因素。于是1998年，Robert J.Vokurka等认为伙伴的概念必须建立在合作和信任之上。[④]

因此，供应链合作伙伴关系与传统的供应商关系不同，合作伙伴关系不仅关注物料，还关注服务，采用多标准（规模、信誉、交货期、交货质量和文化融合性等）、大范围（全球选取、少而精）并行方式，通过签订具有开放性的长期合同，结合电子信息技术共享信息，建立长期、稳定、紧密的合作关系。

4. 集成管理技术

萌芽期信息共享是最大问题。本阶段以互联网（Internet）、内网（Intranet）和外网（Extranet）为代表的信息网络技术为供应链集成管理带来了大量降低成本与改善服务的机遇。

集成管理技术的发展推动了国际电子商务发展的进程，电子商务（Electronic Commerce）背景下的供应链管理研究成为热点，包括：电子商务时代供应链管理的核心任务和供应链管理集成技术等，着力于信息共

[①] Lambert DM, Cooper MC. Issues in supply chain management [J]. Industrial Marketing Management, 2000, 29 (1): 65-83.

[②] Talluri S, Baker R C. A quantitative framework for designing efficient business process alliances [C] //IEMC 96 Proceedings. International Conference on Engineering and Technology Management. Managing Virtual Enterprises: A Convergence of Communications, Computing, and Energy Technologies. IEEE, 1996: 656-661.

[③] Duystets G. Gerard Kok, Maaike Vaanderager. Creating win-win situations: partner selection in strategic technology alliances [C]. Technology Strategy and Strategic Alliances Proceeding R&D Management Conference, Avila, Spain, 1998.

[④] Vokurka R J, et al. Supply partnership: a case study [J]. Production and Inventory Management, 1998, (1): 30-35.

享问题的解决。例如：1997 年，Lee 等人认为电子商务时代，销售模式从原本的生产者推动变为以消费者拉动为主，在一定程度上减少了牛鞭效应。① 2000 年，Aynur 认为在电子商务环境下，要解决多个企业供应链、价值链和商业产业链，链和链的同步问题。②

5. 虚拟供应链

1998 年，英国桑德兰大学电子商务中心开展了名为"Supplypoint"的研究项目，通过构建一个电子信息平台，将中小企业纳入其虚拟联盟，使客户能在平台上直接订货，并称之为虚拟供应链。③ 虚拟供应链是在专业的技术和服务支持基础上，合作伙伴之间共享信息和交易的网络联盟，信息共享具有实时性和动态性，有助于打通客户和供应链合作伙伴间的通道，实现双赢。

6. 供应链运作模型

顺应 BPR 热潮，1996 年春供应链运作参考模型（Supply Chain Operations Reference，SCOR）在美国诞生。④ 该模型运用企业流程再造思想，结合企业资源计划 ERP 等技术，实现内外部资源与信息的整合。

1996 年年末的 GSCF 模型（Global Supply Chain Forum，全球供应链论坛模型）和 1998 年的 CPFR 模型（协同式供应链库存管理模型）都是基于业务流程对企业进行改革的供应链运作模型。其中，CPFR 模型也是供应链协同学派的一种协同工具，体现了供应链运作模型学派和供应链协同学派不可分割的关联性；同时，CPFR 与 QR、ECR 一样还是一种供应链

---

① Lee H L, Padmanabham V, Seungjin Whang. The bullwhip effect in supply chains [J]. Sloan Management Review, 1997, 38: 93-102.

② Aynur Ünal. Electronic commerce and multi-enterprise supply/value/business chains [J]. Information Sciences, 2000, 127（1）: 63-68.

③ Krnidge S, Slade A, Kemidge S, et al. Supplypoint: electronic procurement using virtual supply chains-an overview [J]. Electronic Markets, 1998, 8（3）: 28-31.

④ Bolstorff P, Rosenbaum R. Supply chain excellence: a handbook for dramatic improvement using the SCOR model [M]. New York: AMACOM, 2003.

管理策略，也是消费者响应学派的研究内容。

2000年5月的全球食品安全倡议（GFSI）和2004年的开放标准标杆协作（OSBC）进一步推出供应链管理相关标准，这与模型的发展是相辅相成的。

1997年，Marshall L. Fisher提出供应链的设计应以产品为中心。因此，本阶段的供应链模型和标准基本上是从产品视角出发。2004年9月15日，Ellram等人提出的Ellram服务供应链通用模型，打破了原本以产品为中心的供应链运作模型设计，开始从服务视角满足客户的高层次心理需求。

7. 协同管理

供应链协同管理在20世纪90年代中期，由咨询界和学术界正式提出。协同管理是萌芽期协调思想的进一步延伸，是在日益复杂和恶劣的竞争环境下产生的企业间深度合作和共同管理的共生模式。随着经济全球化和世界一体化的加速，研究强调引导企业局部、短视思维的转变，从"个体成本最小化、利益最大化"思想转为以"打造供应链整体竞争优势"为首要目标，提高整条供应链响应能力和顾客满意度，进而实现长期获利。1998年，Beamon提出供应链的集成需要走向新的、综合的协同模式。[①]这标志着供应链步入协同管理新时代。

8. 闭环、绿色供应链

20世纪90年代后期，国内外学者已经对双向物流同时存在的实际问题进行研究，并提出"闭环供应链"这一全新概念，旨在形成"资源—消费—再生资源"的闭环反馈流程。

1996年，美国密歇根州立大学的制造研究协会在一项"环境负责制造（Environmentally Responsible Manufacturing，ERM）"的研究中首次提出绿色供应链的概念。2001年，学者Min和Galle也提出了美国公司

---

① Beamon B M. Supply chain design and analysis: models and methods [J]. International Journal of Production Economics, 1998, 55 (3): 281-294.

基于绿色产品的绿色采购策略。[①] 同年，Bowen 等以供应商选择的标准是确定的为前提，比较了"供应过程绿化"与"供应商品绿色"间的差别。[②] 2004 年，Abukhader 和 Jonson 指出在供应链管理中尤其要考虑环境问题。[③] 这在萌芽期 Murphy 和 Poist 的观点基础上又进了一步。

这一阶段供应链及供应链管理的概念得到进一步拓展，供应链管理思想研究呈现百花齐放的态势。消费者响应学派从关注生产制造拓展到整条供应链的精益化、精敏化，各类库存管理策略得到进一步丰富。供应链网链结构学派借助 Internet 的集成管理技术使供应链管理迈上了技术的新台阶，推动电子商务及集成技术的发展，实现虚拟供应链。供应链运作模型学派本阶段隆重登场，受到企业再造理论的影响，相继推出经典的 SCOR 模型、GSCF 模型、CPFR 模型和 Ellram 服务供应链通用模型，为供应链的标准化和系统化运作提供范式。供应链协同学派开始从"协调"向"协同"思维转变，关注协同伙伴选择、协同信息共享管理、协同信息预测，目的是快速响应消费者需求，与消费者响应学派目的一致，同时为供应链全球化、一体化提供实现途径。可持续供应链学派在本阶段提出的闭环供应链和绿色供应链，也是建立在"协同、共生"的理念基础之上，与供应链协同学派有异曲同工之妙。

三、发展期（2005—2015 年）

2005 年，美国物流管理协会的更名意味着国外供应链管理开始从物流管理中独立出来，供应链管理理论开始沉淀，走向成熟。

---

① Min H, Galle W P. Green purchasing practices of US firms [J]. International Journal of Operations and Production Management, 2001, 21（9）: 1222-1238.

② Bowen F E, Cousins P D, Lamming R C, et al. The role of supply management capabilities in green supply chain [J]. Production and Operations Management, 2001, 10（2）: 174-189.

③ Abukhader S M, Jonson G. Logistics and the environment: is it an established subject? [J]. International Journal of Logistics, 2004, 7（2）: 17-149.

(一) 背景

供应链管理在本阶段突破了企业和协会范畴，上升到各国国家战略乃至世界发展战略高度。打造全球供应链，分摊供应链风险，降低供应链成本，协同供应链效率，走绿色、低碳发展之路成为各国关注的焦点。

1. 2005 年美国物流管理协会更名

2005 年 1 月 1 日，美国物流管理协会，顺应时代变化，更名为"美国供应链管理专业协会（CSCMP）"。这一事件标志着美国从物流管理向供应链管理的转变，也是供应链管理发展期的开端。此后，供应链管理理论与技术开始在全球传播，物流管理加速向供应链管理转变，供应链管理成为学术界的热门研究课题。[①]

2. 2008 年国际金融危机

2001 年，美国网络经济泡沫化和"9·11"恐怖袭击事件后，美国联准会意图通过降低利率刺激实体行业，拯救疲软的经济。然而这一系列政策使得资金流向了次贷市场，而非计划中的实体行业。"金融+房产"的双拉抬，使得美国经济呈现虚假繁荣景象五六年。2007 年 2 月美国次贷危机爆发，2008 年 9 月 15 日雷曼兄弟破产，世界经济崩盘。国际金融危机触发了供应链多米诺骨牌，整个供应链变得非常脆弱，有些链条之间甚至发生了断裂。链条上的主体之间不信任增强，危机重重。

3. 温室气体观测卫星的成功发射

面对严峻的资源、气候和环境危机，2009 年哥本哈根世界气候大会后，节能减排成为应对"困局"的必然选择，碳排放的量化监测成为实现"低碳"的基础技术和保障。恰在此时期，两颗监控地球温室气体排放的

[①] 何明珂. 供应链管理的兴起：新动能、新特征与新学科 [J]. 北京工商大学学报（社会科学版），2020, 35（03）：1-12.

卫星成功发射：一颗是 2009 年日本发射的 GOSAT，一颗是 2014 年美国发射的 OCO-2。它们提供的全球二氧化碳观测卫星数据给全球碳循环和低碳供应链研究带来更多可能。

4. 全球供应链纳入各国发展战略

21 世纪，随着经济一体化，越来越多的企业将触角延伸到世界各地，构建全球供应链体系。2007 年起，世界银行每两年发布一次 LPI 指数（全球物流绩效指数），评估各国全球供应链竞争能力。2011 年，美国商务部成立了供应链竞争力咨询委员会；2012 年，美国正式发布《全球供应链安全国家战略》。2013 年中国提出"一带一路"倡议。2014 年亚太经合组织（APEC）通过《建立 APEC 供应链联盟倡议》，以推进亚太绿色供应链网络建设。全球供应链发展战略正在给世界带来巨变。

（二）供应链管理的重点研究主题

进入 21 世纪后，供应链研究从上两阶段的加强外部合作、关注合作伙伴关系进入供应链整合阶段，并形成"网链"的概念。[1] 各学科知识也开始在供应链研究领域交融。[2]

1. 供应链管理策略

从萌芽期和起步期较为关注库存管理策略和整体运营策略，到本阶段侧重于电子商务、绿色环保、新兴技术覆盖等多种情境叠加下的消费者需求响应策略研究。具体来说，研究内容包括双渠道供应链协调策略（线上线下冲突与协调、定价决策、双渠道供应链绩效评价），大规模定制问题（需求调研、标准化、产品研发与设计、柔性生产、动态响应），报童问题，牛鞭效应（原因、对策），逆向供应链策略（退货、换货），绿色响

---

[1] 王迅，陈金贤. 供应链管理在不同历史时期的演化过程和未来趋势分析［J］. 科技管理研究，2008（10）：194-195+193.

[2] 杨隆华，雷明. 国外供应链管理研究的演进路径与展望［J］. 管理学家（学术版），2008，1（01）：71-76+98.

应（与可持续供应链学派相结合的消费者响应策略）等。例如，2006年，Cattani等人为缓解渠道冲突，通过研究表明互联网便利程度是制造商采取等价策略的关键。[①] 2010年，Mollenkopf探寻了精益、绿色和全球供应链之间的关系，重点探讨同时实行这三项战略的举措。[②]

2. 供应链整合

2010年，Flynn指出供应链整合是制造商与合作伙伴间合作的程度，[③] 其包含三个维度：内部整合、客户整合和供应商整合。[④] 同时，大量学者研究了供应链整合对创新、企业绩效和股东价值的促进作用。[⑤][⑥][⑦][⑧] 发展期，学术界借助不同的研究方法，从整合的各个维度探究整合的意义和价值。

3. 全球供应链

关于全球供应链的研究，基于经济全球化和企业国际化背景，侧重

[①] Kyle Cattani, et al. Boiling frogs: pricing strategies for a manufacturer adding a direct channel that competes with the traditional channel [J]. Production and Operations Management, 2006, 15 (1): 40-56.

[②] Diane Mollenkopf, Hannah Stolze, Wendy L Tate, Monique Ueltschy. Green, lean, and global supply chains [J]. International Journal of Physical Distribution & Logistics Management, 2010, 40 (1/2): 14-41.

[③] Flynn B B, Huo B, Zhao X. The impact of supply chain integration on performance: a contingency and configuration approach [J]. Journal of Operations Management, 2010, 28 (1): 58-71.

[④] Zhao X. The impact of internal integration and relationship commitment on external integration [J]. Journal of Operations Management, 2011, 29 (1/2): 17-32.

[⑤] Koufteros X, Vonderembse M, Jayaram J. Internal and external integration for product development: the contingency effects of uncertainty, equivocality, and platform strategy [J]. Decision Sciences, 2005, 36 (1): 97-133.

[⑥] Koufteros X A, Cheng T C E, Lai K H. "Black-box" and "gray-box" supplier integration in product development: antecedents, consequences and the moderating role of firm size [J]. Journal of Operations Management, 2007, 25 (4): 847-870.

[⑦] Mitra S, Singhal V. Supply chain integration and shareholder value: evidence from consortium based industry exchanges [J]. Journal of Operations Management, 2008, 26 (1): 96-114.

[⑧] Van Der Vaart T, Van Donk D P. A critical review of survey-based research in supply chain integration [J]. International Journal of Production Economics, 2008, 111 (1): 42-55.

于其定义内涵、策动因素、发展趋势、管理效应、组织形式、外包管理研究。2005年，Grossman和Helpman等学者从三个方面说明企业在垄断竞争市场中是选择一体化还是外包，并在后续研究中进一步说明外包与国外采购的互补性，探讨了跨国公司的最优整合策略。[①②③] 2006年，Helpman进一步探讨了跨国企业怎样选择适合自己的生产方式，阐释了全球供应链战略选择的策略。[④]

在全球供应链管理的研究中还有一个重要分支，就是风险管理研究。全球化背景下，跨时空、跨文化给合作伙伴的集成、分享和配合带来许多不确定因素。此外，全球供应链中的环境保护问题（碳排放、汞排放、固体废弃物、天然气、企业可持续性、企业社会责任等）和人与食品药品的安全问题尤为突出。Elena认为要借助危害分析的关键控制点体系认证来保障全球食品供应链安全。[⑤]

4. 供应链模型

2005年的供应链管理流程标准（SCMPS）给出了企业实施供应链管理所需达到的最低流程标准和最佳流程实践，通过标准和标杆为各领域企业提供指引。2007年，IUE-SSC服务供应链模型将供应链简化为三大角色（供应商、服务提供商、用户）和六大内容（需求、能力与资源、供应商关系、服务绩效、订单处理和客户关系管理）。这标志着供应链运作模型研究向着服务化方向发展。

---

① Grossman G M, Helpman E. Outsourcing in a global economy [J]. The Review of Economic Studies, 2005, 72 (1): 135-159.

② Gene M Grossman, Elhanan Helpman, Adam Szeidl. Complementarities between outsourcing and foreign sourcing [J]. American Economic Review, 2005, 95 (2): 19-24.

③ Gene M Grossman, Elhanan Helpman, Adam Szeidl. Optimal integration strategies for the multinational firm [J]. Journal of International Economics, 2005, 70 (1): 216-238.

④ Elhanan Helpman. Trade, FDI, and the organization of firms [J]. Journal of Economic Literature, 2006, 44 (3): 589-630.

⑤ Fagotto E. Governing a global food supply: How the 2010 FDA food safety modernization act promises to strengthen import safety in the US [J]. Erasmus L. Rev., 2010, 3: 257.

5. 应急供应链

全球范围内突发事件日益频繁，学术界针对事件后的应急物流和应急供应链进行重点研究。应急供应链来源于应急管理（Disruption Management）[①]一词，开始多运用于航空、警报、消防领域，后因恐怖主义升温和大型灾害的频发而引起人们对应急物流、应急救援的研究。

2005年，Kleindorfer和Saad总结了应对供应链突发事件的10条原则。[②] 2006年，Snyder和Shen对于现有的供应突发事件模型进行了综述。[③]同年，Tang突出对关键产品和部件实施战略库存的重要性。[④] 2008年，Serel基于单一阶段，探讨应急风险状况下，一个零售商和两个供应商的库存和定价决策模型。[⑤] 2009年，Simpson和Hancock认为：针对大型灾害的应急响应研究应该与"传统供应链研究"区别开来。[⑥] 2010年，Whybark等认为有必要将灾后应急供应链与人道主义救助链进一步区分。[⑦] 2011年，Kovacs和Spens提出了应急供应链六个急需的研究方向。[⑧]

[①] Clausen J, J Hansen, J Larsen, A Larsen. Disruption management [J]. OR/MS Today, 2001, 28（5）：40-43.

[②] Kleindorfer P, Saad G. Managing disruption risks in supply chains [J]. Production and Operations Management, 2005, 14（1）：53-68.

[③] Snyder L V, Shen Z J M. Supply and demand uncertainty in multi-echelon supply chains [J]. Submitted for publication, Lehigh University, 2006, 15.

[④] Christopher S Tang. Robust strategies for mitigating supply chain disruptions [J]. International Journal of Logistics Research and Applications, 2006, 9（1）：33-45.

[⑤] Doğan A Serel. Inventory and pricing decisions in a single-period problem involving risky supply [J]. International Journal of Production Economics, 2008, 116（1）：115-128.

[⑥] Simpson N C, Hancock P G. Fifty years of operational research and emergency response [J]. Journal of the Operational Research Society, 2009, 60：126-139.

[⑦] Whybark D C, Steven A M, Jamison D, et al. Disaster relief supply chain management: new realities, management challenges, emerging opportunities [J]. Decision Line, 2010, 41（3）：4-7.

[⑧] Kovacs G, Spens K M. Humanitarian logistics and supply chain management: the start of a new journal [J]. Journal of Humanitarian Logistics and Supply Chain Management, 2011, 1（1）：5-14.

此后，应急供应链中的应急物资的需求预测、信息技术支持、信息共享、多主体协同、选址调度、库存管理、风险控制等问题成为研究重点。

6. 供应链金融

2008年国际金融危机后，各国商业银行信贷紧缩，但供应链融资却逆势而上。2008年，Michael Lamoureux 认为供应链金融是一种在核心企业主导的企业生态圈中对资金的可得性和成本进行系统优化的过程。[①]

学者们意识到供应链涉及链上诸多企业，资金在流动过程中会出现卡壳和阻塞现象。一旦某节点物流企业发生资金流断裂，其影响的是整条供应链，会产生巨大的连锁反应。因此，国外研究开始关注供应链资金流的利用和管理问题，降低供应链资金流风险，提高供应链运作弹性，实现供应链金融对整条产业链的保障和升值作用。

7. 供应链契约

协同过程中的供应链竞争与合作、供应链治理、供应链激励、供应链契约也成为本学派研究的重点内容。

1985年，Pasternack 最早提出了供应链契约的概念。发展到本阶段，学者们根据实际需要拓展了供应链契约的类型，由原来的批发价格契约、数量弹性契约、收益共享契约、回购契约发展到期权契约、奖惩契约等形式。丰富的供应链契约模式能够对合作伙伴的个性化起到激励作用，实现供应链治理功能。

8. 低碳供应链

2009年，哥本哈根世界气候大会再次聚焦温室气体排放问题。"低碳"即刻成为公众和媒体关注和讨论的重点，被列为供应链领域研究重点。本阶段低碳供应链的研究主要集中于碳足迹的衡量方法和测算标

---

① Hofmann E. Inventory financing in supply chains a logistics service provider approach [J]. International Journal of Physical Distribution & Logistics Management，2009，39（9）：716-740.

准。许多学者和国际组织通过追踪不同行业的碳足迹，提出了一些针对具体行业的碳足迹计算方法和准则。[1][2] 2010 年，英国标准协会（British Standards Institution，BSI）发布了 PAS 2060《碳中和承诺规范》，践行碳中和行动。关于低碳供应链的研究更多的是国际组织、地区联盟和各国政府在引导和推进。

发展期，供应链管理进入整合阶段，各学派思想融合更为紧密，你中有我，我中有你。消费者响应学派从原本清晰的生产策略、库存管理策略、销售策略和物流策略转变为一体化策略研究，从规模化和定制化模式中找到大规模定制化之路，并向绿色精益方向迈进。供应链网链结构学派从原来的关注内部整合，转变为更多地关注外部整合，形成全球供应链。供应链运作模型学派进一步推进供应链运作标准化、模型化，并向服务供应链转型，同时关注非常规供应链运作模式——应急供应链。供应链协同学派关注供应链契约和供应链金融，完善供应链协同机制。可持续供应链学派关注低碳供应链及其模型的构建，以减少温室气体排放，保护大气层。

四、拓展期（2016 年至今）

2016 年，"云物移大智"（云计算、物联网、移动互联、大数据、人工智能）时代的到来，标志着国外供应链管理进入拓展期，研究重点在于"云物移大智"技术的研发与运用、供应链质量管理、知识供应链、服务供应链、产业供应链、绿色供应链、可持续供应链以及新形势下供应链

---

[1] Espinoza-Orias N, Stichnothe H, Azapagic A. The carbon footprint of bread [J]. International Journal of Life Cycle Assessment, 2011, 16（4）: 351-365.

[2] Lee K H. Integrating carbon footprint into supply chain management: the case of Hyundai Motor Company（HMC）in the automobile industry [J]. Journal of Cleaner Production, 2011, 19（11）: 1216-1223.

风险管理。

（一）背景

"技术"是时代的顶梁柱，为时代的发展和进步提供根本性的支持，供应链集成技术在本阶段迎来重大变革，从供应链整合进入供应链治理及拓展阶段，开始关注供应链的管理及服务质量问题。各类供应链管理认证证书的出现意味着"供应链管理知识"在本阶段开始成熟并沉淀，但是国际局势的变幻莫测给全球供应链的发展带来许多风险和不确定性。

1. 2016 年开启"云物移大智"时代

2016 年是计算机应用 60 年、人工智能提出 60 年、光纤通信发明 50 年、摩尔定律提出 50 年、蜂窝移动通信应用 40 年、互联网 WEB 技术发明 25 年，[1] 新技术与传统技术的融合发展，使供应链站在新的发展起点，开启"云物移大智"时代。凭借最新集成技术，供应链可进一步实现信息共享、全程跟踪和精准服务，优化供应链设计，推动全球供应链的转型发展。

2. 制造业转型升级战略

无论是"德国工业 4.0"，还是"美国工业互联网"，抑或"中国制造 2025"，本质上都是面向第四次工业革命的国家制造业转型升级战略。这些战略虽然在发展期提出，但是到了拓展期其重要性才真正凸显，各国际联盟开始将其从国家工业发展战略上升到地区发展战略高度。2018 年 9 月，越南河内举办世界经济论坛东盟会议，探讨了"工业 4.0"给东盟国家带来的挑战和机会。各地区推行新型制造业转型升级及工业互联网战略都是为了在新时代占据智能制造的先机，打造新时代的"数智"供应链，获得竞争优势。

---

[1] 邬贺铨. "大智物移云"时代来临[J]. 中国战略新兴产业，2017（21）：94.

3. 2018年中美贸易战

2017年，中美贸易就已摩擦不断，进入贸易战的前奏阶段。2018年3月22日，时任总统特朗普签署总统备忘录，宣称依据"301调查"结果，对数百亿美元的中国商品加征关税。从供应链的角度来看，这违背了比较优势的供应链原则（一个国家比其竞争对手更有效、更廉价地生产某些商品和服务的能力），从而违背了自由市场原则。中美贸易战辐射面较广，导致与两国相关产品的产业链中断，并波及全球与之相关的供应链、产业链。

4. 2018年供应链管理联盟成立

2018年，APICS宣布成立供应链管理联盟（Association for Supply Chain Management，ASCM），总部设在芝加哥。ASCM对旗下的培训认证产品和服务进行了整合，其认证体系包括：CPIM（生产与库存管理专家认证）、CSCP（供应链专家认证）、CLTD（物流、运输和配送专家认证）、SCOR-P（供应链参考模型专家认证）。这标志着供应链管理迈向专业化、标准化、成熟化。

5. 2019年年底的新冠肺炎疫情

复杂性科学认为，网络中各个节点相互连接越紧密，网络的运行越不稳定。2019年年底，新冠肺炎疫情开始流行导致联系紧密的全球供应链面对中断问题。这促使多个国家开始思考要适当降低与他国的供应链依存度，来提升供应链的稳定度和韧性。2020年，德国经济部部长彼得·阿尔特迈尔表明了国际供应链多元化和降低单方面依赖的重要性。之后，英国也发布《英国电信供应链评估报告》，提出建立可持续、多元化电信供应链的重要性。欧洲国家相继借助供应链弹性的提升，来刺激国内生产和新技术的迭代，强化科技竞争力。[①] 2020年3月26日，在二十国集团

[①] 高婧杰，杨小奇，马英轩，陈丽娜. 国际供应链发展动向对我国"新基建"安全的影响[J]. 通信世界，2021（08）：11-13.

领导人应对新冠肺炎特别峰会上,各国联合声明要共同维护全球供应链稳定,解决因疫情产生的中断问题。

6. 日益恶劣的气候环境

根据2020年气温数据,全球各气象机构(欧盟哥白尼气候变化服务中心CCCS、美国宇航局NASA、美国国家海洋和大气管理局NOAA、英国气象局UKMO和日本气象厅JMA等)一致认为2020年至少是排名前三(2016年、2019年、2020年)的高温年份。环境污染、气候变化、自然资源紧缺使得灾害频发,全球供应链变得脆弱,面临中断风险。各国出台的环境保护法律法规和标准使破坏者付出沉重代价,进而促进供应链管理向低碳、绿色、可持续方向发展。

(二)供应链管理的重点研究主题

国外供应链管理拓展阶段,以2016年"云物移大智"时代到来为开始标志。供应链管理开始重点关注供应链质量,推动供应链的知识化、产业化、服务化、绿色化发展。

1. 供应链质量管理

供应链质量管理的核心是构建一个完整有效的供应链质量保证体系。其研究重点在于质量管理的环节和策略把控,2020年,Ben等人论述了物联网在食品供应链质量管理中的作用。[1] 同年,Jiachen Cheng探讨了企业供应链质量管理的有效策略。[2] 2021年,Ayman等人基于供应链敏捷性与创新的间接作用,论述了供应链质量管理对供应链绩效的影响。[3] 在

---

[1] Ben Daya Mohamed et al. The role of internet of things in food supply chain quality management: a review [J]. Quality Management Journal, 2020, 28 (1): 17-40.

[2] Cheng J. Effective strategy of enterprise supply chain quality management [J]. International Journal of Social Science and Education Research, 2021, 4 (4): 27-31.

[3] Abdallah A B, Alfar N A, Alhyari S. The effect of supply chain quality management on supply chain performance: the indirect roles of supply chain agility and innovation [J]. International Journal of Physical Distribution & Logistics Management, 2021, 51 (7): 785-812.

经历了萌芽期、起步期和发展期的粗放管理之后,本阶段供应链更为关注质量管理,打造高质量供应链,获得拓展期竞争优势。

2. 供应链的知识管理

知识供应链以知识为链条,联通和服务上下游,实现知识效用最大化,构建核心竞争力。供应链知识管理的内容、知识供应链管理模型的构建、知识开发、知识共享、知识共享收益分配、知识管理服务化成为本阶段研究重点。2016年,Ramish等基于双/三环学习原理衡量供应链知识管理(SCKM)绩效。[1] 2017年,Alessandra等人则对知识与专利开发供应链的合作经验进行了分析与总结。[2]

3. 供应链集成技术

以"云物移大智"为代表的新兴集成技术使得组织之间运营更为协同,使得产业的供需匹配更为精准。各类信息集成技术的融合应用推动供应链研究进一步向供应链透明化、供应链动态联盟、供应链设计与优化、供应链整合、产业供应链、智慧供应链、全球化供应链方面拓展。2017年,Witkowski提出IT物流智能解决方案,是技术和组织两个领域的融合创新。[3] 2020年,Zelbst等学者将一项已建立的无线射频识别技术(RFID)与两项相对较新的技术——工业物联网(IIoT)和区块链(BCT)相结合,发现三种技术结合可以提高所有合作伙伴和客户之间的信息共享程度和透明度。[4]

---

[1] Ramish A, Aslam H. Measuring supply chain knowledge management (SCKM) performance based on double/triple loop learning principle [J]. International Journal of Productivity and Performance Management, 2016, 65 (5): 704-722.

[2] Alletto A, Bruccoleri M, Mazzola E, et al. Collaboration experience in the supply chain of knowledge and patent development [J]. Production Planning & Control, 2017, 28 (6-8): 574-586.

[3] Witkowski K. Internet of things, big data, industry 4.0—innovative solutions in logistics and supply chains management [J]. Procedia Engineering, 2017, 182: 763-769.

[4] Pamela J Zelbst et al. The impact of RFID, IIoT, and Blockchain technologies on supply chain transparency [J]. Journal of Manufacturing Technology Management, 2020, 31 (3): 441-457.

4. 运作模型的持续更新

2016年10月美国生产力与质量中心发布《流程分类框架》7.0.5版本。2019年，SCOR模型已经更新到12.0版本。此外，供应链弹性、供应链柔性、不确定环境下的供应链管理、信息不对称下的供应链管理、供应链风险、供应链应急管理也是本阶段构建供应链运作模型所研究的重点内容。

5. 服务供应链

全球电商的发展，促使企业及平台挖掘数据，精准了解客户的喜好和需求，预测消费者行为，提升整条供应链上每个环节的服务水平。研究重点关注服务化应用、服务化转型、服务主导逻辑、服务供应链驱动力、服务供应链的绩效、服务供应链机构、服务供应链技术等方面。2017年，Baines等学者发现，现有研究越来越关注服务化的内容以及提供服务所需的结构、过程、技术和人员，开始重视价值创造系统、网络生态系统等在市场机会中的作用。[1] 2018年，Gustafsson等学者提出了服务化的两大驱动力：社会对服务的增长需求、信息和通信技术的进步。[2] 2018年，Tseng等学者提出评估可持续服务供应链绩效的框架，包括环保意识设计、环境服务运营设计（首要指标）和环境可持续设计。[3]

6. 供应链风险

国际标准（ISO 31000：2009）将风险定义为"不确定性对目标造成的影响"。而供应链就像一个饱含不确定性的"黑箱"，因此，供应

---

[1] Baines T, Ziaee Bigdeli A, Bustina O F, et al. Servitization: revisiting the state of the art and research priorities [J]. International Journal of Operations & Production Management, 2017, 37（2）: 256-278.

[2] Gustafsson C, Chirumalla K, Johansson G. Application of lean methods and tools in servitization: a literature review [C] //ISPIM Conference Proceedings.The International Society for Professional Innovation Management (ISPIM), 2018: 1-17.

[3] Tseng M L, Lim M K, Wong W P, et al. A framework for evaluating the performance of sustainable service supply chain management under uncertainty [J]. International Journal of Production Economics, 2018, 195: 359-372.

链风险识别与防范、供应链柔性和韧性的提升成为研究重点。2018年，Bak将供应链脆弱性（Supply Chain Vulnerability）定义为供应链容易受到干扰而发生中断从而导致损失的一种特点。[1] 同年，Farris等人认为供应链若处于精益状态且缺乏足够存货保障，风险来临时会更易处于脆弱状态。[2] Abdel-Basset等人建立了一个风险评估、管理和衡量的框架。[3] 2019年，Pettit等人认为，供应链中断不可避免，应该集中于弹性能力的提升。[4] 此外，供应链风险管理流程（识别、评估、决策、控制和监管等）的研究也是本阶段及未来的研究重点。

7. 绿色、可持续供应链

面对现实环境的持续恶化，可持续发展已经成为组织和个体发展的共识。许多企业已经将绿色、可持续发展理念融入全球供应链。2017年，Sari提出了一种新的决策框架来评估绿色供应链管理（Green Supply Chain Management，GSCM）实践。[5] 2018年，Dubey等人为解决可持续性供应链合同管理的有效性，提供了一个分析框架。[6]

随着全球化和一体化发展，各类自然灾害的增多，资源的稀缺性和不

---

[1] Ozlem Bak. Supply chain risk management research agenda: from a literature review to a call for future research directions [J]. Business Process Management Journal, 2018, 24（2）: 567-588.

[2] Farris T, Manuj I.Innovative distribution company: a total cost approach to understanding supply chain risk [J]. Council of Supply Chain Management Professionals Cases, 2018, 2018（1）: 1-9.

[3] Abdel-Basset M, Manogaran G, Mohamed M. Internet of Things (IoT) and its impact on supply chain: a framework for building smart, secure and efficient systems [J]. Future Generation Computer Systems, 2018, 86（9）: 614-628.

[4] Pettit T J, Croxton K L, Fiksel J. The evolution of resilience in supply chain management: a retrospective on ensuring supply chain resilience [J]. Journal of business logistics, 2019, 40（1）: 56-65.

[5] Kazim Sari. A novel multi-criteria decision framework for evaluating green supply chain management practices [J]. Computers & Industrial Engineering, 2017, 105: 338-347.

[6] Dubey V K, Chavas J P, Veeramani D. Analytical framework for sustainable supply-chain contract management [J]. International Journal of Production Economics, 2018, 200: 240-261.

可再生性使得我们不得不考虑经济、社会和环境的协调统一。拓展期，供应链管理进入变革阶段，各学派都以绿色、低碳为战略目标，推动供应链向可持续方向发展。消费者响应学派关注供应链整体质量，不再单纯地以速度和效率为主要指标，注重知识管理环节的供应链价值增值；供应链网链结构学派进一步研究"云物移大智"等集成技术，助力供应链各学派发展；供应链运作模型学派进一步完善供应链运作模型，推动其全球化、服务化；供应链协同学派将供应链风险纳入协同目标，以提高供应链协同的柔性和弹性；可持续供应链学派继续关注绿色、低碳供应链及其模型的构建。

第三节　中国供应链管理思想溯源

国内供应链管理概念的提出最早在1997年前后，比国外晚10多年。本书将前期孕育阶段纳入思想溯源范畴，以标志性事件和供应链研究突破性进展作为划分依据，将国内供应链管理思想分为萌芽期（1978—2000年）、起步期（2001—2007年）、发展期（2008—2015年）和拓展期（2016年至今），并梳理其思想研究的发展脉络。

一、萌芽期（1978—2000年）

1978年，中国供应链管理思想开始孕育。1997年，中国开始关于供应链及供应链管理的概念研究，2000年概念基本成型，萌芽期结束。

（一）背景

改革开放和经济体制改革使得中国打开国门融入全球供应链。中国凭借人口红利和廉价的劳动力迅速成为"世界加工/代工厂"。

1. 1978年改革开放

1978年，中国开始实行改革开放，顺应了全球化、现代化的趋势。中国企业通过"三来一补"等形式成功地被编织进跨国公司的全球供应链网络。① 跨国公司带动了中国的物流需求,却受限于计划经济时期有限的物流供给能力,出现供需极度不平衡现象。"大门打开"但是"接待能力"不足,导致供应链物流成本高、效率低,催生了中国经济体制改革和供应链管理的需求。

2. 1993年中国社会主义市场经济体制基本框架确立

1993年是我国在建设社会主义市场体制道路上迈出关键步伐的一年,是取得重大突破的一年。此后,随着中国市场经济的繁荣,跨国企业开始在理念和经营上不自觉地有了供应链管理的要求,而这依托于国家建立完备的供应链基础设施。1991—1998年,中国每年的物流成本占国内生产总值(GDP)的20%以上,居高难下。为了解决供应链不畅的痛点,国家持续加大公路、铁路、港口、机场、配送中心、保税区、保税仓库等物流基础设施建设,尽管存在资源错配问题,但还是尽力弥补了物流基础设施短板。②

3. 1997年中国最早的电子商务公司成立

1997年,中国最早的两家电子商务公司:中国商品交易中心和中国化工网分别上线,B2B业务逐步得到发展。1999年,8848、易趣网、当当网相继成立。同年,招商银行率先开启"一网通"网上银行服务,构建全国联网的"网上银行"系统,为电子商务网上交易提供了实施手段和保障。这一时期的中国电商行业开始萌芽,电商环境远未成熟,但这预示着中国的"供应链"发展即将进入新阶段。

(二)供应链管理的重点研究主题

萌芽期,中国着重于供应链和供应链管理概念研究和基础理论的引

---

① 葛顺奇,罗伟. 跨国公司进入与中国制造业产业结构——基于全球价值链视角的研究[J]. 经济研究,2015,50(11):34-48.
② 步晓宁,张天华,张少华. 通向繁荣之路:中国高速公路建设的资源配置效率研究[J]. 管理世界,2019,35(05):44-63.

进，还未形成自己的研究主题。

1. 供应链及供应链管理概念

20世纪80年代末，有一大批学者开始普及供应链概念和理论。[①] 到20世纪90年代末，中国对供应链及供应链管理的概念研究才真正开始。

关于供应链和供应链管理的内涵研究，中国学者的观点不一，其中比较有代表性的是1998年学者马士华等的观点，他们认为供应链是围绕核心企业，通过对信息流、物流、资金流的控制，将供应商、制造商、分销商、零售商以及最终用户连成一个整体的功能网链结构模式。[②] 1999年，陈国权认为，供应链管理是对整个供应链系统进行计划、协调、操作、控制和优化的各种活动和过程，以实现"6R"（Right Product、Right Time、Right Quantity、Right Quality、Right Status 和 Right Place）目标，并使总成本最小。[③]

2. 供应链管理的基础理论

1997年，中国开始关于供应链管理的理论研究。萌芽期，冯国安的《论采购管理向供应链管理的发展对研究、教育及专业实践的影响》[④]，开启了中国将供应链管理区别于采购管理进行研究的新征程。此外，该阶段代表性研究还有黄培清的《供应链管理的本质》[⑤]、陈国权的《供应链管理》[⑥]、韩坚、吴澄和范玉顺的《供应链建模与管理的技术现状和发展趋势》[⑦]、陈志祥、马士华、陈荣秋等的《供应链管理与基于活动的成本

[①] 何明珂，王文举. 现代供应链发展的国际镜鉴与中国策略 [J]. 改革，2018（01）：22-35.

[②] 马士华，王一凡，林勇. 供应链管理对传统制造模式的挑战 [J]. 华中理工大学学报（社会科学版），1998（02）：66-68+112.

[③] 陈国权. 供应链管理 [J]. 中国软科学，1999（10）：101-104.

[④] 冯国安. 论采购管理向供应链管理的发展对研究、教育及专业实践的影响 [J]. 中国物资流通，1997（06）：27.

[⑤] 黄培清. 供应链管理的本质 [J]. 工业工程与管理，1997（06）：12-15.

[⑥] 陈国权. 供应链管理 [J]. 中国软科学，1999（10）：101-104.

[⑦] 韩坚，吴澄，范玉顺. 供应链建模与管理的技术现状和发展趋势 [J]. 计算机集成制造系统 – CIMS，1998（04）：9-15.

控制策略》①，马士华、王一凡、林勇《供应链管理对传统制造模式的挑战》②，林勇、马士华的《集成化供应链管理》③，赵先德、谢金星《现代供应链管理的几个基本概念》④等。

运用 Subject Analysis 方法进行统计研究，发现中国在2000年之前对供应链管理的研究不是很多，1997—2000年，EI 收录的关于"供应链管理"的文献仅有31篇，中国知网为890篇⑤，见表2-2。

表2-2　1997—2009年中国供应链管理文献统计

（单位：篇）

期刊来源	1997—2000年文献	2001—2004年文献	2005—2009年文献	总计
EI	31	237	311	579
中国知网	890	8181	17048	26119

数据来源：中国知网

由此说明，1978年改革开放、1993年中国社会主义市场经济体制基本框架确立和1997年电子商务公司的成立为国内供应链发展搭建了较好的实践平台，但是学术界关于供应链管理的概念还未形成。1997年前后，中国学术界陆续对供应链的概念及基础理论进行研究并发表论文，开始将供应链管理从采购管理、物流管理中区分出来。因此，1978—1999年是中国关于供应链及供应链管理学术研究的萌芽期，以引入和借鉴为主，尚未形成自己的研究理论及学派。

---

① 陈志祥，马士华，陈荣秋，王一凡. 供应链管理与基于活动的成本控制策略 [J]. 工业工程与管理，1999（05）：32-36.
② 马士华，王一凡，林勇. 供应链管理对传统制造模式的挑战 [J]. 华中理工大学学报（社会科学版），1998（02）：66-68+112.
③ 林勇，马士华. 集成化供应链管理 [J]. 工业工程与管理，1998（05）：26-30.
④ 赵先德，谢金星. 现代供应链管理的几个基本概念 [J]. 南开管理评论，1999，2（01）：62-66.
⑤ 张诚. 我国供应链管理研究综述 [J]. 华东交通大学学报，2011，28（03）：92-97.

二、起步期（2001—2007 年）

中国供应链管理研究起步期的标志是 2001 年中国加入 WTO 和中国物流与采购联合会的成立。本阶段供应链管理研究正式起航，发文数量爆发性增长，呈现概念规范化、内容丰富化、行业拓展化和方法多样化等特点。

（一）背景

中国加入 WTO 意味着真正融入全球化进程中，但是物流和供应链管理的实践水平制约了中国在全球供应链中的发展。2001 年中国物流与采购联合会的成立和 2003 年电子商务的迅速发展倒逼供应链学术研究。

1. 2001 年中国加入 WTO

2001 年，中国刚刚加入 WTO，改革开放迈入新征程。外资不断涌入并编织了以中国为中心的全球供应链，使中国与各国的贸易依存度逐年大幅提高，于 2006 年达到 65% 的历史最高点。而此时，国外供应链管理思想已经萌芽 40 多年，涌现了许多供应链运作模型和标杆企业。国内企业通过加入跨国公司全球网络，不断学习创新，促进了中国企业供应链管理实践的快速发展。[1]

2. 2001 年中国物流与采购联合会成立

2001 年 4 月，中国第一家物流与采购行业社团组织——中国物流与采购联合会（China Federation of Logistics & Purchasing，CFLP）成立，推动了中国采购事业的发展；之后进一步成立了采购与供应链管理专业委

---

[1] 吴晓波，窦伟，吴东. 全球制造网络中的中国企业自主创新：模式、机制与路径 [J]. 管理工程学报，2010，24（S1）：21-30.

员会（简称采购委），标志着供应链管理成为国家顶层设计的一部分。

3. 2003年各大电商企业陆续成立

2003年，淘宝、京东相继成立，这是中国电商史上浓墨重彩的一笔。接下来，"淘宝VS易趣"是中国电商史上首次激烈的同业竞争，该次竞争淘宝获胜。电子商务对传统供应链运作模式产生巨大的冲击，致使电商背景下的供应链出现扁平化、零库存/低库存、商流地位弱化和物流平台化整合等特点。由此，电子商务带来了供应链管理的巨变，推动中国供应链管理迈上新台阶。

（二）供应链管理的重点研究主题

起步期，中国学者对供应链管理概念的研究进一步深入，并开始全面覆盖国外各供应链管理学派下的主题，起步速度快，覆盖内容广。

1. 供应链及供应链管理概念

本阶段早期，中国学者对供应链及供应链管理从各自不同视角进行定义。2001年，《物流术语》（GB/T 18354—2001）规范了供应链和供应链管理的定义。2006年发布的《物流术语》（GB/T 18354—2006）对供应链的定义没有变化，但对供应链管理的定义进行了修订。以国家标准的方式给出供应链管理的定义，体现了中国政府对供应链管理的重视，也为学术界和企业界提供了基础概念的共同语言。

2. 供应链管理环境下采购、供应商、库存、物流管理

（1）采购管理。采购管理是中国物流管理和供应链管理研究的前身，它是供应链管理中非常重要的一环。本阶段研究重点在于如何进行准时化采购，节约采购时间并降低采购成本。2001年，刘丽文运用分类法探讨物料采购管理策略；[1] 2005年，杨文胜等构建供应链中准时采购的Stackelberg

---

[1] 刘丽文. 企业供应链管理的基本策略之———物料采购管理策略［J］. 中国管理科学, 2001（03）: 50-55.

模型；①同年，王平该等研究了汽车制造业准时采购方式实施策略；②2007年，冯文龙将准时制（JIT）融入采购，研究其战略价值及实施方法。③

（2）供应商管理。供应商管理是对供应商了解、选择、开发、使用和控制等综合性的管理工作的总称，是保证供应链下采购策略能够顺利实施的重要条件。④本阶段供应商管理研究的重点包括供应商选择标准、关系管理、信息共享、契约机制、绩效评估标准、控制与激励等方面。

（3）库存管理。供应链管理背景下的库存控制主要有三大类问题：供应链的战略与规划问题、信息类问题、供应链的运作问题。⑤中国为快速有效满足消费者需求重点研究供应链管理策略中的定价策略、准时采购策略、库存管理策略以及敏捷、精益、精敏供应链，研究方法主要是博弈论、数学建模法、比较分析法、ABC分类法、层次分析法和数据包络法。库存管理方式也从供应链上各企业沿着"分别持有库存—重要节点持有库存—第三方物流企业管理库存—供应链零库存"等路径逐步前行。

中国对于敏捷、精益供应链的研究主要体现在汽车、住宅等传统生产、制造行业。2005年前关于敏捷和精益供应链的探讨属于孤立性研究，学者常将二者的优缺点进行比较分析；2005年后转向将二者结合，取长补短研究精敏供应链。

（4）物流管理。随着物流实践的迅速发展，物流管理的研究跳脱出传统物流模式，集中于新型的物流模式的研究。一是第三方物流模式，为供需双方搭建物流服务的桥梁，提供与物流各环节相关的仓储、配送、运输、

---

① 杨文胜，马士华，李莉. 供应链中准时采购的 Stackelberg 模型及决策［J］. 系统工程理论方法应用，2005（01）：68-73.
② 王平该，陈荣秋，纪雪洪，张建林. 汽车制造业准时采购方式实施策略［J］. 武汉理工大学学报（信息与管理工程版），2005（04）：259-262+271.
③ 冯文龙. 准时制（JIT）采购的战略价值及实施［J］. 成都大学学报（社会科学版），2007（04）：44-47.
④ 霍红，华蕊. 采购与供应链管理［M］. 北京：中国物资出版社，2005.
⑤ 谢家平. 供应链管理［M］. 上海：上海财经大学出版社，2008.

保管、信息、策划等基础服务和增值服务；二是第四方物流模式，引入供应链整体解决方案提供商，方案包括信息通信技术、物流各环节服务、平台内容搭建及其他互补性资源整合。同时，冷链物流也是研究热点之一。

3. 供应链运作模型

本阶段，对于 SCOR 模型的研究，从初期的基础理论研究，到后来的与 ROI（Return on Investment，投资回报率）、BSC（Balanced Score Card，平衡计分卡）、KPI（Key Performance Indicator，关键绩效指标法）等绩效评价方法进行对比研究，SCOR 模型运用于农产品、汽车、钢铁、烟草、医药、房地产、建筑等行业的实证研究，SCOR 模型中国形势下的改善研究，SCOR 模型运用于风险评估、应急管理方面的研究。

2003 年，中国提出自己的供应链运作模型——SCPR 模型（Supply Chain Performance Metrics Reference Model，中国企业供应链管理绩效水平评价参考模型）。SCPR 本质上是一套供应链运作绩效评价体系，能够立足于中国实际，定量地评估企业的供应链管理绩效，为供应链管理科学化提供参考依据。

2007 年，有学者以新加坡的电子制造服务提供商——Flextronics 公司为例，探讨了服务供应链的运作模式和实施途径，但模型的普适性有待增强。[1]

4. 集成供应链

起步期，关于集成供应链的探讨主要聚焦于供应链网络规划、供应链动态联盟、供应链设计与优化、供应链整合等主题（见表 2-3）。

表 2-3 集成供应链相关研究主题

研究主题	学者	年份	研究内容	研究方法
供应链网络规划	赵晓煜，汪定伟	2002	供应链中二级分销网络优化设计的模糊机会约束规划模型	模糊机会约束规划

---

[1] 于亢亢. 服务供应链的模型与构建 [J]. 现代商业，2007（21）：156-158.

续表

研究主题	学者	年份	研究内容	研究方法
供应链网络规划	米宁	2003	基于逆向物流管理的产品回收网络规划	整数规划、非线性规划
	李晔,陈燕	2004	基于随机需求的多级供应链网络优化模型	非线性混合整数数学规划
	申成霖	2004	基于循环经济理论的逆向物流网络规划	混合整数规划法、随机整数规划法、连续函数逼近法
	计小宇,邵震	2007	基于不确定规划的供应链网络设计模型与算法	随机模拟、模糊模拟以及遗传算法相结合
供应链动态联盟	仲智刚,潘晓弘,郭鸣,程耀东	2001	支持动态联盟的敏捷供应链系统建模技术	建模法
	卢少华,陶志祥	2004	动态联盟企业的利益分配博弈	博弈论
	李厚福,韩燕波,虎嵩林,单保华,梁英	2005	一种面向服务、事件驱动的企业应用动态联盟构造方法	计算机技术
	綦方中,翁潇彬,潘晓弘	2006	一种基于模糊综合评价法的动态联盟绩效评价方法	模糊综合评价法
供应链设计与优化	赵晓煜,汪定伟	2001	供应链中二级分销网络的优化设计模型	启发式算法同传统的分枝定界法相结合
	赵晓煜,汪定伟	2002	供应链中二级分销网络优化设计的模糊机会约束规划模型	模糊机会约束规划
	金海和,陈剑,赵纯均	2002	分销配送网络优化模型及其求解算法	混合遗传算法、仿真法、建模法
	孙会君,高自友	2004	基于双层规划的供应链二级分销网络优化设计模型	双层规划、启发式算法

续表

研究主题	学者	年份	研究内容	研究方法
供应链整合	宋华	2003	整合供应链服务提供商——第四方物流	—
	朱毅华	2004	农产品供应链物流整合	结构方程模型
	黎继子,刘春玲,蔡根女	2005	全球价值链与中国地方产业集群的供应链式整合	—
	唐少麟,乔婷婷	2006	物流金融与供应链整合	博弈论
	陈建华,马士华	2006	供应链整合管理的实现机制与技术解决方案	矩阵法

本阶段，中国企业只参与全球供应链上的非核心环节，员工从事低附加值、劳动密集型的工作。中国缺乏全球供应链市场的话语权，被迫承接发达国家高能耗、高污染、低产出的产业转移。中国企业需要拧成一股绳，共同学习和交流国外企业先进的供应链管理技术，加快自主创新，立足长远实现企业升级和集群升级。因此，集成供应链相关主题成为中国本阶段的研究重点。

5. 供应链协同管理

起步期，中国企业的供应链协同管理偏向内部协同，外部协同意识比较淡薄。学术界对于供应链协同管理的研究较重视，且多通过建模来进行。2003年，徐浩鸣等分析了敏捷制造意义下供应链管理纵向协同对策的耗散结构与协同机制；[1]徐琪等从三方面（供应链决策分析、决策支持技术及决策支持方法）给出供应链协同管理决策的理论和方法，[2]也提出了基

---

[1] 徐浩鸣，康姝丽，徐建中. 面向客户的中国企业供应链纵向协同研究［J］. 工业技术经济，2003（03）：67-72.

[2] 徐琪，徐福缘. 供需网的一个节点：供应链协同管理与决策［J］. 系统工程理论与实践，2003（08）：31-35.

于工作流和软件 Agent 技术的供应链协同管理框架。[①] 2004 年，于海斌等建立了网络企业的战略协同模型。[②]

6. 逆向、闭环和绿色供应链

中国从加入 WTO 和倡议共建"一带一路"以来，关于可持续供应链学派下的主题研究较多，重点是逆向供应链、闭环供应链和绿色供应链，主要探讨各主题的研究意义、与环境保护的关系、创新供应链模式、绩效评价指标构成、模型的构建和相应的支持技术。关于本主题的定量模型多借鉴国外研究，缺乏整体性，有待深入，不够成熟；而配套的政策法令、基础设施、信息平台等的建设支持力度也有待加强。

该阶段基于行业背景进行的供应链管理研究日趋丰富，涉及制造业、物流业、零售业、服务业、医药行业、建筑业、房地产行业、农产品行业等。从搜索到的文献来看，该阶段的研究方法主要是运筹与优化、IT 与仿真建模、概率论、博弈论和复杂性理论等，如张欣、马士华[③]和侯琳琳[④]等学者的研究。

供应链管理思想虽然不是起源于中国，但中国在起步期发展迅速，从早期的概念和基础理论研究，到形成自己的研究主题和运作模型，进而服务于中国供应链实践的发展；研究的内容不断丰富，研究的行业不断拓展，研究的方法呈现多样性。

三、发展期（2008—2015 年）

中国供应链管理研究进入发展期的标志是 2008 年的国际金融危机、

[①] 徐琪，Robin Qiu，徐福缘. 集成工作流与 Multi-agents 技术的供应链协同管理[J]. 计算机工程，2003（15）：19-21+65.
[②] 于海斌，朱云龙. 协同制造[M]. 北京：清华大学出版社，2004.
[③] 张欣，马士华. 信息共享与协同合作对两级供应链的收益影响[J]. 管理学报，2007，4（01）：32-39.
[④] 侯琳琳，邱菀华. 基于信号传递博弈的供应链需求信息共享机制[J]. 控制与决策，2007，22（12）：1421-1424+1428.

汶川地震和北京奥运会，这些事件促使中国加强对应急供应链、供应链风险、供应链弹性、全球供应链和双渠道供应链的研究。

（一）背景

2008—2015 年，中国从 2008 年的磨难和挑战中脱颖而出，2010 年成为全球第一制造业大国和第二大经济体。党的十八大和"一带一路"倡议推动中国积极参与供应链的全球治理。

1.2008 年汶川地震和北京奥运会

2008 年汶川地震发生后，灾区急需大量的救援物资和生活保障物资。由此，中国应急供应链中存在的物资储备代储点少、容量小、管理粗放等问题彻底暴露出来。构建标准化应急供应链体系成为汶川地震后中国学术研究重点。

同年，中国首次举办奥运会，以"绿色奥运、科技奥运、人文奥运"为主题。奥运供应链除了具有一般供应链的复杂特性外，还具备人员高密集性、风险高突发性、需求高时效性、空间高安全性等特征。因此，供应商及物流企业选择、库存管理及配送点设置、废弃物物流成为供应链管理研究重点。

2.2008 年起电子商务突破性发展

2008 年中国成为全球网民最多的国家，电子商务交易额突破 3 万亿元，2009 年网购人数突破 1 亿。各大电商企业的成立，促使供应链的发展进入新时期，如何快速有效满足消费者需求，成为本阶段供应链管理的重点。

2011—2015 年电商交易额持续高速增长，"双十一"已经成为中国特有的网络购物节。电商行业急速发展，加快了供应链管理体系建立与完善的进程。

3.2010 年中国经济开始崛起

2008 年国际金融危机下，中国经济一枝独秀，保持了高速增长。

2010年中国制造业增加值首超美国，成为全球第一制造业大国。同年，中国超过日本成为世界第二大经济体。同时，中国积极参与国际经济规则制定和气候变化谈判，以及全球治理。2015年12月，国际货币基金组织（International Monetary Fund，IMF）宣布，人民币将被纳入SDR（Special Drawing Right，特别提款权）货币篮子，成为第五大国际货币。中国经济的崛起，为其赢得了全球供应链运作的话语权。

4. 2012年党的十八大

2012年党的十八大以后，中国企业与国际企业合作进一步加深，企业面临的不确定性和风险进一步提升，要迎风远航就必须与合作伙伴搭建供应链联盟，通过一体化合作，形成集成优势，构建中国企业强大的全球供应链体系。供应链管理成为企业获得竞争优势的源泉，给中国企业带来改革和创新的动力。

5. 2013年的"一带一路"倡议

2013年，中国提出"一带一路"倡议，积极参与全球治理，通过建设与完善全球价值链、全球供应链、全球产业链，重构全球经济新秩序。

"一带一路"倡议大力推进了沿线的交通建设，带来了持续增长的进出口总额和货物运输需求，这为中国物流行业的发展搭建了国际化的平台，更为供应链服务的发展提供了广阔的空间。

（二）供应链管理的重点研究主题

发展期是中国供应链管理思想研究的关键时期，起到了"承上启下"的作用，是中国供应链管理研究的黄金阶段。供应链管理实践和研究互相促进、共同发展。

1. 双渠道供应链管理策略

发展期，中国电子商务环境不断优化和完善，线下与线上模式的组合为企业的发展开辟了新道路。本阶段关于双渠道模式下供应链管理的研究重点是双渠道供应链分类、库存管理、订货策略、定价策略、竞争冲突、网络规划和优化、零售商职能角色转换、服务个性化、逆向供应链等。

2. 供应链绩效评价

本阶段，中国关于供应链绩效评价的研究越来越丰富和完善，大致分为四类：① 按照不同战略目标划分为绿色、低碳、可持续、集成化、敏捷、精益和精敏等供应链评价体系；② 按照不同行业、渠道划分为农产品（尤其是生鲜冷链产品）、制造业（尤其是汽车制造）、医药行业、服务业、能源、港口、电子商务和双渠道等供应链评价体系；③ 按照不同方法划分为 SCOR 模型、作业成本法、关键绩效指标法、平衡计分卡、标杆绩效考量法（Benchmarking）等，或者通过模糊综合评价法、粗糙集方法、灰色关联分析法、因子分析法、层次分析法、可拓物元模型、未确知集合理论、数据包络分析法、神经网络等多元化的数学和运筹学的方法来进行权重赋值、模型构造，而后进行算例验算或实证验证的供应链绩效评价研究范式、供应链评价方法；④ 按照供应链某一环节或者参与主体分为采购（商）、生产（商）、营销（商）、物流（商）、逆向供应链（回收商）、知识供应链（知识管理商）等供应链评价体系。

3. 供应链金融

国内对于供应链金融的研究基于中小企业发展现状，更注重供应链金融对中小企业的有效性分析。本阶段中国关于供应链金融的研究侧重于其模式、风险控制、经济后果和发展趋势等。2008 年，伊志宏、宋华、于亢亢对中信银行进行单案例研究，探索商业银行供应链金融管理模型，分别阐述了汽车、钢铁和家电行业金融供应链的运作模式及风险。[①] 同年，赵道致、白马鹏提出了一种基于应收票据管理的物流金融创新模式（NRF-

---

① 伊志宏，宋华，于亢亢. 商业银行金融供应链创新与风险控制研究——以中信银行的金融创新服务为例 [J]. 经济与管理研究，2008（07）：54-60.

LC 服务模式）。① 2012 年，宋华在《服务供应链》一书中阐述了供应链金融的内涵、模式和风险。②

4. 集成供应链

集成供应链是 SCM 的核心和灵魂。在发展期，集成供应链依旧是中国供应链管理研究的重点。集成供应链的研究内容分为两个方面：① 组织集成研究，包含链上企业间的职能分工明确、沟通渠道、业务流程和奖惩制度等；② 业务集成研究，包括对"四流（物流、商流、资金流、信息流）"相关业务的集成和优化，以减少浪费和不产生效益的活动，提高业务流程的整体效益。2014 年，有学者通过实证分析发现供应链集成能显著地提高公司的财务绩效。③

5. 供应链运作模型

本阶段中国学者对于运作模型的研究更多的是基于供应链标准运作模型——SCOR 模型的框架基础，融入鲁棒性优化、闭环供应链运作、绿色供应链运作、绩效评价改进、服务供应链运作、低碳供应链运作、供应链风险运作等内容进行新模型的构建和优化。

此外，中国学者宋华、于亢亢、单泊源、许芳、张丽、陈菊红等在国内外供应链运作模型的基础之上，通过解读服务供应链的构成和要素，构建了各自的服务供应链模型并应用到实证研究中。虽然所构建模型的普适性均不足，但是从产品视角向服务视角转变，意味着中国供应链运作模型的研究开始与国外研究同步，具有重大意义。

6. 应急供应链

2008 年的南方冰冻灾害、"5·12" 汶川地震和国际金融危机，引发

---

① 赵道致，白马鹏. 解析基于应收票据管理的 NRF-LC 物流金融模式 [J]. 西安电子科技大学学报（社会科学版），2008（02）：45-52.

② 宋华. 服务供应链 [M]. 北京：中国人民大学出版社，2012.

③ 陈正林，王彧. 供应链集成影响上市公司财务绩效的实证研究 [J]. 会计研究，2014（02）：49-56+95.

国内应急供应链的研究热潮，研究重点在于某一突发性事件所引起的供应链中断问题，从采购、生产、物流运作、物资储备几个方面进行解析，探讨供应链应急管理策略，致力于应急模型的构建和完善，为未来突发性灾害做好标准流程，提高供应链弹性和柔性。2009 年，曹二保等研究了 1 个供应商和 n 个 Cournot 竞争零售商组成的供应链系统如何应对突发事件。[①] 2013 年，田军等构建了一个基于能力期权契约的双源应急物资采购模型。[②] 2015 年，吴忠和等从鲜活农产品角度出发，构建了时间和信息约束下，应对突发事件的协调模型。[③]

7. 绿色、闭环供应链

2008 年的三鹿奶粉事件，促进了中国学者对于农产品（尤其是奶制品）行业的绿色供应链模型构建及风险管理研究。绿色供应链管理指的是将绿色标准和风险管理纳入整条供应链系统，贯穿正向和逆向供应链的每个节点。[④] 2014 年，王丽杰等研究发现，绿色供应链管理相较于传统供应链有诸多优势，提倡推行。[⑤] 绿色供应链管理本质上是供应链的全流程绿色化管理，牺牲部分经济效益，获得环境效益。

本阶段研究将逆向物流纳入整体供应链中，形成闭环供应链。研究重点在于闭环供应链的回收及定价决策，各主体（制造商、回收商、销售商、政府、消费者）参与的竞争策略及模型，双渠道闭环供应链，闭环与绿色可持续标准的结合，闭环网络规划与优化，闭环供应链绩效评价及奖

[①] 曹二保，赖明勇. 多零售商供应链应对突发事件的协调机制研究 [J]. 中国管理科学，2009，17（05）：53-60.

[②] 田军，张海青，汪应洛. 基于能力期权契约的双源应急物资采购模型 [J]. 系统工程理论与实践，2013，33（09）：2212-2219.

[③] 吴忠和，陈宏，梁翠莲. 时间约束下不对称信息鲜活农产品供应链应对突发事件协调模型 [J]. 中国管理科学，2015，23（06）：126-134.

[④] 周国梅，张建宇，李霞. 中国绿色供应链管理：政策与实践创新 [M]. 北京：中国环境出版社，2016.

[⑤] 王丽杰，郑艳丽. 绿色供应链管理中对供应商激励机制的构建研究 [J]. 管理世界，2014（08）：184-185.

惩机制等。

当然，可持续供应链的研究还存在一定问题。中国对于碳配额、碳税收、碳交易等方面的制度建设还在试点中，低碳政策未全面铺开。同时，企业和消费者的低碳、环保意识有待加强，需要相关法律政策、制度标准等外部性手段规范引导。因此，发展期，在中国关于低碳供应链方面的研究较其他学派少，但却是未来的发展方向。无论是消费者响应学派、供应链网链结构学派、供应链运作模型学派，还是供应链协同学派，都趋向于将绿色、可持续理念纳入核心战略中进行后续拓展研究。

四、拓展期（2016年至今）

2016年是"中国制造2025"和"云物移大智"时代的开局之年，标志着中国供应链管理研究进入拓展期。

（一）背景

中国在国际市场上的地位不断提升，享受越来越多供应链话语权的同时，也受到诸多限制。如何构建与各国适度耦合的供应链体系，如何构建可持续发展供应链成为中国在拓展期关注的重点。

1. 中国制造2025

2015年5月19日发布的《中国制造2025》在其五大工程之一的智能制造工程中提到要进行供应链优化。2016年是"中国制造2025"开局之年，中国开始在十个行业（新能源汽车、新一代IT、生物技术、新材料、航空航天、船舶、铁路、机器人技术、电力设备、农业机械）深耕，朝着"国内技术和生产首先应用于国内然后输出国外"的目标进发。2019年9月20日，工信部相关负责人表示：中国拥有41个工业大类、207个工业中类、666个工业小类,形成了独立完整的现代工业体系,是全世界唯一拥有联合国产业分类 ISIC4.0[①]中所列全部工业门类的国家。庞大而灵活的供应链体系使得中国在面对突发性应急事件时,有较好的供应链弹性和柔性。

2. 供应链相关国家政策陆续出台

2016年开始,国家陆续颁布各类加强供应链管理的政策,将供应链管理上升为国家战略(见表2-4)。

表2-4 关于供应链管理的国家政策

时间	政策	内容
2016年3月5日	《2016年国务院政府工作报告》	首次提出要重塑产业链、供应链、价值链,改造提升传统动能
2017年8月11日	《商务部办公厅 财政部办公厅关于开展供应链体系建设工作的通知》	在全国17个重点城市开展供应链体系建设试点
2017年10月18日	党的十九大报告	提出在现代供应链等领域培育新的增长点、形成新动能
2017年10月13日	《国务院办公厅关于积极推进供应链创新与应用的指导意见》	• 系统部署了中国供应链创新与应用试点工作 • 第一次把供应链纳入国家决策视野 • 标志着中国进入供应链治理转型时代
2021年3月11日	《中华人民共和国国民经济和社会发展第十四个五年规划和2035年远景目标纲要》	首次就产业链供应链优化进行了单独阐述
2020年3月15日	《保障产业链供应链安全的痛点堵点及对策建议》	调研发现中国在产业链供应链安全等方面存在突出问题,并给出发展建议

---

① ONU. International standard industrial classification of all economic activities(ISIC)[M]. Rev. 4. United Nations, 2008.

续表

时间	政策	内容
2020年5月26日	《第十三届全国人民代表大会财政经济委员会关于2019年国民经济和社会发展计划执行情况与2020年国民经济和社会发展计划草案的审查结果报告》	反复提到要着力提升产业链供应链稳定性和竞争力

国家政策的发布，说明供应链已经上升为国家战略，中国政府已经充分认识到供应链管理给社会和企业带来的巨大潜力。积极推动供应链管理实践标杆的建立，引领全球供应链治理，是中国政府治理理念的重大飞跃。

3. 2016年电商变革

2016年，游戏直播和娱乐直播大行其道，促进了电商直播的萌芽。蘑菇街种下了直播带货的第一颗种子，淘宝、苏宁、快手、腾讯、抖音、美拍紧随其后，分别从不同领域切入直播和/或短视频赛道。2018年，淘宝"双十一"引爆直播带货概念。2019年，直播电商全面爆发，明星、企业、媒体、政府、顾客等均参与进来。后疫情时代，直播及短视频生态链加速形成。

此外，2018年，拼多多异军突起，打破电商行业平衡，同时4G技术下短视频入局，进一步给电商行业带来新的变化（见图2-2）。

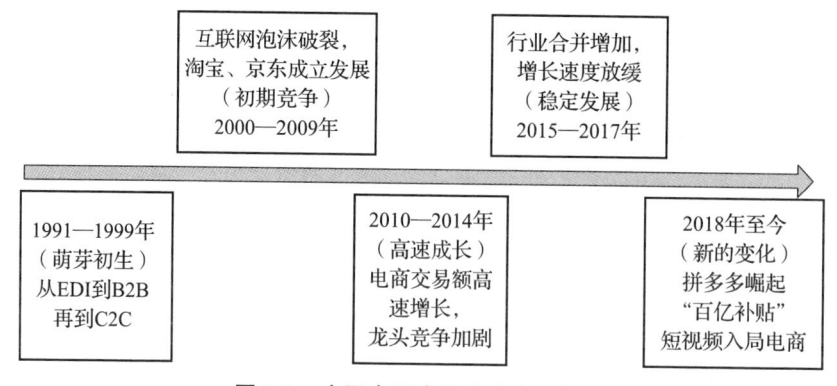

图2-2 中国电子商务企业发展概况

电子商务的变革引发中国供应链的连锁反应。从典型案例看，供应链管理已被广泛应用于全球性公司，期间出现了许多最佳商业实践。[①] 中国许多传统企业和新兴企业的供应链管理都已经达到国际水平，并通过设立"供应链管理"职能部门来进一步巩固和凸显其重要性（见表2-5）。

表2-5 融入供应链管理的典型企业

序号	企业类型	典型企业
1	大型国有企业	国家电网、中石油、中石化、中国建工、上汽集团等
2	外向型企业	华为、海尔、联想、美的、TCL、比亚迪、吉利等
3	互联网公司	阿里巴巴、腾讯、美团、拼多多、京东、百度等
4	物流公司	中国外运、中远海运、冀中能源国际物流、顺丰、邮政、德邦、中通、圆通、申通、韵达、远成、日日顺、京东物流等

4. 中国经济持续增长

2019年7月10日，国家统计局数据显示，中国工业增加值从1952年到2018年，按不变价格计算增长970.6倍，年均增长11.0%。2017年，中国制造业增加值占世界的份额高达27%，成为驱动全球工业增长的重要引擎；中国规模以上工业有效发明专利数93.4万件，比2004年增长29.8倍，中国成为第二大国际专利申请国。持续增长的经济和广阔的市场对中国供应链的优化提出了更高的要求。

5. 2018年中美贸易战和2019年年底的新冠肺炎疫情

2018年的贸易保护主义和2019年年底的新冠肺炎疫情给中国产业链供应链的稳定造成非常大的冲击。作为全球第二大经济体，中国在全球产业链中存在优势，但也存在被"卡脖子"的缺陷。未来，保持适度的耦合关系，深化自身供应链改革，提升我国核心专利技术和标准的话语权，向高端产业链迈进是中国稳定产业链供应链的关键。

[①] 王中美. MEGA与全球供应链：变化、响应与反作用[J]. 世界经济研究，2017（06）：3-13+135.

（二）供应链管理的重点研究主题

在中国供应链管理思想的拓展期，主要研究重点有以下方面。

1. 知识供应链

知识供应链（Knowledge Supply Chain）是2016年全国科学技术名词审定委员会公布的管理科学技术名词。为深入研究知识管理策略对供应链绩效的影响，需要将集成技术和管理结合，研究方法从单一化向多元化转变，定性与定量结合，进而拓展供应链知识管理的领域。[①] 2020年，李治等采用数学建模与计算机仿真法，通过对比说明了采用监督信号对供应链内部知识转移的激励作用。[②]

2. 供应链集成技术/信息技术

现代集成技术真正实现了供应链像网链一样连接起来。该部分的研究重点主要包括"云物移大智"技术、GPS精准追踪定位技术、5G技术等。集成信息技术为供应链上的企业搭建了资源和信息交换与共享的平台，强化了供应链的网络优势。[③] 2016年，汪旭晖等通过构建物联网技术采纳前后两阶段的成本收益模型，为生鲜农产品冷链企业投资物联网决策提供依据。[④] 2017年，李晓等基于区块链技术，探讨了供应链智能治理机制。[⑤] 2018年，闫妍等从区块链技术出发，采用Stackelberg博弈研究供应链参与主体的风险规避问题。[⑥]

[①] 曹晓宁，赵帅，王永明. 近十年国外供应链知识管理研究综述 [J]. 图书馆理论与实践，2016（12）：38-43.

[②] 李治，孙锐，王伟，袁圆. 采用监督信号的供应链内部知识转移激励机制 [J]. 中国管理科学，2020，28（09）：106-114.

[③] 王富喜，苏树平，秦予阳. 物联网与现代物流 [M]. 北京：电子工业出版社，2013.

[④] 汪旭晖，杜航. 基于物联网采纳的生鲜农产品冷链物流决策——成本收益分析视角 [J]. 系统工程，2016，34（06）：89-97.

[⑤] 李晓，刘正刚. 基于区块链技术的供应链智能治理机制 [J]. 中国流通经济，2017，31（11）：34-44.

[⑥] 闫妍，张锦. 基于区块链技术的供应链主体风险规避研究 [J]. 工业工程与管理，2018，23（06）：33-42.

3. 产业链供应链

如果说供应链注重同一链上企业的协同，产业链供应链则强调不同产业间供应链的联合效应。2020年党的十九届五中全会提出"提升产业链供应链现代化水平"的任务。但是学者们对"提升产业链供应链现代化水平"的概念理解各不相同，主要从四个角度开展研究：① 价值链视角，2020年，黄群慧等认为，该概念包含三个提升——提升产业链供应链的高附加值、提升产业在全球价值链各环节的增值能力、提升国家在全球价值链的地位；[①] ② 自主可控视角，2021年，刘志彪考虑了产业创新、安全、联系、协同、灵敏、柔性、现代性等要求，提出自主可控产业链供应链的重要战略意义；[②] ③ 产业视角，芮明杰[③]、罗仲伟和孟艳华[④]等将其视为产业现代化内涵的延伸、细化或现代产业体系的建设；④ 混合型视角，盛朝迅[⑤]、蔡进[⑥]和张其仔[⑦]等从多个角度、层面对产业链供应链现代化水平提升进行界定。因此，关于"产业链供应链"的研究处于起步阶段，其概念、内容有待深入研究。

4. 服务供应链

服务供应链的驱动力和影响因素、服务供应链绩效、服务供应链结构、服务供应链与新技术（物联网、大数据、云计算）融合等是拓展期研究重点。2021年，宋华、于亢亢利用文献工具，对2004—2019年CSSCI期刊中服务供应链和供应链服务化主题相关的文献进行聚类分析，发现：

---

① 黄群慧，倪红福. 基于价值链理论的产业基础能力与产业链水平提升研究 [J]. 经济体制改革，2020（05）：11-21.
② 刘志彪. 增强产业链供应链自主可控能力 [N]. 经济参考报，2021-01-05（007）.
③ 芮明杰. 构建现代产业体系的战略思路、目标与路径 [J]. 中国工业经济，2018（09）：24-40.
④ 罗仲伟，孟艳华. "十四五"时期区域产业基础高级化和产业链现代化 [J]. 区域经济评论，2020（01）：32-38.
⑤ 盛朝迅. 推进我国产业链现代化的思路与方略 [J]. 改革，2019（10）：45-56.
⑥ 蔡进. "数字化赋能产业供应链"的几点思考——在2020第七届中国储运发展高峰论坛上的致辞 [J]. 中国储运，2021（01）：32-33.
⑦ 张其仔. 提升产业链供应链现代化水平要精准施策 [N]. 经济日报，2021-01-21（010）.

国内对于服务供应链的研究集中于物流服务供应链、合作绩效、旅游服务供应链、养老服务供应链、产品服务供应链、物流服务集成商、港口服务供应链、服务质量等，涉及物流、旅游、养老等服务行业。[①]

5. 供应链风险

2019年，宋军发现全球供应链在经历了数次解体和重构后不断升级，当前全球供应链正处于解体和重构的转折关键期。[②] 拓展期，中国供应链风险方面重点研究的领域有：① 高精尖产业供应链遭遇"卡脖子"现象的解决对策；② 战略性大宗商品（如铁矿、原油等）进出口风险问题；③ 一带一路"走出去"协同性不强，供应链上下游脱节问题；④ 中国供应链基础设施和供应链标准体系不完善，缺乏国际物流主导权的问题；⑤ 防御和抵抗贸易保护主义带来的供应链风险问题；⑥ 中国大规模产业转出影响供应链稳定的问题。这些关键性供应链风险问题及对策，需要进一步深入研究。

6. 供应链治理

拓展期，高新技术解放人们的思想，推动共享理念的进步，也为供应链治理提供了信息共享的渠道和手段。但是"双刃剑"的另一面是新的机会主义风险和信任问题的加剧，如食品安全问题、各大电子商务平台的刷单问题（刷好评、删差评、虚假交易）、山寨产品产业链问题（侵权、法律纠纷、劣币驱逐良币）等。为确保供应链在中国高质量发展，供应链治理研究在中国逐渐兴起。2016年，李维安等学者通过梳理以往供应链治理概念、内涵和研究内容，建立了规范性的分析框架。[③] 2019年，肖红

---

① 宋华，于亢亢. 供应链与物流管理研究前沿报告［M］. 北京：中国人民大学出版社，2021.
② 宋军. 解体与重构：全球供应链变革及其对中国的启示［J］. 区域金融研究，2019（12）：5-14.
③ 李维安，李勇建，石丹. 供应链治理理论研究：概念、内涵与规范性分析框架［J］. 南开管理评论，2016，19（01）：4-15+42.

军等学者针对平台情境下社会责任缺失与异化行为频发的现象，提出了基于平台情境下的社会责任生态化治理新范式。①

7. 绿色、低碳供应链

随着绿色、环保、可持续观念的建立，社会责任的承担上升为对企业及消费者的基本要求。低碳经济直接影响到对企业社会责任的诠释。②

资源、环境、社会、经济效益的平衡，成为碳政策驱动下供应链管理的必然选择。供应链整个过程中的节能、减排、节材、降耗、循环、再利用、可持续，需要节点上的国家和企业共同努力。2020年9月22日，中国政府在第75届联合国大会上提出：二氧化碳排放力争于2030年前达到峰值，努力争取2060年前实现碳中和。2021年8月15日，中国获取了碳卫星首个全球碳通量数据集。接下来，中国关于碳排放的政策会逐步规范化、标准化，碳中和背景下的供应链优化和绿色供应链运营管理成为研究热点。

互联网和供应链的蓬勃发展，各业态融合创新，迸发出前所未有的生机。从产品成簇，到企业成群，到产业成链，再到平台供应链和供应链生态圈的演进升级，中国供应链管理模式站在"巨人"的肩膀上不断创新。中国供应链管理研究进入拓展期，虽然存在许多短板，但是研究内容和热点已经与世界基本同步。

---

① 肖红军，李平. 平台型企业社会责任的生态化治理［J］. 管理世界，2019，35（04）：120-144+196.
② 王晓路，倪丹悦. 区域经济、企业社会责任与碳排放［J］. 现代经济探讨. 2018（11）：87-92.

第四节　中外供应链管理思想的比较分析

中外供应链管理思想的发展都经历了四个时期：萌芽期、起步期、发展期和拓展期。但是基于不同的时代背景和供应链事件，国外和国内研究在四个阶段的时间划分上有所不同。国外供应链管理思想的萌芽期、起步期和发展期都早于中国，到了拓展期二者时间趋于同步。基于相同时期原则，本节对国外和国内四个时期的研究主题进行比较，探寻其中的发展规律。

一、萌芽期（国外1960—1995年，中国1978—2000年）

萌芽期时间划分标准：国外以1960年供应链管理相关理论产生为开端，中国以1978年改革开放作为萌芽期开端，二者都以供应链及供应链管理概念的初步形成为结束标志。

该阶段销售由库存推动变为客户需求拉动，从关注企业内部流程向寻求外部合作迈进。国外供应链管理的概念开始从库存管理、物流管理中区分出来，各学派奠基理论及思想都已经产生（见表2-6）。

表2-6　萌芽期国内外供应链管理思想比较

对比内容	国外研究（1960—1995年）	中国研究（1978—2000年）
背景	• 日本制造业的崛起 • 经济全球化 • 计算机等高新技术的应用 • 外包的兴起 • BPR思想的兴起	• 1978年改革开放 • 1993年中国社会主义市场经济体制基本框架确立 • 1997年中国最早的电子商务公司成立

续表

对比内容	国外研究（1960—1995 年）	中国研究（1978—2000 年）
消费者响应学派	• 牛鞭效应 • 准时制生产方式 JIT、零库存管理 • 快速反应策略 QR • 日本供应商管理模式 • 精益思想和精益生产 • 敏捷供应链 • 有效客户反应策略 ECR	开始在概念上将供应链管理从采购管理、库存管理、物流管理中区分出来
供应链网链结构学派	• 集成技术研究：MIS、EDI、Internet • 供应链管理的系统工具：MRP、Closed-loop MRP、MRP Ⅱ、ERP	无
供应链运作模型学派	企业运营模型研究：安东尼模型、销售与运营规划模型 S&OP、流程分类框架 PCF	无
供应链协同学派	协调管理研究：关系协调、价格协调、契约协调和产权协调	无
可持续供应链学派	可持续供应链	无
供应链及供应链管理概念	• 迈克尔·波特（1985，源于"价值链"）、Stevens（1990）对供应链进行定义 • Oliver 和 Webber（1982 年）、Stevens（1989）、LaLonde 和 Masters（1994）给出 SCM 定义	黄培清（1997）、马士华（1998）、陈国权（1999）、冯国安（1999）、蓝伯雄（2000）、陈安和刘鲁（2000）等对供应链及供应链管理概念、基础理论开始进行学术研究

国外 1960 年前后便开始供应链相关理论的研究，比中国萌芽期约早 18 年。中国供应链及供应链管理的概念是在国外研究的基础之上发展而来的，缺乏前期理论基础的积淀。因此，萌芽期中国关于供应链及供应链管理的研究较少且缺乏集成、协同合作思想指导，各学派下的主题研究还未开始。

二、起步期（国外 1996—2004 年，中国 2001—2007 年）

起步期时间划分标准：国外以 1996 年春供应链运作参考模型诞生为开始标志；中国以 2001 年加入 WTO 和成立中国物流与采购联合会为开始标志。

起步期，国外进一步研究和明确供应链管理的概念，供应链上的企业不仅认识到协作的重要性，而且着手实施能提高供应链整体绩效、加强节点间协调关系的实际措施。[①] 中国开始对供应链各个学派下的主题进行研究（见表 2-7）。

表 2-7 起步期国内外供应链管理思想比较

对比内容	国外研究（1996—2004 年）	中国研究（2001—2007 年）
背景	• 外包进入黄金发展阶段 • BPR 的演变与拓展 • 供应链进入价值链网络阶段 • 美国进入"新经济"时代	• 2001 年中国加入 WTO • 2001 年中国物流与采购联合会成立 • 2003 年各大电商企业陆续成立
供应链及供应链管理概念	• Lin F. R.（1998）、Christopher（1999）、Walker（1999）、Riddalls（2000）、Chopra 和 Meindl（2001）等给出供应链概念 • Cooper（1997）、Handfield 和 Nichols（1999）、Simchi-Levi（1999）等给出了 SCM 的概念	• 2001 年《物流术语》(GB/T 18354—2001) 给出标准定义 • 2006 年,《物流术语》(GB/T 18354—2006) 调整"供应链管理"的定义
消费者响应学派	• 供应链管理策略：供应商管理库存（VMI）、联合库存管理（JMI）、协同计划预测补给（CPFR）和多级库存管理（MIM） • 精益供应链 • 精敏供应链 • 合作伙伴选择	• 采购管理 • 供应商管理 • 库存管理 • 物流管理 • 敏捷供应链 • 精益供应链 • 精敏供应链

---

① Tan K C. A framework of supply chain management literature [J]. European Journal of Purchasing & Supply Management, 2001, 7 (1): 39-48.

续表

对比内容	国外研究（1996—2004 年）	中国研究（2001—2007 年）
供应链网链结构学派	• 供应链集成技术：Internet、Intranet、Extranet • 基于电子商务背景下集成管理：核心任务和集成技术（ECS、MT、OR、MS、DSS、IT） • 虚拟供应链	集成供应链：供应链网络规划、供应链动态联盟、供应链设计与优化、供应链整合
供应链运作模型学派	运作模型和标准：供应链运作参考模型 SCOR、全球供应链论坛模型 GSCF、协同式供应链库存管理模型 CPFR、全球食品安全倡议 GFSI、开放标准标杆协作 OSBC、Ellram 服务供应链通用模型	• 基于 SCOR 模型的研究 • 中国企业供应链管理绩效水平评价参考模型 SCPR • 于亢亢服务供应链模型
供应链协同学派	协调管理思想向协同思想转变	• 内部协同 • 协同管理决策的理论和方法：供应链决策分析、决策支持技术及决策支持方法 • 协同管理框架、模型
可持续供应链学派	• 闭环供应链 • 绿色供应链	• 逆向供应链 • 闭环供应链 • 绿色供应链

起步期，国外各学派研究主题进一步丰富和拓展，为各学派的理论思想形成夯实了基础。同时，各类经典的供应链运作模型都诞生于本阶段，利于全球化供应链的发展。

中国加入 WTO 后，在内外生动力的共同作用下，快速提升了供应链管理水平。供应链管理也被提升到中国现代化治理体系的高度，成为社会经济发展的新动能。在起步期的初期，中国研究的内容和范畴还停留在基础概念和理论研究上，中后期跟上国外研究的步伐，开始对各学派下的主题进行研究，研究内容变广。但是相对国外来说，研究内容稍显滞后。

三、发展期（国外 2005—2015 年，中国 2008—2015 年）

发展期时间划分标准：国外以 2005 年 1 月 1 日美国物流管理协会更名为美国供应链管理专业协会为开始标志；中国以 2008 年的国际金融危机、汶川地震和北京奥运会等事件为开始标志。

该阶段国内外供应链管理研究热点开始趋于一致，包括电子商务背景下双渠道管理策略、供应链的绩效评价、供应链运作模型构建、服务供应链模型研究、供应链金融、可持续供应链相关模型构建（见表 2-8）。二者只在少数研究主题上的侧重点有所差别，但是大体研究主题和方向是一致的。

表 2-8　发展期国内外供应链管理思想比较

对比内容	国外研究（2005—2015 年）	中国研究（2008—2015 年）
背景	• 2005 年美国物流管理协会更名 • 2008 年国际金融危机 • 温室气体观测卫星的成功发射 • 全球供应链纳入各国发展战略	• 2008 年汶川地震和北京奥运会 • 2008 年起电子商务突破性发展 • 2010 年中国经济开始崛起 • 2012 年党的十八大 • 2013 年的"一带一路"倡议
消费者 响应学派	• 双渠道供应链协调策略 • 大规模定制问题 • 报童问题 • 牛鞭效应 • 逆向供应链策略 • 与可持续供应链学派相结合的消费者响应策略	• 双渠道供应链管理策略 • 供应链绩效评价
供应链 网链结构学派	• 供应链整合 • 全球供应链 • 全球供应链风险管理	集成供应链：组织集成、业务集成
供应链 运作模型学派	• 供应链管理流程标准 SCMPS • IUE-SSC 服务供应链模型 • 应急供应链	• 供应链运作模型构建及优化 • 服务供应链运作模型 • 应急供应链

续表

对比内容	国外研究（2005—2015 年）	中国研究（2008—2015 年）
供应链协同学派	• 供应链金融 • 供应链契约	供应链金融
可持续供应链学派	• 低碳供应链 • 模型的构建和相应的支持技术	• 绿色供应链 • 闭环供应链 • 模型的构建和相应的支持技术

2008年国际金融危机和汶川地震给中国供应链管理带来冲击，北京奥运会给中国供应链的规范化标准化带来挑战。中国在冲击和挑战中对供应链进行全面的研究，以期能与国际供应链研究水平同步，并借助"一带一路"联通各国各企业，构建全球供应链，降低供应链风险。在发展期后期，中国供应链管理思想研究完全覆盖五大学派下所有研究主题，并开始在部分领域引领世界。

四、拓展期（2016 年至今）

拓展期时间划分标准：国外以2016年开启的"云物移大智"时代为开始标志；国内以2016年开启的"中国制造2025"和"云物移大智"时代为开始标志。

国外在前几个阶段理论研究的基础之上，开始逐渐以各类供应链管理理论基础为核心形成五大供应链管理学派，同时发展期的一些研究重点在这一阶段得到进一步加强。因此，国外研究的理论基础较为扎实，学派之分比较明显，但是学派研究内容之间存在许多交融，界限不分明。

由于改革开放和全球化，中国供应链管理在拓展期取得卓越的成效，研究水平开始与国外接轨（见表2-9）。

表 2-9 拓展期国内外供应链管理思想比较

对比内容	国外研究（2016 年至今）	中国研究（2016 年至今）
背景	• 2016 年开启"云物移大智"时代 • 制造业转型升级战略 • 2018 年中美贸易战 • 2018 年供应链管理联盟成立 • 2019 年年底的新冠肺炎疫情 • 日益恶劣的气候环境	• 中国制造 2025 • 供应链相关国家政策陆续出台 • 2016 年电商变革 • 中国经济持续增长 • 2018 年中美贸易战和 2019 年年底的新冠肺炎疫情
消费者响应学派	• 供应链质量管理 • 供应链的知识管理	知识供应链
供应链网链结构学派	• 供应链集成技术：大数据、云计算、无人化、5G、区块链、人工智能	• 供应链集成技术 • 产业链供应链
供应链运作模型学派	• 供应链模型与框架的构建、更新及应用 • 服务供应链：服务化应用、服务化转型、服务主导逻辑、服务供应链驱动力、服务供应链的绩效、服务供应链机构、服务供应链技术、可持续服务供应链	• SCOR 模型等融入鲁棒性优化、闭环供应链运作、绿色供应链运作、绩效评价改进、服务供应链运作、低碳供应链运作、供应链风险运作等内容，进行新模型的构建和优化 • 服务供应链
供应链协同学派	供应链风险：识别、评估、决策、控制和监管	• 供应链风险 • 供应链治理
可持续供应链学派	• 绿色供应链 • 可持续供应链	• 绿色供应链 • 低碳供应链
其他未来研究方向	• 供应链教学改革和学科建设 • 供应链管理创新 • 透明供应链、可视供应链 • 数智供应链 • 平台供应链 • 低碳供应链 ……	—

本阶段中国的研究方向与国外总体是一致的，中国学者在供应链协同

和信息化方面紧跟国外研究步调,但是在供应链集成化、整体框架体系构建和供应链运作模型方面研究还有较大的提升空间。[①] 同时,各项新兴集成技术推动着供应链进入大数据时代,多学科融合研究成为供应链管理研究的未来趋势。[②]

总的来说,国外供应链管理思想的研究紧跟企业实践,企业产生的供应链管理问题会比较快地传导到国外学术界,由其进行相应的研究。中国在萌芽期受到国外研究背景的影响较小,更多的是受到中国现实背景影响进行研究或者被动地接受国外研究成果,与国外研究相比是脱节的。起步期,中国加入WTO,进一步与国际接轨,中国的供应链研究开始逐步建立在本国背景与国际背景结合的基础之上。发展期,中国与国外的研究重点已经趋于一致。到拓展期,中国供应链的学术研究已经与国际紧密相连,学术水平可与国外研究媲美。此外,2016年12月22日,中国碳卫星的发射成功,标志着中国成为除日本、美国外的第三个拥有碳卫星的国家。2021年8月15日,中国获取了碳卫星首个全球碳通量数据集。未来,基于碳卫星数据的低碳供应链研究会是中国供应链研究的重点方向。

五、中外供应链管理思想对比概要

通过对中外学术界、产业界从1960年至今的供应链管理思想进行溯源分析,发现中外关于供应链管理思想的研究存在以下异同。

1. 国外研究早于中国

供应链管理在国外的发展实践早于理论。随着市场环境的发展,企业

---

① 赵侃,茅宁莹,姚敏,刘理,晏鹏,沃田,冉兴玉. 我国近十年供应链管理的研究综述——基于词频分析[J]. 现代商贸工业,2017(02):37-39.

② 薛艳肖. 基于CiteSpace供应链管理研究热点及趋势[J]. 物流工程与管理,2020,42(10):102-105.

经营的流程和方法也在发生变化。从20世纪60年代开始，国外企业和学者从实践中总结出供应链管理相关理论与方法，推动了供应链管理学术研究的兴起。相比于国外研究，中国学术界对供应链的关注始于物流管理，1978年中国从国外引进物流管理概念，1997年前后中国又引进供应链管理理念，萌芽时间晚于国外。

2. 基础理论和研究方法不同

对国外相关文献分析发现，外国学者对供应链的研究多基于价值链理论、消费者响应理论、集成理论、企业再造理论、协同学理论、三重底线理论、可持续发展理论、TRIZ理论、智慧供应链管理理论和知识管理理论等，逐渐形成一定的供应链学派特色。而且，其较少进行纯概念性探讨，多从供应链实践中获取大量数据，提出相关假设模型，再回到实践中进行假设检验，将最终通过检验的模型运用到特定领域，重新服务于实践。国外研究多采用丰富数据、系统描述、定量分析、学科融合的方法，具有逻辑思维严密、数学模型精准的特点。

中国的研究缺乏前期的理论基础，为打牢学科研究的地基，多以管理学（战略管理、组织管理、市场学、信息系统管理理论），管理科学与工程（系统思想、工程系统动力学、经济系统动力学、运筹学、人工智能）和经济学（信息经济学、管理经济学、微观经济学）为理论基础。因此，中国开设供应链管理相关专业的学院多为管理学院、经济学院和管理科学与工程学院，部分开设在电商与物流学院、交通运输工程学院、信息管理学院、旅游与服务学院、数学与系统科学研究院、机械与能源工程学院等。此外，中国的理论研究在一定程度上缺少原创性，多是在国外学者的肩膀上进行的二次研究，主要以定性、博弈论、运筹学、建模与优化等方法进行。

3. 侧重点有所不同

国外学者在四个阶段都关注的研究热点是模型构建和供应链管理绩效

评价，这两方面的研究也有助于供应链管理在企业中更好地实践与优化。因此，笔者在第五章总结供应链运作模型学派时，发现大多数典型的模型都来源于国外研究，国外研究侧重于使用标准化模型来规范供应链管理的运作过程，并通过绩效评价来帮助模型落地，打通并激励供应链上各环节。同时，标准化是国外学者打造全球供应链的重点研究对象，包括模型构建、标准构建、流程构建、认证证书体系构建等。此外，国外注重通过建立协会来推动供应链研究及供应链标准认证，尤其是美国，如全球知名的三个供应链管理协会——美国供应管理协会、供应链管理联盟和美国供应链管理专业协会（见表2-10）。

中国学术界聚焦于物流与供应链管理及供应链博弈与优化。[1]早期研究，学术界一直混淆"物流管理"与"供应链管理"的概念及范畴。因此，萌芽期和起步期，中国学术界将大量精力集中于将"供应链管理"从"物流管理"中脱离出来，明确其概念和内容。发展期，中国研究内容日益丰富，开始与国外各重点研究主题基本一致。到了拓展期后期，中国学术界追赶上国外研究的步伐，并与国外研究水平同步。但是中国供应链管理标准化研究较少，许多标准没法统一实施，侧重于差异化、本土化的供应链管理策略研究。

4. 现阶段中国的研究水平可与国外相媲美

到2020年，中国学者的供应链研究水平已经与世界领先水平媲美，研究成果频频发表在国际顶级期刊上。[2]预计未来供应链管理将会接棒物流管理，成为第四利润源，进一步引发全球的广泛关注和实践。供应链管理的未来实践和深入研究离不开人才的培养。通过研招网博士招生目录信

---

[1] 王文举，何明珂. 改革开放以来中国物流业发展轨迹、阶段特征及未来展望[J]. 改革，2017（11）：23-34.

[2] 何明珂. 供应链管理的兴起：新动能、新特征与新学科[J]. 北京工商大学学报（社会科学版），2020，35（3）：1-12.

表 2-10 全球三大供应链管理协会

协会名称	美国供应管理协会（The Institute for Supply Management, ISM)	供应链管理联盟（Association for Supply Chain Management, ASCM)	美国供应链管理专业协会（Council of Supply Chain Management Professionals, CSCMP)
发展史	• 1915 年，美国采购经理协会（NAPM）成立，总部设在亚利桑那州坦佩，最著名的是它的采购经理指数（PMI） • 2001 年，美国采购经理协会改名为美国供应管理协会，强调"供应管理"，但是并不多谈"链"	• 1957 年，美国生产与库存管理协会（American Production and Inventory Control Society, APICS）成立 • 2005 年以前曾一度更名为资源教育管理协会（The Educational Society for Resource Management） • 2005 年起，恢复了 APICS 的缩写，但全名改为运营管理协会（The Association for Operations Management） • 2014 年，APICS 与 SCC（Supply Chain Council，供应链协会/国际供应链管理理事会）合并，SCOR 成为 APICS 旗下产品 • 2015 年，APICS 进一步整合了美国运输与物流协会（American Society of Transportation and Logistics, AST&L） • 2018 年，APICS 宣布成立供应链管理联盟（Association for Supply Chain Management, ASCM），总部设在芝加哥	• 1963 年，美国实物配送协会（National Council of Physical Distribution Management）成立于美国芝加哥 • 1985 年，更名为"美国物流管理协会"（Council of Logistics Management, CLM），总部设在伊利诺伊州的 Lombard • 2005 年 1 月 1 日起正式更名为"美国供应链管理专业协会"（Council of Supply Chain Management Professionals, CSCMP）

续表

侧重点	侧重于采购	侧重于生产与库存管理	侧重于物流
认证证书、标准等成果	• CPM（注册采购经理认证） • CPSM（供应链管理专业人士认证）	• CPIM（生产与库存管理专家认证） • CSCP（供应链专家认证） • CLTD（物流、运输和配送专家认证） • SCOR-P（供应链参考模型专家认证）	• 供应链管理流程标准 • 供应链管理认证体系 SC Pro
地位	• ISM 在全球 75 个国家共有 180 个分会，超过 45000 名会员 • 每月公布的采购经理指数（PMI）及商业报告（Report On Business）是全球经济的重要指标 • 全球历史最悠久、规模最大、最权威的采购管理、供应链管理、物流管理等领域的专业组织	• 在生产与库存管理领域，APICS 享有崇高的声望 • 全球最有影响力和最权威的协会之一	• 是美国第三个与供应链管理相关、有相当影响力的协会 • 各地园桌会的活动甚多，话题涉及供应链管理的整个流程，非常活跃 • CSCMP 的"名人堂"和"杰出贡献奖"逐渐小有名气 • 月度会刊和每日供应链新闻颇有看头

息的查询和数据整理，2021年共有46所高校设立了供应链管理相关专业和研究方向的博士人才培养项目，其中2所高校（上海海事大学和西南财经大学）分别设置"供应链决策与优化""物流与供应链管理"专业进行招生；其余44所高校是将"供应链"作为其他专业（产业经济学、管理科学与工程、物流学、物流管理、物流管理与工程、工商管理、企业管理、环境管理、资源与环境、技术经济及管理、矿业管理工程、物流工程和管理运筹学、中小企业管理、旅游管理、公共管理、系统工程、机械、工业工程等）的研究方向进行招生，致力于供应链管理相关科研人才的队伍全方位壮大，引领供应链管理研究的前沿。

目前，中国一流企业的供应链管理水平与世界一流水平相当。国内外学术界对供应链管理的研究已经进入拓展期，既形成了一定的理论积淀，又面临着许多新的挑战，需要顺应时事解决新问题。因此，构建完整的供应链管理学科体系、加大相关实践和科研人才的培养、持续追踪供应链管理前沿是非常必要的。

5. 国内外供应链研究发展趋势相同

国内外的研究重点除拓展期提到的主题外，还将逐渐聚焦于数智供应链、平台供应链和透明、可视供应链等方面的研究。

（1）数智供应链。

在萌芽期、起步期、发展期和拓展期诞生和发展起来的供应链管理技术在未来会得到进一步研究和拓展（见图2-3）。虚拟现实（VR）、增强现实（AR）、机器人自动化（Robotic Automation）、远程监控（Sensor-based Monitoring）、人工智能（AI）、3D打印、区块链、无人机等新技术在全球供应链中将加速应用。

每一次技术的巨变都将推动时代的车轮滚滚向前。2018年，全球供应链在数字化转型升级方面出现了巨大的变革。2019年年底的新冠肺炎疫情进一步推动了数字经济的发展。数字供应链促使供应链向透明、可视方向发展，因此有学者称之为透明数字化供应链。① 而供应链的数字化转型只是手段，目的是实现供应链的智慧化、智能化决策。

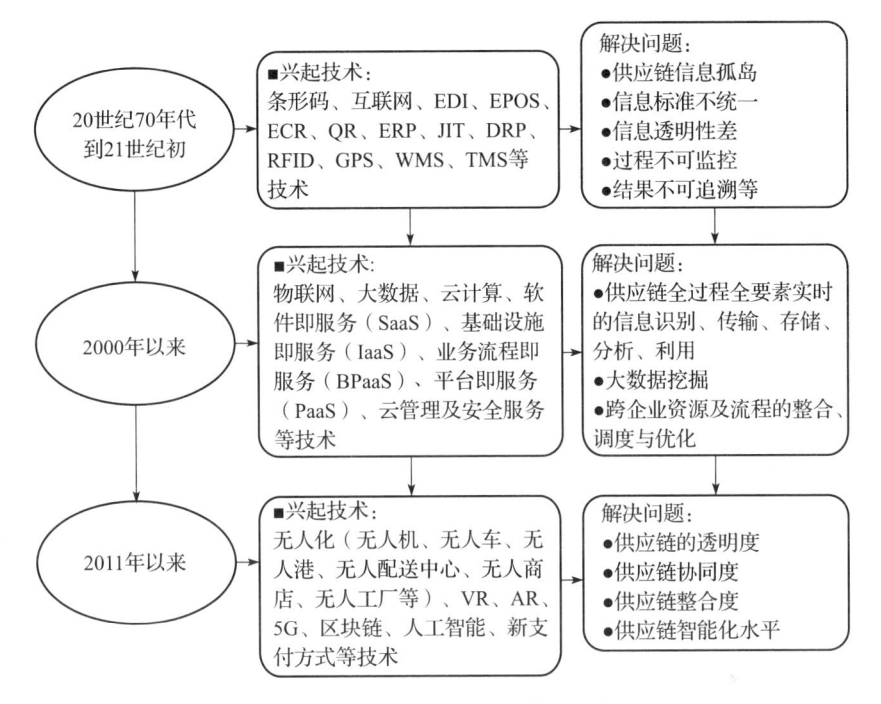

```
┌─────────────┐      ┌──────────────────┐     ┌──────────────────┐
│ 20世纪70年代 │─────▶│ ■兴起技术：      │────▶│ 解决问题：       │
│ 到21世纪初  │      │ 条形码、互联网、 │     │ ●供应链信息孤岛  │
└─────────────┘      │ EDI、EPOS、ECR、 │     │ ●信息标准不统一  │
       │             │ QR、ERP、JIT、   │     │ ●信息透明性差    │
       │             │ DRP、RFID、GPS、 │     │ ●过程不可监控    │
       │             │ WMS、TMS等技术   │     │ ●结果不可追溯等  │
       ▼             └──────────────────┘     └──────────────────┘
┌─────────────┐      ┌──────────────────┐     ┌──────────────────┐
│ 2000年以来  │─────▶│ ■兴起技术：      │────▶│ 解决问题：       │
│             │      │ 物联网、大数据、 │     │ ●供应链全过程全  │
└─────────────┘      │ 云计算、软件即   │     │  要素实时的信息  │
       │             │ 服务（SaaS）、   │     │  识别、传输、存储│
       │             │ 基础设施即服务   │     │  、分析、利用    │
       │             │ （IaaS）、业务流 │     │ ●大数据挖掘      │
       │             │ 程即服务（BPaaS）│     │ ●跨企业资源及流  │
       │             │ 、平台即服务     │     │  程的整合、调度  │
       │             │ （PaaS）、云管理 │     │  与优化          │
       │             │ 及安全服务等技术 │     │                  │
       ▼             └──────────────────┘     └──────────────────┘
┌─────────────┐      ┌──────────────────┐     ┌──────────────────┐
│ 2011年以来  │─────▶│ ■兴起技术：      │────▶│ 解决问题：       │
│             │      │ 无人化（无人机、 │     │ ●供应链的透明度  │
└─────────────┘      │ 无人车、无人港、 │     │ ●供应链协同度    │
                     │ 无人配送中心、无 │     │ ●供应链整合度    │
                     │ 人商店、无人工厂 │     │ ●供应链智能化水平│
                     │ 等）、VR、AR、   │     │                  │
                     │ 5G、区块链、人工 │     │                  │
                     │ 智能、新支付方式 │     │                  │
                     │ 等技术           │     │                  │
                     └──────────────────┘     └──────────────────┘
```

图 2-3　供应链管理技术快速升级

（2）平台供应链。

供应链管理未来将跳脱出对各个节点企业的关注，将重点转移到供应链金融平台和供应链平台生态圈的管理和构建上。平台方制定一系列规则和标准，使得进入供应链平台的企业（生产商、物流商、销售商、技术服务商、金融服务商、供应链整体方案设计商、基础设施支持商等）能够依托平台进行资源和信息的优化配置，推动供应链管理向虚拟供应链方向进一步发展，形成有机共生的生态环境。同时，随着移动互联网和5G技术的迅速发展和普及，新媒体将发挥开放、便捷、及时、高效的优势，推动

---

① 黄滨. 透明数字化供应链［M］. 北京：人民邮电出版社，2019.

供应链管理形成集成化平台生态圈。

（3）透明、可视供应链。

随着各国企业之间的合作深化，供应链不断延长，出现采购、生产、加工、组装、运输、销售、售后的全球化、分散化和复杂化，信息不对称给供应链带来巨大的不透明风险。而区块链这种"信任机器"能将商品和服务的信息、物流、资金流都记录在链上，使得高效准确溯源产品成为现实，提高企业对供应链的掌控力，打通信息孤岛，链接数字资产，创造出可视的、透明的商业模式，降低商业风险，带来商机。未来，关于食品供应链的透明化、可视化研究是重中之重。

第五节 研究评述

20世纪60年代开始至今,客户需求变化、企业寻求竞争优势是供应链管理思想发展的根本动因。通过思想溯源,我们清晰地看到各学派思想的发展及演变,历经了"关注企业内部流程阶段—寻求外部合作阶段—构建价值链/供应链网络的供应链整合阶段—供应链治理及拓展阶段",各学派思想相互交融、不断沉淀。本书将五大学派的发展历程都划分为萌芽期、奠基期和拓展期三个阶段,最早开始萌芽的是供应链协同学派(1960年),其次是供应链运作模型学派(1965年),再次是供应链网链结构学派(1973年),再是可持续供应链学派(1982年),最后是消费者响应学派(1987年)(见图2-4)。

消费者响应学派是基于迈克尔·波特价值链理论和消费者响应理论,为满足消费者的需求变化,适应市场竞争而发展起来的,形成了基于"降本增效逻辑"的效率型供应链学说、基于"时间竞争逻辑"的反应型供应链学说和基于"战略融合逻辑"的精敏供应链学说,并进一步将精益、敏捷、弹性和绿色等理念整合进行复合供应链策略研究。

供应链网链结构学派是基于集成理论,为解决供应链上合作伙伴的关系问题发展起来的,形成了供应链集成管理学说(EDP、MSI、DSS、EDI、ERP、Internet等技术集成)、供应链网络规划模型学说(设施选址模型、供应链网络规划设计模型、供应链网络规划模型)和供应链复杂网络演化模型学说(复杂网络理论、网络模型理论、供应链复杂网络演化模型)。

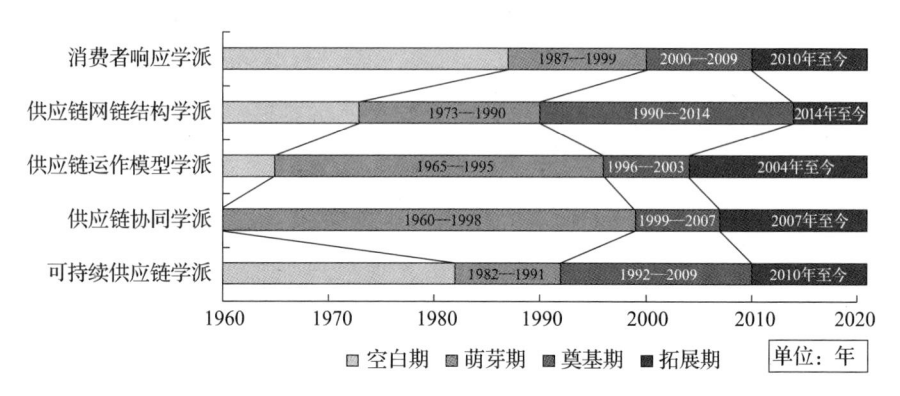

图 2-4　供应链五大学派发展阶段对比

供应链运作模型学派的背景与消费者响应学派相同,只是消费者响应学派更多的是从满足消费者需求的速度和效率角度来研究,而供应链运作模型学派则更多地从企业再造的角度进行运作流程的变革,构建适合供应链上企业所共同适用的标准运作模型,研究成果包括基于产品视角的供应链运作模型(SCOR模型、S&OP、GSCF模型、CPFR模型和SCPR模型等)和基于服务视角的供应链运作模型(Ellram服务供应链通用模型和IUE-SSC服务供应链模型等)。

供应链协同学派基于哈肯的协同学理论,研究重点从早期的关系协调、价格协调、契约协调和产权协调,转变为协同伙伴选择、协同信息共享管理、协同信息预测等,形成了供应链流程重组模型学说、供应链复合系统的耦合协调度模型学说和供应链协同的优化分析方法学说。

可持续供应链学派基于三重底线理论和可持续发展理论,形成了闭环供应链学说、绿色供应链学说、低碳供应链学说和可持续供应链学说,重点关注各类可持续思想下供应链模式和绩效评价模型的构建。

国外对于各学派的研究脉络较为清晰,各学派间也存在许多共同的研究主题，互相借鉴、互相推动、共同发展（见图2-5）。

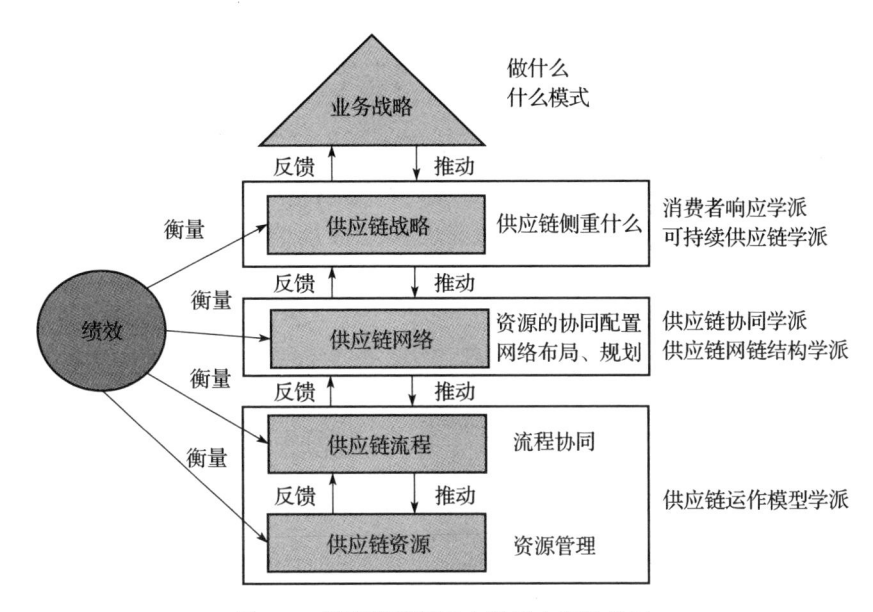

图 2-5 供应链管理五大学派之间的关系

中国关于供应链研究的学派脉络不如国外那样清晰，更多的还是根据国内现实需求以及追踪世界前沿问题而展开的追随性研究。特别是在萌芽期和起步期，基本上是迅速对接各学派下的主题进行研究；在发展期则已经基本覆盖所有学派的主题研究内容；进入拓展期，中国的供应链研究水平已经可以与世界领先水平媲美；现在的中国研究已经与世界领先学派的研究相融合、同步，并且还在更为全面、深刻地向前推进。

无论是中国还是国外，对供应链的认识和研究的过程都是一个从简单到复杂、从内部到外部，从理论到实践的过程。未来，国内外供应链管理理论进一步沉淀，学派观点会更加清晰，朝着供应链教学改革和学科建设、供应链管理创新、透明供应链、可视供应链、数智供应链、平台供应链和低碳供应链等重点方向开展研究。

本章小结

通过溯源供应链管理思想，发现国内外在供应链管理思想的萌芽期、起步期、发展期和拓展期的时间和各学派研究重点内容上存在一定差异。

为找出二者的差异，首先，追溯了供应链管理思想的起源，其真正进入学术领域是20世纪60年代，是在价值链理论、消费者响应理论、集成理论、企业再造理论、协同学理论、三重底线理论、可持续发展理论、TRIZ理论、智慧供应链管理理论和知识管理理论等的基础上发展而来的。十大理论体现了供应链管理的思维逻辑和发展动力。

其次，在此理论和思维逻辑基础之上，分别总结了国外、中国在四个时期——萌芽期、起步期、发展期和拓展期的供应链管理思想产生的特殊背景和五大学派研究成果。中国关于供应链学术研究的萌芽期相较于国外，晚了18年，到了起步期和发展期逐步缩小开始时间的差距。2016年至今是国内外供应链管理思想的拓展期，这个阶段中国许多研究已经赶上国外甚至超过国外水平，这都源于中国强大的供应链管理实践水平和学者们的不懈努力。

最后，通过比较分析，找出四个阶段下中外供应链管理思想的研究差异及其未来共同的研究重点及趋势。相同的是，中外供应链管理概念都始于企业运营，成于政府和企业实践，兴于学术界研究。不同的是，国外学术研究早于中国研究，二者研究背景有所不同，基础理论和研究方法不同，研究侧重点有所不同。中国的萌芽期、起步期和发展期都晚于国外，尤其是萌芽期，中国关于供应链及供应链管理的研究基本是从国外引入，理论基础比较薄弱；但在拓展期开始紧跟国际发展步伐，并开始逐步在一些方面引领全球供应链的实践及研究的发展。未来，国内外学派在研究理论及主题方面会进一步明确和沉淀，向数智化、平台化、透明化、可视化方向迈进。

第三章
消费者响应学派

CHAPTER 3

供应链的网状链式结构及其多行为主体的组织模式，使得供应链与生俱来便有复杂性、动态性、交叉性等特点。这些特点使得供应链不可避免地存在高度的不确定性。一方面，在供应链的运营过程中，供应链的不确定性造成的信息扭曲与失真都是供应链管理中亟待解决的痛点；另一方面，随着竞争愈演愈烈，许多产品生命周期不断缩短，客户对产品或服务的响应时间要求越来越高。同时，由于消费者掌握的信息和知识更加全面，他们对于产品个性化、质量、性价比等方面的要求越来越高。传统的供应链管理在这种形势下，显露出无法很好满足消费者需求的局限，因此要求供应链管理更为灵活、敏捷、高效。

20 世纪 80、90 年代，全球一体化进程日益加剧，越来越多的企业面临着"产品成本压缩困难、客户对产品多样化和快速响应的需求提升"等挑战。消费者响应学派的研究者们倡导以消费者为中心，以快速和高效响应顾客为基本着力点，对不同情境下供应链策略与范式、模型进行研究，沿着价值链寻求企业竞争力获取和实现价值增长的路径与方法。本章从价值链理论、消费者响应理论的思想本质出发，阐述消费者响应学派的发展历程、主要代表性理论、学说的贡献与局限，剖析学派的局限性，展望学派未来的研究方向。

第一节　价值链理论的思想与本质

实现价值创造或增值是企业从事经营活动过程中的重要目标。企业的经营活动可以细分为企业内部的生产运营活动和企业间的协作活动，也可划分为直接创造价值的活动、间接创造价值的活动、质量保证的活动。价值链理论作为一种战略分析工具，能够帮助企业识别众多活动中实现价值创造或增值的板块，从而获取企业竞争优势。

一、价值链理论的思想

价值链理论的思想是消费者响应学派形成的理论基石，它推动企业沿供应链以"响应客户需求，为客户实现价值增值"为目标进行分工、协作、整合，实现整条供应链的总价值增值。

（一）传统的企业价值链理论

价值链（Value Chain）的定义，最初是由美国知名战略理论专家 Michael E. Porter（迈克尔·波特）在1985年的《竞争优势》中提出。价值链是一种基于动态战略理论寻求企业竞争优势的研究工具。迈克尔·波特把企业的设计、开发、生产和营销等一系列活动的集合划分为基础活动与辅助活动（见图3-1）。基础活动包含了物品运送过程中的所有社会活动。迈克尔·波特将基础活动分为：内部运送、产品加工、外围运送、营销和产品售后业务；辅助活动则有四类：供应、生产、人力资源和企业基础设施。他指出，并不是所有环节都产生价值，唯有进行某种独特的经济价值实践活动才能真实地产生价值。真正产生价值的实践活动正是在价值链主要环节上取得优势的"战略环节"。

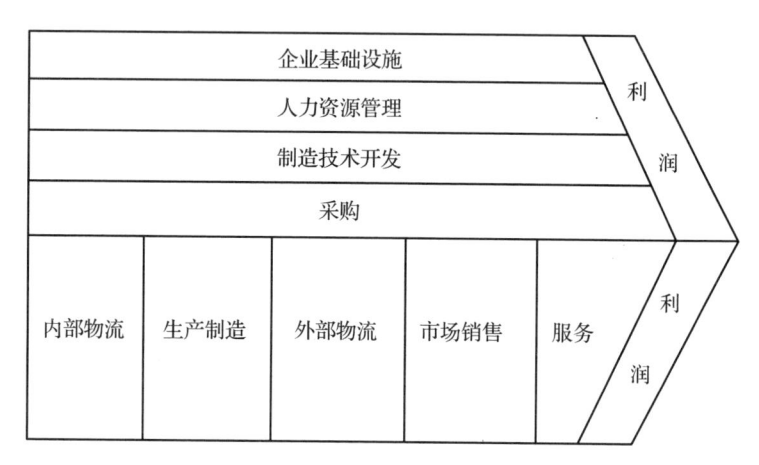

企业基础设施	利润
人力资源管理	
制造技术开发	
采购	

内部物流	生产制造	外部物流	市场销售	服务	利润

图 3-1　迈克尔·波特提出的企业价值链传统模型

迈克尔·波特提出的传统的价值链概念侧重于对于企业个体进行分析。传统的价值链把一个公司的价值创新流程分为几个相对独立，而在功能上又相互联系的产品营销活动。这种活动以实现盈利为最终目标，并串联构成"价值链"的最初形态。

在价值链概念的基础上，波特又提出了"价值链系统"。他指出，企业的产品价值链与供应商价值链、渠道价值链、买方价值链、业务单元价值链等之间也存在密切联系，而这种互相联系的价值链就构成"价值链系统"（见图 3-2）。

（二）价值链理论的发展

1. 价值链

1993 年，Peter Hines 从价值实现的最终目标出发，将价值链界定为"集

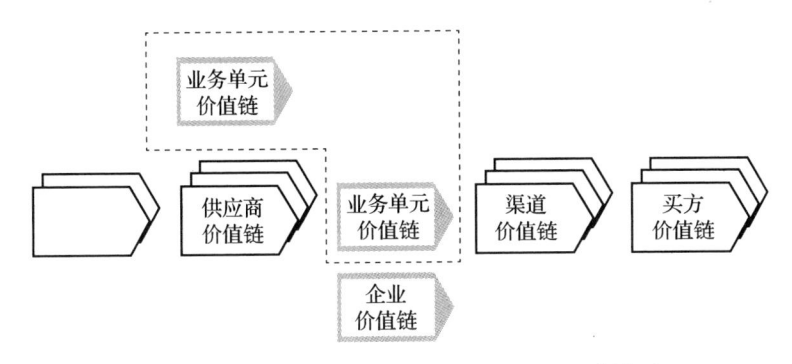

图 3-2 迈克尔·波特提出的企业价值链系统模型

成物料价值的运输线"。有别于波特，他认为产品价值的实现不应是追逐利润，而应体现在满足顾客需求上。所以，他将消费者对商品的要求视为制造过程的终点，制造过程中产生的利润只是实现这一目标的副产品。

1993 年，John Shank 和 V. Govendarajan 考虑到企业之间的沟通与合作日益频繁，把原本限定在一个企业内的价值链拓展至企业之间。他们认为，一个企业的价值链不应局限在企业内部，应该放在整条产业价值链中去看待。他们相信，企业价值链系统就是"从原料到配送至最终消费者手上，这一整套相互关联的价值创新活动"。只有统筹考虑最初的供应商、上下游公司和终端用户，并针对竞争者做出更全面的举措，才可以提高公司的整体竞争优势，使得整体利益最大化。

1995 年，Jefferey F. Rayport 和 John J. Sviokla 提出了"虚拟价值链"和"有形价值链"两个定义。他们指出，当前的各个公司都在两种世界中竞争：一种是由能够看见、可接触的资源所组成的物质世界，另一种则是由信息所构成的虚拟世界。物质世界对应着有形价值链；虚拟世界则通过对信息内容的获取、组合、筛选、综合和分享，实现产品在无形价值链中价值的增长。

2. 价值网

1998 年，美国 Mercer 顾问公司著名管理咨询专家 Adrian Slywotzky 在其作品《利润区》中首度阐述了价值网的定义。他认为在消费者的需求增长、全球经济一体化的冲击和市场高度竞争的形势下，应该将传统的供应链转型为价值网。2000年，美国学者David Bovet在《价值网》一书中指出：价值网是一种全新的经营模式，它把消费者日益增长的需求与更加灵活高效、降低成本的生产过程相连接，而后借助数字信息实现快速配送产品，从而避免代理高昂的产品分销费用。价值网主张将合作的供应商等相关成员联系到一起，提供定制解决方案，以应对不断发生的变化（见图3-3）。

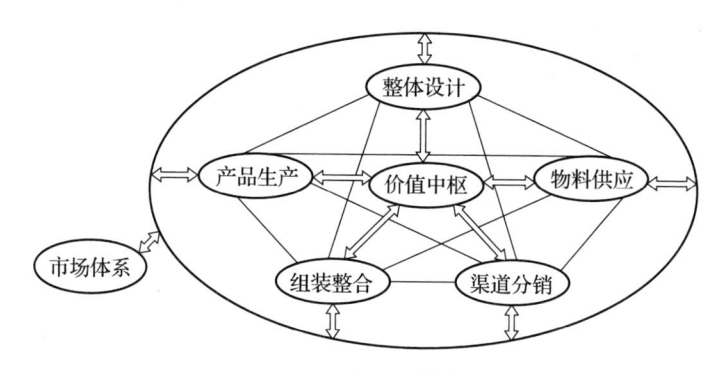

图3-3 价值网模型

价值网的思想颠覆了传统价值链的线性思维，围绕客户价值重构价值链。价值链的价值创造是自上而下地从链条上游传导至下游。而价值网的成员同时创造价值，毫无先后顺序。价值网观点的主要贡献是突破了价值链体系中各环节的壁垒，从而促进网络主体之间的协作及价值创造。

3. 全球价值链

由于信息通信技术的发展、运输成本的降低和现代社会分工以及技术水平的提高，供应、生产和销售等的协作也不再局限于一个地方或是某个经济体内。跨地区、跨国之间企业的纵向协作成为可能。针对这些变化，Gereffi等人于1994年明确提出"全球商品链"的概念，链上的参与者从一个国家内部扩散至全世界的各类企业或机构，以便实现各种资源的全球性优化配置。2005年，Gereffi等人在"全球商品链"的基础上提出"全球价值链"，用以说明全球生产网络的治理结构与网络内企业之间的价值分配。

二、价值链理论的本质

价值链理论是一种基于协作的策略。它是将跨企业的经营运作方式联系起来，以求获得市场机会的一个共同愿景。价值链理论的实质就是利用企业间或企业内部某些特定战略环节上的优势进行价值创新与增长，并以此获取竞争优势。价值链理论的本质可概括为四层含义，即分工、整合、协同、价值。

1. 分工

随着消费者需求的日益多元，社会分工更加细化。价值链理论是一种"有所为，有所不为"的战略取舍，也是一种扬长避短的分工协作。它强调做精做强，而非做大做全。价值链理论主张企业将自己擅长的、能够创造价值的业务发挥到极致，把不擅长、不能有效创造价值的业务外包出去。

2. 整合

买方市场中往往会存在大量产能过剩的情况，市场上就会存在许多相互独立并具备某种比较优势的增值环节。对企业而言，这些分散的增值环节都是可利用的社会资源。要让这些分散环节创造出新的价值，就需要把这些资源有机地整合到一起。

3. 协同

价值链的协同体现在两个层面：一是业务流程层面的协同，从原材料供应商到最终消费者过程中各个业务环节环环相扣，密不可分，形成一个整体；二是战略管理思想层面的协同。各个企业都结合起来形成产供销一体化的综合体系，通过协调、组织、反馈、控制等管理活动维持稳定或获取竞争优势。

4. 价值

企业的生产活动包括研发、制造、营销、服务等多个环节。在这些环节，企业可以通过提高效率、降低成本、减少能耗、降低风险等手段实现价值增值和价值创造。

三、消费者响应理论

针对消费者的研究包括三种，分别为消费者基本特征研究、消费行为研究和消费者动机研究。自1968年詹姆斯·恩格尔等人编著了《消费者行为学》一书后，社会各界开始重视消费者行为的问题。

消费者响应（Consumer Reaction）是消费者行为学研究领域的一个重要概念。它指的是从感知到评价，到最后形成购买意识和采取购买行为的消费心理和行为反应过程。1982年，Hirschman和Holbrook认为，消费者响应不仅包含了消费者对外部刺激的感官编码，还包括个体所形成的各种联想和想象。2004年，Bhattacharya和Sen把消费者响应分为内部响应和外部响应。内部响应指的是消费者对企业行为所产生的态度；外部响应指消费者对企业行为所产生的购买意愿，包括购买行为和忠诚度。总之，消费者响应是消费者态度与消费者行为意愿的综合性反应。

在不同的研究情境下，"消费者响应"对应不同的操作化概念，如消费者购买意向、消费者产品质量感知、消费者对产品的态度等。总的来说，消费者响应可分为抵制、质疑、无所谓、赞赏与支持响应五类。消费者响应行为的动机来自利益驱使与价值认同：利益驱使源于消费者基于经济理性对产品或服务提供的价值要素的认可；价值认同是产品或服务的价值要素迎合了消费者的价值理念或自我概念。

第二节　消费者响应学派的发展历程

为应对激烈的市场竞争，供应商和核心企业以消费者为核心，沿供应链开展了各种为消费者创造价值增值，提高消费者满意度的活动。在供应链研究方面，学者们从供应端和消费端，分别对需求分析、生产、物流、销售、绩效考核等影响供应链运营情况和服务能力的情况进行了研究和探索。

随着世界经济一体化、网络信息技术的发达、消费者要求日益个性化与差异化，供应链也衍生出各种不同的范式。消费者响应学派的发展经历了萌芽期、奠基期和拓展期。消费者响应学派以价值链理论、消费者响应理论为基础，融合供应链协同学派和供应链网链结构学派倡导的供应链协同和供应链集成的思想，提升整条供应链对消费者的响应能力。本节从消费者响应学派的思想起源、研究阶段的划分等角度论述消费者响应学派的发展历程。

一、消费者响应学派的思想起源

1. 消费端与生产端的差距拉动供应链变革

供应链一端连接"消费端"，一端连接"生产端"。消费端的变动必然会影响供应链的总体发展。

从消费端来看，消费者文化存在鲜明的时代特色，消费者呈现出总体需求特征，全球消费者文化同一化与特异性并存。1990年起，美国经历了20世纪80年代的品牌消费时代，美国人的消费方式开始逐渐回归理性，不再盲目崇尚奢华，消费观念也由注重品牌转为更关注性价比。同期，生长在经济高速增长的日本战后婴儿潮后代在经历了一段物质主义倾向强的时期后，恰逢日本经济泡沫破灭，经济发展陷入"失去的二十年"。日本人的消费观念也开始回归理性，注重性价比，更追逐精神消费，脱离物质化消费的迹象越来越明显。彼时的中国市场以家庭为主要消费单位。这一时期的中国消费者随众性强，雷同式、一元化消费居多，重视产品的可得性，处于只要求数量满足的初级消费阶段。总的来讲，20世纪80年代末到90年代初，世界范围内消费者多追求有一定个性化的产品，同时又关注性价比，重视产品的可得性。

从生产端来看，20世纪80年代大规模定制生产出现，逐步形成了21世纪的主流生产模式。大规模定制生产模式融合了定制生产和大规模生产两个方式的优势：成本和交货提前期。一方面，企业需要在满足消费者个性化需求的同时，还要保证相对低廉的定制成本；另一方面，大规模定制生产中，定制往往是在消费者提出需求后才能进行的，所以如何迅速地对消费者的定制需要做出反应、缩短交货提前期也是企业急需解决的一个问题。

为弥合消费端的需求特征与生产端现实情况的差距，供应链运作模式开始不断调整与变革。2000年之后，消费端呈现需求差异化加大、个性化要求凸显等趋势。生产端也经历了从大批量生产到大规模定制，以及精益生产和敏捷制造的发展阶段。在消费端和生产端不断调整变化的过程中，供应链的运作模式朝着实现最佳供需匹配的方向持续改进和发展，演化出丰富的消费者需求导向下的供应链研究主题。

2.消费者主导的价值增长驱动学派发展

供应链不是单一实体，它是一系列围绕着消费者需求产生价值的不同价值链的结合体。

20世纪90年代，当传统的卖方市场转变为买方市场，供应链由push（推动）模式转换为pull（拉动）模式，供应链的价值增长驱动由"生产者主导"转变为"消费者主导"。"消费者主导"意味着将"为消费者提供价值增量"作为驱动供应链发展的原点。消费者价值增量不仅是对消费者需求变化的追随，同时也是对消费者需求的创新与激发，更是驱动消费者价值二次升级，或增加新需求。供应链对"消费者价值增值"的反应不仅仅局限于交货速度的较量，还涉及反应时间速度、产能、服务水平、成本管理等方面的角逐。企业只有贴近消费者，响应消费者，才能获取竞争优势。

随着时代的变迁，消费者的消费基因正经历持续的更新迭代，愈发呈现出多维度、多特征、多属性的叠加。时至今日，消费者的最终行为差异日益变大。消费者响应学派的研究者敏锐洞悉了各个时代消费者需求的变化趋势，着手探究企业如何以响应客户的最终需求为前提，通过与供应链上的各个企业紧密协作，有效地为消费者提供更多的价值，从而提升企业的竞争优势。无论是基于"时间竞争逻辑"的反应型供应链——快速反应供应链、敏捷供应链，还是倡导"降本增效逻辑"的效率型供应链——有效客户反应型供应链、精益供应链，抑或是二者的组合——"基于战略融合逻辑"的精敏供应链的研究演进，都反映了这一学派的学者对于消费者需求导向下的供应链策略演变情况的持续关注。

3.信息技术应用支撑供应链对消费者的响应

EDI、Agent、RFID、Internet/Intranet、POS、大数据、物联网、云计算等信息技术的兴起，从信息集成、需求预测的角度为供应链实现信息互联与共享，响应消费者需求提供了技术支撑。

从信息整合的角度，供应链管理需要以顾客的需求信息为起点，通过供应链各节点企业之间的沟通和资源共享，才能规避企业间的信息壁垒。互联网技术的交互性、便捷性与开放性，打通了产业与产业之间、企业与企业之间、企业与顾客之间，甚至是国家与国家之间的时空障碍。供应链信息系统将供应链企业内部和企业间关于产品设计、产品生产计划、采购、产品制造、质量管理、物流、仓储、销售等环节的信息串联起来，实现了企业对供应链上各环节信息的全局把握，而后动态调整，提升整条供应链对消费者的响应速度和效果。

从需求预测的角度，供应链管理需要供应链信息系统实现对顾客信息、顾客消费偏好、顾客特征、产品生命周期管理等信息的采集与分析，以帮助企业提高需求预测精准度。更加精确的销量预测，可实现更加高效的供应链上下游企业、商家、服务商的计划协调，更为稳定的库存管理，以及更好的网络资源配置。

二、消费者响应学派的形成与发展

我们从价值增长驱动角度，将消费者需求作为内驱价值增长原动力的供应链运营策略归为一个学派。该学派的观点是快速、精准应对客户需求，在供应链竞争中获取竞争优势。然而，不同时代背景下，在社会经济生活变迁过程中，随着市场环境、技术发展、生活水平、社会心理的变化，消费者总体特征、生产模式、消费者消费行为呈现不同的规律。在不同经济发展阶段，各式供应链实践会催生出形态各异的供应链策略与模式。我们将围绕不同时代背景下差异化的消费者需求，分析各类以消费者为中心的供应链策略及研究主题的演化过程，供应链消费者响应学派经历了萌芽期（1987—1999年）、奠基期（2000—2009年）、拓展期（2010年至今）三个发展阶段。

（一）萌芽期（1987—1999年）：经典涌现，学派初成

时间：始于1987年，美国服装生产商协会（American Apparel Manufacturers）在 Getting Started in Quick Response（《快速反应入门》）中首次提出快速反应的概念；终于1999年，Naylor等人提出精敏供应链（Leagile Supply Chain）概念。精敏供应链概念的提出表明供应链消费者响应学派进入萌芽期。

特色：行业协会或核心企业从供应链实践中遭遇的交付期、补货、成本等问题入手，研究供应链中各个节点企业如何协作以提升服务消费者的速度、效率和质量。

代表人物：Rick Dove、Marshall Fisher、Richard Lamming、Naylor。

代表性研究成果：Rick Dove 的《敏捷供应链管理》；Marshall Fisher 等人的《通过对早期销售的准确反应，降低不确定性的成本》；Richard Lamming 的《将精益供应与供应链相结合》；Marshall Fisher 的《你的产品需要什么样的供应链？》；Naylor等的《精益敏捷性：在整个供应链中集成精益和敏捷制造模式》。

1987年，美国服装生产商协会在 Getting Started in Quick Response 中首次提出快速反应的概念。

1996年，Rick Dove 的《敏捷供应链管理》强调了形成合作伙伴关系对快速响应消费者和市场的重要作用。[①] 与此同时，有的学者发现信息更新有利于快速响应消费者策略下的成本降低，1996年，Marshall Fisher 和 Ananth Raman 认为信息更新对于快速反应情形下的产品预测和成本降低

---

① Dove R. Agile supply-chain management [J]. Automotive Production, 1996, 108（4）: 16-17.

有益。他们在论文《通过对早期销售的准确反应，降低不确定性的成本》中提出了最经典的快速反应下两阶段决策模型。[①]

有的学者开始了关于供应链策略适配性的思考。1997年，Marshall Fisher在《哈佛商业评论》发表了《你的产品需要什么样的供应链？》一文，认为供应链策略的选择主要取决于商品的种类；1999年，Naylor等人在论文《精益敏捷性：在整个供应链中集成精益和敏捷制造模式》中指出，孤立地采用单一的精益生产思想或敏捷制造模式已无法满足现实需要，而精益生产模式和敏捷制造模式是相辅相成的，可通过设计和运作对供应链加以整合，形成新的供应链范式——精敏范式。精敏供应链概念强调以顾客满意为目标，在精益生产与敏捷制造的基础上，通过调整供应链上解耦点的位置使供应链实现顾客满意的目标。

这一阶段，消费者响应学派的学者受供应链协同学派的影响，开始重视协同理念对改善供应链各节点企业间协作的重要性。消费者响应学派通过自身的研究证实了协同理念对于供应链实现快速响应消费者、快速补货、提高产品性价比和可得性的积极作用。

（二）奠基期（2000—2009年）：热度攀升，研究深化

时间：始于2000年供应链权威专家Martin Christopher的《敏捷供应链在动荡市场的竞争》的发表，终于2009年Cachon G. P.和Swinney R.的《面向策略型消费者的采购、定价和快速反应》的发表。

特色：聚焦于研究以不同的供应链终端客户（消费者）需求特征为导向的供应链管理问题；供应链对于消费者需求响应程度的测度；影响供应链响应消费者需求的因素等问题。

代表人物：Martin Christopher、Mason Jones、Agarwal、Cachon G. P.。

---

① Fisher M, Raman A. Reducing the cost of demand uncertainty through accurate response to early sales [J]. Operations Research, 1996, 44（1）: 87-99.

代表性研究成果：Martin Christopher 发表的《敏捷供应链在动荡市场的竞争》；Mason Jones、Naylor 和 Denis Towill 的《精益、敏捷还是精益？使你的供应链与市场匹配》；Agarwal 等人发表的《精益、敏捷和精敏供应链的度量建模：基于网络分析的方法》；Cachon G. P. 和 Swinney R. 的《面向策略型消费者的采购、定价和快速反应》。

战略学家伊戈安索夫教授曾在《创建柔性企业》一书中如此说道：在21世纪的动荡环境中，企业对环境反应的复杂性必须与环境的动荡性相互匹配。这一时期，有的学者继续针对复杂环境下供应链策略选择和适配问题深入研究。2000年，Martin Christopher 从外部环境视角论证多样性、可变性（或可预测性）和体量这三个维度对于供应链策略选择的重要性。敏捷供应链适用于需求不稳定，对多样性要求很高，变化无常且不可预测的环境。而精益供应链适用于品种少，需求大，可预测的环境。[①] 同年，Mason Jones 等按照"典型产品""市场需求""产品生命周期""驱动客户的因素""主要成本构成""缺货惩罚""采购政策""信息技术""预测机制"等特征分别对精益供应和敏捷供应进行了描述与区分（见表3-1）。[②]

表 3-1 精益供应与敏捷供应的区别

特征区别	精益供应	敏捷供应
典型产品	商品，日用品	时尚货品
市场需求	可预测	易变
产品生命周期	长	短
驱动客户的因素	成本	可获得性
主要成本构成	实物处理成本	市场中的成本

---

① Christopher M. The agile supply chain：competing in volatile markets [J]. Industrial Marketing Management，2000，29（1）：37-44.

② Mason Jones R, Naylor B, Towill DR. Lean, agile or leagile? Matching your supply chain to the marketplace [J]. International Journal of Production Research，2000，38（17）：4061-4070.

续表

特征区别	精益供应	敏捷供应
缺货惩罚	由长期合同确定	立刻产生，变化较多
采购政策	购买原材料	产能分配
信息技术	理想的状态	强制的要求
预测机制	数学算法	咨询

有的学者着手供应链对于消费者需求响应程度的测度、影响供应链响应消费者需求的因素等问题。2006年，Agarwal等人在其代表性研究《精益、敏捷和精益供应链的度量建模：基于网络分析的方法》中，探讨了快速消费品企业供应链的交货时间、成本、质量和服务水平与精益和敏捷性之间的关系，构建了一个基于相互依赖变量的精益、敏捷供应链绩效建模框架，并采用网络分析法（ANP）分析了市场获胜准则和市场合格准则对精益、敏捷和精益供应链的影响。[1]

有的学者关注到，不同的消费者特征会产生截然不同的购买决策。Cachon G. P.和Swinney R.在2009年开始研究策略型消费者需求导向下的供应链管理问题，他们认为策略型消费者会根据其对未来价格、库存可用性和其他消费者行为的理性预期做出最优决策。他们的研究开创性地证明了一个零售商在有限的销售季节内，面向理性的策略型消费者的情形下销售需求并不明确的产品，如何以最佳方式减少剩余库存。他们研究结果显示在有策略型消费者的情况使用QR模型相较于没有策略型消费者的情形，获取价值要高出67%。

奠基期，消费者响应学派受供应链运作学派和供应链网链结构学派的影响，开始尝试通过构建集成视角的测量框架，探寻具有良好消费者响应成果的供应链具备的共性规律。

---

[1] Agarwal A, Shankar R, Tiwari M K. Modeling the metrics of lean, agile and leagile supply chain: An ANP-based approach [J]. European Journal of Operational Research, 2006, 173 (1): 211-225.

(三)拓展期(2010年至今):开放融合,迸发新生

时间:始于 2010 年 Diane Mollenkopf 等人发表的《绿色,精益,全球供应链》。

特色:开始更加关注外部环境对消费者需求以及供应链的影响,重点关注对绿色环保、电子商务、新兴信息技术覆盖等多种情境叠加下的消费者需求响应型供应链的研究。

代表人物:Diane Mollenkopf、Gérard P. Cachon、Christina MariDüesa、Constantin Blome、David M. Gligor。

代表性研究成果:Diane Mollenkopf 等人的《绿色,精益,全球供应链》;Gérard P Cachon 等人的《供应链敏捷性的信息技术、运营和管理能力:来自案例研究的发现》;Christina MariDüesa 等人的《绿色作为新的精益:如何使用精益实践作为催化剂来绿化你的供应链》;Constantin Blome 的《供应链敏捷性的前因、促成因素及其对绩效的影响:动态能力的观点》。

随着经济全球化的深入,人类的生活环境不断恶化,人类要面对能源危机、资源匮乏、臭氧层空洞的扩大,以及环境、生态系统失衡等挑战,各个国家都越来越关注环境保护、可持续发展、绿色治理。受此影响,部分消费者环保意识崛起。

这一阶段,消费者响应学派在继续深化传统研究主题的同时,从精益思想与绿色思想相结合的角度出发,开始对融合不同供应链范式进行探索。

2010 年,Mollenkopf 等人的研究成果揭示了精益、绿色、全球供应链三种供应链战略的驱动因素、障碍、汇合点和矛盾点。[1]

2011 年,Gérard P. Cachon 等人验证了增强快时尚产业产品的设计能力对策略性消费者行为的影响。通过研究,他们发现在快时尚产业中,结

---

[1] Mollenkopf D, Stolze H, Tate W L, et al. Green, lean, and global supply chains [J]. International Journal of Physical Distribution & Logistics Management, 2010.40 (1): 14-41.

合快速响应和增强设计时，企业通常会获得比单独使用这两种策略所带来的增加值和更大的利润增量。①

2013年，Christina MariDüesa等人的研究表明，精益有利于绿色实践，而绿色实践的实施也会对现有的精益商业实践产生积极的影响，其所构建的融合精益和绿色供应链管理间联系的解释性框架，能帮助企业理解精益实践与绿色协同的问题，为企业识别运用精益实践促进运营流程绿色化的机会提出建议。②同年，Constantin Blome等人基于企业资源基础观与动态能力观，提出了研究框架以验证供应链敏捷性对运营绩效之间的关系，并利用121名供应链管理专业人员的数据对该模型进行了检验。结果表明供应链敏捷性在供需侧能力和绩效之间存在中介作用。在这个框架内，过程合规性被视为供应链能力和供应链敏捷性之间关系的推动因素。③

2015年，David M. Gligor等人运用实证研究的方法研究了供应链敏捷性（FSCA）、成本效率和不同环境下的客户有效性之间的联系。④

过去，消费者普遍较为关注产品或服务的价值要素增值，即省时、省力或降低成本之类价值要素。拓展阶段，部分消费者开始在追求基本价值要素的同时，还关注产品或服务能否在精神层面或价值理念上与自己的价值观相契合。此阶段消费者响应学派吸收了可持续供应链学派的观点，开始探索既关注产品或服务的基本价值要素，又关注绿色环保和可持续发展的供应链。代表性的研究成果主要涉及：精益绿色供应链、精益可持续供应链、敏捷绿色供应链等复合型供应链范式。

---

① Cachon G P, Swinney R. Purchasing, pricing, and quick response in the presence of strategic consumers [J]. Management Science, 2009, 55（3）: 497-511.

② Dües C M, Tan K H, Lim M. Green as the new Lean: how to use Lean practices as a catalyst to greening your supply chain [J]. Journal of Cleaner Production, 2013, 40: 93-100.

③ Blome C, Schoenherr T, Rexhausen D. Antecedents and enablers of supply chain agility and its effect on performance: a dynamic capabilities perspective [J]. International Journal of Production Research, 2013, 51（4）: 1295-1318.

④ Gligor DM, Esmark CL, Holcomb MC. Performance outcomes of supply chain agility: when should you be agile? [J]. Journal of Operations Management, 2015, 33: 71-82.

第三节 消费者响应学派的主要代表理论

20世纪80年代之后,受全球经济一体化、信息化的影响,企业所处的竞争环境发生了巨大变化,市场竞争的主体已从单一企业层面的竞争延伸至供应链层面的竞争。在供应链竞争的情形下,产品或服务的价值沿供应链产生与传送,产品或服务为消费者所提供的价值增值将影响消费者的响应行为,同时供应链的竞争范式也由基于成本与质量的竞争向基于时间的竞争转变。

消费者响应学派的学者们认为,在不同的竞争逻辑指导下,供应链应以消费者的需求为导向,以响应消费者所需的价值要素增值为目标。据此,他们相继提出许多与时俱进的理论,形成供应链消费者响应学派的研究脉络与研究体系。消费者响应学派的主要代表性理论有:基于"降本增效逻辑"的效率型供应链学说、基于"时间竞争逻辑"的反应型供应链学说和基于"战略融合逻辑"的精敏供应链学说。

一、基于"降本增效逻辑"的效率型供应链学说

迈克尔·波特曾在著作《竞争战略》中提出三种基本竞争战略,其中之一便是全面成本领先战略。全面成本领先战略,指公司通过强化成本费用管理,在产品研发与设计、制造、营销、服务等领域尽可能地降低成本费用,使企业在提供相同的产品或服务时,成本或费用明显低于业内平均

水平或主要竞争者，以便获取更高的市场占有率或更高的收益。全面成本领先战略亦能应用于供应链之间的竞争。

基于"降本增效逻辑"的效率型供应链严控成本，消除一切不增值的浪费环节，高质量、高效率地响应客户需求。值得关注的是，供应链成本是一种跨组织边界的成本管理，延伸至供应、制造、分销等供应链上的各个环节。

供应链成本既包括每一单位产品生产过程所引起的直接成本，也包括因管理产品制造和交付流程中所形成的作业成本，同时还要考虑处理供应商和客户信息及交流问题而形成的交易成本。

有效客户响应式供应链侧重于在运营过程中，降低消费者与经销商之间的交易成本，提升供应链响应消费者的效率。精益供应链主张用更少的资源做更多的事，强调建立一条消除一切浪费、物尽其用的价值链，从而降低供应链的直接成本和作业成本。有效客户响应式供应链和精益供应链共同构成了基于"降本增效逻辑"的效率型供应链学说的主要内容。

（一）效率型供应链学说的演进

20世纪90年代，美国日杂百货业的生产关系发生了微妙变化。零售商自有品牌与生产厂家品牌在占据零售店铺货架空间的份额方面进行了剧烈的争夺，原来处于主导支配地位的生产厂家逐步被零售商店替代。这导致供应链中各个环节之间的生产成本不断转移，从而抬高了供应链整体生产成本水平。受上述原因影响，Kurt Salmon协会受美国食品营销协会（FMI）和美国食品杂货制造商协会（GMA）的委托，联合可口可乐、宝洁等公司进行调研，并在此基础上撰写了改进供应链管理的详尽报告。

1993年2月，Kurt Salmon协会正式提出有效客户响应式供应链（ECR）

的概念体系，并将之命名为"杂货理论"。但实际上 ECR 的发展并不局限于杂货业，它适用于许多行业，也帮助许多行业实现了效率提升。Kurt Salmon 协会 1993 年的一项研究估计，采用有效客户响应式供应链将节省零售价的 10.8%，即 300 亿美元。

1994 年，由爱尔兰等 20 多个国家组成的零售和消费品行业领先全球性非营利性组织——ECR Community（有效客户响应社区）在比利时成立。该组织分享关于有效客户响应式供应链的最佳实践。自此，有效客户响应式供应链在美国、欧洲各国、日本等国家的许多行业得以广泛推广和施行。

虽然有效客户响应式供应链在实践方面广受好评，但是也受到了某些学者的质疑。学者 Sherman 认为，宝洁公司一名员工在 1919 年发表的一篇文章中将理想的销售描述为"零售货架空着的时候填充它们"，暗指有效客户响应式供应链的理念其实早已存在。他认为，有效客户响应式供应链是新瓶装旧酒。[1] 1995 年，学者 Tietz 认为，有效客户响应式供应链的前身是计划协议营销和反向营销。他还声称 Oberparleiter 在 1955 年提出的"过程导向"便是有效客户响应的方法。[2]

当人们对有效客户响应式供应链褒贬不一时，由沃尔玛超市及其咨询公司、供货商代表、SAP 公司共同成立的零售供应链小组于 1995 年在有效客户响应式供应链理念的基础上，着手研究 CPFR 模型。1996 年，Lamming 在发表的《将精益供应与供应链相结合》一文中，从精益供应的视角对精益供应链进行了初步研究。

1998 年，在由 26 个主要领导厂商组建的 CPFR 分会的共同努力下，

---

[1] Svensson G. Efficient consumer response its origin and evolution in the history of marketing [J]. Management Decision, 2002. 40（5），508-519.

[2] Kotzab H. Improving supply chain performance by efficient consumer response? A critical comparison of existing ECR approaches [J]. Journal of Business & Industrial Marketing, 1999. 14（5/6），364-377.

CPFR 相关指南发布。CPFR 要求价值链上的所有信息由供应链上所有参与者汇集在一起，并共享给所有参与合作伙伴。CPFR 实施的关键是联合预测，采用 CPFR 模型可以解决供应链管理中需求放大的问题。Richard J. Sherman 从学术视角探讨了贸易伙伴关系不断演变的战略重点和供应链规划中的新范式——协作、规划、预测和补充（CPFR），实现高效响应消费者的承诺。[1]

1999 年，中国学者孙元欣、张成海等率先将 ECR 的概念引入中国。2001 年中国加入世界贸易组织，由隶属国家市场监督管理总局的中华人民共和国物品编码中心发起组建了中国 ECR 委员会，推广有效客户响应式供应链的理念和策略。自此，有效客户响应式供应链在我国的实践更加丰富，学术界、企业界的相关研讨日渐活跃，研究主题大多集中在供应链战略、跨国研究、绩效衡量、实现路径等方面。

2005 年，Daniel Corsten 等人在全球 ECR 记分卡的基础上探索研究，构建了由需求侧项目、供应方项目、推动者和集成者项目等方面组成的 ECR 指数。[2]

2009 年，Wee H. M. 和 Wu S. 通过对比三家汽车公司（通用、福特、克莱斯勒）展示避免生产过剩的精益文化的重要性。他们将精益价值流图（Value Stream Mapping，VSM）应用到精益供应链的研究之中，运用价值流图对福特汽车公司核心业务流程所涉及的人、机器、材料、方法、信息进行价值增加（Value Added，VA）和非价值增加（Non Added Value，NVA）分析，最终确定八种浪费和精益供应链改进的瓶颈。[3]

---

[1] Sherman R J. Collaborative, planning, forecasting & replenishment (CPFR): realizing the promise of efficient consumer response through collaborative technology [J]. Journal of Marketing Theory and Practice, 1998, 6 (4): 6-9.

[2] Corsten D, Kumar N. Do suppliers benefit from collaborative relationships with large retailers? An empirical investigation of efficient consumer response adoption [J]. Journal of Marketing, 2005, 69 (3): 80-94.

[3] Svensson G. Efficient consumer response-its origin and evolution in the history of marketing [J]. Management Decision, 2002, 40 (5): 508-519.

由于精益和绿色战略在关注减少废物方面通常被视为是兼容的举措，随着消费者对环保要求的日益提高，以 Mollenkopf、Duarte、Hajmohammad 为代表的学者于 2010 年开始对绿色精益供应链这种新型的复合型供应链范式进行研究。[1][2][3]

2015 年，Jasti 和 Kodali 从 1988 年至 2011 年的 546 篇关于精益供应链的学术论文中选取 30 个精益供应链框架分析，发现许多精益供应链框架缺乏实证的验证，且大量采用不连贯的元素，为此借助精益供应链领域的标准元素提出了一个综合的精益供应链框架。[4]

2017 年，Guilherme Luz Tortorella 等人对精益供应链的文献进行整理，归纳了 22 种最常见的精益供应链实践，发现拉式系统、客户、分层调度、供应商和相关方之间的密切关系是最常见的精益供应链实践。为此，对 89 家巴西公司及其供应链调查研究，验证了这四种常见精益供应链管理实践的实施与供应链绩效之间的关联关系。[5] 2018 年，SLT Berger 等人在对精益供应链实践面临障碍的文献综述中，归纳了 12 种实施障碍。[6] 2020 年，Sharma V. 等人对精益、敏捷、弹性、绿色和可持续的供

---

[1] Hajmohammad S, Vachon S, Klassen R D, et al. Reprint of Lean management and supply management: their role in green practices and performance [J]. Journal of cleaner production, 2013, 56: 86-93.

[2] Mollenkopf D, Stolze H, Tate W L, et al. Green, lean, and global supply chains [J]. International Journal of Physical Distribution & Logistics Management, 2010, 40 (1): 14-41

[3] Duarte S, Cabrita M R M F, Machado V A C. Exploring lean and green supply chain performance using balanced scorecard perspective [C] //Proceedings of the 2011 International Conference on Industrial Engineering and Operations Management (IEOM). IEOM Research Solutions Pty Ltd, 2011: 520-525.

[4] Jasti NVK, Kodali R. A critical review of lean supply chain management frameworks: proposed framework [J]. Production Planning & Control, 2015, 26 (13): 1051-1068.

[5] Tortorella GL, Miorando R, Marodin G. Lean supply chain management: empirical research on practices, contexts and performance [J]. International Journal of Production Economics, 2017, 193: 98-112.

[6] Berger SLT, Tortorella GL, Rodriguez CMT. Lean supply chain management: a systematic literature review of practices, barriers and contextual factors inherent to its implementation [J]. Progress in Lean Manufacturing, 2018, 1: 39-68.

应链范式的八种不同组合进行了系统综述研究。

2021年6月，中国ECR委员会获批正式加入ECR Community，并成为董事成员，谱写ECR领域国际合作新篇章。

目前，关于精益供应链的研究较为关注工业4.0情境下精益供应链的驱动要素，精益绿色供应链的环境、经济效益，以及将精益、敏捷、弹性和绿色等理念整合在一起的复合供应链研究。

（二）效率型供应链学说的主要内容

1. 有效客户反应式供应链

Kurt Salmon协会将有效响应式供应链（ECR）定义为："一种食品杂货行业战略，分销商、供应商和中间商共同承诺紧密合作，为食品杂货消费者带来更大的价值。"ECR本质上是通过一个从门店层面利用品类管理到改善补货周期和促销及新产品介绍等的供应链全部要素的分销模型进行运作。ECR中的字母E（Efficient）代表的有效性具体表现在四个方面：有效产品介绍（Efficient Product Introduction）、有效商店分类（Efficient Store Assortment）、有效促销（Efficient Promotion）以及有效补货（Efficient Replenishment）。

有效产品介绍，指的是在推介新产品时把生产成本和失败率降至最低，以保证新产品开发和推介活动的有效性；有效商店分类，指利用超市货架上商品的最优化配置来提供最佳产品和服务，集中在优化消费者界面的库存和商店空间的生产力目标上；有效促销关注的是根据零售商向消费者销售多少产品，而不是从制造商那里购买多少产品来奖励零售商，试图引入更好的替代性贸易促销来消除低效的贸易促销；有效补货通过POS数据共享、电子数据交换、持续补充和计算机辅助订货系统（CAO）等手段把正确的商品在正确的时间，以合理的价位、合理的商品数量和最有效的配送方式送给消费者。通过四个"E"，ECR可帮助供应链实现最小化库存水平和最大化产品可用性。

有效响应式供应链通过最小化库存水平和最大化产品可用性来优化整个杂货店供应链。它的管理思路是"以消费者需求为导向，以零售商、批发商与制造厂商的密切协作为前提，降低和消除供应链上的无谓浪费，通过强化商品品牌管理提升客户价值，实现以更好、更快、更低的成本来满足消费者需求的目标"。

ECR 实施的对象大多为单价低、周转快的功能型产品，代表性行业是零售业、食品业。ECR 包括三层含义如图 3-4 所示。

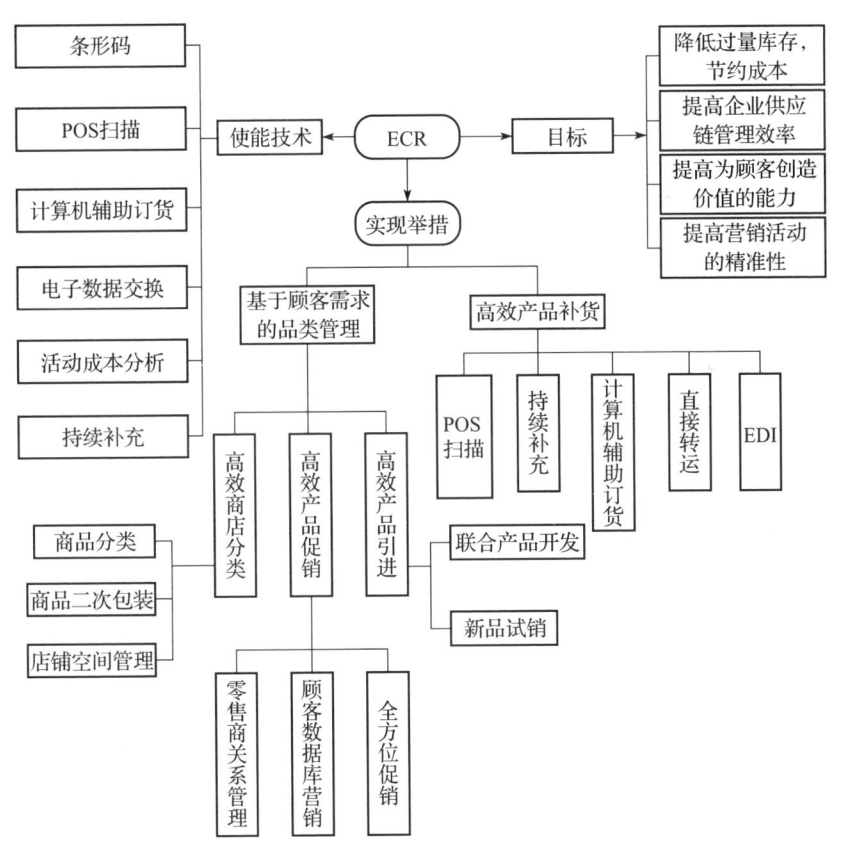

图 3-4 ECR 概念模型

资料来源：笔者整理

（1）ECR的目标：降低过量库存，节约成本；提高企业供应链管理效率；提高为顾客创造价值的能力；提高营销活动的精准性。

（2）ECR的实现举措：基于顾客需求的品类管理；高效产品补货。

（3）ECR的使能技术：条形码、POS扫描、计算机辅助订货、电子数据交换、活动成本分析、持续补充。

2. 精益供应链

精益供应链是把"精益"的思想扩展运用到整个供应链中，构建一条以降低成本和减少浪费为主要目标，以客户所需产品或服务的需求作为拉动，从"原材料采购—生产制造—最终产品—客户"的精益供应链。精益供应链开发了一个以"消除整条供应链上的浪费和非增值活动，投入更少的资源获得更多的收益"为行动导向的价值流，帮助企业消除与供应链中多余的时间、劳动力、设备、空间和库存相关的非增值活动。

精益供应链以降低成本为消费者驱动因素，识别问题并消除七种需要消除的浪费（muda）：生产过剩、等待时间、运输、库存、加工浪费、移动和产品缺陷。精益供应链适用于市场需求可预测、变化少的环境，易在以规律性、高产量和标准化需求为特征的产品中取得显著效果。因此，在汽车、服装和纺织品、食品等行业的精益供应链研究成果较多，最具代表性的是汽车行业。精益供应链的概念模型详见图3-5，它包括三个方面的含义。

（1）精益供应链的目标：识别问题，消除包括库存在内的一切浪费；发现问题，解决问题；用尽可能少的资源创造尽可能多的价值；持续改进，追求卓越。

（2）精益供应链的使能技术：供应商管理库存VMI、准时制生产方式JIT、全员生产维护TPM、联合管理库存JMI、看板管理、精益生产系统。

（3）精益供应链的实现举措：构建共担风险、共同获利的供应链合作伙伴关系；重构供应链管理业务流程；构建开放式的企业信息沟通环境。

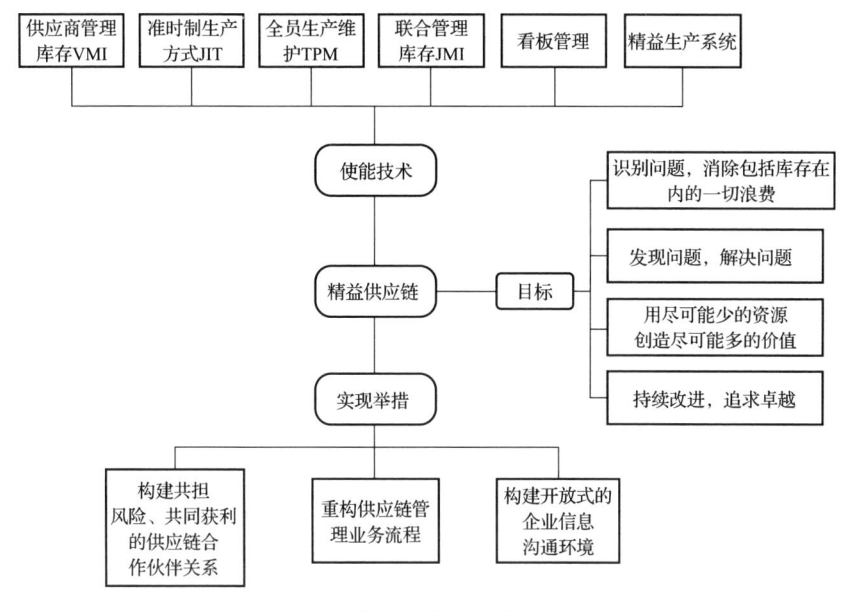

图 3-5 精益供应链概念模型图

资料来源：笔者整理

（三）效率型供应链学说的贡献与局限

效率型供应链学说突破了早期人们将供应链视为生产链的认识限制，提出"供应链是一个涵盖了整个产品运动过程的价值增值链"。效率型供应链学说的研究从供应链对消费者的价值要素交付和供应链的降本增效角度展开，展现了将"降本增效"的思想融入供应链管理所带来的实效，有效地促进业界进行相关实践，切实降低了代表性行业供应链的平均直接成本、作业成本和交易成本，提升了供应链的总体运营效率。

效率型供应链往往依赖预测驱动，通过预测和生产计划的制订推动供应链节点间的紧密协作，以降低生产、物流、供应等直接或作业成本以及销售环节的交易成本，实现成本竞争优势。效率型供应链在环境相对稳定的状况下，对降低供应链的成本也是十分奏效的。但是在环境不稳定的情形下，应用结果就不一定理想。

近年来，效率型供应链的研究呈现发展缓慢甚至停滞不前的趋势。当前，效率型供应链学说的局限主要体现在两个方面。一是对"供应链成本"与"供应链韧性"的平衡问题研究尚不充分。当今各国新冠肺炎疫情此起彼伏，重大天灾时有发生，一味强调成本管理的供应链极有可能面临供应链断裂，正常生产难以保障，甚至是产业供应链遭受致命打击的严峻现实。未来如何在动态环境中把握好供应链效率与供应链韧性和安全的关系，急需学者深入研究。二是针对新兴技术背景下的相关主题研究较为缺乏。比如，在大数据和即时数据海量增长的今天，大量即时数据的产生势必会颠覆过去基于历史数据进行需求预测的方法。如何实现大数据背景下的效率型供应链构建、评价都有待进一步的探索。

二、基于"时间竞争逻辑"的反应型供应链学说

George Stalk（乔治·斯托克）在比较日本企业和美国企业的竞争模式后，认为时间将成为成本和质量之后的一个竞争优势来源，并于1988年在《哈佛商业评论》上发表了《时间：下一个竞争优势资源》的论著，提出"基于时间竞争（TBC）"的竞争范式，凭此问鼎了当年的麦肯锡奖。基于时间竞争的核心内涵是减少生产制造和配送等环节的时间，以消费者响应和迅速的新产品开发市场引入为战略目标，同时拥有竞争性的质量和成本。

供应链核心企业的领导者在"时间竞争"战略思想的指导下，开始思考如何解决传统供应链无法迅速响应消费者需求，以及由此导致的库存冗余问题。基于"时间竞争逻辑"的反应型供应链指供应链上各节点企业通过协作，以市场和客户价值为导向，准确把握消费者所需价值，快速响应

消费者需求，从而达到快速抢占市场份额以获取竞争优势的目标。采取基于时间的竞争逻辑，能帮助供应链核心企业压缩消费者响应时间，提高市场份额，提升市场地位。据此，基于"时间竞争逻辑"的反应型供应链学说应运而生。这一学说中最具代表性的研究成果是快速反应型供应链和敏捷供应链。

（一）反应型供应链学说的演进

20 世纪 80 年代起，由于全球经济一体化、信息技术进步以及产品生命周期的缩短，消费者对产品的需求除了多样化、个性化以外，还更加强调时效性、敏捷性。由于需求端与供给端无法精准、及时地匹配，美国以服装和汽车行业为代表的产业暴露出一系列供应链问题，如"库存问题""进口原材料预测不精确带来的过剩或损失现象"等。为解决这些实际问题，强调迅速对消费者做出及时、精准响应的反应型供应链学说逐渐形成。

1987 年，美国服装生产商协会为了改变传统供应链对新产品需求趋势反应滞后、市场需求预测不够准确的状况，率先在 *Getting Started in Quick Response*（《快速反应入门》）中提出了快速反应的概念，并定义为"制造者为了在精确的数量、质量和时效要求的条件下为消费者供应商品，将订货提前期、劳力、材料和库存的花费降至最少。同时，为了适应竞争市场中日益多变的需求而注重系统的柔性设计。"快速反应概念提出后，银行等服务性行业纷纷效法，很快产生了超出预想的运营效益。这场快速反应运动首先从批量生产的普通服装开始，之后迅速向高档时装、日用杂货、电器、食品等应用领域延伸，最后延伸到了美洲的全部零售商业。

1991 年，Roger Nagel 和 Rock Dove 在由美国政府资助的《21 世纪制造业发展战略》中，率先提出了"敏捷"和"敏捷制造"的概念。"敏捷制造"强调有效利用人员、技术和组织管理的集成,实现资源的快速配置与重构。敏捷制造的提出,在科技界、企业界、学术界引起了普遍关注。1995年,张申生在《我国开展先进制造技术应该重视的几个问题——从美国的敏捷制造计划谈起》一文中,系统介绍了敏捷制造战略。

随着产品生命周期的缩短以及全球经济和竞争力带来额外的不确定性,市场动荡成为常态。不可预测的动态环境迫使各组织重新审视其供应链的结构和管理方式。1996年,Rick Dove开创性地将敏捷思想和供应链思想相融合,开启了关于敏捷供应链的学术探索,据此敏捷思想的运用范围从制造领域逐渐扩展至供应链层面。被喻为"21世纪的供应范式"的敏捷供应链的出现标志着一种基于时间竞争的新型供应链模式的诞生。在欧美国家,以斯坦福全球供应链管理委员会、加拿大多伦多大学工业工程系、美国国家标准与技术研究院、美国亚利桑那大学人工智能研究小组、挪威科技大学计算机系为代表的研究机构共同推动了敏捷供应链研究的迅猛发展。

在我国,敏捷供应链的研究和开发被列为863/CIMS的技术攻关项目,研究者开展了许多开创性研究工作。1998年,张申生等从技术角度发表了基于可重构技术,支持动态联盟供应链的可行性论证报告。同期,以清华大学自动化系、上海交通大学计算机集成实验室为代表的科研院所进行了更加全面的深入研究。

快速反应被提出9年之后,1996年,以Fisher和Raman为代表的学者开始对快速反应型供应链展开学术研究,他们的研究展示了如何利用早期销售信息来改善需求预测和更好地管理生产决策。[①]自此,针对制造业特别是服装业快速反应供应链的研究日渐丰富。1999年,赵先德、谢金星等把"快速反应"的概念引入中国。早期快速反应研究的主题包括五

---

① Fisher M, Raman A. Reducing the cost of demand uncertainty through accurate response to early sales [J]. Operations Research, 1996, 44(1): 87-99.

类：一是阐述快速反应的定义、基本哲理、发展趋势、重要意义；二是研究实现快速反应的支撑技术；三是关于快速反应型供应链应用实践的研究；四是关于快速反应型供应链实施效果评估的研究；五是影响快速反应型供应链实施效果的因素研究。

2000年，供应链领域著名学者Martin Christopher在《敏捷供应链在动荡的市场中竞争》一文中指出："营销管理学没有认识到物流和供应链管理作为在市场上获得优势的关键因素的重要性。21世纪不确定性和更具挑战的市场环境中，波动性和不可预测的需求已成为常态，敏捷性对于组织的生存至关重要。"[①] 自此，敏捷供应链的研究热度显著增加。国外学者Hoek等人主要从敏捷供应链的实施战略、测度和绩效评价方面展开了研究。我国学者陈志祥、柴跃跃等人重点从技术应用特别是信息系统的架构、设计与开发，敏捷供应链中供应商选择的评价体系等方面进行探索。

2004年开始，马士华、付秋芳等研究者对时间竞争下的供应链竞争力产生机理、供应链信息共享模式、预定订单模式等主题进行了深入研究。

2009年，Cachon G. P.等人意识到不同的消费者类型对快速反应供应链的决策机制会产生差异化的影响，为此他们针对策略型消费者的快速反应供应链定价、购买决策等相关问题进行了研究。

随着信息科学技术的日新月异，市场竞争愈演愈烈，快速反应型供应链的研究持续深化。2010年，Choi T. M.等人从供应信息管理、需求信息管理、信息和科学技术的价值视角对快速反应供应链的相关研究文献进行了综述。2015年，龚其国、双珍珍从模型建立的视角，将快速反应型供应链的研究划分为"经典快速反应模型""竞争环境下快速反应""考虑顾客策略性行为下的快速反应模型"三种，进行了系统述评。[②]

---

① Christopher M. The agile supply chain：competing in volatile markets [J]. Industrial Marketing Management，2000，29（1）：37-44.
② 龚其国，双珍珍. 供应链管理中快速反应研究综述与展望 [J]. 管理评论，2015，27（09）：177-186.

2020年，Ivanov等人关注到了新冠肺炎疫情对供应链的影响，他们开创式地提出了供应链生存模型，认为供应链生存能力是一个潜在的供应链属性，包括三个维度：供应链敏捷性、弹性和可持续性。[1]供应链生存模型可用于供需分配的适应性结构供应链设计，以及建立和控制结构设计之间的自适应转换机制。他们认为，在新冠肺炎疫情等全球性长期危机之后，供应链可生存模型能够辅助决策者做供应链价值设计，以适应反应积极的变化。通过研究，他们认为弹性是保障未来供应链生存能力的核心视角，并讨论了改变结构控制研究的新方向。

目前，基于"时间竞争逻辑"的反应型供应链学说的研究主要从两个方面开展：① 大数据等新兴信息技术对供应链敏捷性的作用机制研究；② 基于"时间竞争逻辑"的反应型供应链战略转型问题。

（二）反应型供应链学说的主要内容

1. 快速反应型供应链

快速反应型供应链反映了供应链核心企业对客户需求的一种响应状态，即在恰当的时间向顾客提供恰当数量、适当价格和高质量的产品。快速反应型供应链的核心理念为：以时间竞争为核心，利用信息的共享来加强供应商、生产者与分销商所需要的密切合作，并以快速、高质量的业务流程满足动态、多变、客户驱动的市场需求，减少提前期。快速反应型供应链关注的重点是补货和订货的速度，最大限度地消除缺货、补货问题，减少供应链中的过剩库存和预测相关的风险。

图 3-6 展示了快速反应型供应链的三方面内涵。

---

[1] Ivanov D. Viable supply chain model : integrating agility, resilience and sustainability perspectives—lessons from and thinking beyond the COVID-19 pandemic [J]. Annals of Operations Research, 2020 : 1-21.

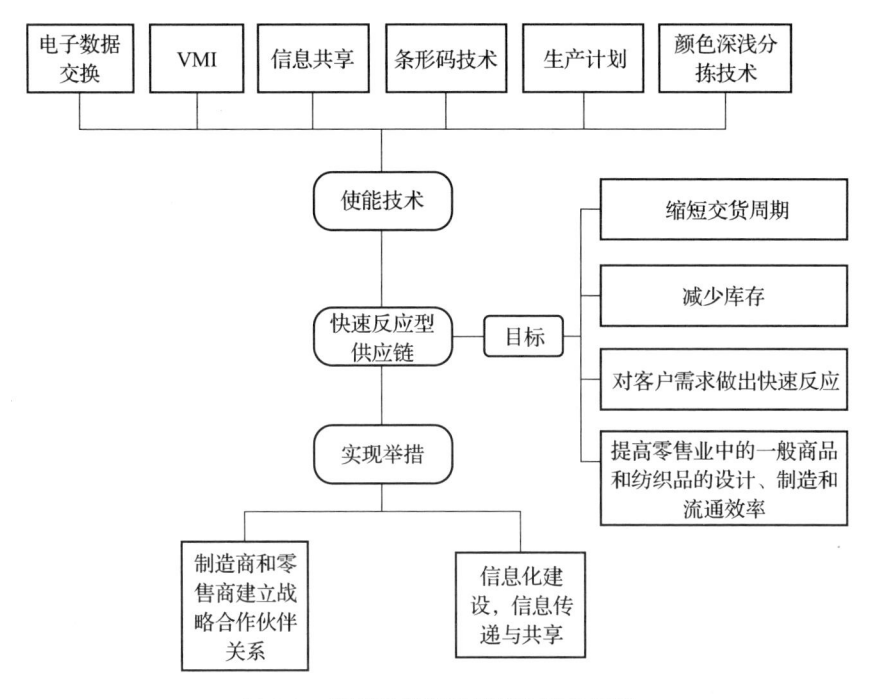

图 3-6　快速反应型供应链的概念模型

（1）快速反应型供应链的目标：缩短交货周期，减少库存，对客户需求做出快速反应，提高零售业中的一般商品和纺织品的设计、制造和流通效率。

（2）快速反应型供应链的实现举措：制造商和零售商建立战略合作伙伴关系，信息化建设，信息传递与共享。

（3）快速反应型供应链的使能技术：电子数据交换、VMI、信息共享、条形码技术、生产计划、颜色深浅分拣技术。

快速反应型供应链适用于创新型产品，单品数量非常多，产品生命周期短、季节性强、库存周转慢、存货削价幅度大、毛利高，如快消电子产品、化妆品、时尚品等。快速反应型供应链的典型应用行业是服装行业。

2. 敏捷供应链

敏捷意味着供应链利用市场知识和虚拟公司在动荡的市场中抓住有利

可图的机会。敏捷供应链有别于一般供应链的重要特征是：在无法预测的持续、快速变化的环境中，由若干参与供应链的企业组建动态联盟或虚拟组织，根据自己的需要快速地重构和调整并配置它的供应链，达成快速响应客户和市场需求的目标。敏捷供应链通过对资金流、物流、信息流的有效管理，把供应商、制造商、分销商、零售商和最终消费者集成到一个统一的、无缝化程度较高的功能网上，并建立一种极具竞争力的战略联盟。

图 3-7 展示了敏捷供应链概念包含的三层内涵。

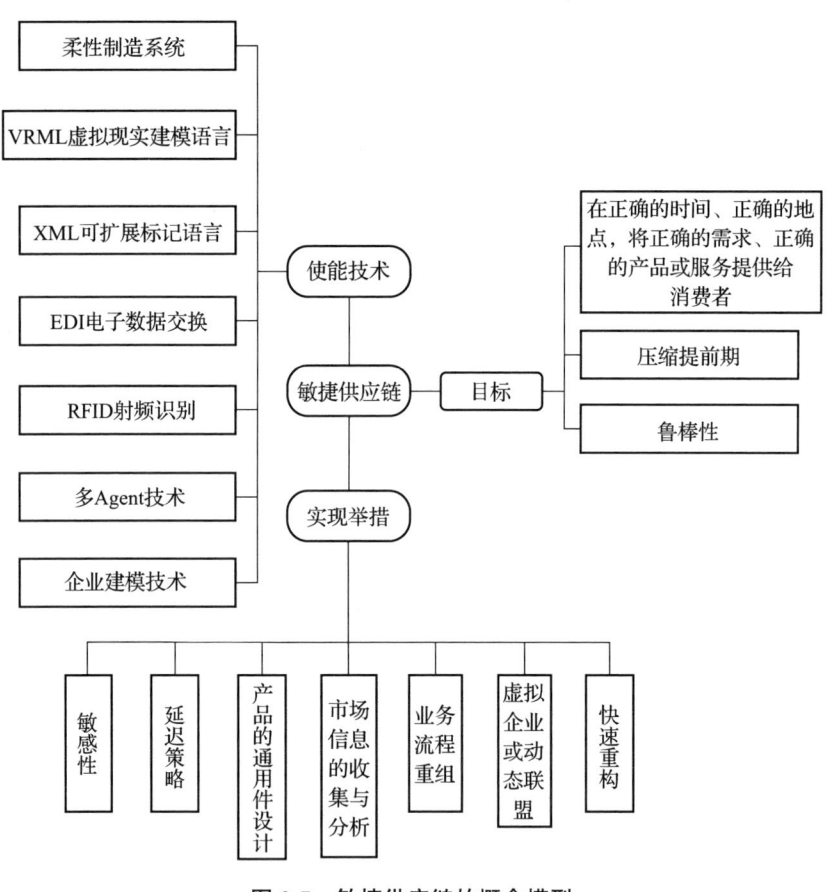

图 3-7 敏捷供应链的概念模型

（1）敏捷供应链的目标：在正确的时间、正确的地点，将正确的需求、正确的产品或服务提供给消费者；压缩提前期；鲁棒性。

（2）敏捷供应链的实现举措：敏感性、延迟策略、产品的通用件设计、市场信息的收集与分析、业务流程重组、虚拟企业或动态联盟、快速重构。

（3）敏捷供应链的使能技术：柔性制造系统、VRML虚拟现实建模语言、XML可扩展标记语言、EDI电子数据交换、RFID射频识别、多Agent技术、企业建模技术。

敏捷供应链适用于瞬息万变的市场的创新型产品。学者已从技术集成、环境反应速度、供应链管理能力、企业动态能力等多种视角对敏捷供应链开展相关研究，主要的研究主题涵盖：敏捷供应链的实质、敏捷供应链的维度、敏捷供应链的框架、供应链敏捷性的影响因素、供应链敏捷性评价和基于信息技术的敏捷供应链研究。

3.快速反应型供应链和敏捷供应链的异同

作为基于"时间竞争逻辑"的反应型供应链学说的两大代表性供应链运作范式——快速反应型供应链和敏捷供应链，在战略根基、主要目标、制造重点、使能技术、实现举措、典型应用行业、适用环境和适用产品上都有相似与互补之处。表3-2显示了两者的异同点。

表3-2 快速反应型供应链和敏捷供应链的异同对比

供应链类型		快速反应型供应链	敏捷供应链
相似点	战略根基	以时间竞争为逻辑，强调速度和柔性	
^	主要目标	快速应对无法预测且快速变化的需求，压缩提前期，减少库存，提高商品流通效率	
^	制造重点	拥有灵活生产的能力	
^	实现举措	市场信息的收集与分析，信息共享	
^	使能技术	EDI、计算机集成技术等信息技术	
^	典型应用行业	快时尚服装行业	
^	适用产品	创新型产品	

续表

供应链类型		快速反应型供应链	敏捷供应链
差异点	适用环境	供给稳定，需求不稳定	需求和供给都不稳定
	实现举措	业务流程重组、供应链再造	建立动态联盟或虚拟组织，延迟策略

资料来源：笔者整理

（三）反应型供应链学说的贡献与局限

基于"时间竞争逻辑"的反应型供应链学说的贡献在于：

（1）将"省时"视为可传递给消费者的价值要素，助力提升企业供应链响应市场的能力，提高企业在行业中的竞争地位，快速抢占市场份额，获取竞争优势。

（2）通过时间压缩和延迟策略有效地提高供需双方的匹配精准程度和时效，有效降低库存盈余风险，控制成本。

（3）推动了动态联盟、虚拟组织的组建，进一步丰富了灵活、机动的组织架构模式。

（4）利用技术加强了供应链企业之间的信息共享，打破了信息孤岛效应。

（5）反应型供应链的出现改变了供应链上企业各自为政，甚至供应商与下游企业之间的对抗多于合作的状况，使企业意识到供应链的竞争有赖于整条供应链的共同努力，才能扩大市场份额，实现利益共享。

但这一学说也存在较多的局限：一是适用行业和范围较为局限，具备普适性的理论有待挖掘；二是对于新生业态，如知识供应链、服务供应链以及依托共享经济、平台经济的产业供应链等的相关研究相对匮乏；三是多数文献研究将响应时间作为一个数学模型上的约束条件指标，但研究成果多集中在解析模型的建立及求解方面，大多数理论模型没有实现效果检验；四是在目前关于反应型供应链的研究中，大多数研究假设是"供应链成员具有固定的风险偏好并始终订购最优数量",实际上,供应链成员往往存在不同的风险偏好。风险偏好会影响供应链成员的快速反应决策和行为。因此,忽略供应链风险偏好对于快速反应问题的研究是有局限的。

三、基于"战略融合逻辑"的精敏供应链学说

1980年,迈克尔·波特提出了影响深远的竞争战略学说。他认为企业要想获得竞争优势,就必须在全面成本领先战略、差异化战略和目标聚焦战略之中选择其一。若企业夹在三种战略间,则会立于糟糕的战略条件下,失去竞争优势。1989年,Stevens认为制造分销流程、组织战略和组织结构随着时代的变迁而改变。

随着社会经济环境的不确定性逐渐增强,使用单一竞争战略的弊端不断凸显。人们发现,迈克尔·波特的竞争战略过分注重从自身出发,忽视了企业采取某种竞争战略后竞争对手的反应,也忽略了竞争是动态且不确定的。在激烈的竞争条件下,如果供应链核心企业既要降低整个供应链的成本,又要快速响应消费者需求,则需要采取战略融合的竞争逻辑。在"战略融合逻辑"的影响下,精敏供应链范式涌现,并成为学术界和业界共同关注的问题。

(一)精敏供应链学说的演进

自精益供应链、敏捷供应链出现之后,众多学者对二者进行了深入详尽的研究,精益供应链的研究早于敏捷供应链的研究。随着两种供应链的研究逐渐丰富,学者开始关注二者的区别。

1996年,提出精敏供应链范式的研究先驱本·内勒(Ben Naylor)在卡迪夫大学物流系统动力学组就读博士时,开始思考如何区分精益供应链

与敏捷供应链的问题。

1997年,美国学者Fisher从产品类型、需求特征、价值视角对供应链进行了划分,构建了"数量—品种供应链"二维矩阵。他认为创新型产品的需求具有较大的不确定性,产品生命周期很短,因此,生产创新型产品的企业适合采用反应型供应链。而功能型产品的需求较为稳定,产品生命周期也较长,因此生产功能型产品的企业适合采用效率型供应链。Fisher认为,供应链总产品交付成本=产品交付物理成本+市场成本。精益供应链关注商品的物理成本,敏捷供应链则关注市场成本。Fisher的研究成果为精敏供应链的构建与研究奠定了理论基础。①

1999年,Naylor在《精敏:在完整的制造供应链中整合精益和敏捷制造范式》中,不仅回答了精益与敏捷的区别,还研究了新问题——精益和敏捷两种供应链范式是否有联系?能否同时存在组织当中?以何种方式组合?他认为,敏捷是供应链利用市场知识和虚拟公司在不稳定的市场中抓住有利可图的机会;精益意味着开发一个价值流,以消除所有浪费,包括时间,并确保一个水平的时间表。对惠普案例和个人电脑制造商案例的研究,清楚地展示了精益生产和敏捷制造范式在同一供应链中的结合。基于此,他认为将精益供应链和敏捷供应链无论视为一个进程还是彼此孤立,都过于简单。于是,Naylor等人率先提出精敏供应链(Leagile Supply Chain)和解耦点(Decoupling Point)概念,并认为通过解耦点可最好地满足下游对波动需求的响应,同时提供来自市场的水平调度,从而将精益和敏捷范式结合。在这个解耦点的上游,流程被设计为精益(即水平调度),下游被设计为敏捷(即响应性)。②

---

① Fisher M L. What is the right supply chain for your product?[J]. Harvard Business Review, 1997, 75: 105-117.

② Naylor J B, Naim M M, Berry D. Leagility: integrating the lean and agile manufacturing paradigms in the total supply chain[J]. International Journal of Production Economics, 1999, 62(1-2): 107-118.

1999年，英国学者Mason Jones和Denis R. Towill经过深入研究，论证了精益和敏捷两种迥异的生产范式完全能够利用市场知识、信息丰富化与解耦点（也被称为分离点）来整合成为一条完整的供应链。[①] 2000年，他们结合供应链的质量、服务水平、成本和提前期四个价值要素，剖析了敏捷和精益两种供应链范式下对于市场合格者、市场优胜者的不同关注点（详见图3-8）。[②]

	市场合格者	市场优胜者
敏捷供应链	1.质量 2.成本 3.交付时间	1.服务水平
精益供应链	1.质量 2.交付时间 3.服务水平	2.成本

图3-8　市场赢家—敏捷与精益供应的市场限定矩阵来源

2001年，Martin Christopher和Denis R. Towill的研究成果进一步证明了精敏供应链的存在，并将精敏供应链称为混合供应链（Hybrid Supply Chain）。他们提出了三种研究和分析精敏供应链的方法——帕累托曲线法、解耦点法、基本需求—波动需求分离法，同时提出了一个包括精益生产、提前交货时间缩短、快速重组、持续补给、信息共享、组织敏捷性和供应链集成等要素的精敏供应链模型，并通过一个案例验证了模型的效用。他们的研究验证了单独使用精益或敏捷供应链是不够的，需要结合二

---

① Mason Jones R，Towill D R. Using the information decoupling point to improve supply chain performance［J］. The International Journal of Logistics Management，1999，10（2）：13-26.

② Mason Jones R，Naylor B，Towill D R. Engineering the leagile supply chain［J］. International Journal of Agile Management Systems，2000，1（2）：53-61.

者优势才能兼顾供应链的反应速度和效率。[1]

同年,中国学者邵晓峰、季建华、黄培清率先把精敏供应链的理念引入国内学术界,提出了面向大规模定制的推拉型供应链驱动模式,建立了以装配为分离点的精敏供应链模型,并针对富士康公司进行了案例研究。[2]

2006年,Agarwal 在《精益、敏捷和精益供应链的度量建模:基于网络分析的方法》中,采用网络分析法(Analytic Network Process,ANP)对精益供应链、敏捷供应链、精敏供应链三类供应链模式进行了比较分析,并以快速消费品企业的案例验证了供应链的交货时间、成本、质量和服务水平与精益和敏捷性之间的关系,分析了市场获胜准则和市场合格准则对精益、敏捷和精敏供应链的影响。[3] 同年,Vonderembse 等人将供应链配置融入生命周期阶段,针对标准、创新和混合产品在生命周期不同阶段适配的供应链进行了探讨(见表3-3)。

表3-3 需求为导向的供应链策略

生命周期阶段	标准产品	创新产品	混合产品
引入期	精益	敏捷	混合
成长期			
成熟期		混合/精益	
衰退期			

2007年,Towill 和 Christopher 提出了一个以需求变异性和供应变异性为轴的矩阵(见图3-9)。同年,中国学者石磊系统回顾了敏捷供应链的

---

[1] Christopher M, Towill D. An integrated model for the design of agile supply chains [J]. International Journal of Physical Distribution & Logistics Management, 2001, 31 (4): 235-246.

[2] 邵晓峰,季建华,黄培清. 面向大规模定制的供应链驱动模型的研究与应用 [J]. 工业工程与管理, 2001 (06): 10-13.

[3] Agarwal A, Shankar R, Tiwari M K. Modeling the metrics of lean, agile and leagile supply chain: an ANP-based approach [J]. European Journal of Operational Research, 2006, 173 (1): 211-225.

演进过程,并对精敏供应链的研究现状进行了评价。①

```
         ┌─────────┬─────────┐
供        │  精敏   │  敏捷   │
应        │         │         │
变        ├─────────┼─────────┤
异        │  精益   │  精敏   │
性        │         │         │
         └─────────┴─────────┘
              需求变异性
```

图 3-9 以需求为导向的供应链策略

2011 年,许锐等将精敏(混合)供应链的研究方法分为横向和纵向两大类,阐述了不同精敏(混合)供应链研究方法,以及它们所适用的市场形态和操作环境。②

2013 年,王康周等对服务型制造精敏(混合)供应链与传统的制造供应链和服务供应链进行了对比,探讨了精敏(混合)供应链的牛鞭效应、生产和服务能力管理中存在的主要问题,研究了服务水平对供应链中供应商关系管理和绩效评价的影响。③

2014 年,Laura Purvis 等人认为企业需要越来越高水平的定制以应对不同客户的不同需求,开发"一刀切"的供应链方案越来越不可行,因此他们提出了供应商灵活系统的精敏策略和采购商灵活系统的精敏策略。在此基础上,他们将供应商和采购灵活性与精益、敏捷和敏捷的供应网络策略动态地联系起来,以实现精益、敏捷和灵活的供应网络战略(见图 3-10)。④

---

① 石磊. 敏捷与精敏供应链范式研究评介 [J]. 外国经济与管理,2007,029 (005): 16-22.
② 许锐,冯春,张怡. 精敏混合供应链解耦策略研究综述 [J]. 软科学,2011,25 (04): 129-134.
③ 王康周,江志斌,林文进,谢文明. 服务型制造混合供应链管理研究 [J]. 软科学,2013,27 (05): 93-95+100.
④ Purvis L, Gosling J, Naim M M. The development of a lean, agile and leagile supply network taxonomy based on differing types of flexibility [J]. International Journal of Production Economics,2014,151: 100-111.

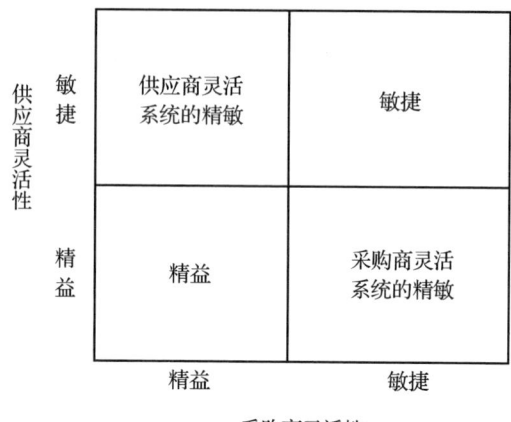

图 3-10　供应商灵活性与采购灵活性的动态匹配图

总的来说，精敏供应链研究大致按这样的进程演进：首先，学者从精益供应链和敏捷供应链两种供应链范式的异同点及适用情况进行探讨；然后，从精敏供应链的设计、模型方面结合不同行业背景进行深入研究。目前，关于精敏供应链的研究主要聚焦新冠肺炎疫情、新兴信息技术、工业4.0等新型情境下精敏供应链的设计与再造、风险管理、解耦点与延迟策略等方面。

（二）精敏供应链学说的主要内容

精敏是一个复合名词，由英文"lean"和"agile"组成。精敏供应链将精益和敏捷两种范式集成整合至同一供应链，以满足快速响应消费者和市场需求，同时消除整个供应链的时间浪费和无意义的一切活动和非增值活动。精敏供应链可使企业在快速和不可预测的变化环境中茁壮成长，也可使上游链的成本效益和下游链动荡市场中的高水平服务成为可能。①

---

① Bruce M, Daly L. Adding value: challenges for UK apparel supply chain management—a review [J]. Production Planning & Control, 2011, 22 (3): 210-220.

图 3-11 显示了精敏供应链概念所包含的三层内涵。

（1）精敏供应链的目标：提高服务水平，实现消费者满意；降低存货；压缩提前期；供应链既具有精益性又具备敏捷性。

（2）精敏供应链的实现举措：集成思想；产品的通用件设计；快速重构；延迟策略；信息、知识、实物、资产流通顺畅；供应链整合与再造；解耦点。

（3）精敏供应链的使能技术：EDI 电子数据交换、RFID 射频识别、XML 可扩展标记语言、POS 系统、JMI 联合管理库存。

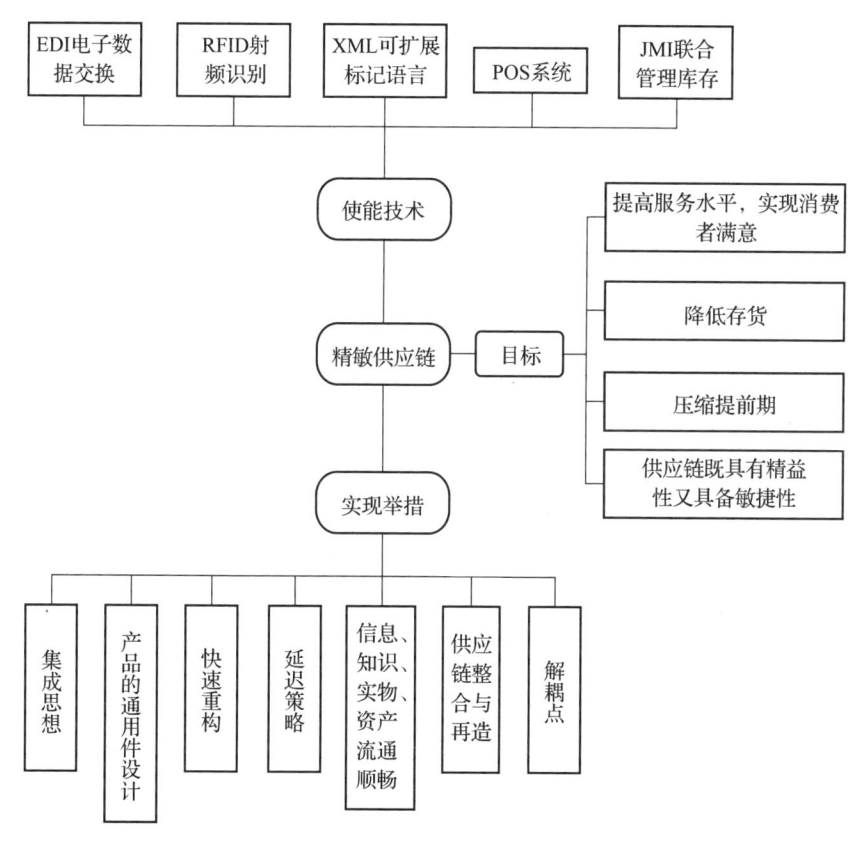

图 3-11　精敏供应链的概念模型

资料来源：笔者整理

(三) 精敏供应链学说的贡献与局限

与精益供应链、敏捷供应链相比，精敏供应链的优越性主要体现在它反映了供应链领域的权变思想和战略融合的逻辑。精敏供应链能够实现在供应链上游建立精益生产模式，从而尽可能减少上游资源的耗费；在耦合点下游建立敏捷供应链模式以适应迅速变化的市场。精益供应链有助于供应链实现对资源的最大化利用，提升响应消费者的能力，提高服务水平。

虽然精敏供应链的学说非常有理论和实践的意义，但是在进行精敏供应链设计和再造时，绝大多数学者和从业者将"效益优化"作为首要考虑因素，对风险管理问题较为忽视。随着市场环境不确定性的进一步扩大，供应链网络复杂度越来越高，在进行精敏供应链整合的过程中，应当更加重视"效益优化"与"风险管理"之间的权衡。

第四节 研究评述

纵观消费者响应学派各个时期的研究脉络，学者以消费端导向为纲，面向关注交付时间、关注成本、关注效率等各类消费者，从而建立了以基于"降本增效逻辑"的效率型供应链学说、基于"时间竞争逻辑"的反应型供应链学说、基于"战略融合逻辑"的精敏供应链学说为核心的学派体系。

一、消费者响应学派的发展现状及局限性

从消费者响应学派的研究背景、研究领域、研究视角和研究内容角度，分析消费者响应学派的发展现状及其存在的局限性，将有助于预测学派未来发展方向。

（一）消费者响应学派的发展现状

1. 研究背景

自18世纪60年代起，经过数轮技术变革，制造业发展经过了从机械化到电气化，再到自动化和智能化的过程。与之相对应，生产模式的发展历程从单件小批量的生产模式升格为大规模制造，再到精益生产和敏捷制造。竞争模式也经历了基于"规模—质量—价格—时间"的演变。在实践界快速发展的同时，管理学界产生了诸如质量管理、精益管理、敏捷思

想、供应链管理等影响深远的管理理论。生产模式的变迁，竞争模式的变化，管理思想的进步共同催化了供应链生产端的演进。

与此同时，浸润于不同社会背景下的消费者在总体需求特征、消费偏好、代际差异上呈现持续变化的趋势。自20世纪80年代起，消费者面对日趋丰富的产品，对产品与服务由"被动接受"转为"主动选择"。受此影响，供应链由推式供应链转变为拉式供应链。当今消费者比以往掌握了更多的知识和技能，个性更加鲜明和独立，消费需求呈现多元化、差异化、个性化、细分化，长尾市场逐步成为现实。消费者的统治权已悄然转移至消费者手中。

消费者响应学派的研究者紧跟形势，结合服装类、快时尚、食品类、汽车业等代表性行业的供应链情况，进行了鞭辟入里的研究。研究成果兼具理论和实践意义。从理论方面看，该学派的研究成果较好地凝练出了消费者主导下供应链的支撑要素、策略选择、设计、运营、重构、考核与评价等问题的规律。从实践应用角度看，该学派运用建模、数理统计、实证分析、问卷调查等多种研究方法对上述供应链问题进行分析，总结最佳实践与实施障碍，推动了供应链的提质增效。消费者响应学派的理论反映了鲜明的时代特征，其演进过程充分体现了管理学注重理论与实践相结合的特色，做到了实践与学术在相互印证的过程中互为指导、互为补充。

近年来，消费者响应学派的研究主题正在不断丰富。2015年，国家明确提出"互联网＋"的国家战略，我国企业拥抱互联网技术的积极性大大提高，生产运营效率和自动化水平得以提升，供应链管理水平也有了长足的进步。"互联网＋"带来的消费迭代与扩散，不再是过去从中心城市向外扩散的同心圆模式、规律的阶梯状模式，而是多点开花，不同年龄段、不同收入乃至不同商业业态和商业基础设施，都可能呈现不同阶段的消费模式。这些新消费时代的特征推动学者们就消费者导向下的供应链战略转型、新技术应用、消费者决策、供应链设计等问题进行了有益探索。

2. 研究领域

从研究领域来看，消费者响应学派的研究涉及供应链管理、战略管理、营销学、信息科技、环境管理、组织行为学等领域的内容。因此，消费者响应学派的研究领域体现了学科之间的交叉性。有的学者聚焦于研究供应链策略的选择或适配问题；有的学者关注供应链前端对消费者的响应速度或效率问题；有的学者倾向于研究虚拟企业或动态联盟中的供应链各节点企业的行为；有的学者则从绿色、低碳经济角度剖析了融合消费者需求的复合式供应链。

3. 研究视角

基于不同的研究视角，消费者响应学派发展了不同学说。从供应链竞争逻辑的视角划分，可以分为基于"降本增效逻辑"的效率型供应链学说、基于"时间竞争逻辑"的反应型供应链学说和基于"战略融合逻辑"的精敏供应链学说。从宏微观角度分析，该学派的主要研究成果既有以国别为研究对象的宏观层面的研究，也有以某个产业为主要研究对象的中观层面研究，还有以具体企业为研究对象并加以剖析或实证研究的微观层面研究。从战略、战术角度来划分，既有战略层面供应链策略选择及适配性研究，也有运营层面关于供应链设计、供应链整合、供应商选择、供应链快速重构、建立虚拟企业、双渠道供应链选择、解耦点的定位与延迟、绩效评价等问题的研究；还有操作层面的库存管理、消除浪费、缩短提前期、信息共享、改进预测、持续补给、信息支撑技术等问题的研究。

4. 研究内容

消费者响应学派的研究内容随着时代发展不断演进，经历了萌芽期（1987—1999年）、奠基期（2000—2009年）和拓展期（2010年至今），积淀了丰富的研究成果。学派诞生之初，研究内容有明显的问题导向特征。比如，QR、ECR的研究都始于行业发起的供应链专项咨询项目，从具体实践中的问题切入，旨在提振该行业的市场份额和绩效表现。萌芽期的研究以描述性的规范性研究为主，主要聚焦于概念的提出和理论与模型的构建，为后续的研究奠定了坚实基础。

萌芽期的消费者响应学派经典理论涌现。Fisher 于 1997 年在《什么是适合你的供应链？》中提出的观点"效率型供应链策略适合于功能性产品，而响应性策略则需要用于'创新'产品"便成为后续许多学者争相运用实证方法验证的焦点。1999 年，Lamming 提出的精敏供应链（后被称为混合供应链）及解耦点的概念亦成为这一学说的奠基石，开启了在同一条供应链上整合精益和敏捷策略的先河，影响深远。

奠基期，随着 QR、ECR、精益供应链、敏捷供应链在 Zara、宝洁、丰田等国际知名企业的应用，消费者响应学派的研究热度攀升，成果颇丰。在供应链实践方面，既有关于某一特定企业的经验总结，也有对于同一行业背景下不同企业的对比研究；还有的研究将基于不同国别与文化背景下的供应链实践进行比较。在理论研究方面，既有对经典模型的验证，也有对新问题进行的探索。有的学者通过实证研究部分或完全证实了 Fisher 构建的理论模型[1][2]，也有的学者在验证 Fisher 研究结论的基础上，提出了新的维度。Lamming 便应用 Fisher 的供应链分类进行了测试，他们调查了 16 个案例，在这些案例中，他们发现 Fisher 的框架得到了普遍支持，但他们认为有必要在 Fisher 的分类中增加一个维度——复杂性。[3] 也有学者的研究未支持 Fisher 的理论模型。[4] 这一时期的学者各自著书立

---

[1] Randall T, Ulrich K. Product variety, supply chain structure, and firm performance: analysis of the US bicycle industry [J]. Management Science, 2001, 47 (12): 1588-1604.

[2] Selldin E, Olhager J. Linking products with supply chains: testing Fisher's model [J]. Supply Chain Management: An International Journal, 2007, 12 (1): 42-51.

[3] Lamming R, Johnsen T, Zheng J, et al. An initial classification of supply networks [J]. International Journal of Operations & Production Management, 2000, 20 (6): 675-691.

[4] Lo S M, Power D. An empirical investigation of the relationship between product nature and supply chain strategy [J]. Supply Chain Management: An International Journal, 2010, 15 (2): 139-153.

说，成果频出。

拓展期，该学派的研究内容更加深入细化。一方面，在经典的效率型供应链学说、反应型供应链学说、精敏供应链学说领域，学者们有的从细分消费者特征入手，对策略型消费者的决策模式以及与之相对应的供应链设计进行研究；有的学者则从驱动因素或绩效评价角度进行深入研究。另一方面，研究者们拓宽了研究问题的边界，或融合消费者的环保需求，或增加电子商务情境，或赋能新兴信息技术进行交叉研究。

（二）消费者响应学派的局限

通过国内外学者几十年孜孜不倦的钻研和探讨，消费者响应学派取得了长足发展。消费者响应学派主张利用信息技术和平台，整合内外部资源，连接上下游企业，突破不同企业之间的组织边界进行资源互补，对市场做出快速反应。消费者响应学派的研究主题中通常蕴含协同思想、集成思想、业务流程再造思想。消费者响应学派的学说中包含了融合精益供应链、绿色理念、可持续发展理念的复合供应链范式。可见，供应链消费者响应学派与供应链网链结构学派、供应链协同学派、供应链运作模型学派、可持续供应链学派是相辅相成的。但是，与其他学派相比，还存在一些不足之处，主要体现在以下几个方面。

1. 研究对象

消费者响应学派研究对象有待丰富。该学派大多选取典型代表性行业进行研究，研究对象较为局限。比如，QR 研究中绝大多数聚焦于服装行业，ECR 研究中的食品行业、零售业占据了半壁江山，精益供应链的研究大多分布在汽车行业。虽然有的研究涉足了建筑行业、农业、IT 行业，但是对于其他的一些行业特别是新兴行业的研究鲜有涉足。相较之下，供应链网链结构学派、供应链协同学派、供应链运作模型学派的研究对象涉及面更广。

2. 研究视角

从研究视角来看,该学派的研究大多聚焦于"面向制造"与"面向产品"的实体供应链,"面向服务"的供应链研究相对较少。可持续供应链学派、供应链协同学派的研究则涉及了服务供应链。

3. 研究内容

相较于其他学派,当前该学派的研究多处于传统经济模式、传统理论假设的藩篱之下,新形势新业态下的热点问题研究稍显不足。较之可持续供应链学派,消费者响应学派对"碳达峰、碳中和、碳减排"等时下非常重要的热点问题的关注还不够。尽管在 2013 年,Tsan-Ming Choi 在快速反应系统中实施设计合理的碳足迹税收方案方面做了初步的探讨,但后续有关主题的研究未得到全面发展。同样,C2M(Customer-to-Manufacturer)模式实现了电商平台通过互联网大数据整合消费者的商品定制需求,然后向制造商发送生产订单,省去了品牌商、代理商和经销商等中间渠道环节,使产品几乎以批发价直接出售给消费者,极致性价比和个性化定制极大地迎合了消费者的需求。(2M 模型)会令生产端、渠道端乃至整条供应链产生剧变,尤其对库存占比高的纺织服装、轻工制造、家电行业积极影响更大。但从目前的研究成果来看,消费者响应学派的供应链学术研究与业界最新发展存在一定程度的脱钩。

4. 研究假设

与供应链网链结构学派、供应链协同学派相比,消费者响应学派的研究假设通常较为单一。现有文献的研究假设几乎都是基于消费者的理性人假设这一前提。在这一假设下,消费者在消费的过程中,按照追求效用最大化的准则做出决策。鉴于当前网络直销引发的市场巨大冲击,非理性消费成为趋势是一个非常普遍且需要关注的现象。由于非理性消费行为具有的不确定性更强,因此会对反应型供应链产生影响。但是,基于消费者非理性消费行为的供应链研究较为缺乏。

二、消费者响应学派未来的发展方向

随着消费者对产品和服务的选择权逐渐变大，供应链对消费者的响应速度与效率的重要性日益被重视。消费者响应学派的主要理论学说历经数十年的发展，已经产出了丰富的理论成果。未来，可从延展性、前瞻性、融通性三个方面加强研究。

1. 加强研究的延展性

目前，消费者响应学派的观点认为，消费者关心的价值更多的是物流和质量问题（零缺陷产品、正确的时间、正确的地点和正确的成本）或是订单履行过程中的活动，忽视了消费者对价值创新的需求。该学派的学者认为，供应链中的创新来源于供应链沿线的新产品开发部门。他们将消费者视为接受价值交付的一方，而非参与方。实质上，未来的消费者在关注价值的时间要素、效率要素的同时，还会考虑产品的价值创新要素，甚至亲自参与产品设计。以小米"米粉"为代表的粉丝经济的出现就反映出当今消费者参与原创设计和提出定制需求的意愿高涨。因此，未来消费者响应学派在研究供应链响应消费者需求的问题时，应当打破思维局限，把消费者视为参与供应链价值创造主体的一分子，开展供应链响应消费者价值创新需求的研究。

2. 加强研究的前瞻性

当前，世界正经历着一场涉及经济、政治、社会、环保等全方位的变革与洗礼，环境的不确定性和不可预测性使供应链管理更具挑战性。在经济方面，新消费时代悄然而至；在政治方面，技术壁垒、贸易战兵临城下；在社会方面，新冠肺炎疫情与全人类展开了拉锯战；在技术方面，以3D打印、物联网、大数据、区块链、云计算、人工智能为代表的新兴技术不断涌现。未来消费者响应学派应关注到这些外部环境的变化，审视它们对消费者导向下供应链产生的影响。比如，新冠肺炎疫情流行之初，消费者对口罩等个人防疫用品的需求量陡增，一些企业敏捷转产。供应链如何快速响应消费者应急性需求，实现敏捷转产？疫情造成的全球供应链不同程度的中断，供应链如何兼顾精益与弹性之间的平衡？这些都是很值得研究的命题。网络直播的出现造成了消费者需求量波动幅度增大，这种情况下供应链应当如何处理精益和敏捷的关系？这些都亟待研究探索。

3. 加强研究的融通性

由于消费者响应学派研究的内容具有交叉属性，在关注供应链管理领域传统问题的同时，应当关注营销学、战略管理、环境管理、信息科技、组织行为学领域的最新动态。近年来，营销方面出现了共享经济、数字经济、流量经济、粉丝经济、新零售等一系列新兴的经济形态；在战略管理方面，跨界竞争、共生效应、竞合博弈等区别于过去的商业生存方式、竞争方式屡见不鲜；在环境管理方面，碳减排、碳达峰的目标进一步促进了各国政府治理环境的力度，陆续出台碳税等政策；在信息科技方面，3D打印对制造类供应链造成了较大冲击。这些交叉领域的新动态是否会影响消费者导向下的供应链管理？学者们可尝试从学科交叉融通的角度进行解答。

本章小结

本章对消费者响应学派研究领域中具有较高影响力的主流文献进行了回顾与评述，阐述了该学派的演进情况、主要代表性学说，剖析了该学派的研究贡献、研究局限，展望了学派未来的研究方向。

价值链理论和消费者响应理论是消费者响应学派遵循的理论基础，而消费者响应行为的动机则来自利益驱使与价值认同。供应链依托分工、整合、协同实现产品或服务的价值创造。这种价值创造能够唤起消费者基于经济理性对产品价值要素的认可，也可迎合消费者的价值理念或自我概念，以获取供应链的竞争优势。

"消费端与生产端的差距拉动的供应链变革""消费者主导的价值增长""信息支撑技术的应用"共同驱动了消费者响应学派的形成与发展。基于不同的时代背景与研究主题的更替演变，消费者响应学派经历了从萌芽期（1987—1999年），到奠基期（2000—2009年），再到拓展期（2010年至今）的发展历程。

基于"降本增效逻辑"的效率型供应链学说、基于"时间竞争逻辑"的反应型供应链学说和基于"战略融合逻辑"的精敏供应链学说是消费者响应学派的主要代表性理论。以时间为序，本章对三大代表性学说的演进过程进行了梳理，并对三大学说的贡献与局限进行了总结。

在概括学派研究特色和研究主题的基础上,本章从研究背景、研究领域、研究内容等方面对学派的发展现状进行了分析;从与其他学派的差异出发,剖析了消费者响应学派存在的局限性。我们认为,加强研究的延展性、前瞻性和融通性将是消费者响应学派未来研究的主体方向。

第四章
供应链网链结构学派

CHAPTER 4

随着市场环境的变化和技术条件的演进，企业传统的生产与经营模式已经无法应对迅速变化且无法预测的买卖方市场，更难从根本上满足客户多样化、个性化的需求。直到20世纪90年代，集成信息技术的发展，使得集成理念成为企业管理领域的重要手段之一，传统的"孤岛化"管理被逐步推向集成化，集成与集成管理的思想与理论不再是分工理论的附庸，其强调整体功能的倍增性及管理集成单元的共同进化性，这无疑成为现代管理系统的主流理论之一。正是因为这种现代管理系统理念的存在，供应链网链结构学派应运而生，为供应链的管理发展提供全新的进化思路。

供应链网链结构领域的研究经历萌芽期（1973—1990年）、奠基期（1990—2014年）、拓展期（2014年至今），最终形成以集成管理理论为理论框架，以供应链网络规划模型学说、供应链复杂网络演化模型学说为支撑的供应链网链结构学派体系。该学派的出现使得供应链上的节点企业趋于集成管理、统一协调，致力于供应链整体效益的实现，形成以构建风险共担、利益共享、协同运作的集成化管理系统。

第一节　集成理论的思想与本质

集成理论出现于 20 世纪 90 年代，是一种不同于主导管理领域的管理哲学和方法。1996 年，Fox M. S. 认为集合就是资源整合的过程，这意味着小到一个部门大到一个产业集群，都有权使用与其任务相关的信息，并可通过适当的计划最大限度地实现集体目标[1]。2000 年，以海峰为代表的学者阐述集成理论包括五个要素——集成单元、集成模式、集成界面、集成条件、集成环境。[2] 骆温平 2002 年提出集成不是将各集成要素进行简单的叠加，而是在要素整合优化后实现的"超额"互补性关系，从而通过该有机整体实现集成体的功能倍增和适应进化性[3]。2004 年，舒辉认为集成是集成主体将两个或两个以上的集成要素（单元）集合成一个有机整体的行为、过程和结果。[4]

依据马克思在《资本论》中提出生产力的"三要素"的思想，集成理论从空间结构出发，可分为"七要素"，即集成主体、集成目标、集成单元、集成模式、集成工具、集成条件、集成环境（见表 4-1）[5]。

---

[1] Fox M S. 60 month progress report：NSERC industrial research chair in enterprise integration [R]. Enterprise Integration Laboratories，University of Toronto，1996：3-5.
[2] 海峰，李必强，冯艳飞. 集成论的基本问题 [J]. 自然杂志，2000（04）：219-224.
[3] 骆温平. 物流与供应链管理 [M]. 北京：电子工业出版社，2002.
[4] 舒辉. 集成化物流研究 [D]. 南昌：江西财经大学，2004.
[5] 余吉安，高全，高向新，高键. 再论集成理论的基本问题 [J]. 生产力研究，2009（04）：131-133+136.

表 4-1　集成要素

要素	释义	辅助支撑	功能
集成主体	掌握知识、资源、能力等集成要素的对象，包括企业家、技术所有者、资本所有者	科学决策、有效沟通	集成参与对象
集成目标	集成所要完成的任务和达到的目的	ERP（企业资源计划）或 MORP（面向市场的资源计划）	集成目标反映集成的思路
集成单元	构成集成关系的基本要素和基本物质条件	集成技术	集成关系形成和发展的内在依据和基本条件
集成模式	集成单元之间物质、信息和能量相互联系的方式	资源整合、综合优化	各集成单元的形成路径和方式
集成工具	完成集成过程所采用的手段和工具	集成技术	划分集成单元、集成关系、集成条件和集成环境
集成条件	集成体的内外部环境	宏观、中观、微观分析	规避集成体风险性、增加集成稳定性
集成环境	宏观环境和产业环境	PSET 分析模型、五力竞争模型	环境影响着集成能否实现

基于上述对集成的认识和对集成理论的要素研究，可进一步归纳出集成的特点，如下所述。

（1）集成是有创造性的活动。从管理的角度来看，集成是集成主体为实现某一具体目标而将各要素融合、优化，以形成一个优势互补、匹配的有机整体的创造性过程。在这个过程中，集成主体发挥自身的创造力和主动性，驱动各项要素所蕴藏的优势通过竞争性互补转化为比它们叠加或比一般系统效果大得多的优势，从而充分发挥其最大化的优势功能，使整个集成体产生能量跃变，获得优势聚变放大的效果。

（2）集成是择优弃弊的过程。由于集成的竞争性互补机制，使得集成在一体化进程中存在优胜劣汰的竞争态势。一方面，它要求各要素发挥最大优势，以最佳状态参与"选举"；另一方面，需要保证集成单元的最佳匹配，对阻碍最佳组合的要素进行淘汰，使集成整体的优势得到聚集和放大，并适应各种条件的要求和变化。

（3）集成是非线性动态的运动。由于外部市场环境的不可预测性以及系统节点企业之间供需过程不断重构的动态性，使得集成有机体内的诸多要素以不确定的动态方式结合，呈现非线性的运动。这就使得一个产品的生命周期结束后，系统相应的结构体系便根据市场需求变化构成新的系统结构。

（4）集成体现的是全方位开放状的格局。随着外部市场的变化，集成系统必然通过自组织行为与外部环境形成全方位的开放格局，使系统在物质流、能量流、信息流等方面与外部环境相互作用，从而使集成各要素之间、内外部环境之间、各种能量、信息、资源乃至思维、策略等无形要素有效运转。

根据 Fox M. S.、海峰、骆温平等学者对集成理论的研究，以及结合集成理论的创造性、择优性、非线性动态、开放性等特性，可以将集成理论的思想与本质归纳为：将原本零散化的诸多集成要素进行整合，形成更优的有机整体的一种方法论。集成理论作为现代管理理论发展的一个重要方法论，可以反映企业管理实践中多方面的能力。首先，从管理组织的角度，集成管理将组织内不同的部门人员有机地组织起来，形成一个多功能的工作团队，以促进组织综合能力的提高。其次，从管理职能的角度出发，MRPⅡ（制造资源计划）是生产管理中生产计划管理、产能管理、库存管理、采购计划有机结合的集成管理技术，通过该技术可以考究各职能部门的分工有效度。再次，从管理流程的角度来看，企业业务流程的重构就是以技术为支撑，以业务活动的有效性和增值性为优化的集成管理过程。最后，从管理系统的角度来看，集成管理系统是由部门单元、柔性制造单元、计算机集成制造技术等组成的。

第二节　供应链网链结构学派的发展历程

一、供应链网链结构学派的思想起源

20世纪80年代以来，经济一体化进程的加快，要求承载大批量运营的供应链系统的效率更高、响应更迅速。消费者响应学派推行的"以客户为中心寻求供应链策略与范式"的管理模式已无法快速响应大批量的市场需求；供应链运作模型学派主张从产品视角和服务视角来构建供应链的运作模式，很难保证企业在日趋激烈的市场竞争条件下获得所期望的利润。此外，不断发展的信息技术辅助企业搭建高效的管理信息系统，使企业信息管理系统从最初的MIS（管理信息系统），经历MRP（物料需求计划）、MRP II（制造资源计划），发展到ERP（企业资源计划）系统。管理者逐渐重视对所在供应链的资金流、物流等系统进行总体规划、重组、协调、控制和优化。

为了解决消费者响应学派和供应链运作模型学派的发展困境，不断发展的信息管理技术与系统催生了供应链集成网链结构系统，促进了集成管理理论在供应链领域的迅速发展，最终促成以集成管理理论为理论框架，以供应链网络规划模型学说、供应链复杂网络演化模型学说为支撑的供应链网链结构学派体系。但供应链网链结构学派的发展并不是孤立的，而是与其他学派相互借鉴、共同发展、协调优化的。在汲取消费者响应学派和

供应链运作模型学派发展理念的基础上,供应链网链结构学派为供应链协同学派、可持续供应链学派的体系构建,提供了集成技术支持,以求通过管理思想理念整合知识、技术等,形成经济效益、社会效益和环境效益兼并的更优供应链。

二、供应链网链结构学派的形成与发展

供应链网链结构学派的发展遵循一定的规律,根据发展的时序和相应理论成果,可将整个学派的发展历程分为:萌芽期、奠基期和拓展期(见表 4-2)。

表 4-2 供应链网链结构学派发展的三个阶段

	萌芽期(1973—1990 年)	奠基期(1990—2014 年)	拓展期(2014 年至今)
时间	始于 1973 年,约瑟夫·哈林顿提出的"集成制造"思想;终于 1990 年,集成管理理论的形成	始于 1990 年,美国计算机技术咨询和评估集团 Gartner Group 提出企业资源计划(ERP),供应链集成理论的形成;终于 2014 年,供应链网络规划模型学说与供应链复杂网络演化模型学说的形成与应用	2014 年,供应链网络规划模型学说与供应链复杂网络演化模型学说发展成熟,并不断完善
代表	约瑟夫·哈林顿;钱学森;马士华	美国通用电器公司、美国计算机技术咨询和评估集团 Gartner Group、马士华	Btamel;美国数学协会 欧拉;Watts 和 Strogatz;Barabasi 和 Albert
代表性论著/成果	《计算机集成制造》;综合集成方法;综合集成的概念框架	电子数据处理系统(EDP);管理信息系统(MIS);决策支持系统(DSS);电子数据交换(EDI);企业资源计划(ERP);供应链集成网络理论	设施选址模型;供应链网络规划设计模型 小世界网络模型;无标度网络模型

续表

	萌芽期（1973—1990年）	奠基期（1990—2014年）	拓展期（2014年至今）
形成成果	形成集成管理理论框架、综合集成方法与概念框架等，并应用于企业管理、工业制造、供应链研究等众多领域	基于信息管理系统的发展，集成管理理论逐渐发展为供应链管理的主流理论，进一步形成统一、协调、集成的供应链网链结构，促成供应链网链结构学派不断扩张的结局	基于理论框架，引进数理模型对供应链网链结构进行研究，最终形成三个主要代表理论：集成管理学说、供应链网络规划模型学说、供应链复杂网络演化模型学说

（一）萌芽期（1973—1990年）：遍地栽种，初露萌芽

时间：始于1973年，约瑟夫·哈林顿首次提出"集成制造"思想；终于1990年集成管理理论基本成型。

特色：集成思想与理论被引入企业管理、工业制造、供应链研究等众多领域，产生集成管理理论、复杂过程系统管理综合集成理论、综合集成方法等理论，为深入探讨供应链集成管理理论奠定基础。

代表者：约瑟夫·哈林顿、钱学森、马士华。

代表性论著/理论：约瑟夫·哈林顿的《计算机集成制造》；钱学森等提出综合集成方法；马士华等提出复杂过程系统管理综合集成的概念框架。

集成管理理论的研究最早始于西方，1973年，在《计算机集成制造》一书中，约瑟夫·哈林顿提出了计算机集成制造（CIM）的概念，并从系统和信息的角度解释了管理集成是形成管理系统的一种方式，是解决复杂系统管理的综合方法。Stevens于1989年在 *International Journal of Physical Distribution and Material Management* 上发表的文章 *Integrating the Supply Chain* 中提出集成供应链包括功能集成、企业内部集成和企业

外部集成。1990年年初，著名科学家钱学森等人开始了集成管理理论的研究。[①] 他们全面总结了开放复杂巨系统的内涵、结构和方法，提出定性与定量相结合的综合集成方法，该方法的实质是在充分发挥"人+数据信息+计算机技术"的整体优势和综合优势的基础上，实现人的体验、知识、智慧和人文的人机结合、人网结合系统。[②] 在总结综合集成方法的基础上，部分学者较为系统地构建了综合集成管理的理论框架。1998年，Chase 等在 *Production & Operations Management—Manufacturing & Services* 提出供应链集成是从系统管理视角整合供应链的信息流、物流和服务流的过程。自此，诸多学者逐渐将集成管理与企业管理、工业制造、供应链研究等众多领域相结合，提出供应链集成管理这一重要管理方式，使得供应链的集成化问题得到国内外学者的广泛关注。2002年，沈小平等在研究综合集成理论及其过程模型中，进一步提出复杂过程系统管理综合集成的概念框架。[③] 2006年，沈小平和马士华等以综合集成方法为指导，创新建立综合集成管理支持系统应用的概念框架。[④]

在本阶段，集成思想与理论被引入企业管理、工业制造、供应链研究等众多领域，基于集成管理理论，集成化思想在供应链管理领域得以成功应用，产生集成管理理论、复杂过程系统管理综合集成理论、综合集成方法等理论，这也为后期逐步形成的消费者响应学派、供应链协同学派和可持续供应链学派的相关理论提供集成思想。而供应链运作模型学派同处于

[①] 钱学森，于景元，戴汝为. 一个科学新领域——开放的复杂巨系统及其方法论 [J]. 自然杂志，1990, 13（01）: 3-10.

[②] 于景元. 钱学森关于开放的复杂巨系统的研究 [J]. 系统工程理论与实践，1992, 22（05）: 8-12.

[③] 沈小平，孙东川，朱怀意. 面向过程系统的综合集成管理研究 [J]. 科学学与科学技术管理，2002（10）: 85-88.

[④] 沈小平，马士华. 基于人—机—网络一体化的综合集成管理支持系统研究 [J]. 系统工程理论与实践，2006（08）: 86-90.

萌芽期，其形成的企业运作模型在企业经营中的地位日益凸显，初步运用于供应链，为集成管理理论在企业管理、工业制造、供应链研究等众多领域的应用奠定基础。

（二）奠基期（1990—2014年）：循序渐进，初具雏形

时间：始于1990年，美国计算机技术咨询和评估集团Gartner Group提出企业资源计划（ERP），意味着集成管理进入供应链管理研究领域；终于2014年，供应链网络规划模型学说与供应链复杂网络演化模型学说的形成与应用。

特点：形成一系列集成管理信息技术，使传统的"孤岛化"管理转向集成系统化，并进一步将信息集成的范围扩展到供应链层面，为供应链集成理论学说的形成奠定基础。

代表人物/公司：美国通用电器公司、美国计算机技术咨询和评估集团Gartner Group、马士华等。

代表性成果：电子数据处理系统（EDP）；管理信息系统（MIS）；决策支持系统（DSS）；电子数据交换（EDI）；企业资源计划（ERP）；供应链集成网络理论。

1954年，美国通用电器公司开始应用计算机处理商业数据，标志着电子数据处理系统（EDP）的诞生。基于电子数据处理系统在管理领域的应用，集成管理进入萌芽阶段。随之集成管理接连经历了管理信息系统（MIS）、决策支持系统（DSS）、电子数据交换（EDI）的应用。1990年，美国计算机技术咨询与评估集团Gartner group将信息集成的范围扩展到供应链层面，使供应链的所有成员能够通过企业资源计划（ERP）管理平台实现相互沟通、信息共享、快速响应市场变化、调整经营计划，以共同实现利润最大化。基于ERP信息技术的发展，部分供应链领域的学者将集成管理理论与供应链深入融合，形成供应链集成管理理论。2000

年，马士华等在《供应链管理》著作中提出：供应链集成管理把供应链中所有节点的企业看作一个整体，强调在企业间建立合作伙伴关系，是一种"智能集成协同管理"模式，代表了未来管理的发展趋势。[①]随后，2003年，吴涛等指出集成与协作的供应链容易导致双重边际效应、"牛鞭效应"等低效率结果。[②]这些研究逐渐趋于一个共同的结论：集成管理贯穿于供应链整个生命周期。此后，诸多学者将集成管理理论与供应链网络关系进一步结合，延伸得出集成网络结构、供应链集成网络理论等成果，最终形成供应链集成网络理论。直到2014年，供应链网络规划模型学说与供应链复杂网络演化模型学说才正式形成并广泛运用于实践中。

在本阶段，由于信息管理系统的发展，集成与集成管理的思想与理论逐渐成为现代管理主流理论之一，为供应链的发展提供了全新的进化思路。为消费者响应学派和供应链运作模型学派的发展困境提供了解决思路，并通过管理思想理念整合集成知识、集成技术等，为供应链协同学派、可持续供应链学派的进一步发展提供了集成技术支持与战略指导。首先，随着集成管理思想的注入，供应链构建优质高效的网络结构、提高供应链管理绩效，以实现风险共担、利益共享、协同运作的共同目标。其次，在供应链集成网络系统的运作下，企业的发展依赖供应链网络协同作战，供应链网络之间的竞争逐渐代替了企业之间的竞争。最后，经济全球化程度的加深，以及集成信息技术的不断发展，促使该时期形成了统一、协调、集成的供应链网链结构，促进供应链集成网链结构不断扩张。

[①] 陈志祥，马士华. 企业集成的系统方法论研究——供应链的系统性、协调性和运作范式[J]. 系统工程理论与实践，2001（04）：92-98.

[②] 吴涛，李必强，海峰. 供应链集成的新思路：管理界面集成[J]. 中国管理科学，2003（03）：37-42.

（三）拓展期（2014年至今）：与时俱进，蓬勃发展

时间：2014年，Vila等发文 Designing Logistics Networks in Divergent Process Industries：A Methodology and its Application to the Lumber Industry，开始引入数理模型解决集成供应链的网络规划模型问题。

特点：基于理论研究框架——集成管理理论，引入数理模型解决集成供应链管理问题，并在模型的合理性、优化性、综合性等方面改进，形成符合集成供应链网络的模型内容。

代表人物/协会：A. Marte、Bakhsharab、赵志刚。

代表性成果：供应链网络选址模型；供应链规划模型；供应链分层演化模型。

随着全球化程度的加深，供应链网链结构呈现复杂发展特性，由此，部分供应链集成领域的研究学者从数理模型工具寻求思路，构建供应链集成网络研究模型。2014年，基于设施选址模型和供应链网络规划设计模型，Vila等学者引入供应链管理思想，对两级决策的多产品多期的供应链网络选址模型进行了研究。[1] H. Min 于2016年对需求一定下单产品的多期供应链规划模型进行了研究。[2] 这些学者对供应链网络规划模型进行广泛的研究与发展，形成实用价值较高的供应链网络规划模型学说。2017年，Bakhsharab等使用本地MADM方法为每个节点生成初步网络并重新布线以构造供应链网络模型。[3] Perera等考虑供应链上节点企业的类

---

[1] Vila D, Martel A, Beauregard R. Designing logistics networks in divergent process industries：a methodology and its application to the lumber Industry［J］. International Journal of Production Economics，2014，102（2）：358-378.

[2] Min H, Chang S K, Ko H J. The spatial and temporal consolidation of returned products in a closed-loop supply chain network［J］. Computers Industrial Engineering，2016，51（2）：309-320.

[3] Bakhsharab E, Ebrahimi M. Designing a robust supply chain network using MADM and complex network theory［J］. 2017 9th International Conference on Information and Knowledge Technology（KT）Tehran, Iran IKT Press，2017：11-15.

型和链路权重的异质性，对网络进行分层，提出一种基于适应度的演化模型。[1] 2018 年，赵志刚等学者提出企业节点间位置吸引力的供应链分层演化模型，证明了模型具有幂率分布形式、小世界和无标度特性，但他们以企业间距离作为影响新节点连边的因素，具有一定的片面性。[2] 廖治东等以复杂网络理论中的多局域世界模型为原型，提出能够反映多种供应链行为要素的网络演化模型，并用公式推导论证了网络具有无标度特性。[3] 2020 年，Kannan 等提出了不确定性条件下的闭环供应链网络模型。[4]

本阶段，先后形成供应链网络规划模型学说和供应链复杂网络演化模型学说，使得供应链网链结构学派步入拓展期。一方面，供应链网络规划模型的出现，使得供应链集成管理有了更优的网络规划与设置，逐渐强化供应链整体竞争力；另一方面，基于复杂网络理论，从供应链网络的稳定性和抗风险能力视角，形成的供应链复杂网络演化模型，是供应链管理研究的一项突破。

综合来看，供应链网链结构领域的研究经历了萌芽期、奠基期和拓展期，基于集成思想、集成管理理论等理论框架，形成了供应链网络规划模型、供应链复杂网络演化模型等理论模块。这些模块共同融合成系统的供应链集成解决方案，为供应链协同学派、可持续供应链学派的体系构建提供支持，使得供应链管理体系更加系统化，实践上更具可操作性。

---

[1] Perera S, Perera HN, Kasthurirathna D.value chain approach for modelling resilience of tiered supply chain networks [C]. Moratuwa Engineering Research Conference (MERCon) Moratuwa: MERCon Press, 2017.

[2] 赵志刚, 周根贵, 潘瑞芳. 基于位置吸引力的加权复杂供应链网络局域世界演化模型研究 [J]. 计算机科学, 2018, 45 (12): 71-76.

[3] 廖治东, 郑国华. 考虑不同节点行为要素特征的供应链演化规律研究 [J]. 计算机应用研究, 2020, 37 (06): 1679-1682+1692.

[4] Kannan G, Hassan M, Ali E, Seyed M. An Integrated Hybrid Approach for Circular Supplier Selection and Closed-loop Supply Chain Network Design under Uncertainty [J]. Journal of Cleaner Production, 2020, 242: 11-31.

第三节 供应链网链结构学派的主要代表理论

供应链网链结构学派经历了萌芽期、奠基期、拓展期,形成了三个主要代表理论学说,分别是供应链集成管理学说、供应链网络规划模型学说和供应链复杂网络演化模型学说。三大学说融合成系统的供应链集成解决方案,为供应链协同学派、可持续供应链学派的体系构建提供支撑,使得供应链网链结构学派体系更加系统化。

一、供应链集成管理学说

由于信息化、模块化、综合化在管理领域逐渐被重视,集成理论与思维也逐渐应用于供应链管理研究领域,形成一个重要管理方式——供应链集成管理。供应链集成管理沿着管理信息系统在管理领域的应用,形成集成化供应链管理模式,最终构成较为系统的供应链集成管理学说。

(一)供应链集成管理学说的演进

随着计算机技术的发展,传统管理模式的运行效率不断被突破,传统的"孤岛化"管理被推向集成系统化,集成系统化成为集成管理流程设计和优化工具的载体。根据管理信息系统在管理领域的应用历程,集成管理的演进分为五个阶段(见表4-3)。

表 4-3 集成管理的演进

时间	信息技术应用	影响
20世纪50年代初期	电子数据处理系统（EDP）	集成管理思想形成的最初载体，主要运用于处理经营管理工作中的会计和统计工作的数据
20世纪70年代	管理信息系统（MIS）	为供应链集成管理的高效运作奠定基础，用于企业集成管理系统中的决策，经历了从低级到高级的发展过程
20世纪80年代	决策支持系统（DSS）	服务于高层决策的管理信息系统，出现于20世纪70年代后期，直到80年代初期发展成熟，主要用于解决集成管理中的非结构化问题
	电子数据交换（EDI）	推动集成管理的更高层次应用，是最为成熟和使用范围最广泛的电子商务应用系统；兴起于20世纪80年代，融现代计算机技术和远程通信技术为一体
20世纪90年代	企业资源计划（ERP）	将信息集成的范围拓展到供应链层面，经历了MRP、闭环式MRP等阶段，将供应链上所有环节需要的资源进行统一的计划和管理，共同实现利润最大化
21世纪	Intranet技术	成为供应链集成管理实践的主流趋势，供应链中"链"成为一种基于协调中心的由多个环构成的网状模式，并将供应链的集成范围扩展到全球企业

1954年，美国通用电器公司开始应用计算机处理商业数据，标志着原始的电子数据处理系统（EDP）的诞生。电子数据处理系统（EDP）是集成管理思想形成的最初载体，也是集成信息系统的初级形式。该系统通过简单的操作逻辑完成基层作业层面的日常操作，为运作层的控制管理服务。

20世纪70年代，管理信息系统（MIS）发展成熟。MIS通常用于系统决策，是由人、计算机及其他外围设备等组成的进行信息收集、传递、存贮、加工、维护和使用的系统。MIS在企业集成管理应用中经历了从低级到高级的发展过程。在低级MIS的集成管理阶段，MIS仅限于高效处理单个模块的业务，使得发生在企业之间的采购、销售等业务形成"自动化孤岛",集成的思想得不到足够的体现,供应链系统谈不上有效的运作。[1] 在高级 MIS 的集成管理阶段,MIS 将原本独立的企业模块有机集成,实现部门业务的自动协调,使供应链在企业内部的运作处于相对平稳的状态,为供应链一体化管理的高效运作奠定基础。

20 世纪 80 年代,电子数据交换(EDI)兴起。EDI 通过专用增值网(VAN)将不同企业之间的应用系统(如 MS)紧密结合,推动集成管理的更高层次应用。企业的计算机可从 EDI 传送的标准结构报文中识别并"捡"出有用的数据,直接送到应用系统数据库中。因此,EDI 简化集成化供应链中成员企业的商业化过程,从技术上将供应链各主体的业务过程集成化。同时,基于管理信息系统(MIS)应用理念的深化和服务于高层决策支持系统(DSS)的管理信息系统应运而生,主要用于解决集成管理中的非结构化问题。

1990 年,基于市场需求的不确定性、不稳定性,竞争激烈的大环境,美国计算机技术咨询和评估集团 Gartner Group 基于供应链集成管理思想的理念,提出企业资源计划(ERP)。ERP 是基于系统化的供应链管理思想,通过信息技术整合企业内外部资源,为企业决策层及员工提供决策运行的管理平台,故通过 ERP 建立的集成化供应链运作模式方案,可为实现共享资源和供应链整体优化目标提供支持。

21 世纪,高效安全的 Intranet 成为集成管理在供应链管理实践的主流趋势。与 ERP 阶段相比,Internet 是一个更加开放的公共网络系统,使得供应链中"链"成为一种基于协调中心的由多个环构成的网链模式[2]。在这个网链模式中,供应链上企业的采购、销售、财务等过程都可在 Internet 上进行,从而使供应链的集成范围扩展到全球企业。供应链集成在该阶段主要有几个方面的变化:一是集成化供应链中实体运送和资金流动交由专业的运输中介和金融中介承担,传统的批发、分销等中间环节的地位逐渐为

---

[1] 张新安,田澍. 集成化供应链的历史与发展[J]. 中国流通经济,2002(02):45-48.
[2] 王圣广,马士华. 基于全球供应链的虚拟企业[J]. 管理工程学报,1999(03):9-16.

这些中介服务商所取代；二是企业在信息获取、处理上不再受所在区域的限制；三是消费者也可以通过需求信息传达的方式参与企业的生产过程，形成按需生产和大规模定制等主要生产方式。

（二）供应链集成管理学说的主要内容

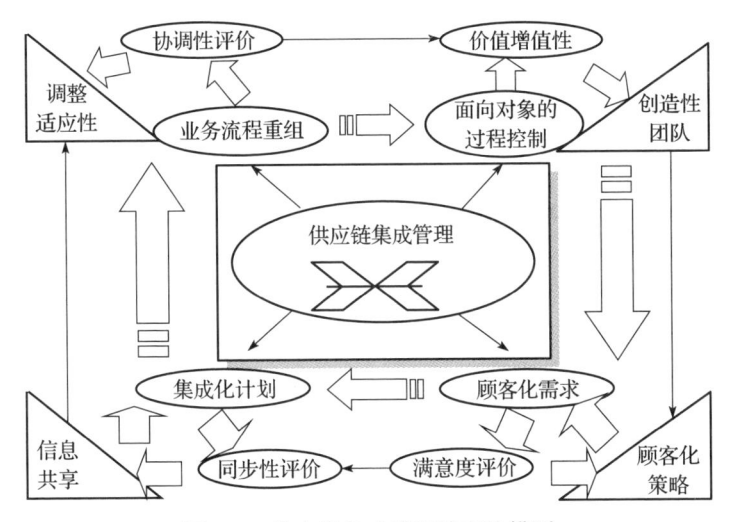

1. 供应链集成管理的理论模型

供应链集成管理的核心是围绕三个回路形成的一个相互协调的整体，以供应链信息为指导，各供应商、生产商、分销商通过供应链紧密结合，在客户需求的驱动下实现供应链全局动态最优的终极战略目标。

根据集成化思想，供应链集成管理是围绕着三个回路构成的管理模型（见图4-1）。

图 4-1　供应链集成管理的理论模型

供应链集成管理围绕的三大回路如下所述。

（1）运作回路（第一控制回路）。整个回路由"顾客化需求—集成化计划—业务流程重组—面向对象的过程控制"组成。

（2）策略回路（第二控制回路）。整个回路由"顾客化策略—信息共享—调整适应性—创造性团队"组成。

（3）性能评价回路（第三控制回路）。整个回路由每个作业回路的作业性能评价与作业提高回路组成。

性能评价回路有四个分支回路。

一是调整适应性—业务流程重组回路：该回路主要涉及供需合作关系、战略伙伴关系、供应链（重构）精细化策略等。

二是面向对象的过程控制—创造性团队回路：该回路主要涉及面向对象的集成化生产计划与控制策略、供应链资源约束理论、基于价值增值的多极库存控制理论、质量保证体系、群体决策理论等。

三是顾客化需求—顾客化策略回路：该回路主要涉及满意策略与用户满意评价理论、面向顾客化的产品决策理论研究、供应链的柔性敏捷化策略等。

四是集成化计划—信息共享回路：该回路主要涉及JIT供销一体化策略、供应链的信息组织与集成、并行化经营策略等。

要使三大回路顺利进行，还需要各节点企业做出适应性的改变，最终为供应链集成管理的有效实现提供动力（见图4-2）。

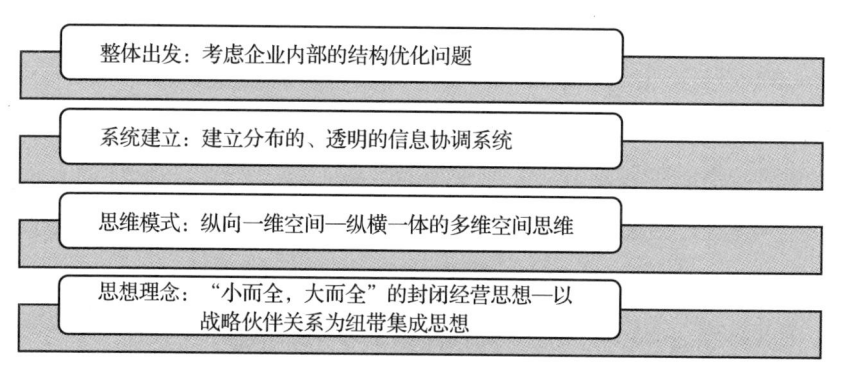

整体出发：考虑企业内部的结构优化问题

系统建立：建立分布的、透明的信息协调系统

思维模式：纵向一维空间—纵横一体的多维空间思维

思想理念："小而全，大而全"的封闭经营思想—以战略伙伴关系为纽带集成思想

图4-2　企业的转变方向

2.供应链集成管理的实施过程

企业从传统的管理模式转向供应链集成管理模式，一般包括五个阶段

（见图 4-3）。

阶段1：基础设施建设物料流
采购 → 物料控制 → 生产 → 销售 → 分销 → 用户服务

阶段2：职能集成物料流
物料管理 → 制造管理 → 分销 → 用户服务

阶段3：内部供应链管理集成物料流
物料管理 → 制造管理 → 分销 → 用户服务

阶段4：外部供应链管理集成物料流
供应商 → 内部供应链 → 用户 → 用户服务

阶段5：集成化供应链动态联盟
供应链联盟

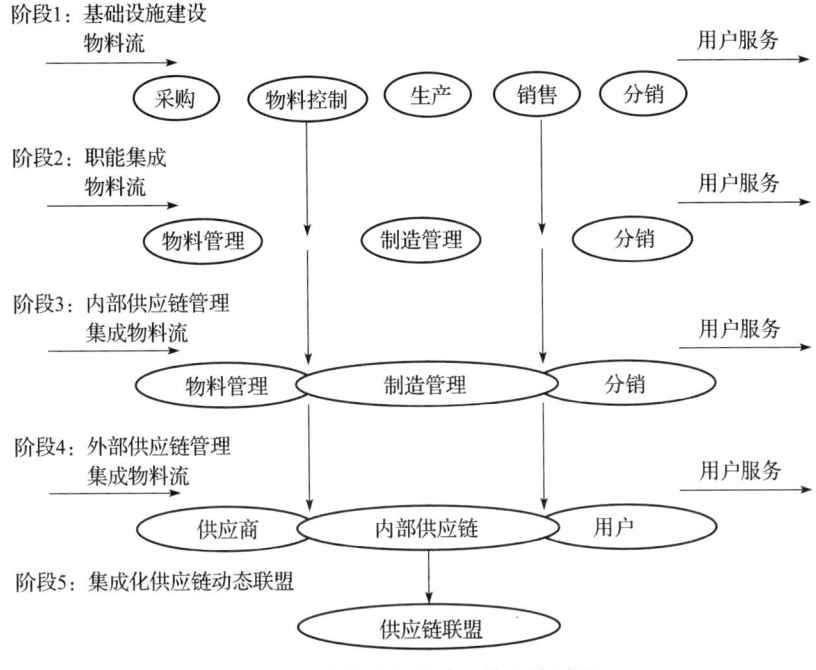

图 4-3　供应链集成管理的实施过程

（1）基础设施建设阶段。集成供应链在基础设施建设阶段的重点是通过总结和分析，消除传统的供应链中企业职能部门与供应链业务衔接性差等问题。一方面，基于企业的管理现状，分析得出阻碍企业供应链建设的力量；另一方面，结合内外部环境，确定适应性的供应链建设计划，完成企业供应链基础设施建设。

（2）职能集成阶段。在该阶段，主要沿着供应链的物料流，对企业的物流管理、制造管理以及分销端口进行集成重组，整个集成重组的目的是使公司现有职能部门、岗位和流程与供应链业务流程相适应，为内部供应链的整合做出调整。

（3）内部供应链管理集成阶段。该阶段的核心是完善企业内部供应链与外部供应链的集成衔接，提高供应链集成管理的效率。通常借助供应链计划（SCP）和 ERP 系统等集成技术，整合企业内部供应链的物流、资金流、信息流和工作流，对企业实施集成化的计划和控制，以形成高效的一体化供应链内部管理体系。

（4）外部供应链管理集成阶段。此阶段是供应链集成管理的关键，生产系统必须具有更高的灵活性，企业要具备需求同步、集成控制、计划完备的能力，确保供应链成员同步进行供应链管理，从而将企业内部供应链与外部供应商和用户整合，形成一体化的供应网络链。

（5）集成化供应链动态联盟。基于前四个阶段，原本分散于网链外的物流、资金流、信息流和工作流等已集聚为供应链共同体。共同体的运作离不开信息共享的动态的网链结构，故在此阶段，要求集成化供应链形成适应市场变化、柔性、速度、革新、知识等需要的动态联盟系统。

3. 供应链集成管理的网络系统

供应链集成网络是由供应商、制造商、分销商和零售商的企业实体共同组成，以实现原材料到成品并最终出售给用户的开放性、多产品链的企业供需关系的总和。正是基于供应链集成网络系统，供应链各主体之间才能通过物流、信息流、资金流、能流进行协调优化，呈现趋向聚集式发展的供应链集成管理。供应链集成网络系统最主要的不是"供应链"而是"集成"，它要求各主体将基本功能向外扩展，集成为扩展的网链结构系统，整个过程需要进行五个方面的集成。

（1）供应链的组织集成。供应链的组织集成是为相同的目标结成战略合作伙伴关系，也可看作一种虚拟形式的合作组织。首先，划分供应链范围，确定各企业所处供应链位置；其次，达成合作意向，明确合作协议；最后，统一管理制度，统一生产销售计划，建立整体调度和调配的供应链集成机制。

（2）供应链的资源和核心能力集成。资源和核心能力的集成要求以提高供应链效率为目标，以实现企业价值为方向，整合有利于供应链的优质资源，如人力资源、机械设备、生产技术等，提升供应链的整体竞争力。

（3）供应链的市场交易集成。供应链上下游企业之间的供需联系构成资源市场交易。市场交易的集成可简化交错繁杂的交易链条，使供应链各成员企业能根据供应链的性质和自身企业的特点，识别和选择供应链协定的市场交易准则，以实现整体供应链上市场交易的公平、合理、透明，并形成集成规模，降低交易成本。

（4）供应链的计划与控制集成。供应链的计划集成指供应链集成主体实施计划的统一和协调，包括采购计划、生产计划和供应计划。计划的规整使供应链环环相扣，确保准时生产和供应，避免供应短缺和库存损失，最大限度地减少冗余数量，从而实现供应链的整体控制。

（5）供应链的信息集成。信息集成主要依托 ERP 管理平台技术，对供应链中产生的数据进行收集、汇总和分析，同时预测风险，帮助决策者高效管理供应链。ERP 管理平台使各环节之间的信息能够在平台上顺利、及时地传递。一方面，供应链中的每个功能环节都可以实时处理各种业务的信息和报告，企业能够发现供应链中的不足并及时采取措施；另一方面，ERP 管理平台为供应链中的每一个业务展示具体的场景，使公司能够更好地控制全局。

（三）供应链集成管理学说的贡献与局限

综合来看，集成管理理论的出现具有一定的积极意义，主要表现如下所述。

（1）随着集成管理思想的注入，供应链管理的重点不再是企业内部的管理及优化，而是致力于成员之间合作关系的建立。自此，整条供应链上的节点企业趋于达成风险共担、利益共享、协同运作的共同目标，以在满足多种非经济目标的基础上，建立优质高效的供应链运行机制，提高供应链管理绩效。

（2）在供应链集成网络系统的运作下，供应链网络的整体工作效率不断提高，单个的企业节点对整个供应链网络的依赖性加强，企业的发展壮大不再完全依靠自身，而是和众多企业组成供应链网络协同作战，供应链网络之间的竞争渐渐代替了企业之间的竞争。

（3）集成管理在日益激烈的全球市场竞争中为供应链的发展提供了一个重要管理方式，塑造了统一、协调、集成的供应链网链结构，以凝聚的集成供应链系统管理思维促进各网链环节达到最优，进而促成供应链集成网链结构不断扩张。

虽然供应链集成管理学说的研究已取得一定的成果，但仍然存在一定的局限性。

（1）较多的学者专注于集成管理的概念和理论的引进，对具体供应链管理问题的解决和可应用的数理模型的研究还较少，不能通过集成管理理论指导更宽领域的供应链管理实践。

（2）对于集成管理的研究多集中于单项领域应用，今后有必要进一步加强集成管理综合性应用层面，并完善形成系统的、更具普适性的集成管理理论。例如，将集成管理理论应用于我国企业虚拟组织的研究，同时，也可以将集成管理理论应用于供应链风险控制的研究，分析供应链集成的影响因素、内在联系等，并建立相应的风险把控机制，以提升供应链整合绩效水平。

二、供应链网络规划模型学说

经历了设施选址模型、供应链网络规划设计模型，最终形成供应链网络规划模型学说。供应链网络规划模型学说的范围涉及供应链管理的战略层、规划层和操作层，建立完善的、具有不可复制性的网络规划体系，为供应链网络的运行提供最优的网络设置，使得供应链整体在市场中的竞争力逐渐强化。

（一）供应链网络规划模型学说的演进

供应链网络规划模型是研究人员为企业制订供应链管理决策而设计的有效工具。供应链网络规划模型学说的演进主要分为三个阶段，最初来源于设施选址模型，后逐步与供应链管理思想结合形成供应链网络规划设计模型，最终形成供应链网络规划模型学说（见图4-4）。

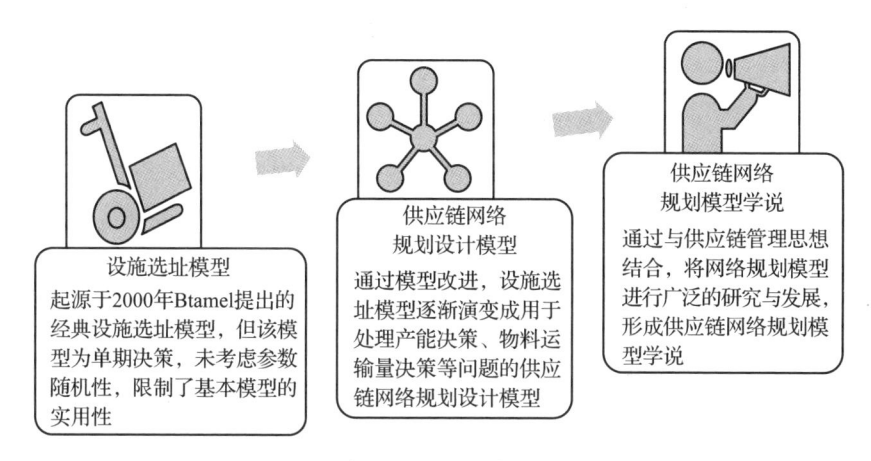

设施选址模型
起源于2000年Btamel提出的经典设施选址模型，但该模型为单期决策，未考虑参数随机性，限制了基本模型的实用性

供应链网络规划设计模型
通过模型改进，设施选址模型逐渐演变成用于处理产能决策、物料运输量决策等问题的供应链网络规划设计模型

供应链网络规划模型学说
通过与供应链管理思想结合，将网络规划模型进行广泛的研究与发展，形成供应链网络规划模型学说

图4-4　供应链网络规划模型学说的演进

早期经典的设施选址模型是由 Btamel 于 2000 年提出的，该模型用于解决三种经典设施选址问题：P – 中值问题、有容量限制的设施选址问题和配送网络系统设计问题。美国数学协会曾为设施选址问题进行了特殊编码（比如 90B80 代表离散选址与配送，90B35 代表连续选址）。但由于传统的设施选址模型并未考虑各设施的建造费用以及各仓库的容量约束因素等，且该模型为单期决策，不考虑参数随机性（如需求、成本的随机性），大大限制了这基本模型的实用性。实际的供应链选址问题中，不同种类设施混合选址决策问题是企业常常面对的问题，故设施选址模型在学术界倍

受争议。

随后，众多研究者对该模型进行改进，设施选址模型逐渐对同层级以及不同层级的各设施节点进行综合研究，演变成为包含产能决策、物料运输量决策等问题的供应链网络规划设计模型。1980年，Geoffrion和Graves针对多产品、单周期的产品生产配送问题建立了一个混合整数规划模型，该模型的目标函数为最小化总成本，包括配送中心以及工厂的固定成本及可变成本。[①] Van Roy 在1989年提出通过研究单周期、多产品的生产配送网络规划问题，得出最优的库存策略算法。[②] 在此基础上，2014年，A. Martel 与 D. Vila 对两级决策的多产品多期的供应链网络选址模型进行了研究。[③] 而 H. Min 于2016年对需求一定下单产品的多期供应链规划模型进行了研究。[④] 这些学者将供应链网络规划模型进行广泛的研究与发展，形成了实用价值较高的供应链网络规划模型学说。

（二）供应链网络规划模型学说的主要内容

供应链网络规划是对供应链上所有节点成员进行整体的规划，包括在供应链设计过程中的设施选址问题、供应链具体运营和控制中的运输网络设计问题，以及处理这些问题时必须充分考虑的空间和时间等方面的因素。

1. 规划的任务与决策

供应链网络规划模型是运筹学的一个重要研究领域，也是一个较为复

[①] Geoffrion A M, Graves G W. Multi-commodity distribution system design by benders decomposition [J]. management Science, 1980, 26（8）：855-856.

[②] Van Roy T J. Multi-level production and distribution planning with transportation fleet optimization [J]. Management Science, 1989, 35（12）：1443-1453.

[③] Vila D, Martel A, Beauregard R. Designing logistics networks in divergent process industries: a methodology and its application to the lumber industry [J]. International Journal of Production Economics, 2014, 102（2）：358-378.

[④] Min H, Chang S K, Ko H J. The spatial and temporal consolidation of returned products in a closed-loop supply chain network [J]. Computers Industrial Engineering, 2016, 51（2）：309-320.

杂而重要的系统工程。为使供应链网络成员间达到分工合作、多层级协作方式、多目标优化等目标,整个系统应明确对网络各节点资源进行整体规划、设置、调配、集成优化,以及实现网络整体增益和客户服务满意的目标[①]。

总体的规划任务是确定制造商、产品产量以及每个节点产品的输入与输出量等,从而确定产品从原材料起点到市场需求终点的整个流通渠道的结构,以实现经济效益最大化。细化的各阶段任务包括:① 确定网络中的设施;② 为设施点分配合适的客户对象、客户分布、客户订购产品、订购批量;③ 对各设施点进行容量配置,考虑生产工厂和采购点的位置分布;④ 确定设施之间的运输方式,思考配送网络规划影响客户服务的水平;⑤ 分析维持和运营现有网络的成本。

2. 供应链网络规划设计

供应链网络规划设计主要分为四个阶段(见图4-5)。

战略规划 ⇨ 网络设计 ⇨ 选择潜在位置 ⇨ 选址及产能分配

图4-5 规划设计的四个阶段

(1)战略规划阶段。主要聚焦于界定企业竞争战略,分析企业政策及市场环境、竞争细分市场的状况,以及企业供需及设施现状,进而确定供应链网络规划设计的战略目标。

(2)网络设计阶段。主要初步确定各设施数量、选址区域、各设施服务范围,有三个方面的任务:一是确定网络结构、设施数量、功能及初步位置;二是进行需求预测,以确定设施建设的原则和类型;三是确定供应链网络结构形式及各设施功能。

---

① 朱海波. 考虑服务水平的闭环供应链网络规划模型[J]. 计算机集成制造系统,2013,19(10):2582-2589.

（3）选择潜在位置阶段。主要需结合供应链的软硬件条件，确定可能存在的设施点。硬件条件包括供应商的可获得性、运输服务、通信、公共设施和仓储等基础设施状况；软件条件包括可供雇用的熟练劳动力、工资水平、当地政府和社区对企业的接受程度等。

（4）选址及产能分配阶段。主要进行定量决策、模型决策、模型算法。不仅需要定性地确定合作伙伴的关系、选择供应链的结构，还需要定量地确定供应链层级数量、各制造中心的生产数量以及供应链网络中的商品运输流量及方式等（见表4-4）。

表 4-4 模型的决策

决策项目	重要性	决策内容
供应链层级数量	起步决策	供应链网络中的设施种类层级直接决定了网络的物理结构，层级越多，模型设计中考虑的因素就越多（层级包括制造中心、库存中心、分销中心以及零售商顾客中心等）
制造中心产能决策	重要决策	供应链中存在多个制造商时，建立相应的模型以及目标函数，合理依据各制造商的容量约束来合理确定各制造商的制造量以满足市场的需求
商品运输流量及方式	关键一环	供应链网络上的各节点企业都会对对应的、稳定的上下游企业产生需求，这便需要依据供应链各成员的能力，合理安排生产运输计划，进行均衡合理的商品流量分配

3. 供应链网络规划模型的类型

供应链网络规划依据供应链网络结构的不同特性而产生差异。网络结构的特性主要包括设施种类/层级、产品种类、单期/多期决策、参数的确定性/随机性等。首先，供应链网络中的设施种类/层级直接决定了网络的物理结构，层级越多，模型设计中考虑的因素就越多；其次，模型的规模随着产品种类的增加以代数级数递增；再次，不同产品的特性决定了相应参数的不同，如不同的运输方式和运输费率；最后，相比前两种特性，"参数的确定性/随机性"和"单期/多期决策"对规划模型设计的影响更加深刻，处理方法也更加多样和复杂。据此，供应链网络规划模型主要有三种不同类型（见表4-5）。

表4-5 供应链网络规划模型的三种类型

类型	特点	运用场景
单期规划模型	预期时间较短、参数不易变	运用于供应链网络设计的预期使用时间较短，或可以预测各种参数在未来较长时间内不会有大的变化时
两阶段决策模型	单期与多期规划相结合的一种折中方法	运用在决策的第一阶段，规划出系统的战略决策，如工厂、仓库的选址等，这些战略决策一经决定就不再改变
多期规划模型	决策持续时间长	运用于战术或运作层面上的决策，如生产、配送方案等，采用多期决策的方法，即在每一个划分的时间区间内给出一组相应的决策，以应对参数的变化

4.供应链网络规划模型的适用范围

适用数学模型量化和求解网络规划的范围有：一是物流设施（如仓库、工厂、港口、供应商和零售店）的数量、位置、规模和上下游满足企业市场需求的节点归属；二是优化货物配送路线，运输路线的选择和确定是一个复杂的数学、经济和管理问题，一直受到运输规划者和管理者的高度重视，已成为运输科学和组合优化领域的前沿和研究热点。

此外，供应链网络规划模型的目标函数一般为最小化总成本或最大化总利润。其中，供应链的成员选择通常用0-1变量来表示，各成员的能力一般用连续变量表示，而供应链中的物料平衡和供需关系等则用约束变量表示。由于该模型主要是在确定供应链成员、布局和协调等问题中被应用，故其有五种常用模型（见表4-6）。

表4-6 应用模型

模型名称	模型目标	模型描述
运输规划模型	总运输成本最小化	存在一定数量的配送中心和需求中心供货的情况下，需要合理分配X，从而使总运输成本最小

续表

模型名称	模型目标	模型描述
混合整数规划模型	成本最小化或者利润最大化（包括制造成本、运输交通成本、建设及运营成本、库存成本等）	供应链中成员的选择、生产技术的确定、运输方式的选择可以用0-1等数表示，供应链中资源分配以及运输量等可以用连续变量表示，而物料流量的平衡关系以及供需平衡等关系则用约束变量表示
集群分析模型	选择最小总成本的组合方案	存在一定数量的配送中心和需求中心供货的情况下，首先，对这些配送中心进行不同的组合以减少配送中心的数量；其次，对每个组合的总成本进行计算，得到成本最低的组合
线性规划运输模型	基于承诺总运输交通成本最少的假设，主要通过线性规划测定各配送中心在市场中的占有率，进而对配送中心的建设位置进行确定	计算出各备选配送中心所能供应的范围，并在得到的供应范围中逐个将配送中心移动到其他可选地点，直至无论移动哪个配送中心均不能降低该区域的总成本。按照能够降低成本的新地点，再次计算各暂定配送中心的供应范围，不断重复以上过程，直至成本不再降低
鲍摩—瓦尔夫模型	应用该方法进行的选址决策，实际上是在总成本最小化的前提下，选择必要的配送中心地址，淘汰多余的	在线性规划运输法的基础之上考虑配送中心的存储费用，并假设配送中心的备选位置的固定成本、变动成本均是已知的，对配送中心的数量、大小以及位置进行求解

（三）供应链网络规划模型学说的贡献与局限

供应链网络规划模型学说经历了设施选址模型、供应链网络规划设计模型，最终成为供应链网链结构学派的主要代表理论之一，主要贡献如下所述。

（1）为供应链提供最优的网络设置。网络规划主要通过合理有效的计划、管理以及控制等工序，确定产品从原材料起点到市场需求终点的整个流通渠道的结构[①]。因此，供应链网络规划模型的出现，使供应链节点

---

① 吴姣. 两级多期多产品供应链网络规划模型研究［D］. 上海：上海交通大学，2009.

企业不断扩大供应链作用的影响，供应链网络的运行也得到最优的网络设置，使得供应链整体在市场中的竞争力逐渐强化。

（2）建立具有不可复制性的网络规划体系。网络规划问题是供应链管理最基本的问题之一。供应链网络规划模型在选址模型的基础上进一步发展，逐渐成长为一个较为复杂而重要的决策网络设计系统工程，供应链网络规划模型为集成供应链网络规划不可复制性的决策体系，提高了供应链的可持续竞争优势。

为了使现有的模型更大程度地体现现实中供应链网络规划的需求，还有一些局限性需要突破。

（1）供应链网络规划模型中的随机因素处理精度有待提升。特别是在随机因素同某些其他网络属性相结合的情况下，规划方案受随机因素干扰导致偏差较大。

（2）供应链网络规划模型的目标函数需要进一步完善。供应链网络规划模型通常以成本最小化为目标函数，但对应成本最小化的决策可能导致企业没有盈利，故应结合投资回报率综合考量；同样，在以利润最大化为目标函数时，还可考虑增加利润下限约束，因为现实中的投资者，尤其是保守型投资者，往往期待自己的投入能够得到一定程度的回报保障。

（3）为体现供应链网链运作过程中对某些非经济目标的追求，需要对相应的多目标函数给予更多的关注。

总之，为使现有模型更大程度地体现出现实中供应链网络规划的需求，有很多问题等待我们去研究，很多领域值得我们去拓展。因此，无论是现有模型的设计还是其解法，仍然有进一步发展与研究的空间。

三、供应链复杂网络演化模型学说

随着全球化程度的加深，供应链网络系统中，各节点企业具有地理上的分散性、职权的自主性和充分的自治性，这导致单个节点企业的局部寻优决策行为引发不同主体之间的利益冲突，从而使供应链网链结构趋向于复杂化。于是，为供应链网络的动态演化提供模型解决方案，根植于复杂网络理论，经历了复杂网络理论、网络模型理论、供应链复杂网络演化模型，最终演化为供应链复杂网络演化模型学说。

（一）供应链复杂网络演化模型学说的演进

供应链复杂网络演化模型学说的演进主要分为三个阶段（见图4-6）。

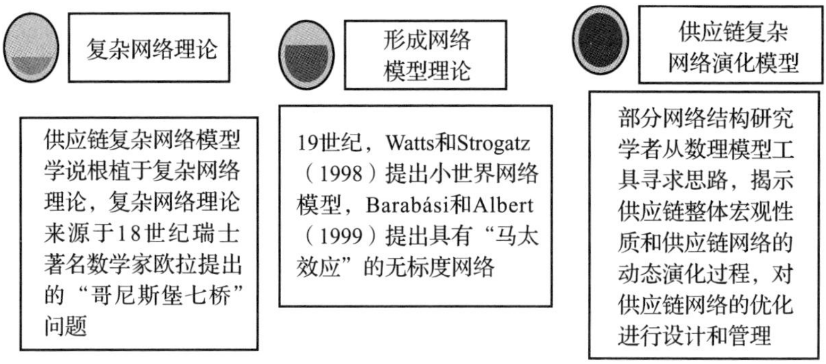

复杂网络理论：供应链复杂网络模型学说根植于复杂网络理论，复杂网络理论来源于18世纪瑞士著名数学家欧拉提出的"哥尼斯堡七桥"问题

形成网络模型理论：19世纪，Watts和Strogatz（1998）提出小世界网络模型，Barabási和Albert（1999）提出具有"马太效应"的无标度网络

供应链复杂网络演化模型：部分网络结构研究学者从数理模型工具寻求思路，揭示供应链整体宏观性质和供应链网络的动态演化过程，对供应链网络的优化进行设计和管理

图4-6　供应链复杂网络演化模型学说的演进

18世纪，瑞士著名数学家欧拉提出复杂网络理论。1959年，数学家Erdos和Renyi提出了随机图论，为复杂网络理论的系统研究奠定了基础。[①]但由于实际中的绝大多数的复杂网络结构并不是完全随机的，随机图网络理论便出现了局限性，为了克服这一局限性，1998年Watts和Strogatz提出了小世界网络模型，[②]1999年Barabási和Albert提出了无标

[①] Erdos P, Renyi A. On the evolution of random graphs [J]. Publ. Mah, Inst. Hung. Acad. Sci. 1960, 5: 17-60.

[②] Watts D J, Strogatz S H. Collective dynamics of small-world networks [J]. Nature, 1998, 393 (6684): 440-442.

度网络模型[1]，使得现实中大多数复杂网络能够得到进一步的刻画，复杂网络理论逐渐成为社会学、经济管理等多学科共同关注的前沿热点。

2004年，Thadakamalla基于复杂网络理论，提出了供应链复杂网络的演化模型。[2] 同年，S. Katara等基于进化适应的自组织理论，分析供应链网络的结构和系统发展目标之间的相关性，指出供应链复杂系统可以自动优化网络结构以实现组织目标。[3]

2007年，郭进利以BA模型为基础构造供应链网络演化模型，考虑节点的进入和退出机制，证实了供应链网络模型的合理性。[4] 2013年，一种考虑节点重要度的分层供应链网络模型被提出，它将企业分为供应商、制造商、分销商、零售商，但设定只允许同层节点连边，不允许异层节点连边，导致网络的聚类系数为0。[5] 2017年，Bakhsharab等使用本地MADM方法为每个节点生成初步网络并重新布线以构造供应链网络模型[6]；同年，Perera等提出一种基于适应度的演化模型，考虑每层节点和链路权重的异质性。[7]

---

[1] Barabasi A L, Albert R. Emergence of scaling in random networks [J]. Science, 1999, 286: 509-512.

[2] Hariprased Thadakamalla, Usha Nandini Raghavan, Soundar Kumara, et al. Survivability of Multiagent-based Supply Networks: A Topological Perspective [J]. IEEE Intelligent Systems, 2004, 19 (5): 24-31.

[3] V Venkatasubramanian, S Katare, P Patkar, et al. Spontaneous emergence of complex optimal networks through evolutionary adaptation [J]. Computers and Chemical Engineering, 2004, 28: 1789-1798.

[4] 郭进利. 老节点间有相互连接的供应链型有向网络 [J]. 系统管理学报, 2007 (03): 337-340+344.

[5] 柳虹, 周根贵, 傅培华. 分层供应链复杂网络局部演化模型研究 [J]. 计算机科学, 2013, 40 (02): 270-273.

[6] Bakhsharab E, Ebrahimi M. Designing a robust supply chain network using MADM and complex network theory [J]. 2017 9th International Conference on Information and Knowledge Technology (KT) Tehran, Iran IKT Press, 2017: 11-15.

[7] Perera S, Perera HN, Kasthurirathna D.value chain approach for modelling resilience of tiered supply chain networks [C]. Moratuwa Engineering Research Conference (MERCon) Moratuwa: MERCon Press, 2017.

2018年，赵志刚等学者提出企业节点间位置吸引力的供应链局部演化模型，证明了模型具有幂率分布形式、小世界和无标度特性。[1]廖治东等以复杂网络理论中的多局域世界模型为原型，提出了一种能够反映多种供应链行为要素的网络演化模型，并用公式推导论证了网络具有无标度特性。[2]2020年，Kannan等提出了不确定性条件下的闭环供应链网络模型。[3]

随着供应链网络具有的复杂网络特性的发现，越来越多供应链领域的学者将复杂网络理论引入供应链研究中，运用复杂网络理论研究供应链的动态行为，最终提出供应链复杂网络演化模型学说。

（二）供应链复杂网络演化模型学说的主要内容

为了适应供应链系统的持续竞争和协调发展，供应链网络不断演化出新的运行模式，并逐渐成为一个开放的、动态的、多层次的与环境密切相关的复杂模式。在这种复杂的网络结构中，通过对信息流、资金流、物流的控制，将节点对应的多个企业实体连接起来，围绕核心业务形成整体功能网络结构。就此，供应链领域的一些学者进一步运用复杂网络理论来研究供应链的动态行为，并结合数学模型工具构建复杂网络模型，揭示供应链的整体宏观本质，研究供应链网络的动态演化过程，最终提出供应链复杂网络演化模型学说。

1. 供应链复杂网络演化模型的性质

供应链复杂网络的性质由供应链网络中的大规模节点及其连接的特点

---

[1] 赵志刚，周根贵，潘瑞芳. 基于位置吸引力的加权复杂供应链网络局域世界演化模型研究[J]. 计算机科学，2018，45（12）：71-76.

[2] 廖治东，郑国华. 考虑不同节点行为要素特征的供应链演化规律研究[J]. 计算机应用研究，2020，37（06）：1679-1682+1692.

[3] Kannan G, Hassan M, Ali E, Seyed M. An integrated hybrid approach for circular supplier selection and closed-loop supply chain network design under uncertainty[J]. Journal of Cleaner Production，2020，242：11-31.

决定。本质的差异意味着不同的内部网络结构，而内部网络结构的差异导致供应链网络系统功能的差异。

（1）平均路径长度与小世界效应。供应链网络中两个节点企业之间距离的最大值称为网络的直径，网络平均路径长度L定义为任意两个节点之间距离的平均值。若一个供应链网络的平均顶点度固定，L值随网络大小以对数的速度或慢于对数的速度增长，那么该供应链网络则具有小世界效应。

（2）传递性与群聚属性。集聚程度是供应链网络上的各节点企业形成集团化的程度，即：A与B是联盟关系，A与C是联盟关系，则A、B、C可形成网络的内聚倾向。这意味着实际的供应链复杂网络并不是完全随机的，在某种程度上具有"物以类聚，人以群分"的特性。

（3）度和聚集系数之间的相关性。供应链网络度与聚集系数之间的相关性用于描述不同供应链网络结构之间的差异，包括两个方面：不同程度的节点企业之间的相关性，以及节点企业的程度分布及其聚集系数之间的相关性。

（4）社团结构。供应链网络具有"社团结构"，即各节点企业并不是完全独立的，整个网络因不同原因而存在"群"或"团（cluster）"。

2.供应链网络的演化机制

以复杂网络理论知识为基础，结合供应链实际情况，构建供应链网络模型时，主要考虑以下三种形成机制。

（1）择优连接机制。加入供应链网络的新企业将根据标准选择与较优的企业合作。例如，根据企业实力选择连接节点的标准，当首先加入的公司是供应商时，其倾向于选择较强（业务需求较大）的厂商作为下游企业。

（2）局域选择机制。新加入企业受到节点类型的限制，新成员企业需要考虑其类型，然后在指定的邻里中选择合适的公司来发展业务关系。例如，当加入的新节点企业是供应商时，只能选择相邻级别的上游供应商或下游厂商开展业务活动。

（3）偏增长性机制。供应链网络的演化通常是从少数核心企业向大型供应链网络的演化。在供应链网络逐渐成长的过程中，节点企业不仅要关注新企业的进入和新业务关系的建立，还要应对老企业的退出和旧业务关系的中断，因此，为保持供应链网络的稳定，需要建立一种适应性的供应链网络增长机制。

3. 供应链复杂网络演化模型的构建

由于网络中的业务关系具有一定的方向性，且各企业的业务强度不同，可以认为供应链网络是一个具有不同层次的动态演化网络。据此，供应链复杂网络分为几个层次，每个层次提供不同的具体功能。例如，供应商级别提供生产产品所需的原材料，制造商级别使用原材料完成货物的制造，卖方级别负责货物的销售。（见图 4-7）。

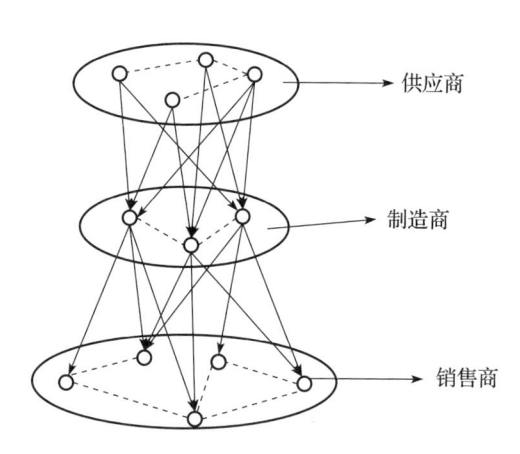

图 4-7 三层供应链网络

在供应链网络中，可利用 G = <N，E，W> 表示该供应链网络，其中 N 代表节点企业集，E 代表企业间联系集，W 代表企业间连接关系边权集。根据节点企业间的业务紧密度可建立连接关系权值矩阵，当供应链网络中任意两个节点之间存在业务关系,并且企业间有连接关系,则对应的关系权值矩阵元素 $\in (0, \infty)$,否则 $= 0$。

(三)供应链复杂网络演化模型学说的贡献与局限

在实际供应链网络中,网络的演化过程是一个复杂的动态过程。为了应对新旧成员的流动,供应链复杂网络演化模型学说为供应链集成网络上供需关系的节点的选择,提供解决方案。

(1)创新性地从分层视角研究供应链的复杂网络演化。在复杂网络演化研究领域,大多以"节点度优先连接原则"作为网络连接和权重生成的基准,即程度越大,节点连接到新增网络节点的概率越大。层次化供应链复杂网络演化模型不仅以节点度作为判断节点重要性的依据,而且充分利用供应链节点的边权信息来反映不同节点在网络中的不同位置和角色。

(2)为供应链网络的动态演化提供模型解决方案。由于供应链网络的复杂性,传统的数理推导求最优解等方法难以解决各成员之间的相互作用、内外部环境之间的相互作用、系统整体作用机制等问题;而复杂网络模型则能有效揭示供应链整体宏观性质和研究供应链网络的动态演化过程,从而为供应链网络的优化设计和管理提供具有实用价值的解决方案。

综观供应链复杂网络演化模型学说的相关研究,发现依然存在一些不足之处待后期研究进行改进与完善。

(1)未能较好地揭示供应链系统的复杂动态本质。目前对供应链复杂网络的研究大多基于静态结构,内容偏向供应链的微观运作层面,而关于供应链整体的宏观层面(如网络结构等)的研究很少。因此,需要从全方位、综合性的视角揭示供应链系统的复杂动态本质,提高供应链复杂网络系统的抗压能力。

（2）未能较好地描述供应链网络的动态性和演化特征。复杂网络模型虽然能够恰当地描述现实生活中大部分的复杂网络，但供应链复杂网络中，任何一个环节上的细微变化都可能扩展到另外的环节，一旦网络受到内部或外部的干扰或攻击，小则影响系统的运行和效率，大则沿着整个供应链网络扩散，导致供应链网络的部分或者全部功能丧失（系统崩溃）。因此，考虑到供应链系统的特殊性，供应链复杂网络演化模型在供应链网络演化应用还应该更多地考虑供应链网络的动态性和演化特征，可以尝试引入多个随机量（如边的权值）模拟供应链网络的不确定性，改进模型的优先选择机制，提出分层的加权供应链网络演化模型，以刻画供应链形成和演化机理。

第四节　研究评述

自 20 世纪 80 年代以来，多个分支学派研究供应链管理，包括消费者响应学派、供应链运作模型学派、供应链协同学派和可持续发展学派等。但消费者响应学派推行的"以客户为中心寻求供应链策略与范式"的管理模式已无法快速响应大批量的市场需求；供应链运作模型学派主张从产品视角和服务视角来构建供应链运作模式，也很难保证企业在日趋激烈的市场竞争条件下获得期望的利润。为了解决消费者响应学派和供应链运作模型学派的发展困境，供应链网链结构学派出现了。供应链网链结构学派在继承消费者响应学派和供应链运作模型学派以往观点的基础上，将集成管理思想融入供应链管理体系，通过集成管理整合的供应链网络不断提高供应链全局的工作效率，促使供应链网链结构不断扩张。

供应链网链结构学派的研究经历萌芽期（1973—1990 年）、奠基期（1990—2014 年）、拓展期（2014 年至今），在汲取消费者响应学派和供应链运作模型学派发展理念的基础上，供应链网链结构学派为供应链协同学派、可持续供应链学派的体系构建，提供了集成技术支持，致力于成员之间合作关系的建立，以达成风险共担、利益共享、协同运作的集成化管理系统，力争达到供应链各环节的整体最优。

一、供应链网链结构学派的发展现状及局限性

供应链网络结构学派在经历萌芽期（1973—1990年）、奠基期（1990—2014年）、拓展期（2014年至今）的演化之后，逐步形成了较为系统的学派体系。整个学派提出供应链集成管理学说、供应链网络规划模型学说、供应链复杂网络演化模型学说等主要代表理论，具有一定的理论与实践意义，但也存在有待研究的盲区。

（一）供应链网链结构学派的发展现状

20世纪80年代以来，在新一轮科技进步和生产力发展的冲击下，市场方面，企业竞争日趋激烈、产品寿命周期不断缩短、顾客期望持续提高等问题不断出现，促使碎片化、局部化的企业面临难以预测的消费市场，致使供应链运行处于效率低、衔接性差、资源分配不均等困境。直到供应链集成管理理念的出现，基于集成管理理论，供应链管理的重点不再是基于企业内部的管理及优化，而是通过内外资源的集成，形成风险共担、利益共享、协同运作的集成化管理系统。

自此，供应链形成了集成网链结构，供应链网链结构学派的研究经历萌芽期、奠基期和拓展期，不断为供应链管理提供新的解决方案，最终形成了以集成管理理论为理论框架，以供应链网络规划模型学说、供应链复杂网络演化模型学说为支撑的供应链网链结构学派体系，如图4-8所示。

1. 理论框架——集成管理理论

集成管理指两个或两个以上的管理单元（要素）集合按一定的集成方式和模式进行的再构造和再组合成一个有机整体的行为和过程。集成管理与供应链管理领域结合，由于供应链的发展特性，本身就是一种"智能

```
┌─────────────────────────────────────────────────┐
│              供应链网链结构学派                  │
│  ╭──────╮    ╭──────────╮    ╭──────────╮       │
│  │集成管理│    │供应链网络规划│  │供应链复杂网络│ ──→ │集成管理理论│
│  │理论学说│    │模型学说    │  │演化模型学说│       │
│  ╰──────╯    ╰──────────╯    ╰──────────╯       │
│  ┌─────────────────────────────────────────┐    │
│  │风险共担、利益共享、协同运作的供应链集成管理系统│    │
│  └─────────────────────────────────────────┘    │
└─────────────────────────────────────────────────┘
                        ↑
┌──────────┬──────────┬──────────┬──────┐
│供应链运行效率低│供应链衔接性差│资源分配不均│供应链│
└──────────┴──────────┴──────────┴──────┘
                        ↑
┌──────────┬──────────────┬──────────────┬────┐
│企业竞争激烈│产品寿命周期缩短│顾客期望持续提高│市场│
└──────────┴──────────────┴──────────────┴────┘
```

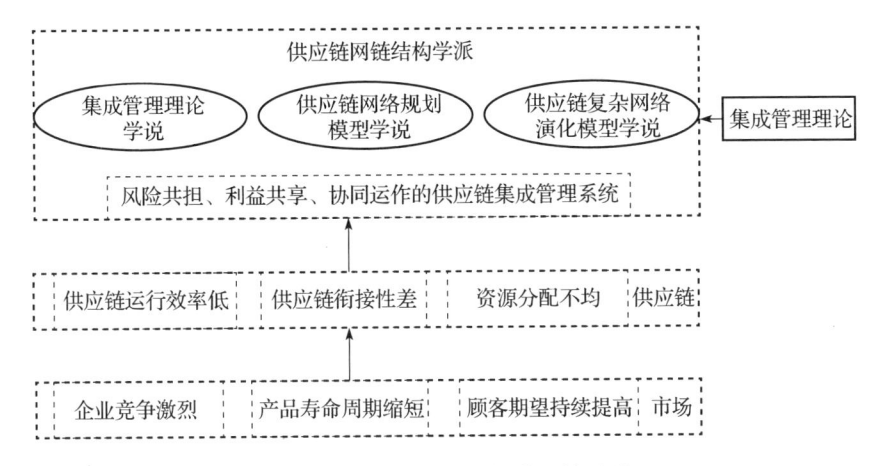

图 4-8　供应链网链结构学派的形成

集成协同管理"模式，故集成管理贯穿供应链的整个生命周期。故集成管理通过与供应链有机结合形成了集成网络结构和供应链集成网络系统两部分内容，为供应链网链结构学派构建起理论框架。

基于集成管理的理论框架，供应链管理重点不再是企业内部的管理及优化，而是致力于成员之间合作关系的建立，自此，整条供应链上的节点企业趋于达成风险共担、利益共享、协同运作的共同目标。因此，在供应链集成网络系统的运作下，单个的企业节点对整个供应链网络的依赖性加强，企业的发展壮大不再完全依靠自身，而是和众多企业组成供应链网络协同作战，供应链网络之间的竞争渐渐代替了企业之间的竞争。供应链形成了统一、协调、集成的优质集成网络结构，促使供应链整体工作效率不断提高。

2. 结构扩张——供应链网络结构系统

供应链集成管理是企业竞争、协同发展过程中的一种突现，更是现代科学技术条件下产生的一种新的管理思想和管理模式。基于供应链集成管理思想，供应链网络结构系统进一步发展。供应链网络结构系统运用先进的管理思想、信息技术、网络技术，融合企业内外资源，建立企业动态联盟来增强供应链整体的适应性和响应速度，最大限度地满足客户对产品和服务的需求。

尽管供应链集成网络系统形成的时间不长，但为其成员企业带来竞争优势和巨大的潜在利益，引起学术界和企业界的广泛关注，取得了丰硕的研究成果。在连接物流、资金流和信息流的供应链网络结构系统中，各企业可以纵横错杂地成为多个供应链的节点：一个供应商可为多条供应链提供原材料及零部件，一个分发商也可为多个供应链提供产品或服务分发活动，一个零售商销售多个供应链的产品或服务。以此为基础，多个供应链组成了全球的消费与供应网络，网链内的每家企业都需要选择合理的分销商，并通过两端向外延伸与扩展，形成全球的供应链网链结构系统。全球的供应链网链结构系统以凝聚的集成供应链系统管理思维促进各网链环节达到最优，促使供应链集成网链结构不断扩张。

3. 体系支撑——两模型学说的构建

基于理论研究框架——集成管理理论的逐步成型，诸多学者开始对供应链网络结构适用的数理模型进行研究，最终形成包括供应链网络规划模型、供应链复杂网络演化模型等学说内容。

一方面，供应链网络规划模型是企业制订供应链管理决策的有效工具。供应链网络规划模型经历了设施选址、供应链网络规划设计等模型，而于21世纪发展成熟。网络规划模型的可量化处理思想与供应链管理思想结合，有利于建立完善的供应链网络规划体系，以提升供应链网络结构的运行效率。另一方面，供应链复杂网络演化模型根植于复杂网络理论，先后经历小世界网络模型和无标度网络等模型而成型。供应链复杂网络演化模型学说揭示了供应链整体宏观性质并研究供应链网络的动态演化过程，对供应链网络的优化设计和管理具有实用价值。更重要的是，可运用复杂网络理论分析供应链网络的稳定性和抗风险能力，这是以往的供应链管理研究不能完成的任务。因此，基于供应链网络规划模型学说和供应链复杂网络演化模型学说，为供应链集成网络系统提供完善和有效的管理决策计划与方案，对供应链网链结构学派实现跨越式发展具有十分重要的支撑作用。

(二) 供应链网链结构学派的局限性

供应链网链结构学派的出现，为供应链管理开辟了新的研究领域。虽然供应链网链结构学派形成了较完整的理论研究框架与相关研究模型学说，仍存在一些研究局限性。当前对供应链网链结构学派的研究局限性体现在以下两个方面。

1. 供应链优化模型解决方案的局限

基于全球经济一体化和信息技术发展的背景，越来越多的企业倾向于采用集成化管理模式，供应链集成管理逐渐成为供应链管理的主流模式。然而，供应链集成网络系统是一个复杂的非线性系统，它面临着复杂的市场环境，具备多层次、多方位、多目标的复杂体系结构，使得供应链网链结构不得不面临不确定性、不均衡性、脆弱性等的影响。虽然供应链网链结构学派经历了三个发展阶段，但是大部分供应链网链结构学派学者仍不能精确地为供应链提供最优解的途径。主要表现如下所述。

（1）供应链网络规划模型的局限性。

1) 供应链网络规划模型中的随机因素处理精度有待提升。特别是在随机因素同某些其他网络属性相结合的情况下，规划方案受随机因素干扰偏差较大。

2) 供应链网络规划模型的目标函数需要进一步完善。供应链网络规划模型通常以成本最小化为目标函数，但对应成本最小化的决策甚至可能导致企业没有盈利，故应结合投资回报率加以考量；同样，在以利润最大化为目标函数时,还可以考虑增加利润下限约束,因为现实中的投资者,尤其是保守型投资者,往往期待自己的投入能够得到一定程度的回报保障。

3)为体现供应链网链运作过程中对某些非经济目标的追求,我们需要更多地关注相应的多目标函数。因此,为使现有的模型更大程度地体现现实中供应链网络规划的需求,还有很多问题等待我们去研究,很多领域值得我们去拓展。因此,无论是现有模型的设计还是其解法,仍然有进一步发展与研究的空间。

(2)供应链复杂网络演化模型的局限性。

1)供应链风险控制与防范机制不足。虽然复杂网络模型可以恰当地描述现实生活中最复杂的网络,但在面临不确定风险时,大多数节点企业将表现出脆弱性;一旦核心企业和关键供应关系表现出非稳定性,供应链网链结构系统的运行和效率将更有可能沿着整个供应链网络传播,导致供应链网络部分或完全丧失功能(系统崩溃)。因此,在构建复杂网络模型时要尽可能增强对网络中的核心企业和关键供应关系的保护,并制订供应链风险控制与防范机制。

2)有待加深对供应链系统复杂动态的研究。目前对供应链复杂网络模型的应用大多呈现静态结构特征,内容偏重于供应链微观层面的运作。考虑到供应链系统的特殊性,供应链复杂网络演化模型还应考虑供应链网络的动力学和演化特征,并尝试引入多个随机变量(如供应链网络的边缘权重),改进模型的优先级选择机制,得出分层加权的供应链网络演化模型,以描述供应链的形成和演化机制,为供应链复杂网络系统的抗压能力提供解决方案。

2. 供应链局部利益体矛盾解决方案的局限性

供应链集成网络系统是由多个目标方向的成员或组织组成的复杂网络链系统。若供应链集成系统内的主体保持一致,坚持生产和决策活动的总体目标，就不难实现最佳的整体效益。然而，在实践中，尤其是在敏捷制造环境中，各主体的利益性更加清晰与明显，通常处于局部目标与总体目标相脱节的状态，因此有必要在供应链复杂的协调系统中采用部分分散的运营和管理方法，避免供应链系统的复杂动态演化行为，从而解决局部利益体矛盾问题。

在整体协调的基础上，分散化处理局部矛盾体的思路是目前供应链管理常用的运作管理方式，比较符合供应链管理实际。一方面，利用局部分散化的运作管理，避免供应链系统出现复杂的动态演化行为；另一方面，利用局部分散化的协调功能，避免因供应链时滞而造成整体的不稳定性累积。供应链时滞的存在，使得不确定性从局部累积至整体，造成无法消除的难题。具体表现为：制造商将实际产量与计划产量之间产生偏差的不确定因素向供应商转移，而供应商则将供应商实际供货量与制造商订货量之间偏差造成的不确定因素向制造商转移，最终形成集成供应链的整体不稳定性，产生恶性循环。局部分散化的协调可将制造商的不确定性消除在摇篮之中，避免通过传导效应造成整体的不稳定性。

二、供应链网链结构学派未来研究方向的展望

供应链网链结构学派突破以往孤立、静止的研究供应链的局限，认为各企业不应局限在单个供应链条，需要运用集成思想联合相关企业协同运作，将注意力转向供应链内外部，以综合视角试图将节点企业内部和外部供应商及客户完全集成。供应链集成网链式管理系统的产生正好顺应了企业生存发展的需要，目前供应链集成网络系统已明显表现出高效率、敏捷性和高增长率的特征，成为管理世界的新时代趋势。

1. 信息协调的供应链网络价值系统

在供应链集成系统中，信息完全共享是供应链集成网链结构协调的最

高阶段，也是供应链发展的最终目标。随着 MIS、EDI、ERP、Internet 等技术的引入，供应链各节点企业的内外部的信息共享平台逐渐成熟，形成了企业内部集成、企业之间集成、基于第三方平台的集成等模式，使得供应链信息共享成本优于不完全信息（或无信息）情况下的最优成本。可见，将信息共享概念集成到供应链管理系统中，形成信息协调的供应链网络价值系统，已逐渐显出未来的发展趋势。

2. 绿色供应链网链结构系统

供应链管理系统是由许多不同功能的节点企业构成的网链结构，每个节点都要实现供应链的一个或几个功能。各节点企业虽是独立的利益主体，但为了进一步提高整体利益，这些节点企业难免进行负外部性的转移，从而导致资源的浪费。在此背景下，未来供应链的发展需要一种创新性的基于供应链视角的环境管理方式——绿色供应链管理，因此绿色供应链网链结构系统得以发展。

3. 数字化供应链发展理念

在新一轮科技革命和产业变革的背景下，企业的发展需要以更智能、高效的供应链为支撑，即解决方案是融合数字化理念的。借鉴 Drucker 提出的价值创造分类思想，将驱动供应链网链结构模式演进的因素分为技术驱动和市场驱动。技术驱动是基于互联网等信息技术在供应链中的应用，不断开拓线上销售渠道形成智慧零售的数字化模式，以提升供应链网链结构系统的运行效率来为顾客创造新的价值；市场驱动则立足现有市场中消费者需求的多样性，通过数据化形成需求导向为顾客传递价值。在技术与市场的双向驱动下，大数据、区块链、人工智能、物联网等技术及应用会给供应链管理创新带来重大变革，供应链管理将迎来"数字化革命"的浪潮。数字化将引领供应链发展潮流并重塑新格局。

本章小结

自 1973 年，约瑟夫·哈林顿首次提出"集成制造"思想以来，集成思想引起了国内外学者的广泛关注。钱学森、马士华等学者在继承消费者响应学派和供应链运作模型学派以往观点的基础上，将集成管理思想注入供应链管理体系。集成管理思想突破传统的静态化、孤立化、碎片化、片面化的供应链管理格局，引导供应链管理兼顾内外围环境，试图将内部节点企业和外部供应商及客户完全集成。综合来看，供应链网链结构学派的研究经历萌芽期、奠基期和拓展期，建立以集成管理为理论研究框架，以供应链集成管理学说、供应链网络规划模型学说、供应链复杂网络演化模型学说等为支撑的供应链网链结构学派体系。据此，本章通过文献查询与分析对该学派进行梳理与总结。

第一，阐述集成管理的思想与本质。集成是将两个或两个以上的集成要素（单元）集合成一个有机整体，最终使组织目标最大化的行为、过程和结果。集成管理的思想与本质是将原本零散化的诸多集成要素整合为更优的有机整体，由于信息化、模块化、综合化等频繁提及，集成管理成为信息、制造、管理等众多应用技术领域的发展趋势。

第二，阐述供应链网链结构学派的发展历程。供应链网链结构学派的发展经历了萌芽期、奠基期和拓展期，最终形成以集成管理为理论研究框架，以供应链集成管理学说、供应链网络规划模型学说、供应链复杂网络演化模型学说等为支撑的较为系统的学派思想。

第三，梳理与总结供应链网链结构学派的主要代表理论。经过资料搜集和归纳总结，本章总结了供应链网链结构学派的主要代表理论，包括供应链集成管理理论学说、供应链网络规划模型学说、供应链复杂网络演化模型学说。分别从学说演进、学说主要内容和学说的贡献与局限方面进行论述，刻画了供应链网链结构学派的形成和演化机理。

第四，研究评述。分析了供应链网链结构学派的研究现状、局限性与未来的研究方向。虽然目前已形成较为系统的学派思想，但供应链网链结构学派在模型解决方案、协调价值、局部利益体矛盾等方面还存在局限性。并以此为基础，展望供应链网链结构学派在未来研究的可能性与方向，认为供应链网链结构管理系统明显表现出高效率、敏捷性和高增长率的特征，将成为管理世界的新时代趋势。

第五章
供应链运作模型学派

CHAPTER 5

随着市场环境、顾客需求和竞争模式的不断变化，1993年哈默和钱皮的"企业再造"思想应运而生，为企业供应链运作模型的建立提供了理论基础。同时，信息技术、集成技术和绿色技术等迭代更新，为供应链运作模式的变革提供了持续的技术保障。供应链运作模型学派在建模和绩效评价两项工具的支撑之下逐渐发展壮大，越来越多的学者从基于产品视角转化为基于服务视角构建供应链运作模型。供应链运作模型学派的发展并不是孤立的，融合了消费者响应学派的以顾客和市场为中心的战略思想，借助供应链网链结构学派的集成技术，注重供应链协同学派的整条供应链绩效评价和激励模式，朝着可持续供应链学派中绿色、闭环、低碳、可持续方向变革。

第一节　哈默和钱皮"企业再造"的思想与本质

哈默和钱皮"企业再造"的思想为供应链运作模型学派的创立奠定了良好的理论基础,其思想的不断发展推动企业跳脱出专注"内部职能分工"的僵化模式,建立以"业务流程"为主导的"内外部一体化"运作模式。

一、产生背景

20 世纪 60、70 年代以来,信息技术革命颠覆了企业传统的经营运作模式,使得企业间竞争的方式和手段不断升级。顾客对商品有了更大的选择权和主导权。市场需求日趋多变,促进技术进步的同时,也使得企业和产品的生命周期大大缩短,面临时刻被市场淘汰的危机。该巨变可以用 3C 理论概括,见图 5-1。

图 5-1　3C 理论

一方面，外部经营环境的变化，使得原本在世界市场上遥遥领先的美国企业频频受挫。1980年以后，为重拾主导权，美国企业界和学术界纷纷研究日本模式，企图直接移植进行改良式的变革，但是结果并不如人意。美国学者意识到一场彻底的、根本的流程再造革命势在必行。

另一方面，原本支撑企业获取竞争优势的理论已经过时。亚当·斯密提出的"分工理论"认为分工能增强劳动熟练度和专业化程度，提升劳动技巧和判断力。但是，分工理论以科层制为主要组织形态，导致了碎片化的业务流程，大大束缚了企业员工的主观能动性和部门间的协调性，给企业的持续发展套上了一道无形的枷锁。

正是基于这样的背景，1990年，哈佛大学的哈默博士提出企业流程再造（Business Process Reengineering，BPR）。在此基础上，1993年，哈默和钱皮出版了《企业再造》（*Reengineering the Corporation: A Manifesto for Business Revolution*）一书，明确提出"企业再造"理论概念，在全球刮起一波再造热潮。1995年，钱皮出版了《再造管理》；2002年，钱皮灵光闪现，进一步推出《企业X再造》，为企业提供不断向外延伸拓展的跨组织界限的发展之道。

借力互联网技术，这种共享、协作的观念也一起跨出企业。如今所谈及的供应链流程再造，正是为实现这种观念而进行的一次实践。

二、"企业再造"的思想本质

哈默和钱皮提出的"企业再造"思想理论的本质是对企业业务流程的彻底改造。[①]在《企业再造》中，"流程再造"被定义为"针对企业业务流

---

① Michael Hammer, James Champy. Reengineering the corporation: a manifesto for business revolution [M]. New York: Harper Collins Publishers Inc., 1993.

程的基本问题进行反思，并对它进行彻底地重新设计，以便在成本、质量、服务和速度等衡量企业业绩的这些重要的尺度上取得显著的进展"。其中，包含四个关键词：基本、彻底、显著、流程，它们是理解"企业再造"思想理论的关键。

1."基本"问题

"基本"问题是贯穿企业发展始终的经营理念、层级制度、绩效分工等管理思想与方法。在思考这些基本问题时，企业要打破思维中所有的条条框框，不要受任何束缚。

2."彻底"变革

"彻底"变革意味着不是对现有流程的修修补补，而是抛弃现有流程，创造性地使用全新的工作思路，用彻底的变革代替渐进式变革，从整体上重新设计企业的发展路径。

3."显著"进展

"流程再造"追求的不是企业微小和渐进式的改善和提高，而是业绩上明显的大飞跃，比如，周转期缩短70%，成本降低40%，市场份额增长25%。当然这并不是所有企业"流程再造"的统一标准，这里只是举例说明什么是"显著"的飞跃。

4."流程"设计

传统的流程设计，是按照分工理论，根据职能和专业来设计企业的业务流程，存在分工碎片化、员工能力单一化、组织效率低下化等弊端。而流程设计则是要根据企业实际需要，重新设计所有的业务流程。

因此，哈默和钱皮提出的"企业再造"思想理论，是对企业核心领域的一场系统性的、彻底的变革，根本目标是显著提高企业绩效。但是，随着流程再造的不断推进，其忽略沉没成本、员工抵触情绪大和成功率不高的弊端显现出来，企业从大刀阔斧、彻底的业务流程再造向较为温和的流程改进（Business Process Improvement，BPI）推进，逐渐演化为业务流程管理（Business Process Management，BPM）。本质上，BPI 和 BPM 都是对 BPR 概念内涵和外延的不断修正和理性补充。BPR 以全新的"再生"视角，审视传统的"分工理论"和科层制组织形式，在管理学发展史中具有里程碑式的意义，对供应链运作管理及其模型构建的意义尤为重大。因此，我们认为其是推动供应链运作模型学派奠定成型的核心基础理论。

第二节 供应链运作模型学派的发展历程

为应对市场竞争、消费者需求和技术变化，不断满足企业利益、集团利益乃至国家利益，供应链管理在"企业再造"理论基础上，建立了以流程为主导、以产品为视角的一系列运作模型和标准，并不断发展进步。供应链运作模型学派的发展从产生到成熟，经历了萌芽期、奠基期和拓展期，期间产生了许多的运作模型，但是通用性、标准性、操作性强的模型不多。因此，本节以模型是否得到突破性发展作为三个阶段的划分依据，论述本学派有较大影响且运用较广的供应链运作模型和标准。

一、供应链运作管理思想起源

1. 为获竞争优势，推动供应链流程再造

随着机械化、自动化、信息化的不断发展，企业想单纯从内部寻求竞争优势、单兵作战的时代已经过去，而企业与合作伙伴"手拉手、肩并肩"形成的供应链之间的竞争时代已然来临。2001年，迈克尔·哈默在其著作《企业行动纲领》中指出：供应链是仅存的未被发掘的商业金矿。[1]这句话透露出两层信息：① 未来，供应链管理是大势所趋；② 供应链是

---

[1] Michael Hammer. The agenda：what every business must do to dominate the decade [M]. New York：Crown Business，2001.

金矿，还有待挖掘，企业需要提前做好自身供应链运作体系的谋划布局。

但是以前企业的运作模式更多立足于企业内部，较少考虑外部整合。因此，有关重塑企业运作流程，进行供应链系统运作管理的研究开始引起人们的普遍重视，而哈默和钱皮的"企业再造"理论则成为供应链运作模型学派发展的理论前提和基础。

2. 拉式策略推动供应链运作模式变革

传统的推式供应链运作策略的核心是按库存生产（Make to Stock，MTS），以制造商为推动源，通过提升运作效率，降低单位生产成本，将大量生产出来的产品从分销商逐级推向客户获利（见图5-2）。

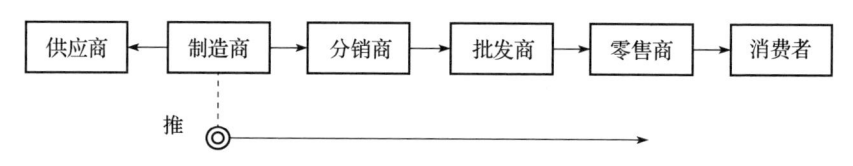

供应商 → 制造商 → 分销商 → 批发商 → 零售商 → 消费者

推

图 5-2　推式供应链运作模式

随着人们需求的不断变化，推式供应链运作模式已经无法满足人们日益增长的个性化需求，拉式运作策略应运而生。拉式供应链运作模式的核心是通过订单式生产（Make to Order，MTO）方式，提前将不确定需求转化为确定性需求。两种运作模式的优劣势对比见表5-1。

表 5-1　推式和拉式运作模式的优劣势对比

序号	比较内容	推式	拉式
1	反应能力	较差	较好
2	库存过时的风险	较大	较小
3	库存水平	较大	较小
4	提前期	一般较长	一般较短
5	服务水平	一般较低	一般较高
6	对提前期长的产品支持度	好	差
7	运输和制造的经济规模	较高	较低

拉式策略与推式策略的运作模式完全不同，这就需要对企业供应链进行流程再造，颠覆以往的运作模式。当然，发展至今，大部分企业采用的是推拉结合的运作模式，取长补短，尽量发挥二者的优点。

3. 技术推动供应链运作管理模型产生

各类新兴互联网、自动化集成技术的发展，为供应链运作模式的变革提供了相应的技术支持。1998年3月，PRTM（Pittigilo Rabin Todd & Mc Grath）公司通过调查发现：企业实施完整的供应链管理后，各环节的运营绩效指标显著提升，这些成绩的取得与有效的供应链运作管理技术的支持是分不开的。[①] 其中，比较经典的供应链运作管理模型都是通过重塑供应链流程、打通供应链通道、融合相应的绩效考核标准来实现的。

因此，供应链运作模型和标准既是技术，又是知识产权，它和产品、技术的知识产权具有同样的商业价值。许多国家和企业建立供应链运作模型的目的在于获得竞争优势，建立技术壁垒。也就是说，各国要融入全球化供应链中，要么适应国外的供应链运作模型和标准，要么建立起自己的供应链模型和标准。因此，现实的必然需求是供应链运作模型学派不断发展的重要推动力。

二、供应链运作模型学派的形成与发展

我们从模型和标准的角度，将获得广泛认可和使用的供应链运作的模型和全球供应链运作标准归为一个学派。该学派的目的是建立相应标准和流程，使供应链上的企业能够打破知识、信息壁垒，协同合作，快速应对市场竞争和客户需求，获取竞争优势。但模型和标准的开发和研

[①] 马士华. 供应链运作管理的框架模型 [J]. 计算机集成制造系统–CIMS, 2002（08）: 630-634.

究需要大量的人、财、物和信息技术的支撑，并且要使其适合供应链上的各类企业，难度很大。因此，大部分经典模型和标准都是由实力雄厚的协会或机构来组织构建并推广的，兼顾整条供应链和链条上各企业的利益进行最优化设计。供应链运作模型学派经历了萌芽期（1965—1995年）、奠基期（1996—2003年）和拓展期（2004年至今）三个阶段。

（一）萌芽期（1965—1995年）：地位凸显，链意萌动

时间：始于1965年安东尼模型——企业运营模型的提出，终于1995年SCOR模型提出之前，此时的供应链运作模型学派处于萌芽阶段。

特色：尚未出现完整的供应链运作模型，但是在企业运营的模型之中已经出现供应链运作的身影，供应链运作管理成为企业必不可少的一部分。

代表人物/协会：安东尼（Anthony）、Dick Ling、美国生产力与质量中心APQC。

代表性模型/标准：安东尼模型、S&OP模型、流程分类框架PCF。

供应链管理的真正兴起是在20世纪90年代，因此在90年代中期及之前，企业还未建立单独的供应链运作模型，大部分研究只是作为企业运营的一部分。因此，供应链运作模型最初是从企业运作模型中发展而来的。此时的代表性模型有安东尼模型、销售与运营规划模型和流程分类框架（见表5-2）。

表 5-2　供应链运作模型学派萌芽期模型

时间	1965年	1987年	1992年
模型名称	安东尼模型（Anthony Model）	销售与运营规划模型（Sales & Operation Planning，S&OP）	流程分类框架（Process Classification Framework，PCF）

续表

时间	1965 年	1987 年	1992 年
发布者	安东尼（Anthony）	Dick Ling	美国生产力与质量中心（American Productivity and Quality Center，APQC）
模型特色/特点	起始于制造业经营管理业务流程及其信息系统构架理论	一项综合业务管理流程，使领导层能专注于关键的供应链驱动力	不局限于制造型企业，流程框架应用于各个行业
主要内容	• 三大类企业流程：战略流程、战术流程和业务处理流程 • 系统化地描述出了企业内外信息流、资金流、物流的传递和接收过程	五大流程：整理期末报表、需求规划、供应规划、S&OP预备会议、S&OP高层会议	• 两大类企业流程：运营流程、管理支持流程 • 每个流程类别包含许多流程群组，总计超过1500个作业流程与相关作业活动
历史作用	• 现代企业管理信息系统的开山鼻祖 • 反映了企业管理的本质 • 描述了供应链全景图	• 供应链管理高级决策工具 • 帮助企业应对多变的供应链环境	• 跨行业通用框架和流程 • 包含了供应链模型和标准 • 推动企业全球化运营

1965 年，安东尼等企业管理研究专家通过对欧美制造型企业长达 15 年的追踪观察和实践，构建了著名的"安东尼模型"。该模型首次将制造型企业管理系统看作一个以经营资源为基本元素的企业经营业务活动的整体，系统地描述了企业内外信息流、资金流、物流的传递和接收过程。随着供应链管理思想及理论的不断发展，我们发现安东尼模型本质上就是一幅供应链全景图。

1987 年，销售与运营规划模型（S&OP）首次被 Dick Ling 提出。该模型强调打破部门壁垒，实现跨部门协同，通过将所有的业务计划集成，进而掌握企业关键资源来实现供需平衡。但是，S&OP 在实施过程中需要改革各部门原本的工作流程和模式，重新梳理从需求端到供应端的业务流程。因此，该模型实施过程中最大的困难莫过于人们面对变革管理时的畏惧心理和抵触行为。

安东尼模型和S&OP模型之后，美国生产力与质量中心（APQC）于1992年发布《流程分类框架》PCF1.0。1977年创立的APQC，是一个为相关会员组织提供各类改善手法、新知识、训练课程、关键工具的非营利性机构。其发布的《流程分类框架》将业务流程有组织地分为12个截然不同的类别：5个运作流程分类和7个支持流程两大类，每个分类包含流程群组和活动，涉及物流、资金流、信息流、技术流的具体运作。自此，企业流程分类不再局限于制造型企业，流程框架开始应用于各个行业，并向全球推广。

在供应链运作模型学派的萌芽期，企业运作模型中有了供应链的身影，虽然还未形成单独的、可操作的供应链运作模型，但是供应链运作管理在企业经营中的地位日益凸显。同时，消费者响应学派、供应链协同学派、供应链网链结构学派和可持续供应链学派的相关主题研究已经崭露头角，推动了供应链运作模型学派关于流程再造的研究，为奠基期经典模型的产生打下了良好的基础。

（二）奠基期（1996—2003年）：雨后春笋，经典涌现

时间：始于1996年供应链运作参考模型SCOR的提出，终于2003年中国企业供应链管理绩效水平评价参考模型的提出，供应链运作模型学派进入奠基阶段。

特色：供应链的地位不断凸显，基于产品视角，各类经典的供应链运作模型争相涌现，从关注企业内部运营转向关注企业外部协同。奠基期是供应链运作模型发展最迅速的时期，也为后来供应链运作模型的发展打下了坚实的基础。

代表人物/协会：供应链协会/国际供应链理事会SCC、全球供应链论坛GSCF、CPFR委员会和VICS协会等、食品商业论坛CIES、中国电

子商务协会供应链管理委员会 CSCC。

代表性模型/标准：SCOR 模型、GSCF 模型、CPFR 模型、GFSI 标准、SCPR 模型等。

经过萌芽期企业运作模型的积淀，1996 年，供应链的运作模型如雨后春笋般涌现，其中最经典的是供应链运作参考模型（SCOR 模型），它是供应链运作模型学派成型的重大标志。同时，本时期还涌现出 GSCF 模型、CPFR 模型、GFSI 标准和 SCPR 模型等著名模型（见表 5-3）。这些模型经过前期的探索，基于产品视角和流程再造理论，在奠基期迅速发展起来。

表 5-3　供应链运作模型学派奠基期模型

时间	模型名称	发布者	模型特色/特点	主要内容	历史作用
1996 年春	供应链运作参考模型（Supply Chain Operations Reference Model，SCOR）	供应链协会/国际供应链理事会（Supply Chain Council，SCC）	主要面向生产制造企业，以供应链运营的流程和效率为供应链管理的出发点	五大流程：计划、采购、制造、配送和退货	• 供应链管理的全球化标准运作参考模型 • 传播最为广泛、影响最大的模型 • 供应链管理兴起的标志
1996 年年末	全球供应链论坛模型（Global Supply Chain Forum Model，GSCF）	全球供应链论坛（Global Supply Chain Forum，GSCF）	主要面向生产制造企业，从供应链的战略和合作伙伴关系出发指导运营级流程的开展	八大流程：客户关系管理、客户服务管理、需求管理、订单执行、制造流管理、供应商关系管理、产品开发和商业化、退货管理	• 供应链管理的全球化参考模型 • 学术模型

续表

时间	模型名称	发布者	模型特色/特点	主要内容	历史作用
1998年	协同式供应链库存管理（Collaborative Planning Forecasting and Replenishment, CPFR）	CPFR委员会和VICS协会（Voluntary Interindustry Commerce Standards）	主要针对零售企业以及终端消费品、易耗品企业等，解决了拉动式条件下的库存管理和控制问题	• 三大阶段：协同规划、协同预测、协同补货 • 九大步骤：步骤1—2是协同规划，3—8是协同预测，9为协同补货	• 通过精确的预测减少消费市场上产销失调的情况 • 降低库存，提高总资产报酬率 • 供应链管理新模式：合作企业不仅共同预测和补货，同时共同参与各企业内部事务的计划工作
2000年5月	全球食品安全倡议（Global Food Safety Initiative, GFSI）	食品商业论坛（CIES）	专注食品行业，从供应链角度解决食品安全问题	列出了主要生产商、制造商和配送商在食品、包装、包装材料、储存、配送等方面应满足的要求	• "一处认证，处处认可"，实现不同食品安全标准之间的全球趋同 • 提高食品供应链的成本效率
2003年10月	中国企业供应链管理绩效水平评价参考模型（Supply Chain Performance Metrics Reference Model, SCPR）	中国电子商务协会供应链管理委员会（Supply Chain Council of CECA, CSCC）	适用于中国的供应链绩效水平评价模型	五大指标：订单反应能力指标、客户满意度指标、业务标准协同指标、节点网络效应指标、系统适应性指标	规范中国供应链管理行业的服务行为

由于全球化供应链的迅速发展,市场对供应链运作模型的需求大大增加,企业都希望能够凭借一个适合自己的供应链模型进行运作,享受全球化的商业红利。在十年不到的时间里,大量运用于实践的供应链运作模型/标准产生,并且开始涉足对供应链要求最严格的食品行业,但这些模型和标准都普遍存在未能完全有效适用于各行各业的问题。总体而言,本阶段供应链运作经典模型已经出现,这为供应链运作模型学派的蓬勃发展奠定了坚实基础,后续各类模型的涌现,大多是基于这些经典模型,根据实际需求进行的组合及改良。

在这一阶段里,消费者响应学派精益、精敏思想和可持续供应链学派的闭环、绿色思想等,从战略高度指引供应链运作模型学派进行标准化供应链运作模型的构建;供应链网链结构学派提供了以 Internet 为主的集成技术;供应链协同学派推动供应链运作模型从"协调"向"协同"思维转变,关注流程管理的同时,也要做好协同伙伴选择、协同信息共享管理、协同信息预测。

(三)拓展期(2004 年至今):百花齐放,与时俱进

时间:始于 2004 年开放标准标杆协作和 Ellram 服务供应链通用模型的出现,意味着供应链管理标准开始辅助运作模型,供应链运作模型学派开始真正跳脱出制造业向服务业进军,进入拓展阶段。

特色:① 为杜绝供应链运作中的风险,保障供应链安全,一系列针对供应链管理的标准出现,与供应链运作模型相辅相成,并呈现多元化和多样化的趋势;② 服务业在产业中的地位凸显,促使学者们从产品视角转向服务视角下的供应链运作模型研究;③ 大量中国学者和协会组织开始融入供应链运作模型的研究中,为推动供应链全球化运作贡献一分力量;④ 经典运作模型不断自我升级完善、更新版本;⑤ 经典模型与各类热点供应链主题结合的研究增多;⑥ 进一步聚焦行业和标杆企业供应链

运作模型开发。

代表人物/协会：美国生产力与质量中心 APQC、Ellram、美国供应链管理专业协会 CSCMP、Tuncdan、陈菊红等。

代表性模型/标准：开放标准标杆协作 OSBC、Ellram 服务供应链通用模型、供应链管理流程标准 SCMPS、IUE-SSC 服务供应链模型和产品服务化供应链运作模型等。

在拓展期，以美国为首的发达国家的企业、协会、大学、咨询机构和研究机构等在供应链模型和流程标准领域里取得了多项重要成果并得到成功应用，这些成果集近百年管理科学之大成，其成就为供应链从管理技术提升为一门科学做出了重要的贡献（见表 5-4）。

表 5-4　供应链运作模型学派拓展期

时间	模型名称	发布者	模型特色/特点	主要内容	历史作用
2004 年	开放标准标杆协作（Open Standards Benchmarking Collaborative，OSBC）	美国生产力与质量中心（APQC）	所有行业以及不同规模的组织都可参考使用	• 一个经过储存标准化流程处理的度量标准和基准的安全性很好的在线数据库 • 涵盖五个至关重要的流程和功能：新产品研发、采购、顾客订单管理、制造、物流	• 高阶的、通用的企业模型 • 帮助跨行业组织进行绩效比较
2004 年 9 月 15 日	Ellram 服务供应链通用模型	Lisa M Ellram 等	基于服务供应链视角	• 以信息流为主线 • 六大主要管理流程：能力、需求、客户关系、供应商关系、服务交付和现金流管理	一个通用的服务供应链模型

时间	模型名称	发布者	模型特色/特点	主要内容	历史作用
2005年	供应链管理流程标准（Supply Chain Management Process Standards，SCMPS）	美国供应链管理专业协会（Council of Supply Chain Management Professionals，CSCMP）	为生产制造业和物流企业提供标准化的操作指引	• 六大流程：计划、采购、制造、交付、回收和执行/赋能 • 三个部分：供应链管理流程自检表、供应链管理流程标准和供应链管理流程专业术语	• 提出了企业实施供应链管理应达到的最低流程标准和最佳流程实践 • 为各个领域中的生产企业和物流企业提供了通用的方法论
2007年3月1日	IUE-SSC服务供应链模型	Tuncdan Baltacioglu 等	基于服务供应链视角	• 三个基本单位：供应商、服务提供商和顾客 • 七大供应链管理职能：需求管理、能力和资源管理、客户关系管理、供应商管理、订单流程管理、服务绩效管理、信息及技术管理	服务供应链新模型
2010年12月10日	产品服务化供应链运作模型	陈菊红等	在GSCF和Ellram模型的基础上提出，关注与服务化相关的流程	• 三类主要参与方：供应网络、核心企业、客户 • 十个主要内容：客户关系、供应商关系、需求、生产、订单交付、回收品和失效品、产品开发管理、信息流、资金流和风险管理	• 强调信息流不仅是一种媒介，还是一项需要管理的流程 • 中国具有代表性的服务化供应链模型方面的研究

而中国的管理科学技术及应用水平、企业的管理水平、物流与供应链的普及与运用水平与发达国家有较大差距，这给供应链标准的引进、消化和吸收增加了难度。供应链模型和流程标准的应用需要一个标准体系支撑，需要宣传、贯彻、培训和咨询等一系列的支撑，通过这些体系向企业提供知识和能力。但是，这种体系的建立是一个长期的过程。因此，在供应链运作模型学派的拓展期，供应链模型与流程标准对中国供应链领域的挑战是多方面的，中国既要适应国外的模型标准，又要开发适合自己的供应链运作模型，同时开发的模型还要适应中国企业全球化发展的战略规划，打破发达国家供应链霸权。

在拓展期，供应链运作模型学派呈现出百花齐放、与时俱进的特点。主要体现在六方面。

第一，供应链运作模型和标准互补，呈现多元化和多样化的趋势。各类供应链模型和标准研究机构在研发过程中互相借鉴和利用彼此资源，2004年的《开放标准标杆协作》OSBC就将《流程分类框架》PCF纳入其中，二者互为有机整体（标准和模型），覆盖供应链相关环节和内容；2005年的《供应链管理流程标准》借鉴了OSBC和PCF的资源。同时，一些机构利用自己的渠道积极促进供应链模型和标准的发展，例如，美国机械工程师协会（ASME）与美国生产力与质量中心（APQC）建立合作关系，并要求其关键成员参与APQC的《开放标准标杆协作》研究。于是，供应链模型和标准形成了"你中有我、我中有你"的互动和互补局面。此外，各行各业模型和标准呈多样化，有的针对制造业企业，有的针对零售业企业，有的是面向终端消费品的供应链。同时，供应链模型和标准的贡献者也是多元化的，可能是一个组织（如协会或委员会），可能是一家或几家企业，可能是某个人。供应链模型和标准的多元化和多样化为其发展提供了广阔空间。

第二，服务业发展对供应链运作模型提出新要求。自20世纪80年代以来，世界产业结构呈现出"工业型经济"向"服务型经济"转型的总趋势。2004年Ellram服务供应链通用模型、2007年IUE-SSC服务供应链模型和2010年产品服务化供应链运作模型的出现，意味着由产品视角构建的供应链运作模型开始向服务视角转变，填补了供应链运作模型学派单纯基于产品视角的不足，顺应了全球供应链向服务化发展的趋势。

第三，中国学者积极融入供应链运作模型的研究中。2011年开始，中国团购网站迅猛发展，"双十一"当天交易额屡创新高。2013年中国超越美国，成为全球第一大网络零售市场。电子商务时代的到来，使得中国基于电子商务和双渠道背景下的供应链运作模型的研究日益增多，大量中国学者加入供应链运作模型的研究和探讨，促使供应链运作模型学派进入快速拓展时期。

第四，经典供应链运作模型不断升级完善、更新版本。为适应新环境新形势，许多萌芽期及奠基期的经典供应链运作模型不断调整完善，APQC提出的PCF1.0是一个跨行业的流程分类框架，2008年又陆续提出了针对10个特殊性行业的PCF，2014年致力于跨行业PCF及更新特定行业PCF的改善，不断致力于普遍性和特殊性的平衡，最新版本是2016年10月发布的7.0.5版本。同样，SCOR模型是所有供应链运作模型的基础和来源，具有极强的参考价值，2017年，SCOR模型已经更新到12.0版本，显示出强大的生命力。

第五，经典模型与各类热点供应链主题结合的研究增多。在各模型和标准不断自我更新的同时，供应链运作模型学派拓展的研究重点还包括：① 基于SCOR、GSCF和SCPR等模型的二次创建和绩效评价体系的重构，如童健、徐宣国、黄丽娟、李雪等学者的研究；①②③④ ② 对融入供应链成本、供应链风险、供应链金融、闭环供应链、绿色供应链、低碳供应链、可持续供应链、服务供应链等主题进行相关模型的研究，如朱庆华、单汨源、胡海青、易余胤、颜荣芳、林杰、江世英、Sari、Dubey 等学者的研究。⑤⑥⑦⑧⑨⑩⑪⑫⑬ 虽然各类供应链运作模型在不断拓展，但是还未诞生具有代表性和可全球推广性的经典模型。

第六，进一步聚焦行业和标杆企业供应链运作模型的开发。研究从最初的生产制造行业（尤其是汽车制造）发展到智能制造、食品（尤其是农产品、冷链食品）、医药、建筑、金融等行业。针对各个行业巨头的供应链运作模型的探讨也如火如荼，如联合利华、麦当劳、亚马逊、宝洁、沃

---

① 童健，温海涛. 基于 SCOR 模型的供应链绩效评估：一个创新的参数 OFE［J］. 中国管理科学，2011，19（02）：125-132.

② 徐宣国，刘飞，王云飞. 基于 SCOR 的制造企业生产物流模型构建及其应用［J］. 科技管理研究，2013，33（13）：233-237.

③ 黄丽娟，黄小军. 互联网环境下基于 SCOR 模型的中国农产品供应链构建策略［J］. 广州大学学报（社会科学版），2015，14（07）：61-66.

④ 李雪，薛晓芳，李晓智. 基于 SCOR 和 CPFR 的跨境电子商务物流协同发展研究［J］. 价格月刊，2016（03）：59-63.

⑤ 朱庆华，窦一杰. 基于政府补贴分析的绿色供应链管理博弈模型［J］. 管理科学学报，2011，14（06）：86-95.

⑥ 单汨源，吴宇婷，任斌. 一种服务供应链拓展模型构建研究［J］. 科技进步与对策，2011，28（21）：10-16.

⑦ 胡海青，张琅，张道宏. 供应链金融视角下的中小企业信用风险评估研究——基于 SVM 与 BP 神经网络的比较研究［J］. 管理评论，2012，24（11）：70-80.

⑧ 易余胤，袁江. 渠道冲突环境下的闭环供应链协调定价模型［J］. 管理科学学报，2012，15（01）：54-65.

⑨ 颜荣芳，程永宏，王彩霞. 再制造闭环供应链最优差别定价模型［J］. 中国管理科学，2013，21（01）：90-97.

⑩ 林杰，曹凯. 双渠道竞争环境下的闭环供应链定价模型［J］. 系统工程理论与实践，2014，34（06）：1416-1424.

⑪ 江世英，李随成. 考虑产品绿色度的绿色供应链博弈模型及收益共享契约［J］. 中国管理科学，2015，23（06）：169-176.

⑫ Sari K. A novel multi-criteria decision framework for evaluating green supply chain management practices［J］. Computers & Industrial Engineering，2017，105：338-347.

⑬ Dubey V K，Chavas J P，Veeramani D. Analytical framework for sustainable supply-chain contract management［J］. International Journal of Production Economics，2018，200：240-261.

尔玛、阿里巴巴、联想、京东、找钢网、兴盛优选等的供应链模型和标准。2021年5月24日，知名机构Gartner发布了2021年全球供应链25强的榜单（见表5-5）。未来，关于全球化供应链领域优秀企业运作模式的研究会进一步加强。中国则会进一步加强对新零售、社区团购背景下供应链运作模式及模型的研究。

表5-5　2021年Gartner全球供应链25强

排名/公司	综合得分	排名/公司	综合得分
1. 思科	6.37	14. 戴尔	3.47
2. 高露洁	5.58	15. 惠普	3.46
3. 强生	5.22	16. 联想	3.40
4. 施耐德电气	5.07	17. 迪阿吉奥	3.36
5. 雀巢	4.41	18. 可口可乐	3.34
6. 英特尔	4.40	19. 英美烟草	3.13
7. 百事	4.37	20. 宝马	3.13
8. 沃尔玛	4.23	21. 辉瑞	2.97
9. 欧莱雅	4.05	22. 星巴克	2.87
10. 阿里巴巴	3.90	23. 通用磨坊	2.83
11. 艾伯维	3.78	24. 百时美施贵宝	2.80
12. 耐克	3.60	25. 3M	2.78
13. 印地纺织	3.51		

综上所述，拓展期供应链运作模型学派的发展态势是从制造业转向各行各业并全面开花，从产品供应链运作进一步向服务和服务化供应链运作模型发展，从传统的生产制造向智能制造、新零售供应链模型发展，从国际协会组织为主体向个人或企业团队研究为主体发展，从原来的单纯追求效益向集成化、服务化、数字化、国际化、应急化和透明化方向发展，运

作过程中兼顾效率与社会、资源和环境的协调，致力于供应链运作模型的柔性、韧性和灵活性的提高。

可见，可持续供应链学派和供应链网链结构学派的研究对本阶段供应链运作模型学派的影响尤为重大。基于三重底线理论，可持续供应链学派促使供应链运作模型向绿色化、低碳化、可持续化战略方向调整；供应链网链结构学派则提供最新的大数据、人工智能、物联网、云计算、移动互联、区块链等新兴技术提高运作过程中的信息共享效率。此外，消费者响应学派要求供应链运作模型学派能够将客户的服务需求和个性化需求纳入模型中，提升客户满意度；供应链协同学派为其搭建金融体系，打通资金流，构建契约和激励模式，帮助模型的落地实施。供应链运作模型学派在其他学派思想和理论研究进程中，不断获得新的战略、技术、制度和文化的支持。

第三节　供应链运作模型学派的主要代表理论

供应链运作模型学派最经典的代表理论是标准供应链运作参考模型——SCOR 模型，其对供应链运作模型学派及供应链管理学科的发展都具有划时代意义。因此，本节将 SCOR 模型单独作为一部分内容详细介绍，并将其他供应链运作模型的研究视角大致分为两类：产品视角和服务视角。当然许多基于产品视角的模型在后期发展过程中逐步加入了服务化成分，但是我们还是以模型最初的架构属性（产品视角/服务视角）作为划分依据，进行介绍。

一、标准供应链运作参考模型

标准供应链运作参考模型（SCOR 模型）是国际上第一个专门应用于供应链运作管理领域的标准模型。如同万事万物都具有两面性一样，SCOR 模型并不完美，也存在一定的局限性，从"青涩"到"成熟"，不断适应时代的需求进行自身版本的更新，并衍生出完善的认证体系，焕发出极强的生命力。SCOR 模型是供应链运作模型学派最具代表性、最经典的模型。

（一）标准供应链运作参考模型的演进

1996 年春，两家美国咨询公司（PRTM 和 AMR）发现，很多的大公司都在讨论一个新名词——供应链管理，可是它们对这个新名词的理解却千差万别。

为改变理解偏差，构建共同语言，这两家咨询公司合作成立了一个供应链的组织——供应链协会/国际供应链理事会（Supply Chain Council, SCC），并随即推出适用于不同工业领域的供应链运作参考模型——SCOR模型（Supply Chain Operations Reference Model）。[①]

该模型集成了许多经典概念，并将这些概念置于一个跨功能的框架之中，成为首个标准的、规范化的供应链运作参考和诊断工具（见图5-3）。

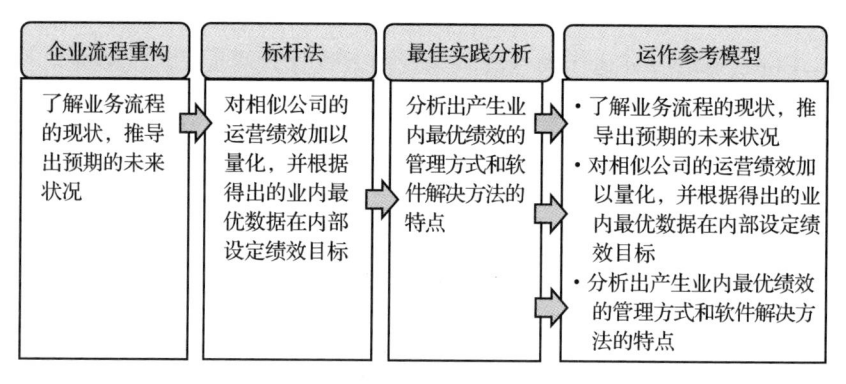

企业流程重构	标杆法	最佳实践分析	运作参考模型
了解业务流程的现状，推导出预期的未来状况	对相似公司的运营绩效加以量化，并根据得出的业内最优数据在内部设定绩效目标	分析出产生业内最优绩效的管理方式和软件解决方法的特点	・了解业务流程的现状，推导出预期的未来状况 ・对相似公司的运营绩效加以量化，并根据得出的业内最优数据在内部设定绩效目标 ・分析出产生业内最优绩效的管理方式和软件解决方法的特点

图5-3 供应链运作参考模型（SCOR模型）的概念基础

SCC在北美、欧洲、中国、日本、大洋洲、东南亚、巴西和南非都设有地区分会。为更好地推广SCOR模型的应用，SCC推出了面向个人专业从业者的SCOR-P认证，使其具备企业供应链的诊断和实施能力。

2014年，美国生产与库存管理协会APICS与供应链协会SCC合并，SCOR-P被纳入APICS知识体系之中，从而形成一个"管理框架体系+供应链管理知识"的完整供应链管理体系。

[①] Supply-Chain Council. Supply-chain operations reference-model（SCOR Ⓡ）Version 1.0 [R]. Houston: Supply Chain Council, 1996.

2015年，APICS整合了AST&L（美国运输与物流协会），并推出CLTD认证，进一步完善了其供应链管理知识体系。由此，APICS的供应链管理知识体系及认证考试整合完成，并获得国内外企业的广泛认可，具体见图5-4。

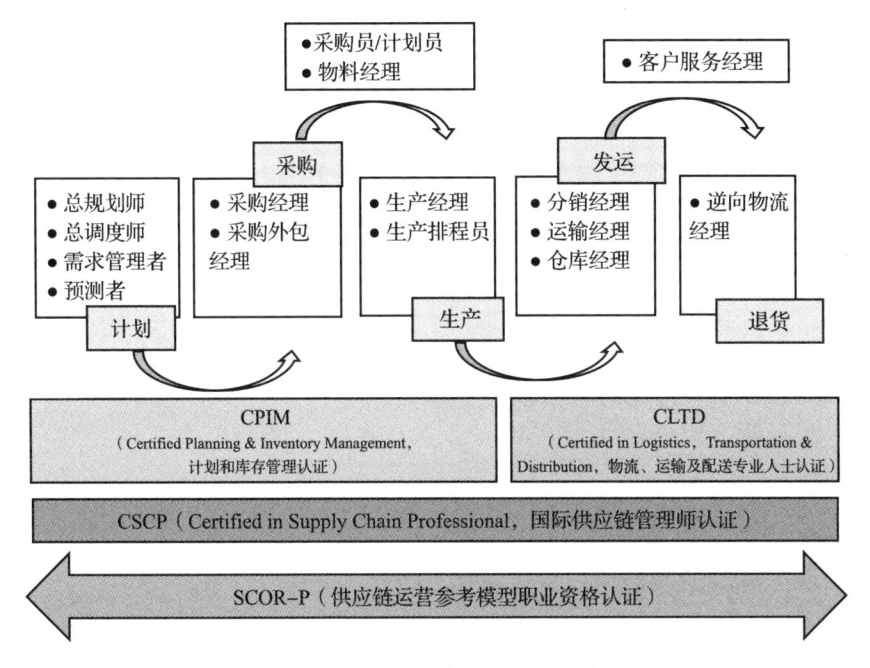

图 5-4　APCIS 相关证书之间的关系

但是，这些传统的认证和相关服务主要面向的是个人从业者，不能给企业提供较为直接的供应链指导和帮助。为更好地服务于企业的发展，2018年9月30日，APICS宣布更名为供应链管理联盟ASCM（Association for Supply Chain Management）。同时，APICS成为ASCM一个重要的认证品牌。短短几个字的变化折射出供应链管理发展与转型的方向。此外，APICS的CEO——Abe Eshkenazi宣布推出SCOR-E认证，这是针对企业的供应链运营资格认证。SCOR-E的框架围绕"道德、经济和生态"三个维度，从SCOR的五大流程展开，评估企业的供应链管理水平，并给出相应改善方案。

SCOR 模型除在认证体系中不断丰富完善外，自身模型内容也在不断升级换代。2017 年，SCOR 已发展到 12.0 版本，不仅更新了供应链管理框架，还将管理框架向价值链进行了扩展和衔接，增加不少新元素：① 全渠道销售、元数据、区块链、物流网和其他最新的科技理念；② 运用 SCOR、BPM（业务流程建模）搭建工作流程，确保数据配置的合理性与准确性；③ 增强了服务性行业和数字化环境的一致性；④ 端到端供应链总成本的模型以及其最佳实践库；⑤ 基于全球报告倡议组织 GRI（Global Reporting Initiative）创立的可持续发展标准。

随着 SCOR 模型的不断演进，从要进行大刀阔斧的流程再造（BPR 思想），转变为现在的企业流程管理（BPM 思想）作为其指导理论，SCOR 模型在不断适应新环境并进行自我迭代更新，推动着供应链管理卓越运行。

（二）标准供应链运作参考模型的主要内容

1. SCOR 模型的基本内涵

SCOR 是供应链设计和诊断的工具，旨在为企业提供供应链流程改进的策略，主要由四个部分组成：① 供应链管理流程的一般定义；② 对应这些流程的性能指标基准；③ 供应链"最佳实施"（best practices）的描述；④ 选择供应链软件产品的信息。①

如图 5-5 所示，SCOR 模型定义的供应链涵盖了供应商的供应商到客户的客户，包括计划、采购、生产、配送和退货五大基本环节，分三大流

---

① 马士华，李华焰，林勇. 平衡记分法在供应链绩效评价中的应用研究 [J]. 工业工程与管理，2002（04）：5-10.

程：计划是核心流程，采购、生产、配送、退货是执行流程，使能是支持系统流程。

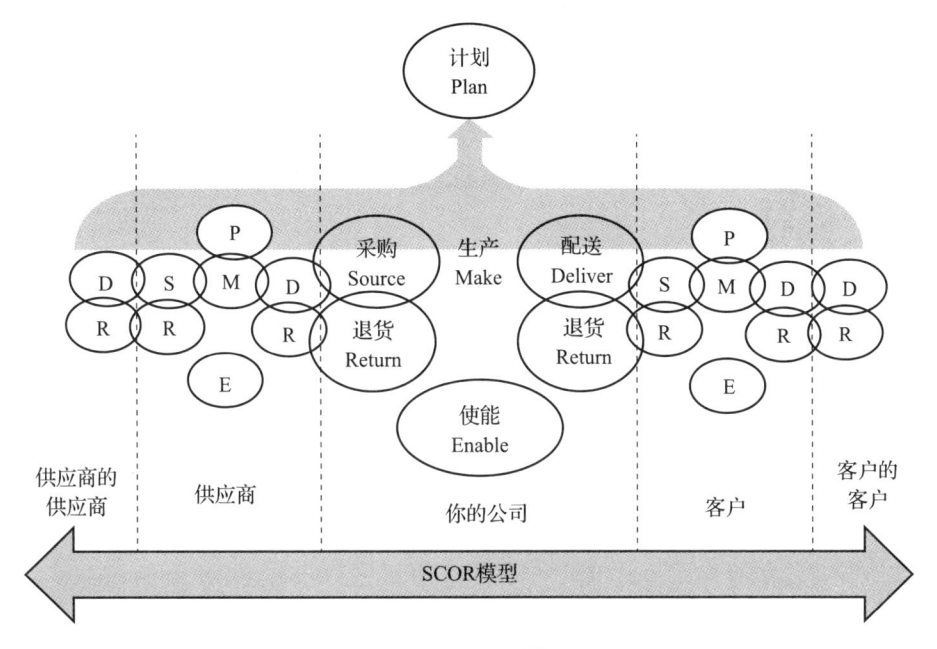

图 5-5　SCOR 模型

2. SCOR 模型的基本层次

SCOR 模型按流程定义的详细程度可分为三个基本层次。超出三个层次的其他层次由企业根据自身业务流程特性来决定，其流程定义不包含在 SCOR 模型中。一般来说，企业至少要扩展到第四层。

（1）第一层：定义层。

SCOR 模型的第一层描述了五个基本流程（见图 5-6）：计划（plan），采购（source），生产（make），发运（deliver）和退货（return）。它定义了供应链运作参考模型的范围和内容，并确定了企业竞争性能目标的基础。

企业根据定义层五大流程，结合以下指标进行基本的战略制定。

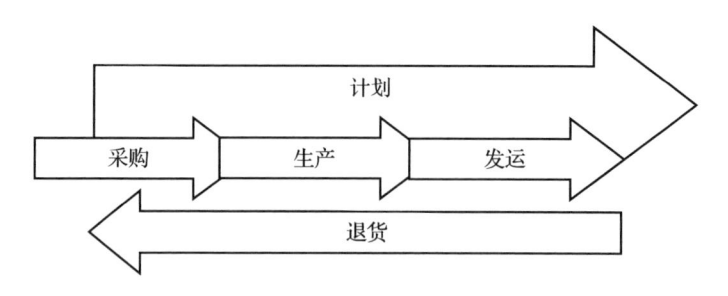

图 5-6　SCOR 第一层流程定义

1）交付性能：按时或提前完成订单/计划的比率。

2）发运速度：成品库接到订单 24 小时内发运的比率。

3）完成订单性能：订单完成提前期、全部订单完成率、供应链响应时间。

4）生产的柔性：供应链管理总成本。

5）增值生产率：保修返修成本。

6）资金周转时间：库存供应天数、资金周转次数。

当然，以上所有指标都达到最优是不可能的。因此，企业要根据自身供应链运作目标和实力来决定上述指标的优先级和重要性。

（2）第二层：配置层。

配置层需要分析原料在整个供应链的流动过程，它以组织的计划为基础，通过组织基础设施来不断完善和调整这一过程。例如，计划的第二层流程包括总的计划供应链 P_1、计划采购 P_2、计划生产 P_3、计划发运 P_4、计划退货 P_5 等；其他的采购、生产、发运和退货依次往下划分为第二层流程（见图 5-7）。

关键的执行流程一般是采购、生产、交付/配送环节的有效组合。理论上，有 27 种组合方式，但部分组合方式是无效的，如 $S_2M_1D_1$、$S_2M_1D_2$、$S_2M_3D_1$ 等。[①] 因此选取了 9 种典型的组合方式进行介绍（见表 5-6）。

---

① 胡建波. SCOR 模型助力供应链改善[J]. 企业管理，2018（10）：82-85.

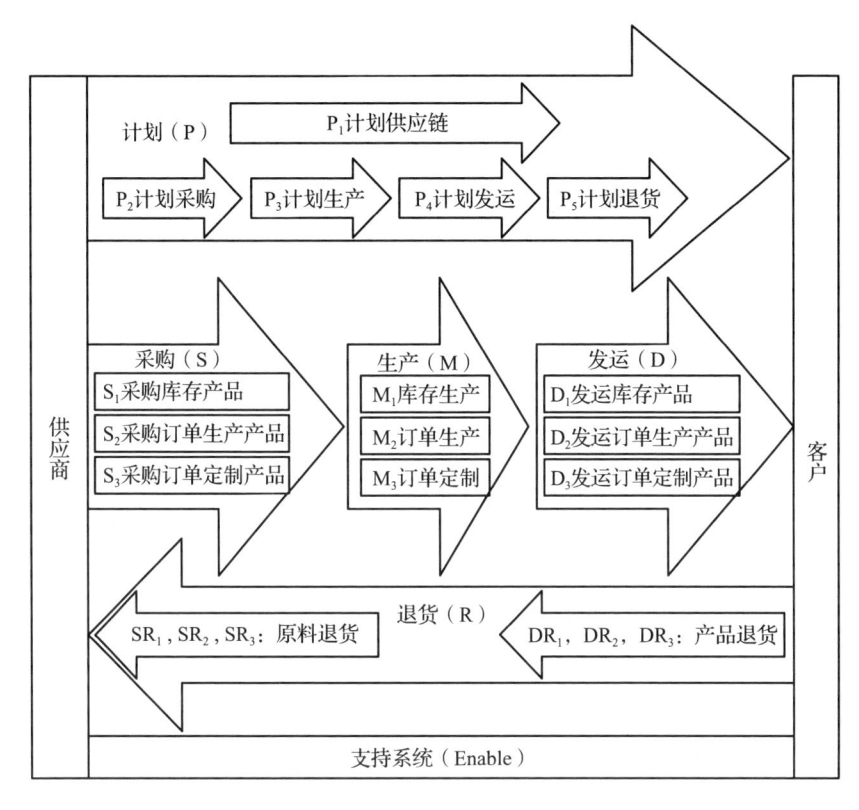

图 5-7 SCOR 模型第二层流程定义示意图

表 5-6 执行流程典型组合方式

序号	执行流程的典型组合方式	驱动方式	适用企业类型
1	$S_1M_1D_1$	预测驱动，备货生产	生产功能型产品（如传统日用百货制造企业）
2	$S_2M_2D_2$	订单驱动	生产创新型产品（如新潮时装、PC 等现代制造企业）
3	$S_3M_3D_3$	定制驱动	生产价值高且个性化突出的产品（飞机、轮船、汽轮机等现代制造企业）
4	$S_1M_2D_2$	延迟生产、推拉结合	如提供电脑兼容机产品的企业
5	$S_2M_3D_3$	趋近于定制驱动	适用于大批量定制产品

续表

序号	执行流程的典型组合方式	驱动方式	适用企业类型
6	$S_1M_3D_3$	趋近于延迟生产、定制驱动	适用于原材料、零部件等通用但是生产及配送方式不同的产品类别，如定制的生日蛋糕
7	S_1D_1	预测驱动	传统批发、零售等流通企业
8	S_2D_2	订单驱动	现代经销商类电子商务流通企业
9	S_3D_3	定制驱动	满足个性化需求产品和服务的电子商务流通企业

因此，供应链中的不同企业类型，在第二层选取的执行流程组合方式是不一样的。SCOR 模型把供应链管理的基础工作定义为支持（Enable）系统，包括计划支持、采购支持、生产支持、配送支持、退货支持几种类型。

（3）第三层：流程分解层。

它是对过程影响因素进行分析。这一层将继续用定义的标准流程对第二层模块进行细化，描述第二层中每个流程分类中流程元素的细节，并定义各流程元素所需要的输入和可能的输出。具体包括流程、输入和输出、输入的采购、输出目的地。

（4）第四层：实施层。

从第四层起都属于实施层，不属于 SCOR 模型的范畴。实施层的活动包括组织设计和包含在组织中的过程、系统、个人，要有详细的流程和规格、职能和职责。实施层对于每个组织是独一无二的，所以没有在行业标准模式中定义特殊的元素的可能和必要。①

---

① 臧艳，方敏，方旭昇．供应链运作参考模型（SCOR）评析［J］．现代管理科学，2002（09）：13-14．

(三) 标准供应链运作参考模型的贡献与局限

1. SCOR 模型的贡献

SCOR 模型为供应链流程再造和改进提供了一个集成的、启发式的参考模型，从供应链角度解决企业对客户需求"快速反应"的问题，其主要贡献如下所述。

（1）提供了供应链标准化业务流程的建模工具。

SCOR 建立了供应链管理系统的整体框架和流程的细节，用标准的语言为企业构建供应链业务流程搭建了桥梁，使供应链伙伴间能高效沟通。一方面，SCOR 将企业内部活动统一分为计划、采购、生产、发货和退货五项；另一方面，企业的任何一项活动都能根据产品的不同特征和客户的不同需求进行分类和划分等级。例如，按照客户和订单要求来划分等级，等级高的提供较短订货提前期服务，等级低的只能承诺较长提前期，以减少采、供、销之间的冲突。

（2）提供了一组描述和衡量供应链运作绩效的评价指标。

SCOR 模式从两大类（面向客户和面向内部流程）、五维度（可靠度、反应能力、柔性、成本和资产管理等）建立了供应链评价指标。[①] 第一层指标是企业供应链总的评价指标体系，可直接根据运行的统计数据进行计算。随着模型逐层向下分解，第二层和第三层不仅对每一个详细的供应链过程给出了定义明确的绩效评价指标，还给出了目前国际上的最佳实践，使用者可了解相应的供应链过程的先进处理方式和先进的理念。

而且，这些指标的计算方式不是绝对的、固定的，可根据企业的具体情况做合理的调整，主要是要与达到的目标和基准保持一致，同

---

① Supply-Chain Council. Supply-chain operations reference-model（SCOR⑧）Version10.0［R］. Houston：Supply-Chain Council，2012.

时还要与供应链上下游企业的绩效指标计算方法保持一致。SCOR绩效评价模式为企业进行供应链运作提供了"落地"实施的具体标准。

（3）发布了供应链的最佳实践，作为供应链改造的目标。

SCOR最佳实践、标杆企业为无序的供应链企业指引方向，推动其进行业务流程的重组，实现流程作业的合理化和高效化。SCOR还可以度量SCM软件的性能和应用企业的实施效果，规范软件供应商和咨询机构的行为和质量标准，是造福整个制造行业的精益工程。

（4）给企业实践带来实际效益的提升。

SCOR模型帮助管理者着眼于交叉企业间的供应链，其价值已被广泛证明。2003年，Bolstorff和Rasenbaum总结了SCOR模型在众多行业中的应用效果。

① 降低了成本，提高了客户服务水平，运营收入平均增长了3%；

② 在实施一年之后，投资回报率（ROI）提高了2%～6%；

③ 明确的资本投资决策使得资产收益率（ROA）显著增长；

④ 由于使用标准的供应链定义和术语解释，提高了IT系统的协同性能，极大地降低了运营成本；

⑤ 每一次的供应链改进都能带来1%～3%的效益增加。[1]

国际上成功将SCOR模型应用于自身供应链体系构建、优化和诊断的组织非常多，如Intel、Dell、Avon等全球著名公司，还有像美国宇航局与国防部这样的政府部门。2011年，SCC进入中国并在上海、北京和香港建立办事处，至今已吸引了联想、海尔、华为等国内知名企业加入。SCOR模型是供应链运作模型学派的标准参考模型，为供应链管理研究增添了浓墨重彩的一笔。

---

[1] Bolstorff P，Rosenbaum R. Supply chain excellence：a handbook for dramatic improvement using the SCOR model [M]. New York：AMACOM，2003.

2. SCOR 模型的局限

2005 年，Huang 等人提出了 SCOR 模型在实际应用中需要改进的地方，包括：

① 组织结构：需要加入关于组织结构的描述；
② 任务指派：需要加入各个功能和任务的完成者和参与者的描述；
③ 自定义供应链配置：缺少自定义的供应链模块；
④ 自定义评价指标：无法定制评价指标；
⑤ 全球供应链模型：需要加入关于地理信息的描述；
⑥ 网络化：参考模型如何在网络上实现。[①]

同时，SCOR 模型的绩效评价指标过多，在实际运作过程中往往很难实现（见表 5-7）。

表 5-7　SCOR 模型绩效评价指标

绩效属性		绩效指标	绩效指标描述	计算公式
面向客户	供应链配送可靠性	配送完成率	准时完整发货给顾客的订单百分比	按时或提前完成订单数/订单总数
		订单满足率	收到订单 24 小时内发货的百分比	收到的订单中 24 小时内从仓库发货的订单数/订单总数
		订单的完好履行率	完成的订单中具有全部而准确的文档资料且没有运送损坏的百分比	（及时足额配送的订单数－文档资料有错误的订单－有运送损坏的订单）/全部订单
	供应链响应能力	履约提前期	从客户授权到收货的一贯能做到的平均实际提前期	所有订单执行的实际提前时间总和/运送订单的总数

---

① Huang S H, Sheoran S K, Keskar H. Computer-assisted supply chain configuration based on supply chain operations reference (SCOR) model [J]. Computers & Industrial Engineering, 2005, 48 (2): 377-394.

续表

绩效属性	绩效指标	绩效指标描述	计算公式
面向客户	供应链响应时间	供应链整体上对反常（重大）需求变化的反应时间	订单完成提前期+原材料周转时间（采购时间）
面向客户	供应链柔性		
	生产柔性	在无成本损失的情况下，在无事先计划的情况下增产所需要的天数	向上的柔性：在无事前计划的情况下增产20%时所需的天数 向下的柔性：在交货日期前30天内，在没有存货和费用损失的情况下能够承受的订单减少的百分比
面向内部流程	供应链成本		
	供应链管理总成本率	全部与供应链相关的总成本占销售收入的比率	供应链管理总成本（供应链信息系统运行费+财务和计划管理费+库存运转费+材料采购管理费+订单管理费）/销售收入
	销售商品成本率	与购买原料及生产最终产品相关的费用（包括直接成本和间接费用）占总收入的百分比	(起初库存+产品的生产成本−期末库存)/总收入
	增值生产率	平均每个员工创造的增加值	(总收入−总材料采购费)/总雇员数
	保修/退货成本	与缺陷退货，计划内的保养以及过量库存相关的直接和间接成本	材料费+人工费+保修检测设备相关的所有费用
	供应链资产管理效率		
	现金周转时间	库存占用资金的周转时间，加上年平均应收账款的收款时间，减去去年平均有应付账款的付款时间	库存的供应天数+产品销售而未收到款的天数−应付款天数
	库存供应天数	平均的存货可以满足需求的天数	库存总值/(商品销售成本/365)
	资产周转率	收入除以总资产，总资产包括流动资产和固定资产	产品销售总额/总资产净值，或产品销售总额/总流动资产

此外，企业在实际建模时需要具备良好的供应链运作能力，能根据自身特性对 SCOR 模型加以改良，丰富三大基础层次的同时，完善个性化的具体实施层和相关资源配置，形成一个全面的建模架构。

二、基于产品视角的供应链运作模型

供应链运作模型学派的诞生之初便是基于产品视角，通过标准化供应链运作流程，缩短采购、生产、运输和销售的周期，来应对客户对产品需求的不断变化。这部分，我们着重介绍几个典型产品供应链运作模型的演进过程、主要内容和局限性。

（一）基于产品视角供应链运作模型的演进

20 世纪 40、50 年代开始的第三次工业革命，人类从"电气时代"进入"信息时代"。信息技术推动制造业生产力迅猛发展，促使大量的产品涌入市场。为获得先发优势，企业急需一套易操作、标准化的产品供应链流程。学者们及各供应链协会开始将产品供应链运作跳脱出企业内部职能管理范畴，寻求内外部结合的流程再造之路。随着制造业全球化之路的高歌猛进，产品供应链运作模型也日益丰富。

产品供应链运作模型最早发源于企业运营管理模型和销售模型，例如，安东尼模型和流程分类框架 PCF 便是典型的企业运营管理模型，S&OP 模型是典型的销售模型。1987 年，Dick Ling 研发了 S&OP 模型来协同各部门之间的工作，实现企业内外部供应链管理，这在当时是非常先进的理念。

20 世纪 90 年代后期，合作伙伴关系管理开始成为产品供应链运作的重点。美国俄亥俄州立大学道格拉斯·M. 兰伯特（Douglas M. Lambert）教授率先提出了"供应链管理不是物流的代名词"的科学论断，并于

1992年成立一家供应链研究中心，用以解决合作伙伴间的信息共享问题。1996年，该中心更名为"全球供应链论坛"（Global Supply Chain Forum，GSCF），并于1996年年末正式发布合作伙伴关系模型——全球供应链论坛模型/框架，简称GSCF模型。

随着合作伙伴关系的建立，信息共享成为伙伴间的最大障碍。1998年，美国在召开零售系统大会时大力倡导协同式供应链库存管理模型CPFR，多家大型生产和零售企业参与该模型的实验。当时，CPFR是信息共享在供应链管理中的最新应用。

21世纪初，中国开始考虑自身供应链标准化和全球化问题。2003年10月，中国电子商务协会供应链管理委员会CSCC全面参考了SCOR等国外主流的供应链管理绩效体系，提出了中国自己的供应链绩效评价模型SCPR。与国外其他模型不同，其不是基于流程再造进行供应链变革，而是从绩效考核的角度建立明确指标规范运作管理。因此，与其说它是模型，不如说是运作标准。

此外，2000年的全球食品安全倡议、2004年的开放标准标杆协作和2005年的供应链管理流程标准等也是标准性质。产品供应链相对容易被流程化、标准化运作，呈现模型和标准相辅相成、共同发展的态势。

（二）基于产品视角供应链运作模型的主要内容

除SCOR模型外，基于产品视角的代表性供应链运作模型还有：S&OP模型（销售与运营规划模型）、GSCF模型（全球供应链论坛模型）、CPFR模型（协同式供应链库存管理模型）和SCPR模型（中国企业供应链管理绩效水平评价参考模型）。

1. S&OP模型

S&OP是一套设计严谨，得到多个行业领先企业认可的流程，主要包括五个流程：① 管理期末报表（统计预测、制作区域销售工作表）；② 需求规划（旺季储备、淡季促销活动、净需求核算）；③ 供应规划（标准产能计算和设定、人力资源调整、分公司库存分析）；④ Pre-S&OP（准备方案、会议时间安排）；⑤ S&OP 高层会议（决策、物料需求计划、解决产能缺口、生产计划、转储计划）。S&OP 聚焦从企业经营目标到需求、供应计划、主生产计划（MPS）的制订，核心是平衡"需求"与"供给"（见图 5-8）。

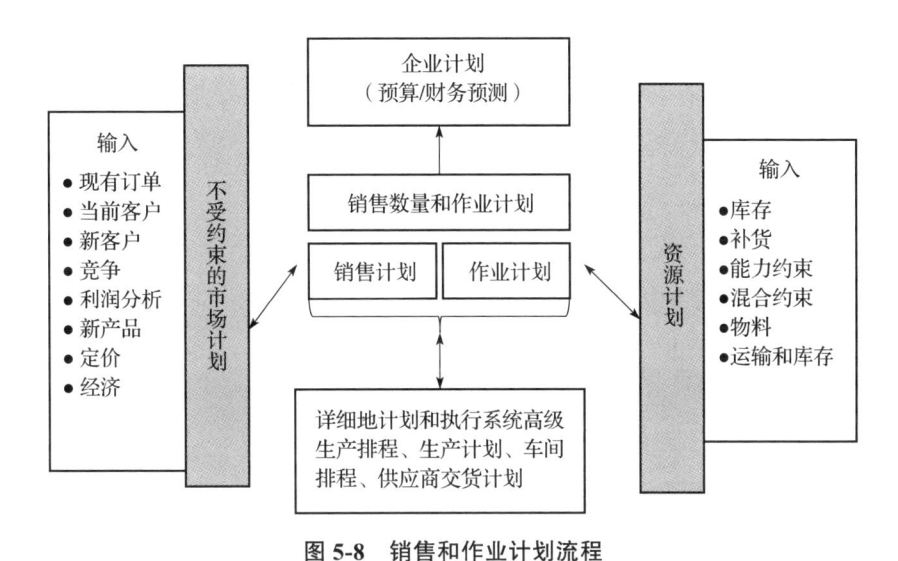

图 5-8 销售和作业计划流程

S&OP 从四个重要视角出发，为企业平衡需求与供应指明了方向，提供了思路：① 产品视角，借助历史销售数据和客户基本情况，制订相应销售和促销计划；② 需求视角，通过销售数据了解和掌握客户需求偏好，并进行需求预测；③ 供应视角，全面且整体地了解采购、生产、库存等情况；④ 供需平衡视角，核查和修正计划与实际需求的偏差，检查财务与计划的配合程度，协调供需平衡。

S&OP 是供应链管理中的一套最佳实践流程，且历久弥新，不断迭代。随着供应链管理从效率优先、业务支持转向需求驱动、价值创造，S&OP 升级成了 IBP（Integrated Business Planning，集成业务流程）。IBP

改进了 S&OP 的财务流程,引入了诸多财务概念——贸易费用、运营资本、毛利率等,进而促进了跨部门的数据共享和数字化决策。

2. GSCF 模型

GSCF 模型是继 SCOR 模型后第二个被广泛接受的产品供应链运作模型。GSCF 模型关注的重点是企业之间、企业职能部门之间的协调活动,通过跨部门的业务流程来获得供应链竞争力和市场优势。

模型给出了执行供应链管理的三个主要元素:供应链网络结构、供应链业务流程和支撑组件。产品流和信息流贯穿从二级供应商、一级供应商、制造商、用户到终端用户的基本网络。客户关系、客户服务、需求、订单、制造过程、采购、产品开发及其商业化和退货管理(也称回收管理)等八项关键流程管理都是跨职能、跨企业的,细分为一系列战略性子流程和运作子流程(见图 5-9)。

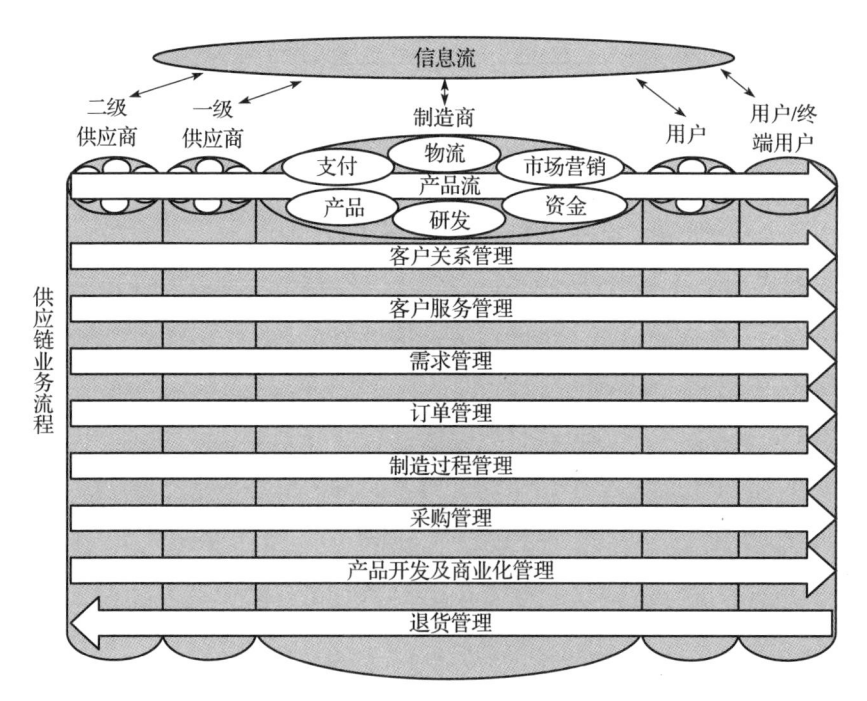

图 5-9 全球供应链论坛模型(GSCF)

同时，GSCF模型包含计划和控制、工作框架、组织架构、产品流设施架构等一系列支持流程的支撑组件。[1][2][3] 其目的不单是追求某个公司绩效和利益最大化，而是包括供应商、供应商的供应商、客户和客户的客户在内的整条供应链进行流程再造，从而提高整条供应链的效率和效益。

GSCF模型通过推行伙伴关系可削减成本，改善服务质量，取得竞争优势，给人一种既高屋建瓴又脚踏实地的感觉。GSCF模型转变了原来以供应链效率为中心的运营流程模式，弥补了SCOR模型存在的两大缺陷——缺少伙伴关系的视角、缺少覆盖所有业务职能的框架。

3. CPFR模型

北美行业间商业标准化委员会VICS对CPFR的定义是：CPFR是价值链参与各方协同计划的一种商务流程，用以降低供给与需求间的差异，分享更加高效且有效的供应链所带来的效益。CPFR以协同、规划、预测和补货为特点，从决策层、运作层、内部管理层和系统管理层进行运作和管理，其运作流程由九个步骤构成（见图5-10）。

CPFR的解决方案包含三大模块。

① 共同模块（协同商务中心、需求规划、订单处理）。

② 销售通路业者模块（商品企划、销售点库存规划、补货计划）。

③ 制造业者工具（供应链规划、生产计划、生产排程、物流规划）。

合作企业不仅共同预测和补货，同时共同参与各企业内部事务的计划工

---

[1] Cooper M C, Lambert D M, Pagh J D. Supply chain management: more than a new name for logistics [J]. The International Journal of Logistics Management, 1997, 8 (1): 1-14.

[2] Lambert D M, Cooper M C, Pagh J D. Supply chain management: implementation issues and research opportunities [J]. The International Journal of Logistics Management, 1998, 9 (2): 1-20.

[3] Lambert D M, Cooper M C. Issues in supply chain management [J]. Industrial Marketing Management, 2000, 29 (1): 65-83.

作，通过精确的预测减少消费市场上产销失调的情况，进而降低库存，提高总资产报酬率。

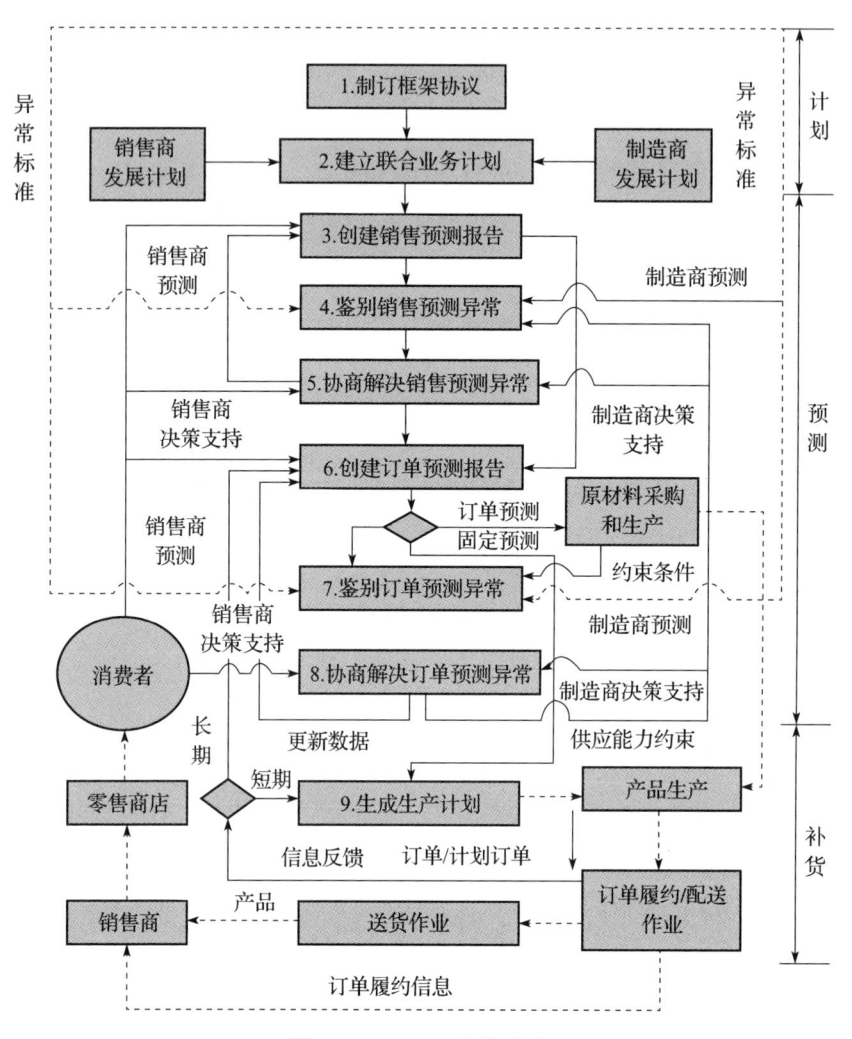

图 5-10　CPFR 运作流程

4. SCPR 模型

SCPR 是中国在国外主流供应链运作模型基础之上提出的第一个正式的供应链管理工具，本质是一套供应链运作考核标准。SCPR 共设置了 5

个一级指标，18个二级指标，45个三级指标，同时给出了各级指标权重、评分标准和改进方向（见表5-8）。

表 5-8 SCPR 绩效指标

一级指标（权重）	二级指标	三级指标（权重）
订单反应能力（15%）	反应速度	订单信息处理方式（15%）
		订单完成总平均周期（10%）
		订单延迟率（10%）
		订单货件延迟率（5%）
	反应可靠性	订单处理准确率（10%）
		订单满足率（10%）
		订单协同程度（10%）
	反应适应性	销量预测准确率（15%）
		按照订单生产比率（10%）
		订单风险管理能力（5%）
客户满意度（15%）	产品质量	质量合格率（5%）
	产品价格	同比价格比较优势（5%）
		平均单品促销频率（10%）
	客户服务水平	客户抱怨处理率（15%）
		异常事件处理能力（5%）
		客户查询回复时间（5%）
		对账处理（15%）
		退换货处理（10%）
	产品可靠性	准时交货率（15%）
		客户抱怨率（15%）
业务标准协同指标（20%）	业务标准相关性	与系统功能的耦合性（15%）
		与现有业务能力的相关性（10%）
	业务标准协同性	业务活动协同（15%）
		管理活动协同（5%）
		财务和资金协同（10%）

续表

一级指标（权重）	二级指标	三级指标（权重）
业务标准协同指标（20%）	业务标准灵活性	持续优化机制（10%）
		内外标准协同（15%）
	业务标准执行力	业务标准是否尽知（10%）
		执行控制力（10%）
节点网络效应（25%）	系统覆盖率	协同使用供应链管理系统（15%）
		外部节点覆盖深度（15%）
		最低单一节点覆盖面（10%）
	节点互动性	是否支持移动应用（10%）
		能否信息跟踪和实时提醒（10%）
	系统依赖性	业务对系统的依赖程度（15%）
		业务人员对系统依赖程度（15%）
		管理人员对系统依赖程度（10%）
系统适应性（25%）	系统拥有成本	一次性投入成本（15%）
		使用成本（10%）
		升级成本（10%）
	系统实现方式	系统建设方式（10%）
		系统接入方式（5%）
	系统扩展性	系统改进能力（15%）
		新增用户能力（15%）
	系统建设风险	服务提供商专业能力（20%）

在计算出 SCPR 5 个一级指标的单项得分后，可得出企业供应链管理绩效的评测值。企业借助 SCPR 定量的评测结果，规划与设计自己的供应链管理工程，或邀请专业的服务商基于评测结果提供有针对性的服务。[1]

---

[1] 中国电子商务协会供应链管理委员会. 中国企业供应链管理绩效水平评价参考模型（SCPR 1.0）构成方案［Z］. 2003.10.

通过SCPR评价软件工具，企业能够有效规避"IT黑洞"，帮助企业有针对性地找到供应链管理工程导入方式，并在供应链管理建设的各个阶段给予持续性改进建议，提升供应链管理工程的成功概率。

（三）基于产品视角供应链运作模型的贡献与局限

基于产品视角的供应链运作模型的贡献如下所述。

① 助推各国产品的全球化，有利于实现各国资源配置的优势互补。

② 构建了互利共赢的合作伙伴关系，打造跨部门、跨企业的产品供应信息共享链，一定程度上减少了牛鞭效应。

③ 规范了产品供应链运作的标准，提高效率，更快更好地响应顾客需求。

④ 加速了产品的升级迭代步伐，缩短了产品的更替时间，丰富了人们的物质生活。

⑤ 促进了逆向供应链、闭环供应链、绿色供应链、低碳供应链和可持续供应链相关主题的进一步研究。

但也存在较多的局限：一是运作过程中的绩效考核标准较为复杂，指标较多，不利于模型的推广；二是许多模型在创立之初没有将服务纳入模型考虑的范畴；三是产品全球化运作的同时也给各国带来巨大的隐患和风险；四是加速迭代升级的产品给资源、环境、社会造成难以挽回的影响。

三、基于服务视角的供应链运作模型

基于服务视角的供应链运作模型的发展起因于传统制造业产能过剩，企业家们开始转变思路，向服务迈进，以增加客户的附加值。

（一）基于服务视角供应链运作模型的演进

人类通过劳动会产生两大类成果：实物劳动成果和非实物劳动成果。[①] 这两类成果通过市场交易则转变成实物产品和服务产品。与实物产品不同的是，服务产品具有不可触摸性（Intangibility）、不可分离性（Inseparability）以及不可贮存性（Perishability）等特点。[②③]

21世纪初，随着传统制造业生产能力的急速过剩以及消费市场的日趋成熟，供应链开始向制造业的下游延伸，即向服务业开始扩展，于是服务供应链的思想进入大众视野。服务供应链与产品供应链存在很多区别，具体见表5-9。

表5-9　产品供应链与服务供应链的区别

序号	区别	产品供应链	服务供应链
1	供需内容不同	实物产品，有形	服务产品，无形
2	运营模式不同	拉动式或者推动式两者结合，越是上游用推动，越是下游用拉动	多采用市场拉动型，具有完全反应型供应链特征
3	各方参与范围不同	各方只需参与与自己直接相连的活动	交付的是一个过程，供应商、制造商、渠道商和客户都必须参与服务的全过程
4	绩效评估有效性不同	基于产品运作的绩效评价标准可统一，可定量测量，易操作	基于服务的绩效评价较主观，标准不一致，受情境影响难测量
5	对客户的响应模式不同	对顾客产品需求响应具有滞后性	对客户服务需求响应具有即时性

---

① 李江帆. 服务产品理论及其现实意义 [J]. 教学与研究，2002（02）：27-32.
② Winter Nie, Deborah L Kellogg. How process of operations management view service operations [J]. Production and Operations Management, 1999, 8（3）：339-355.
③ 邓颖. 服务的不可分割性、多变性及不可贮存性研究 [J]. 中国民航学院学报（综合版），2001，19（02）：30-32.

续表

序号	区别	产品供应链	服务供应链
6	供应链渠道不同	从供应商的供应商一直到客户的客户	功能型服务提供商—服务集成商—客户
7	体系结构	核心企业可能有多个	一般只有一个，通常是服务集成商
8	供应链协调的内容	生产计划、库存管理协调	服务能力、服务计划协调
9	稳定性不同	稳定性较服务供应链高	客户的不稳定性和异质化，使得稳定性较产品供应链低

第三产业服务业的兴起，推动各国进行产业结构调整，原来基于产品视角的供应链运作模型已经不能完全适用于服务产业。1999年，Anderson和Morrice开始将供应链与服务领域结合，构建面向服务的供应链动态仿真模型。[①] 服务供应链开始成为供应链管理研究的一个新方向。如果说基于产品视角的供应链运作模型是以制造业为主的供应链流程的标准化，那么基于服务视角的供应链运作模型则是建立在制造业流程基础之上进行的服务业供应链运作流程的标准化。因此，服务供应链运作模型是借鉴了产品供应链运作模型，并考虑服务的特性建立起来的。

但是，不同学者考虑服务供应链模型的侧重点有所不同。2004年，Lisa M. Ellram等人强调信息流在整个服务提供过程中的作用。[②] 同年，Dirk等从产品服务化的角度整合正向供应链与逆向供应链，建立了基于组织决策、系统和工具、性能管理的服务供应链框架。[③] 2006年，金立印构建了服务供应链管理活动同顾客满意及企业绩效间的结构方程模

---

① Anderson E G, Morrice D J. A simulation model to study the dynamics in a service oriented supply chain [C]. //WSC'99.1999 Winter Simulation Conference Proceedings. 'Simulation-A Bridge to the Future' (Cat. No. 99CH37038). IEEE, 1999.

② Ellram L M, Tate W L, Billington C. Understanding and managing the services supply chain [J]. Journal of Supply Chain Management, 2004, 40 (4): 17-32.

③ Dirk de Waaut, Steeve Kempei. Five steps to service supply chain excellence [J]. Supply Chain Management Review, 2004, (1): 8.

型。① 2007年，Tuncdan等将服务提供者作为服务供应链的核心。随后，宋华、于亢亢针对案例企业的独特需求先后进行了服务供应链模型的开发。②③④ 2010年，陈菊红等在GSCF框架和Ellram等人的服务供应链通用模型的基础上提出了一个服务化供应链运作模型。⑤

目前基于服务视角的供应链运作模型的构建主要从两个方面进行：① 产品服务化供应链运作模型，涉及企业产品在售前、售中、售后过程中所涉及的咨询、体验、运输、修理等服务；② 与制造业相对应的服务业或者服务部门的供应链运作模型，如航空业、旅游业，物流服务和港口服务是研究重点。随着服务业在三大产业中的比重增加，二者本质上都是在构建以服务为主导的集成供应链。

（二）基于服务视角供应链运作模型的主要内容

基于服务视角的代表性运作模型有：Ellram服务供应链通用模型和IUE-SSC服务供应链模型。

1. Ellram服务供应链通用模型

2004年9月15日，Ellram等通过对Hewlett-Packard模型⑥、SCOR模型和GSCF框架三个典型产品供应链模型的比较，分析了各模型对于服务的适用性，进而提出了针对服务的供应链通用模型（见图5-11）。

---

① 金立印. 服务供应链管理、顾客满意与企业绩效［J］. 中国管理科学，2006，14（02）：100-106.
② 于亢亢. 服务供应链的模型与构建［J］. 现代商业，2007（21）：156-158.
③ 宋华，于亢亢. 服务供应链的结构创新模式——一个案例研究［J］. 商业经济与管理，2008（07）：3-10.
④ 宋华，于亢亢，陈金亮. 不同情境下的服务供应链运作模式——资源和环境共同驱动的B2B多案例研究［J］. 管理世界，2013（02）：156-168.
⑤ 陈菊红，郭福利. 产品服务化供应链的运作模式研究［J］. 物流科技，2010，33（12）：33-36.
⑥ Lee H L, Billington C. The evolution of supply-chain-management models and practice at Hewlett-Packard［J］. Interfaces，1995，25（5）：42-63.

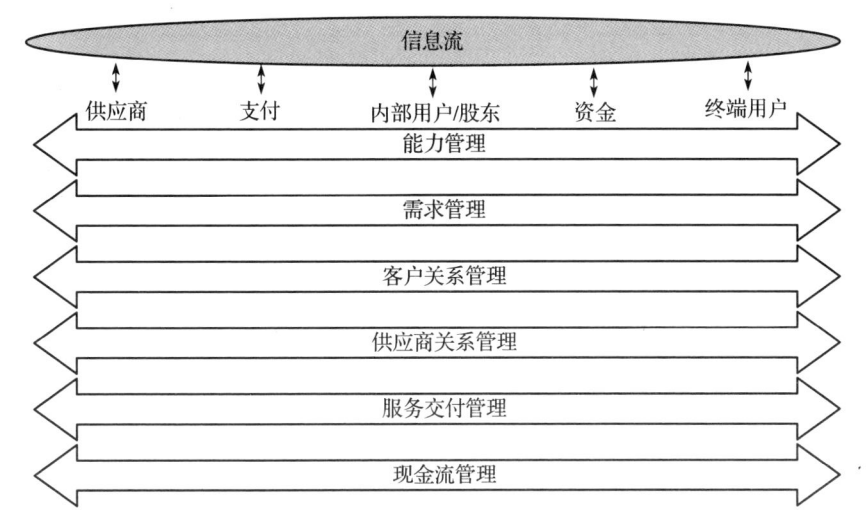

```
                        信息流
    ↕      ↕         ↕        ↕       ↕
  供应商  支付   内部用户/股东  资金  终端用户
  ←─────────── 能力管理 ───────────→
  ←─────────── 需求管理 ───────────→
  ←────────── 客户关系管理 ──────────→
  ←────────── 供应商关系管理 ─────────→
  ←────────── 服务交付管理 ──────────→
  ←────────── 现金流管理 ───────────→
```

图 5-11　服务供应链通用模型（Ellram et al，2004）

服务供应链通用模型以信息流为主线，包含能力、需求、客户关系、供应商关系、服务交付、现金流管理等主要管理流程，但未反映供应链成员的组成体系和管理流程的作用范围。

服务供应链通用模型以服务为主导，在供应链中分析服务的管理内容，是最早从产品视角向服务视角转变而建立的服务供应链模型。尽管该模型只提出了管理的内容，没有针对服务的组成结构分析缺点，但是却为后来服务供应链和服务化供应链运作模型的研究开了一个好头，对供应链运作模型学派来说具有里程碑式的意义。

2. IUE-SSC 服务供应链模型

2007 年 3 月 1 日，Tuncdan 等学者融合 SCOR 模型，提出了服务供应链模型（The IUE-SSC Model）。该模型给出包括供应商、服务提供商和客户三个供应链上基本成员的组成体系，相对增加了服务绩效、订单处理管理，并给出了管理流程的作用范围（见图 5-12）。[①]

---

① Tuncdan Baltacioglu，et al. A new framework for service supply chains［J］. The Service Industries Journal，2007，27（2）：105-124.

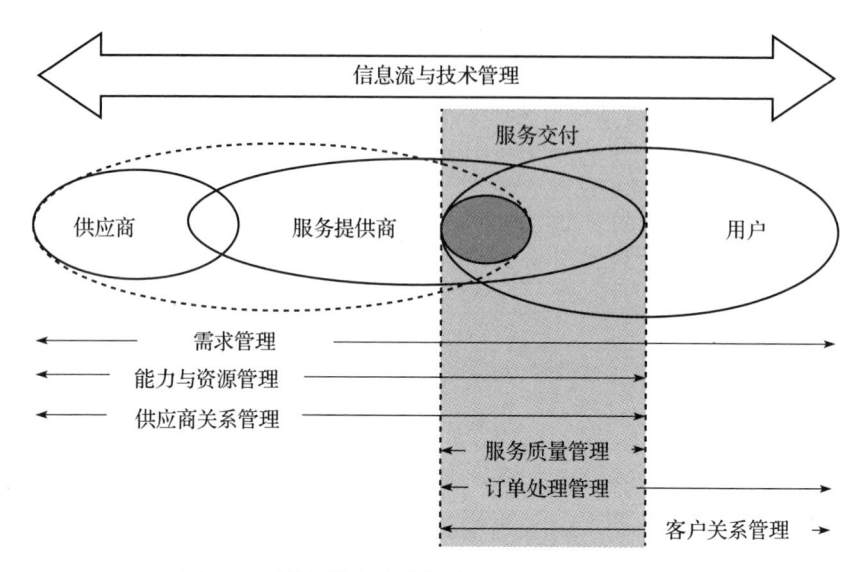

图 5-12　服务供应型模型（The IUE-SSC Model）

2008年，陈新平从需求、能力和资源、客户关系、供应商关系、订单处理、服务质量、信息技术管理七个方面对IUE-SSC模型在信息服务业的应用进行了探讨和完善，并指出服务质量管理应成为整个服务供应链的核心。[①]

IUE-SSC模型与Ellram模型一样，致力于从服务视角构建供应链运作模型，主要运用于快速兴起的服务业。然而IUE-SSC模型没有涉及各管理要素的组织体系结构，缺少服务质量管理要素，服务的集成与传递过程也没有体现。IUE-SSC模型是较早研究服务供应链运作的模型之一，意义重大。

（三）基于服务视角供应链运作模型的贡献与局限

基于服务视角的供应链运作模型的贡献在于：一是弥补了产品供应链

---

① 陈新平. 服务业供应链IUE-SSC模型及其在信息服务业的应用 [J]. 图书馆学研究，2008（07）：68-71.

的不足，打造企业服务供应链软实力；二是规范了服务供应链运作模式，提高服务质量，更快更好地响应顾客高层次需求；三是助推了全球服务业的迅速发展，打破文化壁垒，构建全球服务供应链。

目前，基于服务视角的供应链运作模型研究的局限主要在于两点：行业适用性不足和标准难以衡量。首先，现有的服务供应链模型大多是针对某一服务行业提出的，如金融业、旅游业、医疗业、物流业、港口业等，带有浓厚的行业色彩，模型特性决定其难以得到普遍性推广；其次，由于服务绩效的难以衡量，模型受情境影响大，标准难统一。因此，许多服务供应链运作模型的通用性和普适性不如产品供应链运作模型。

第四节　研究评述

供应链运作管理是实现供应链管理战略目标的重要手段。供应链运作模型学派的研究重点是构建有效的供应链运作管理标准和体系，实现供应链管理战略目标，进而实现企业总目标。

一、供应链运作模型学派的发展现状及局限性

（一）供应链运作模型学派的发展现状

1. 产生背景

20世纪60、70年代，生产方式的改进和信息技术的快速发展，使得消费者开始追求个性化和变化。为满足消费者需求，企业需要改变原来的推式运作策略，向拉式运作策略转变。

1993年，哈默和钱皮的"企业再造"理论，为供应链运作模式的改进提供了解决方案。要满足市场需求，就必须改变原来以"生产"为中心的运作流程，建立以"顾客"为中心的新的供应链运作流程。然而企业要打破固化的供应链流程，进行供应链流程再造的难度和风险极高。不破不立，不做出改变就会被市场淘汰，为此供应链运作模型学派最初的发展是依附于企业运作模型而进行的部分渐进式变革；到奠基期，转向基于"流程再造"的彻底式变革，并产生了许多经典模型。这些模型并不是单独的个人和企业研究的成果，而是以美国为首的协会组织和各国企业共同努力

的成果。进入拓展期，个人或者团队的供应链运作模型研究增多，但都是在奠基期的几个经典模型基础之上进行的调整和完善。随着电子商务和全球化的进一步发展，各国对供应链运作模型的研究日益增多。

2. 研究视角

供应链运作模型学派主要是从两个视角来构建供应链运作模型，分别是产品视角和服务视角。随着未来服务业和云服务的进一步发展，未来供应链运作模型学派会向服务化方向迈进。

产品供应链运作模型旨在为最终用户提供有形产品（包括产品的回收），产品具有标准化、专业化、可分性等特点。它是一个多级单向供应链，用户不参与供应链中，可视情况选择"推式"或"拉式"运作，流程相对简单。

服务供应链运作模型将资源和能力变成服务提供给用户，没有回收、物流和库存；服务是无形的，具有易逝性、不可分割性、异质性、同时性等特点。这些特点要求服务供应链采取较短的供应链结构以快速响应需求变化。由于用户参与，用户会将自身的有形属性和特殊需求传递给服务提供商，影响服务的设计和价值的创造过程，这样的供应链只适合"拉式"运作，是双向供应链。从服务视角探讨供应链运作模型是该学派拓展期的研究重点，也是未来的研究趋势。

3. 研究内容

供应链运作模型学派经历了萌芽期（1965—1995年）、奠基期（1996—1999年）和拓展期（2004年至今）三个阶段，从存在于企业整体运作模型之中，到地位凸显成为研究重点；从单纯的产品视角到服务视角的模型研究；从生产制造行业到智能制造、农产品、药品、金融行业等全面开花；从单向供应链到双向供应链、双渠道供应链运作的研究，期间产生了许多供应链模型和标准，推动着全球化供应链的发展。

SCOR模型是典型的从产品视角构建的标准供应链运作模型，是规模最大、最有代表性的模型。① 除SCOR模型外，从产品视角构建的典型供应链运作模型还有S&OP模型、GSCF模型、CPFR模型和SCPR模型，基于服务视角构建的经典运作模型有Ellram服务供应链通用模型和IUE-SSC服务供应链模型。各模型的比较分析见表5-10。

在供应链运作模型学派中，SCOR模型比其他几个模型出现得更早，发展得更加全面、完善；GSCF模型在相关业务流程和支撑组件方面有很强的产品供应链针对性，适用范围不如SCOR模型广泛；S&OP模型更多地运用于产销协同，外在环境变化的情况下抗风险能力低；CPFR模型专注于降低库存，关注的是制造业中制造商与销售商之间的供应链；Ellram服务供应链通用模型和IUE-SSC服务供应链模型更多的是从服务视角建立的模型，主要适用于服务化供应链。此外，SCPR虽然制定了比较全面、详细的绩效评价指标，但它缺乏具体的流程运作标准和最佳实践分析，实用性和通用性不如SCOR模型。因此，在供应链运作模型学派中，对于SCOR模型的构建、运用、绩效考核方法和与其他模型结合使用的研究较多。该学派形成了以SCOR模型为核心和基础，其他模型在此基础上不断发展和完善的研究现状。

4. 研究方法

供应链运作模型学派研究方法主要是建模，包括图形化建模法、仿真建模法、语法建模法和数学建模法。四类方法各有利弊，具体见表5-11。

通过对四类建模方法的比较可发现，图形化建模法的表达力较好，完善程度好，且易于理解和操作，这使得图形化建模法成为四种供应链建模方法中最常用且普及性最高的方法。SCOR模型、S&OP模型、GSCF模型、CPFR模型、SCPR模型、Ellram模型和IUE-SSC模型都使用图

---

① 张枫林，余昌仁，封少娟. 基于SCOR的应急供应链运作模型研究[J]. 物流技术，2007（11）：151-153+157.

表 5-10 供应链运作模型学派各模型比较分析

序号	模型	产生时间/归属时期	关注点	优势	局限性
1	S&OP	1987年/萌芽期	• 关注"需求"与"供给" • 关注产销协同	减少组织中造成系统性预测过度或不足的预测偏差的情况，提高供应链效率	• 当组织遇到不可预见的破坏时，缓冲区的移除会降低组织的弹性 • 定期的协同或者协同过程的发展变化 • 不适用于供应链发展的变化
2	SCOR	1996年春/奠基期	• 关注与产品相关的流程 • 关注供应链成员间的物流描绘	• 流程驱动 • 覆盖面广	• 缺少覆盖所有业务职能的框架 • 缺少伙伴关系的视角
3	GSCF	1996年末/奠基期	• 关注从供应商到用户的供应链相关的流程 • 关注从供应商到用户的用户、全部供应链成员间的物流描绘	• 参与方包括围绕从供应链开端到终端的所有供应商和用户 • 供应链模型的三元素描述方法	相关业务流程和支撑组件有很强的产品供应链针对性
4	CPFR	1998年/奠基期	关注制造业中制造商与销售商之间的供应链	• 降低销售商存货量的同时，也增加了供应商的销售额	• 在技术层面存在不少问题（如实时系统整合与协作） • 商业伙伴之间信任缺乏互信 • 执行的成本费用高，且效果难以衡量计算 • 必须得到企业高层的认同与支持

续表

序号	模型	产生时间/归属时期	关注点	优势	局限性
5	SCPR	2003年/奠基期	• 关注核心竞争能力、渠道、成本优势 • 关注中国企业供应链管理水平	• 操作简洁、实用 • 有效规避"IT黑洞" • 准确地描述供应链管理效果和存在的问题 • 帮助企业针对性地找到供应链管理工程导入方式	• 不涉及业务流程 • 只适用于评价中国企业供应链管理的绩效水平
6	Ellram	2004年9月15日/拓展期	• 关注与专业服务相关的流程 • 关注从最初供应商到最终用户的信息、流程、能力、服务绩效和资金管理	• 服务流程的相互关联性 • 供应商和用户的角度提炼管理内容 • 通过信息整合提升流程管理	• 没有反应供应链成员的组成体系 • 没有涉及管理要素的作用、范围
7	IUE-SSC	2007年3月1日/拓展期	• 关注三类基本角色之间的交叉性 • 关注与服务相关的流程 • 关注业务活动的管理区间	• 参与方角色的动态互换性 • 不同管理活动的管理区间 • 服务质量是管理的核心环节	管理要素不能全面反映服务的集成和传递过程

表 5-11　四种建模方法的比较分析

建模方法	表达力	完善程度	动态性	是否易于理解
图形化建模法	较好	好	差	好
仿真建模法	较好	一般	一般	较好
语法建模法	好	较差	较好	好
数学建模法	较差	较好	较好	较差

形化建模法。但是该方法的动态性差，一旦遇到突发事件，其应对性较差的特点就显露出来。因此，供应链运作模型需要提高其动态性则需要借助语法建模法和数学建模法，对理解性有更高要求则要借助于仿真建模法，取长补短，结合进行。

但是模型只能通过定量方法或者形式化方法解决一些供应链管理中库存控制、运输网络规划、资源配置及优化等定义较为清晰的"硬"问题，无法解决实际操作过程中的"软"问题，如组织变革的阻力，组织间的沟通与冲突、信息的共享、利益的分配、过程的控制等方面，这些都是供应链管理中的"软"问题。因此，供应链运作模型学派在建模的基础上，需结合具体的绩效评价方法帮助其"软"着陆，如 SCOR 绩效评价法、标杆法、平衡供应链计分卡法和供应链管理绩效报告等。

因此，供应链运作模型学派主要是通过建模的方法来构造一个通用的供应链运作模型，供企业参考使用，以减少各企业合作的壁垒，同时通过使用基于流程运作的绩效考核方法来帮助战略模型落地。建模和绩效评价就成了供应链运作模型学派的两大主要分析方法和工具。

5. 研究领域

供应链运作模型学派的研究领域主要是两大块：供应链运作模型/标准设计和运作模型适应性要求（供应链弹性、供应链柔性、不确定环境下的供应链管理、信息不对称下的供应链管理、供应链风险、应急供应链、供应链鲁棒性等）。由于运作模型适应性要求相关的研究主题，都涉及流程再造或者流程改进，因此将其纳入供应链运作模型学派研究领域。

而这两块领域又与其他学派研究领域存在许多交叉地带。消费者响应学派和可持续发展学派为供应链运作模型学派提出战略目标和具体绩效评价标准，同时也强调满足客户需求时供应链的弹性和柔性；供应链网链结构学派不断更新的集成管理技术，为供应链运作模式的变革提供了相应的技术支持，以减少不确定情况下带来的供应链风险问题，提高供应链网络的鲁棒性；供应链协同学派给出协同伙伴选择标准、协同信息共享管理方法、协同信息预测方法，帮助供应链运作模型学派建立自己的协同运作规则和制度，以更好地应对紧急突发事件。

因此，其他学派为供应链运作模型学派提供了战略保障、技术保障和制度保障。各学派之间"你中有我，我中有你"，相互借鉴，相互支撑，领域边界融合发展。

（二）供应链运作模型学派的局限性

供应链运作模型学派反映了一个企业供应链运作的基本流程和所需基本要素。供应链运作模型学派就好比描述了人的"奇经八脉"、运行机制。但人除了"血肉筋脉"还需要一副正型的骨架。古语道"皮之不存，毛将焉附"，但"骨之不正，皮焉安附"？供应链网链结构学派就是支撑"奇经八脉"的骨架。而"奇经八脉"和"骨架"如何协同运行，以及个体如何与其他个体协同，就需要供应链协同学派提供的合作机制、契约作为保障。此外，人们终其一生都在探寻"活着是为了什么"，供应链也如此，协同运作的目的是什么，是追求快速响应、有效响应、敏捷性、精益性、精敏性、可持续、绿色性还是低碳性？消费者响应学派和可持续供应链学派给出战略高度的指引。这几个学派之间是相互依赖，相互配合，相得益彰的。

而单就供应链运作模型学派来说，其目的在于通过标准化流程运作，帮助企业打通"奇经八脉",提高供应链运作效率。该学派发展也存在很多不足,首先模型发展的初衷多针对生产制造企业的产品,而未将服务纳入考虑;"奇经八脉"涉及的内容较广,缺乏像其他学派一样深入的研究;考核的指标涉及整条供应链,考核难度较大;运作过程中的风险因素多为不确定因素,对以流程标准化的供应链运作模型学派来说,纳入研究的难度较大。

1. 研究视角:多基于产品视角,服务供应链运作研究不足

早期,供应链管理局限于对制造业中产品供应链的研究。大部分供应链的定义都强调从产品生产到消费的全过程,整个流程涉及供应商、制造商、分销商、零售商以及用户,关注物流、资金流、信息流的控制与协调。①② 产品供应链运作模型旨在为最终用户提供有形产品(包括产品的回收),产品具有标准化、专业化、可分性等特点。它是一个多级单向供应链,用户不参与供应链中,可视情况选择"推式"或"拉式"运作,流程相对简单。

随着传统制造业生产能力的急速过剩以及消费市场的日趋成熟,供应链开始向制造业的下游延伸,即向服务业扩展,于是服务供应链的思想进入大众视野。服务供应链运作模型将资源和能力变成服务提供给用户,没有回收、物流和库存;而且服务具有无形、易逝、异质、同时、难以分割等特点。这些特点要求服务供应链采取较短的供应链结构以快速响应需求变化。由于用户参与,用户会将自身的有形属性和特殊需求传递给服务提供商,影响服务的设计和价值的创造过程,这样的供应链只适合"拉式"运作,是双向供应链。但是目前大多数供应链运作模型仍基于"产品"运作,在"服务"运作方面的研究较为欠

---

① Chopra S, Meindl P. Supply chain management: strategy, planning and operation [M]. Upper Saddle River, NJ: Prentice-Hall, 2001.
② 马士华,林勇,陈志祥. 供应链管理 [M]. 北京:中国人民大学出版社, 2005.

缺,现有的服务供应链运作模型缺乏完善性和普适性,难以在大范围内推广。

2. 研究内容:涉及面广,但深度不够

由于供应链涉及面广、问题复杂,在一个运作模型中同时考虑所有的因素几乎是不可能的。因此,建立一个贴近实际状况而又可以完美解决实际问题的供应链模型是很困难的。以 SCOR 模型为例,大多企业都是从模型的第二层开始构建他们的供应链,常常会暴露出现有流程的低效和无效,因此需要花时间对现有的供应链进行重组。①

另外,在瞬息万变的社会,企业需要适时变换战略目标以应对市场竞争,进而推动供应链战略的调整。不同的供应链战略架构下的运作模型差异大,需要很长时间进行流程再造或流程改进。因此,随着时代的发展,供应链运作模型的柔性、弹性、不确定性、风险性、应急性、鲁棒性、协同性方面的研究还有待深入。

3. 考核方法:研究的指标较多,考核难度大

供应链运作模型在研究的过程中纳入考核的指标过多,难度比较大。以 SCOR 模型为例,其考核难度大,且缺乏对高层管理者的考核;② 同时,纷繁复杂的运作考核指标容易引发员工的负面情绪。流程导向的供应链运作评价体系虽然符合组织变革的要求,但它更适合已完成流程再造,或者流程性较强、较扁平的企业,而对一般企业来讲,实施的周期长、难度大。

此外,"质"和"量"的兼顾和平衡是管理中的永恒话题。供应链运作模型学派还需要深入研究供应链运作过程中的绩效考核指标体系,尽量兼顾绩效考核的"质"和"量",考虑模型的适应性和灵活性。

---

① 李高朋. SCOR 供应链运营参考模型 [J]. 情报杂志,2004 (07):61-62.
② 刘松博,王海波. ROI、BSC、SCOR 绩效考核体系的比较分析 [J]. 现代管理科学,2004 (04):27-30.

4. 研究领域：运作过程中的风险研究有待加强

一切偏离"供应链航道"的事件都属于供应链风险范畴，如产品未及时送达、运营成本超预算、质量不合规等。由于供应链是一个复杂的系统工程，致使供应链容易受到来自内外部不利因素的影响，与生俱来就存在风险。[①]

在大多数情况下，企业缺乏对供应链运作信息实行全面、全程把控的手段，因而很难识别供应链运作系统中的潜在风险。当某个供应链节点出现问题后，整个供应链系统会受损或者中断，甚至出现全面崩盘的情况。而目前供应链运作模型学派多是基于正常流程下的运作研究，对于突发性、应急性和风险性模型的研究有待加强。

二、供应链运作模型学派的发展方向

未来，供应链运作模型学派需要对供应链运作过程中的集成化、服务化、数字化、智慧化、透明化、应急化等问题综合分析。

1. 集成化

首先，从运作层到战略层模型集成优化趋势。供应链集成化问题的实质是供应、制造、销售一体化系统的最优化，而非局部最优。因此，运作层到战略层的模型集成和优化，是由局部生产运作过渡到整体供应链管理过程中的重要手段；其次，各种供应链运作模型和标准的集成化。GFSI（全球食品安全倡议）就是将不同国别的不同标准纳入一个标准体系，使之成为标准的标准，德国爱迪斯公司（IDS Scheer）将供应链运作参考模型和流程分类框架集成到 ARIS 平台（ARIS Platform）。"众人拾柴火焰高"，在这样一个大背景和大趋势下，供应链模型和标准将迅速地集成化发展，成为企业有力的竞争工具。

---

① 张存禄，黄培清. 供应链风险管理［M］. 北京：清华大学出版社，2007.

2. 服务化

通常情况下，一般供应链注重自身生产制造的运作效率，而产品供应链更专注于产品交付给用户时的有效性和响应能力。这两类运作模式类似效率性供应链和响应性供应链。[①] 随着服务业的快速发展和企业供应链策略的改变，产品供应链也能转换成服务化供应链（见图 5-13）。

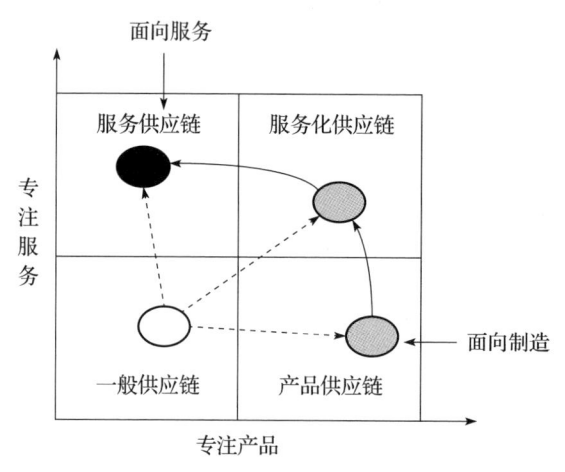

图 5-13　供应链类型演化发展

服务化供应链运作模型需要融合产品供应链和服务供应链的特性，并展现出更多新的形态。从结构上看，它也是一个"拉式"的双向供应链，但因生产性服务和服务性生产的节点企业交互，增加了供应链网络的复杂性。产品依附于服务实现增值，并根据难度不断提升的客户诉求发挥创新能力。服务供应链运作模型的完善和产品服务化运作模型也是本学派的未来研究方向之一。

3. 数字化 + 智慧化

新冠肺炎疫情流行后，"数字化转型"成为全球供应链管理转型的主基调。以新兴技术为载体，以大数据为驱动，全面深化供应链运作各个环

[①] Fisher M L. What is the right supply chain for your product? [J]. Harvard Business Review, 1997, 75: 105-117.

节的信息记录、信息追踪，优化资源配置，增强供应链运作弹性成为研究热点。"云物移大智"时代的到来，为实现供应链、产业链的可视化、透明化、科学化提供了更多可能。同时，供应链运作模型需要纳入应急体系、敏捷转产与预警机制等内容；并以数字科技为依托，解决产业流程问题，让上下游高效地协同起来；实现产业链分工的重新设计和利益再分配。以 SCOR12.0 版本为例，其增强了服务性行业和数字化环境的一致性，顺应了数字化转型这个必然趋势。

4. 透明化 + 应急化

现代企业的供应链不断延长，给供应链管理带来了巨大的挑战，飞机、汽车等大型制造型企业尤为典型。[①] 信息的不透明导致了非常高昂的摩擦成本，特别是在应急情况下，这种不透明带来的损失难以估计。

2019 年 1 月 10 日，中国网信办发布《区块链信息服务管理规定》。同年 10 月 24 日，习近平总书记强调"加快推动区块链技术和产业创新发展"。因此，以"区块链"为代表的集成技术与供应链透明化运作模型的结合是未来的研究重点。其中制造业（制造企业为主导、零售企业为主导、第三方物流服务商为主导）、农产品行业（基于一级批发市场的农产品、基于网络平台的农产品）和流通业（外贸、跨境电商）的供应链透明化运作模型的构建是重中之重。

2020 年新冠肺炎疫情大流行引发了人们对危机与事故情况下的应急供应链运作管理的关注。而透明化是应急供应链运作模型构建的基础，只有信息共享和透明才能为应急决策提供真实而准确的信息，二者相辅相成。为了更好地实施供应链管理技术，研究供应链建模技术，建立相应的供应链运作参考模型以实现供应链的优化是十分必要的。[②]

---

① 黄峤潆. "区块链+供应链管理"开启透明化时代 [J]. 金卡工程，2017（05）：55-58.
② 梁浩，王渝，吴启迪. 供应链建模、仿真与优化问题的研究 [J]. 中国机械工程，2002（10）：60-62+5.

本章小结

供应链运作模型学派主要是通过建模的方式搭建供应链运作框架，重构企业流程，并结合相应的绩效评价方法使运作得以落地。目前该学派中典型的运作模型主要基于两个视角：产品视角（SCOR 模型、GSCF 模型、S&OP 模型、CPFR 模型、SCPR 模型）和服务视角（Ellram 服务供应链通用模型、IUE-SSC 服务供应链模型）。由于服务业的兴起，该学派未来会进一步将服务，尤其是云服务纳入供应链运作体系。从研究来看，该学派主要是以 SCOR 模型作为标准供应链运作参考模型，运用建模和绩效评价两大类工具，结合其他模型或构建新的运作模型，使各企业能够快速借助这些模型梳理自身供应链管理流程，以适应瞬息万变的竞争环境和个性化的客户需求。

首先，从供应链运作模型学派的理论基础——哈默和钱皮"企业再造"理论开始，阐述企业的业务流程再造对供应链运作模型实施的必要性。供应链运作管理是实现供应链战略目标的重要战术手段。任何管理战略最后都要通过打破或者完善业务流程，进行具体运作才能实现。运作模型学派的出现则为不具备构建运作模型的企业提供了标准化参考模型和依据，使其能够套用模板公式，实现基本的流程运作。

其次，通过对供应链运作管理进行思想溯源，探讨其发展的时代背景，从萌芽期（1965—1995 年）、奠基期（1996—2003 年）和拓展期（2004 年至今）三个阶段梳理该学派的发展历程，介绍各阶段具有代表性的模型和标准，对比分析各种模型和标准的发布年份、发布者、特点、主要内容和历史作用。

再次，从模型的代表性和适用性角度出发，选取七个供应链运作模型进行介绍。首先从标准供应链运作模型 SCOR 模型出发，着重介绍其演变历程、主要内容、贡献及局限。从供应链运作模型学派发展的现状来看，SCOR 模型是规模最大、最有代表性的模型，持续改进和完善，最具活力及生命力。除 SCOR 模型外，从产品视角介绍了四个经典的供应链运作模型——S&OP 模型（销售与运营规划模型）、GSCF 模型（全球供应链论坛模型）、CPFR 模型（协同式供应链库存管理模型）和 SCPR 模型（中国企业供应链管理绩效水平评价参考模型）；从服务视角介绍了两个典型的供应链运作模型——Ellram 服务供应链通用模型和 IUE-SSC 服务供应链模型，并对各类模型的贡献及不足简单阐释。

最后，从研究产生背景、研究视角、研究内容、研究方法和研究领域五方面阐述供应链运作模型学派的发展现状。接着，介绍了该学派与其他学派的关系和相较其他学派而言研究的局限性，包括：研究视角多基于产品视角，服务供应链运作研究不足；研究内容涉及面广但深度不足；考核方法中涉及指标较多，考核难度大；对运作过程中的风险研究有待加强。基于各个运作模型的优缺点不同，通常企业会根据自身需求扬长避短、综合使用。受国际大环境和新冠肺炎疫情的影响，未来供应链运作模型学派会进一步往集成化、服务化、数字化、智慧化、透明化、应急化等方向研究，与其他学派的交叉融合研究趋势会加强，进而不断提高供应链运作模型的韧性、柔性、可持续性、可操作性和实用性。

第六章
供应链协同学派

CHAPTER 6

进入20世纪90年代，基于集成技术的应用与协同理念的成熟发展，单个企业之间的竞争开始转变为企业所在的供应链之间的竞争，由不同利益主体组成的供应链系统进入转型阶段。此时，供应链不仅关注企业与供应商和所有前向节点企业之间的关系，而且关注与用户和所有后向节点企业之间的关系。消费者响应学派与供应链运作学派的局部管理已不再适用，各种缺陷呼之欲出。基于消费者响应学派的客户视角、供应链运作模型学派的产品视角，以及供应链网链结构学派的集成视角对供应链管理的思考，协同学派将供应链管理引导至更高的管理层次，即：供应链管理的首要目标不再是降低成本，而是提高供应链的快速反应能力和整体竞争力，最终促成以协同管理思想为理论框架，以供应链流程重组模型学说、供应链复合系统的耦合协调度模型学说、供应链协同的优化分析学说为基点的学派体系。

第一节 《协同学》的思想与本质

协同学又称协同科学，美国战略管理科学家伊戈尔·安索夫于 1965 年首次将协同理念引入管理领域，其通过协同使企业能够更有效地利用现有资源和优势，开拓新的发展空间，自此，开启了《协同学》在管理领域的实践应用研究。

一、哈肯《协同学》的思想

18 世纪，著名德国古典哲学家康德在认识论巨著——《纯粹理性批判》中，指出协同性是指一定空间与时间条件下事物间的相互作用属性。但真正系统阐述协同思想的是德国物理学家——赫尔曼·哈肯（H. Haken）。1971 年，他和其他学者在《协同学：一门协作的科学》中阐述了协同学概念。1976 年，哈肯在系统论、信息论、控制论、突变论等基础上，较为系统地论述了协同理论，并出版了《协同学导论》等著作。哈肯认为一切的开放系统，无论是宇宙系统、自然系统还是社会系统，都能在一定条件下呈现非平衡的有序结构，并且系统会自发地发生自组织运动，整个环境的各系统或各部分之间通过相互协作以自组织的方式形成空间、时间或功能上的新质结构和特征[1]。最终创立了协同学——由混沌无

---

[1] 赫尔曼·哈肯. 协同学——自然成功的奥秘 [M]. 戴鸣钟，译. 上海：上海科学普及出版社，1988.

序状态向稳定有序结构转化的机理和条件的学科。

哈肯强调，协同学是以统一的观点处理复杂系统的一个概念和方法。其中，系统是许多子系统的复杂集合。一个宏观可观察系统的行为不是每个子系统行为的简单叠加，而是所有子系统通过一个有规则的、有目的的自组织对整个系统做出的贡献。因此，协同强调复杂系统之间存在相互影响和相互协作的关系。为了建立一个具有广泛应用性的协同理论框架，哈肯在概率论和随机理论的基础上引入支配原理求解序参数，并建立了有序结构运动的核心——自组织理论，以探究开放系统从混沌无序状态到稳定有序结构的变化规律。

在1988年出版的《协同学——自然成功的奥秘》一书中，哈肯论述了协同学的两大核心理论（见图6-1）。

支配原理：支配原理是系统内部稳定因素和不稳定因素相互作用下的自组织过程，当系统在接近不稳定点或临界点时，系统相变的趋势通常由少数几个慢变量或序参量支配或规定

自组织理论：复杂系统在一定的外部输入条件下，通过子系统之间的协同作用自动地由低级无序走向高级有序的机制和过程，并形成新的时间、空间或功能的有序结构

图 6-1 协同学的核心理论

（一）支配原理：系统序参量的决定作用

支配原理也被称为役使原理，协同学表示在一个开放的、非线性的、远离平衡态的自组织系统运动中，系统内的子系统一般都能够进行自发的无规则运动，并通过相互作用力形成关联性的协同运动。当各子系统间的关联性从宏观无序状态延伸至强关联活动状态时，子系统中的关联作用胜过子系统间的独立运动，关联作用开始起主导作用。

为了更好地描述系统的随机涨落的现象，引入快弛豫参量和慢弛豫参量的作用理论。如果涨落受到很多子系统的快速响应，并由子系统展开影

响到整个系统的变化，这种涨落的内容称为慢弛豫参量。慢弛豫参量又称为影响系统最终结构和功能的序参量。序参量不但会对其系统的宏观演变起到决定性作用，支配系统的运动，还能通过序参量来了解系统内深层次子系统的行为方式和运动状态。每个序参量的形成表明系统内部已经有某种运动占据优势，但是因为序参量的作用不能互相取缔，所以多个序参量通过竞争和协同的方式，将子系统的运动演变成为可主导整个系统的演化动力。此时，系统的发展是由各个序参量之间的竞合关系所支配。而快弛豫变量则是在系统转变的过程中被序参量所支配的参量，其虽然是系统从无序状态向有序状态转变过程中的非关键因素，但其存在会对系统序参量产生一定程度的影响。

支配原理对研究系统问题的贡献在于简化复杂系统的演化过程，主要通过研究序参量以确定整个系统演化的规律。因此，在研究中，无须关注无尽的状态参量，只需逐步过滤作用微小的状态参量，保留起系统主导作用的序参量，便可在序参量的支配作用下讨论系统的演化，发现序参量能够影响和决定系统自组织的程度和方向，并对系统进行有效的控制与把握。

（二）自组织理论：系统运动的溯源

作为协同学理论中的核心理论，自组织理论的研究重点在于描述系统如何从无序状态走向有序状态的过程。其中，"组织"是系统内部的有序结构及其形成的过程，自组织与他组织是系统进化的两种重要形式。"他组织"是指系统只能依靠外界的特定指令来推动自身向有序演化，从而被动地从无序走向有序[1]。但是自组织具备一定的自生性和内在性，自组织原理阐述了远离平衡态的开放系统在与外界有物质或能量交换的情况下，

---

[1] 段存广，高国武. 科技园区企业集群演化动力与模式分析 [J]. 科技进步与对策，2011，28（07）：43-46.

具有自组织特征（开放性、失衡性、涨落性、非线性）的复杂系统，通过相互协调出现时间、空间和功能上的有序结构[①]。从不同的理论视角可对自组织有不同的认识（见图6-2）。

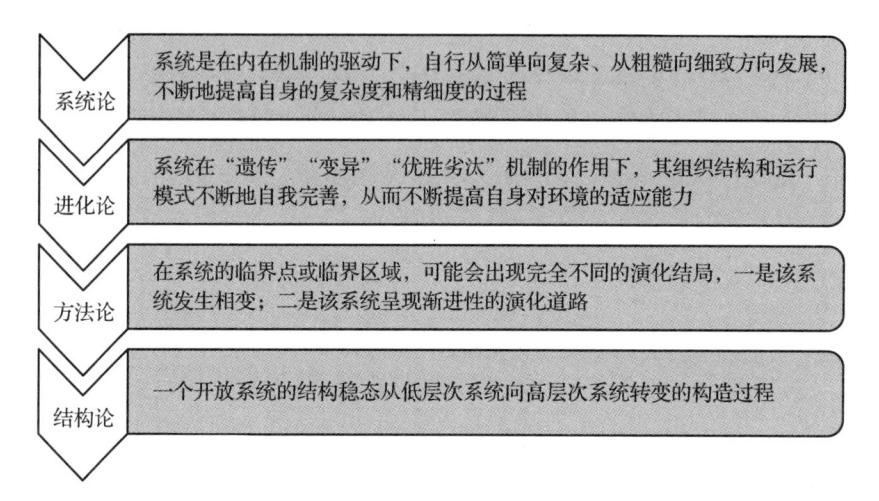

系统论	系统是在内在机制的驱动下，自行从简单向复杂、从粗糙向细致方向发展，不断地提高自身的复杂度和精细度的过程
进化论	系统在"遗传""变异""优胜劣汰"机制的作用下，其组织结构和运行模式不断地自我完善，从而不断提高自身对环境的适应能力
方法论	在系统的临界点或临界区域，可能会出现完全不同的演化结局，一是该系统发生相变；二是该系统呈现渐进性的演化道路
结构论	一个开放系统的结构稳态从低层次系统向高层次系统转变的构造过程

图6-2　自组织的不同认识

从自组织发展视角看，供应链也是一个自组织系统。供应链各主体间相互协同所产生的自然约束力是内部动力，供应链与外部交换信息流、物流和资本流中所形成的契约是外部动力。内外部力量的共同作用，促使供应链各子系统在履行各自职责的同时，能够相互协调，朝着同一目标发展，形成有序的结构（见图6-3）。

供应链的自组织演化包含三类过程：一是从混乱的无序状态演化为有序状态；二是从低组织程度系统向高组织程度系统的层次跃升；三是在相同组织层次上从简单到复杂的过程演化。供应链自组织在内外部力量的共同作用下趋于优化，从而使得整个网络既能很好地适应外部环境的变化，又能保证自身的正常运转。表现为，链上的各节点企业在市场的调节下，由

---

① 荣盘祥. 复杂系统脆性理论及其理论框架的研究 [D]. 哈尔滨：哈尔滨工程大学，2006.

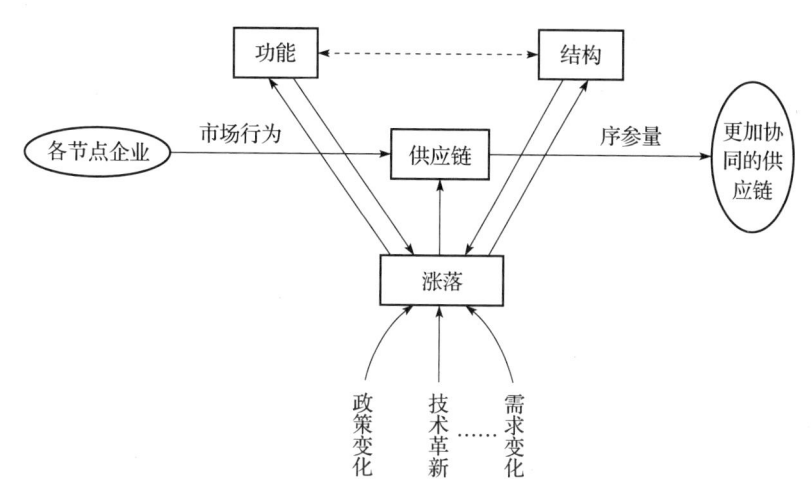

图 6-3　供应链自组织过程

原本的独立个体协同形成供应链网络结构，且随着供应链自组织活动广为人知，许多学者将自组织系统理论中的熵理论、耗散结构理论等引入供应链管理的研究中，为组织的管理提出新思路。为此，众多学者基于熵理论研究探讨供应链的复杂性问题[1]，从散结构理论、突变论等角度研究供应链系统的演化机制等问题。[2]

二、哈肯的协同模型：系统有序结构的形成和演化

一个系统内含有数不清的参量，若考察系统内所有参量行为则无法穷尽。根据支配原则，序参量是在整个系统中起支配作用的，描述系统宏观有序度或宏观模式的参量，通过序参量便可厘清自组织系统的演化规律。基于此，在一定外部条件下，哈肯借助数学模型描述系统内部变量相互作

---

[1] 肖玉明，汪贤裕. 基于熵理论的供应链稳定性预警分析 [J]. 管理工程学报，2008（03）：57-63.

[2] 李广，赵道致. 基于自组织理论的供应链系统演化机制研究 [J]. 工业工程，2009，12（03）：7-12.

用的结构演化过程[①]。

哈肯的协同模型用以研究自组织系统发生宏观变化并不总是靠某一给定外力的强迫作用,而是靠子系统间的"协同"作用(不考虑随机涨落项)。

求解思路如下所述。

(1)识别参量。通过微分方程计算找到线性失稳点并区分出快、慢变量。

(2)消去稳定模。使用消去稳定模法求出序参量方程。消去稳定模有两种方法:绝热消去(又称绝热近似法)和系统消去(又称精确消去法)。

(3)构造参量协同作用的运动方程。基于消去稳定模方法,在确定系统主要作用参量后,通过构建二维数学系统构造参量协同作用的运动方程,识别出系统的序参量。

(4)评估整个系统的协同水平。在分析自组织系统内部协同发展的状况时,亦可通过分析各子系统协同发展的驱动因素确定序参量,并能根据各阶段序参量的发展特性探究各子系统协同发展的方向,以期寻找自组织系统的演化发展路径。

[①] 熊斌,葛玉辉. 基于哈肯模型的科技创新团队系统演化机制研究[J]. 科技与管理,2011,13(04):47-50.

第二节　供应链协同学派的发展历程

基于《协同学》的思想与理论，供应链管理开始注重协同发展。在汲取消费者响应学派、供应链运作模型学派与供应链网链结构学派管理理念的基础上，供应链协同学派经历萌芽期、奠基期、拓展期，形成互利共赢、整体最优、可持续发展的新型管理模式。

一、供应链协同学派的思想起源

20世纪60年代以来，在市场环境日趋复杂的影响下，传统单一企业的发展模式受到资源和能力限制，已无法适应产品周期缩短、技术日趋复杂、消费者需求快速变化的新形势。该时期的企业面临高投入、高风险、高收益的局面，试图通过新的竞合模式为企业发展寻求新突破口。

进入20世纪90年代，市场竞争已转向企业所在的供应链之间的竞争。随着协同学和供应链管理理论的进阶发展，企业开始将管理经营活动延伸到供应链协同管理层面。此时，打破了消费者响应学派和供应链运作模型学派的局部优化的模式，供应链管理开始运用信息技术，整合分布在供应链中的各种资源，实现供应链各节点企业之间协调、同步运行和无缝对接的动态协同管理。

融合供应商管理库存、协同式供应链库存管理、连续补货等流程，供应链协同管理成为实现互利共赢、整体最优、可持续发展的一种新型的模式。且从学派发展的衔接性来看，供应链协同学派与其他学派共同发展、协调优化，是对消费者响应学派、供应链运作模型学派与供应链网链结构学派的继承与发展；同时，供应链协同学派自身也是可持续发展供应链学派的一部分，可持续发展学派是供应链协同学派的延续。

二、供应链协同学派的形成与发展

基于相关文献的检索与分析，依据时间演进的线索，将整个学派的发展历程分为萌芽期、奠基期和拓展期。

（一）萌芽期（1960—1998年）：思想启蒙，协同初成

时间：开始于1960年，Clark在多级库存（销售系统）的研究过程中提出供应链协调管理思想。终于1998年，Beamon基于供应链集成的流程框架，阐述供应链协同是一种新的、综合的管理方法。

特色：从协调思想出发，阐述供应链管理从"协调—协同"的进阶发展过程，见证供应链协同管理理论的初步成型。

代表人物：Clark；伊戈尔·安索夫；Beamon。

代表性成果/理论：Clark的供应链协调管理思想；伊戈尔·安索夫的《公司战略》；迈克尔·哈默和詹姆斯·钱皮的《企业再造：公司管理革命宣言》；Beamon提出供应链协同管理方法。

供应链协调是基于Forrester发现的产业动态现象而产生的供应链管理模式，且于1960年，由Clark等人在多级库存/销售系统的研究中，提出较为完整的供应链协调思想。[①] 1965年，伊戈尔·安索夫等学者将协同思想引入企业管理领域，促进供应链协调思想的进一步升华。1993年，在《企业再

---

① Clark A J, Scarf H. Optimal policies for a multi-echelon inventory problem [J]. Management Science, 1960, 6 (4): 475-490.

造：公司管理革命宣言》著作中，迈克尔·哈默和詹姆斯·钱皮对 BPR 进行了全面的论述，从此，BPR 理论随即成为席卷欧美等国家的管理理论，开启了供应链企业流程再造的管理革命。1994 年，Hewitt 等认为供应链协调过程主要是对供应链上的节点企业内和企业间的信息流与资金流、物料运输过程的计划、控制以及调整。1996 年，Thomas 从业务流程视角将供应链协调分为不同的供销协调路径。1998 年，基于供应链协调的广泛应用，Beamon 对供应链的流程框架进行较为系统的分析，并提出供应链的集成需要走向新的、综合的协同模式，这标志着供应链协同管理步入新时代。[①]

在萌芽期，诸多学者对供应链协调管理的概念、作用机理、表现形式和作用效度等相关问题进行了一定程度的阐述。虽然研究视角不同，但供应链协调管理研究大体包括三类视角：一是从供应链协调作用机理的角度，相关学者认为供应链协调是一种在供应链合作伙伴之间进行沟通、交互、决策、控制以及调整有关的材料、零部件、资金、服务等的协同模式，为供应链网络中的关键经营过程提供支持；二是从供应链协调的表现形式角度，相关学者强调供应链协调的核心皆是竞合思维；三是从供应链业务流程协调与协同作用角度，相关学者强调协调供应链的目的在于避免冲突竞争及内耗，实现合作共赢的管理协同。同期，消费者响应学派、供应链运作模型学派、供应链网链结构学派和可持续供应链学派的相关理论思想已经崭露头角，分别开始形成各学派分支思想。

（二）奠基期（1999—2007 年）：视角多元，体系丰富

时间：始于 1999 年，著名的供应链管理专家 David Anderson 在 *Synchronized Supply Chains：The New Frontier* 一文中指出，新一代的供应链战略就是协同供应链；终于 2007 年，供应商优化模型领域的成熟应用，

[①] Beamon B M. Supply chain design and analysis：models and methods [J]. International Journal of Production Economics，1998，55（3）：281-294.

推动供应链协同学派开创出模型学说。

特色：从企业内部视角与企业外部视角阐述供应链协同管理的演进发展，供应链协同的范畴扩展至各企业内外部的协同，使得供应链成为涵盖整个产品"运动"过程协同价值链。

代表人物：David Anderson、曾忠禄、杨德礼、葛亮。

代表成果：David Anderson提出协同供应链是供应链管理的新战略；曾忠禄提出的企业内部协同管理思想；葛亮强调企业间的协同战略；杨德礼提出三方协同管理思想。

1999年，世界著名供应链管理专家David Anderson等将协同供应链视为供应链管理的新战略[1]。同年，Cachon等认为供应链协调的目的是结合、调整供应链上所有成员的行动目标从而完成供应链的总体目标。[2] 自此，学者们开始认识到供应链的竞争力来自其协同内外部资源的能力，而供应链协同取决于企业内部视角的供应链协同管理、企业之间的协同管理、基于产学研的第三方协同管理等方面。

企业内部视角的供应链协同管理。2001年，曾忠禄提出企业获得利润最大化或者继续保持竞争优势，需要加强对企业内部的整体价值链系统的协同管理。[3] 2004年，Manthou提出供应链协同管理能力是区别市场竞争力的关键，而实现企业内部协同式管理的途径是不断创造价值。[4] 2008年，杜栋提出通过耦合方式搭建有效的信息，企业可以创造大于各部分简单加和的企业价值，真正在较高层次上成为一个整体[5]。

---

[1] Anderson D L, Lee H L. Synchronized Supply Chains: The New Frontier [J]. Advanced Simulation and Control Engineering Tool, 1999, 6 (4): 1-11.

[2] Cachon G P, Zipkin P H. Competitive and cooperative inventory policies in a two-stage supply chain [J]. Management Science, 1999, 45: 936-953.

[3] 曾忠禄. 从企业价值链看战略联盟优势 [J]. 当代财经, 2001 (01): 61-65.

[4] Manthou V, Vlachopoulou M, Folinas D. Virtual e-chain (Vec model for supply chain collaboration [J]. Production Economics, 2004, 87: 241-250.

[5] 杜栋. 协同、协同管理与协同管理系统 [J]. 现代管理科学, 2008 (02): 92-94.

基于产学研的第三方协同管理。2003年3月，杨德礼等认为现代高效率供应链管理的重要标志是供应链上的企业将非核心业务外包给第三方服务提供者，这有力地促进了第三方物流的发展。[1] 2003年8月，徐琪等学者提出协同管理需要关注产学研三方的合作与协调，协调企业、高校、科研机构的管理目标、组织和机制。[2]

企业之间的协同管理模式。2005年，葛亮等提出根据公司的规模、技术支持能力选择合适的模式与多家供应商实行合适的协同战略，这是消除供应链协同瓶颈的主要方法[3]。唐晓波等认为当各企业作为战略联盟，坚持产品、技术、管理、人员等的协同管理，并在企业间建立合适的供需关系，企业间的合作易于形成资源优势互补，强化核心竞争力。[4] 张翠华等通过对协同供应链与集成供应链的比较说明了协同供应链是供应链发展的一种现实和理智的选择模式。[5] Dudek也认为形成企业协同的供应链模式是管理领域研究的热点。[6] 进入2007年，供应链管理更加注重通过信息的共享和处理，通过协同网络减少独立预测的盲目性和不准确性，降低供应链运行的总成本，推动供应链协同学派开创出模型学说。

在奠基期，逐渐形成了企业内部视角的供应链协同管理思想、企业之间的协同管理思想、基于产学研的第三方协同管理思想等。

---

[1] 杨德礼，于江. 供应链管理下节点企业与第三方物流间协同合作的量化研究[J]. 中国软科学，2003（03）：51-55.

[2] 徐琪，徐福缘. 供需网的一个节点：供应链协同管理与决策[J]. 系统工程理论与实践，2003（08）：31-35.

[3] 葛亮，张翠华. 供应链协同技术与方法的发展[J]. 科学学与科学技术管理，2005（06）：151-154.

[4] 唐晓波，黄媛媛. SCM协同管理战略及模型评价[J]. 情报杂志，2005（01）：88-90.

[5] 张翠华，周红，赵淼. 供应链协同的因素模型及对我国的启示[J]. 现代管理科学，2005（06）：53-54.

[6] Dudek G. Stadtler H. Negotiation-based collaborative planning between supply chains partners[J]. European Journal of Operational Research，2005，163：668-687.

（1）企业内部视角的供应链协同管理。由于企业在创造价值的过程中免不了经历一系列各要素联系活动，包括研究开发、设计、采购、生产营销、交货以及对产品起辅助作用的各种活动。为了获得利润最大化或者继续保持竞争优势，企业需要加强对企业内部的整体价值链系统的协同管理。

（2）基于产学研的第三方协同管理。从企业的角度看，企业作为研发、利益分配和技术实践的主体，需要加强专利与理论成果的转化能力，形成科技资源，以支撑产业链体系的发展。从政府角度看，政府在推动产学研协同创新时应充分发挥引导作用，及时有序地为产学研主体配置人力、财力、物力资源，建设科技信息平台。从高校角度出发，需要为知识转移的价值实现提供有效方案，提出发展专利和建立产学研网络协同模式。

（3）企业之间的供应链协同管理理论。企业间的协同管理包括纵向协调和横向协调两种方式，纵向协调是相关公司之间在整个产品生命周期过程中的协调；横向协调是在供应链中处于同一位置的各个公司之间的协调。在供应链上，每个节点企业在内部搭建高效的供应链管理系统，以实现链上各环节间的实时交流和信息共享，及时调整自己的计划和执行过程。

总体来看，供应链协同思想于1999年正式提出，它不同于传统的集成管理和分布式管理，很快成为当时全球市场竞争和协同环境下的一种新的企业竞争战略和管理模式。由此开始，供应链协同管理就成为供应链管理研究的一个新方向，学术界对供应链定义及供应链管理的理解发生了新的变化，诸多学者开始不断探索协同思想在供应链协同管理的现实应用，使得供应链协同的范畴扩展至各企业的内外部的协同，原来被排斥在供应链之外的最终用户、消费者被纳入供应链的管理范畴。这样，供应链就不再只是一条生产链，而是一个涵盖整个产品"运动"过程协同的价值链。同时，也为其他学派的研究拓宽了思路。

(三)拓展期(2007年至今):理论升级,学说拓展

时间:始于2007年,张梅艳等学者引入第三方物流的VMI模型优化研究,标志着供应商管理库存(VMI)在供应链领域的成熟应用。

特色:基于信息技术与数理模型的应用,形成供应链复合系统的耦合度模型学说与供应链协同的优化分析方法学说。

代表人物:张梅艳、李静芳、龙宇。

代表成果:供应商管理库存(VMI);李静芳将灰色关联模型运用于供应链研究;龙宇将Logistic模型运用于供应链研究。

供应链协同运作最典型的技术是供应商管理库存(VMI)。VMI模式是以QR(Quick Response,快速反应)和ECR(Efficient Customer Response,有效客户响应)为基础发展而来的。供应商管理库存最早于1958年由Magee等学者提出,VMI模式在理论界得到验证,推动了其在生产实践中的应用。2007年,张梅艳等[1]建立了分散式TPL-VMI和Supply Hub模式的理论模型,促进VMI模式在力量不对等的供应链中的应用,被学术界高度重视。自此,基于信息共享和需求精准预测的主要特点,VMI推动供应链协同管理进入拓展期,形成信息共享更高层次的供应链协同管理理论。2010年,朱志光等认为企业内部协同基于联动的信息系统模型,而ERP的应用可以实现企业内部整个供应链的全面有效管理。[2] 2012年,杜栋等将CMS应用于公司的文档、资产、人力资源、客户、项目、财务、工作流等模块,形成公司的协同管理。[3]

在这些应用的基础上,供应链协同管理的研究开始趋向于供应链复合系统的演化规律、管理决策分析、管理预测等方面。2009年,李静芳等

---

[1] 张梅艳,高远洋.引入第三方物流的VMI模型优化研究[J].管理学报,2007(01):53-56.
[2] 朱志光.企业信息化协同管理模式分析[J].信息系统工程,2010(08):58-59+53.
[3] 杜栋,庞金鑫.基于协同管理系统实施企业知识管理[EB/OL].国际会议,2012-12-27.

针对绿色供应链的特征，构建多层次灰色关联分析法，得出合理的绿色供应链绩效评价体系。[①] 2013 年，龙宇等运用 Logistic 函数方程拟合长江经济带下、中、上游货运量和 GDP，分析与测算物流通过供应链作用对经济增长的影响程度。[②] 2017 年，曾繁清等运用耦合协调度模型，测算并分析影响金融体系与供应链产业结构相互耦合协同的主要因素。[③] 2018 年，王兆峰等基于耦合协调度模型测算与分析湘鄂渝黔 4 个毗邻省市 2004—2016 年旅游供应链与旅游环境间耦合协调度的变化特征。[④] 2017 年，基于博弈优化思想，周熙登等对双渠道供应链中的低碳减排投入、低碳宣传投入和低碳宣传分担率进行求解。[⑤] 2021 年，塞洁等基于多目标优化与博弈理论，分析集中式与制造商主导 Stackelberg 博弈模式下的供应链决策，并进一步均衡制造商、零售商等在供应链上的利润协调。[⑥]

在本阶段，形成了复合系统的耦合度模型学说与供应链协同的优化分析学说等内容。

（1）部分学者将复合系统的耦合协调度模型引入供应链协同研究中，通过建立影响供应链协同的内外部评价指标体系，进行相关产业供应链的耦合度和协调度分析，形成了供应链复合系统的耦合协调度模型，使供应链系统的协同发展程度得到科学的测量。但供应链系统的复杂性决定了耦合协调指标体系和耦合协调的关系评价体系需要进一步完善。

---

① 李静芳，余松，黄芳. 基于多层次灰色关联模型的企业绿色供应链绩效评价 [J]. 物流工程与管理，2009，31（12）：89-91+80.

② 龙宇，徐长乐，徐廷廷. 长江经济带物流业对区域经济发展影响的实证分析 [J]. 物流科技，2013，36（12）：61-65.

③ 曾繁清，叶德珠. 金融体系与产业结构的耦合协调度分析——基于新结构经济学视角 [J]. 经济评论，2017（03）：134-147.

④ 王兆峰，霍菲菲，徐赛. 湘鄂渝黔旅游产业与旅游环境耦合协调度变化 [J]. 经济地理，2018，38（08）：204-213.

⑤ 周熙登. 考虑品牌差异的双渠道供应链减排与低碳宣传策略 [J]. 运筹与管理，2017，26（11）：93-99.

⑥ 塞洁，郭雨，姜林，苏加福. 基于多目标优化的绿色供应链博弈模型及利润共享契约 [J]. 计算机集成制造系统，2021，27（03）：943-953.

（2）部分学者研究供应链优化的有效性和可行性测量模型，并提出相应合理的、科学的收益分配方法，以衡量和研究供应链协同的运作过程中的测量优化、决策方案优化与分析等，为供应链协同管理体系提供了方法支撑。

长期来看，基于协同管理思想的供应链协同学派经历萌芽期、奠基期、拓展期三个阶段，已形成以协同管理思想为理论框架，以供应链流程重组模型学说、复合系统耦合协调度模型学说与供应链协同的优化分析学说为基点的学派体系。在这个体系内，供应链的概念跨越了企业界线，开始从全局和整体的角度，将供应链从一种运作工具上升为一种管理方法体系，供应链成为承载企业内、企业间和第三方运作的协同系统。

第三节 供应链协同学派的主要代表理论

供应链协同学派经历了萌芽期、奠基期、拓展期，基于协同管理理论框架，形成了三个主要代表理论学说，分别是供应链流程重组模型学说、供应链复合系统的耦合协调度模型学说与供应链协同的优化分析方法学说，使得供应链协同学派体系更加系统化，被广泛地应用在供应链协同管理领域的实践中。

一、供应链流程重组模型学说

经济全球化塑造了全新的市场竞争模式，传统供应链模式迫切转型。为了提高竞争力，供应链重塑产品流、服务流、信息流，对内外部业务流程进行重组为客户传递协同价值。

(一) 供应链流程重组模型学说的演进

企业流程再造（BPR）是20世纪90年代初兴起于美国的管理思想。1990年，MIT教授 Hammer 首次提出业务流程重组的概念，同年，Hammer 提出业务流程是把一个或多个输入转化为对顾客有价值的输出活动。[1] 1993年，Davenport 提出业务流程是一系列结构化的可测量的活

---

[1] Hammer Michael. Re-engineering work：don't automate，obliterate. [J]. Harvard Business Review，1990，July-august：104-112.

动集合，并为特定的市场或特定的客户产生特定的输出。[①] 1993 年，在《企业再造：公司管理革命宣言》著作中，迈克尔·哈默和詹姆斯·钱皮对 BPR 进行了全面的论述，从此，企业流程再造的管理革命开始了。

随着经济全球化和信息技术的发展，对供应链的流程再造成为重要研究范畴，学者们从不同角度对供应链的业务、合作模式、流程结构等方面进行重组。2003 年，盛革提出供应链节点企业可以通过供应链业务外包网络参与供应链整合，提升企业的核心竞争力和组织的应对能力。[②] 2005 年，邹凯等认为供应链管理概念框架由供应链网络结构、供应链业务流程及供应链管理组件三个要素构成。[③] 2006 年，针对供应链跨组织流程重组中的不协调现象，邹雅丽等运用博弈论和信息经济学方法设计了委托代理模型，并提出了相应的监督和激励机制，以促进供应链的协同合作。[④] 2007 年，哈默等学者在以客户、竞争和变革为特征的新经济时代背景下提出了业务流程重组的供应链管理模式。2010 年，李爱军等以安徽省滁州市某中小企业供应链管理为例，运用业务流程重组的思想对该企业的供应链流程进行了重组，实现企业信息化管理为最终目标。[⑤]

（二）供应链流程重组模型学说的主要内容

真正有效的供应链不仅要求构筑协调性的管理体系，更需要通过文化、战略、体制等，对供应链上的流程进行有效变革和融合，以发挥出整

[①] Davenport T H. Process innovation：reengineering work through information technology [M]. Boston：Harvard Business School Press，1993.
[②] 盛革. 业务流程重组模式的拓展与虚拟价值网构建 [J]. 经济管理，2003（08）：36-40.
[③] 邹凯，何岸，陈能华. 面向供应链管理的图书馆业务流程重组 [J]. 中国图书馆学报，2005（04）：34-37.
[④] 邹雅丽，凌鸿，胥正川. 供应链跨组织流程重组协调的激励机制研究 [J]. 科技进步与对策，2006（09）：176-178.
[⑤] 李爱军，黎娜. 基于 BPR 的中小企业供应链业务流程的再造 [J]. 统计与决策，2010（14）：177-179.

个产业链的全体绩效。美国著名会计事务所毕马威（KPMG）从企业内供应链和企业间供应链两个方面提出毕马威模型，构筑符合供应链流程重组体系的设想（见图6-4）。

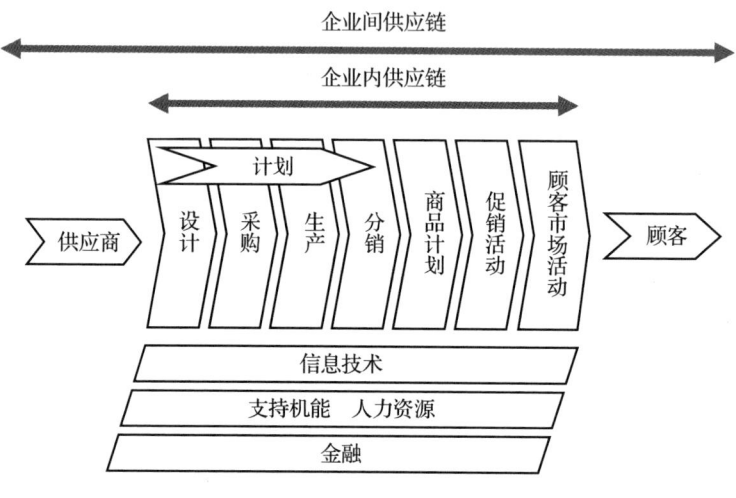

图6-4　供应链流程重组

供应链流程重组主要经历四个阶段。

（1）企业内部业务职能的重新设计。对企业内部的整个组织体制和业务职能进行再造，即将企业的生产、物流和销售等职能，重新分解为设计/计划、采购/供应、生产/开发、配送/物流、促销/销售管理、顾客服务/市场分析等六大机能。目的在于通过企业内各业务职能的综合和协调，为今后发展企业间供应链打下基础。

（2）企业内部业务流程的再造。要提高供应链的协同运作效率，除了组织结构的变革和发展外，还需要在具体的业务流程上进行创新。需要解决以下几个方面的问题：一是与主要的交易方建立战略联盟的关系；着手从某一业务领域或职能层面进行一定程度和范围的联盟工作，为后续进一步推动战略联盟的形成奠定基础；二是将制造商实施的客户分类管理与卖方实施的商品品类管理有机紧密结合，实现单品的日常管理；三是建立企业数据库，实现企业内部信息共享系统；四是在与其他公司建立互信联盟的基础上，实现POS数据共享。

（3）企业间的业务流程调整和能力整合。根据供应链管理思想，以企业战略为核心，实现企业所有组织、战略和业务流程的全面集成。

（4）实现供应链协同价值网。为实现整个供应链流程效率最优，应将供应链周边网络和尚未归位体系的企业加以整合，共同构建全面的供应链价值网络体系。供应链协同价值网络需要满足：一是增强需求识别和应对能力，提升响应和运作效率；二是稳定动态联盟关系，为供应链协同生态提供可持续发展机制，完善供应链竞合发展系统。

（三）供应链流程重组模型学说的贡献与局限

供应链流程重组模型学说对供应链协同学派发展做出的贡献主要体现在以下三个方面。

（1）打破传统供应链业务模式，推动供应链流程重组。企业流程再造（BPR）自20世纪90年代初被认知为一种管理思想，提出后不断地进行修正和完善，从根本上提高了供应链协同管理的运营效率与管理水平。整体上，供应链流程重组模型学说打破了业务实施的传统方式，有效推动供应链协同管理进入新的发展阶段。

（2）形成新型的供应链协同结构。供应链流程重组模型的提出，以其思想的先进性和变革的彻底性使供应链业务流程各环节被协同整合，形成具备客户、供应商、研发商、制造商、经销商和服务商等合作伙伴的供应链协同结构。

（3）积极推动非核心业务的外包，提高供应链的敏捷反应能力。供应链上企业非核心业务的外包是通过企业之间的合作共同创造价值的方式，基于供应链流程重组模型的应用。企业业务外包既能实现经营风险和费用的降低，又能有效地提高价值网络对市场的敏捷反应能力。

局限性表现在两个方面。

（1）注重整体流程的重组，忽略对各个阶段的重点进行把握。供应链流程重组注重在整个流程重组实施中的规划，但是实际上在流程重组的各个阶段关注的重点是不同的，影响程度会有差异。

（2）有待解决供应链转型阶段流程重组问题。供应链流程重组的更高阶段是业务流程范围重组和转型重组。随着技术进步和市场竞争的要求，供应链不仅仅通过流程重组开展提效的"减法"工作，更多的是依据市场的"蓝海"进行转型，因此有必要对供应链在更高阶段的流程调整和重组方法进行研究，以提高供应链流程重组的生命力。

二、供应链复合系统的耦合协调度模型学说

由于供应链系统内部与环境之间存在信息传递、物质交换及能量流动，以及系统内构成要素的交互作用，使得该系统的发展演化极为复杂。因此，需要找到合理模型测量供应链系统内部各子系统之间的相互反馈、相互关联、相互影响的关系，进一步把握供应链系统的协同演化规律。供应链复合系统的耦合协调度模型学说揭示了复杂供应链系统经历"耦合理论—耦合度模型—耦合协调度模型"的动态演进过程，并为供应链协同水平的测量提供了解决思路。

（一）供应链复合系统的耦合协调度模型学说的演进

供应链复合系统的耦合协调度模型的演进主要经历了"耦合理论—耦合度模型—耦合协调度模型"的发展过程。

供应链复合系统的耦合协调度模型学说最早可追溯至1953年，J.E. White在地层中低频弹性波的研究中提出了井中耦合理论；1976年，美国学者维克运用耦合理论解释社会经济学问题；1990年，吴大进等撰写了

《协同学原理与应用》,将耦合理论应用于国内经济管理,至此耦合理论不断发展并逐步拓展到经济管理等领域,取得一系列耦合度模型发展成果。2013年,李曼等创造性地依据耦合理论,利用平衡积分卡设计出内部审计绩效评估模型,结合当前现实问题判断内部审计的发展方向,促使内部审计从无序走向有序。[①] 2015年,王琦等对洞庭湖区的经济—生态—社会系统的耦合度分时间和空间两个角度进行分析,得出制约洞庭湖区复合系统整体发展水平的主要原因是经济社会与生态直接的矛盾。[②] 2016年,邹伟进等基于耦合理论构建产业结构与生态环境综合评价指标体系及耦合协调度模型,对我国2000—2013年的产业结构与生态环境协调性进行定量研究。[③]

随后,部分学者意识到,虽然耦合度是衡量供应链复合系统内部耦合联系的重要指标,但是耦合度只反映供应链各主体间相互作用程度的大小,它很难全面准确反映主体间耦合协同的水平。因此,在耦合理论的基础上引入协调度,形成耦合协调度模型,并用于研究供应链复合系统各主体间是否匹配得当、良性循环,最终发展演化成供应链复合系统耦合协调度模型。2017年,曾繁清等运用耦合协调度模型,测算并分析影响金融体系与供应链产业结构相互耦合协同的主要因素。[④] 2018年,王兆峰等基于耦合协调度模型测算与分析湘鄂渝黔4个毗邻省市2004—2016年旅游供应链与旅游环境间耦合协调度的变化特征。2019年,高智等依据系统耦合理论,构建耦合评价模型对我国30个省市2007—2016年装备制

---

① 李曼,陆贵龙. 基于耦合理论的内部审计绩效评估研究 [J]. 审计与经济研究,2013,28(01):46-52.
② 王琦,汤放华. 洞庭湖区生态—经济—社会系统耦合协调发展的时空分异 [J]. 经济地理,2015,35(12):161-167+202.
③ 邹伟进,李旭洋,王向东. 基于耦合理论的产业结构与生态环境协调性研究 [J]. 中国地质大学学报(社会科学版),2016,16(02):88-95.
④ 曾繁清,叶德珠. 金融体系与产业结构的耦合协调度分析——基于新结构经济学视角 [J]. 经济评论,2017(03):134-147.

造业与高技术服务业融合发展水平进行耦合度测度。

（二）供应链复合系统的耦合协调度模型学说的主要内容

耦合协调度模型成为供应链协同研究中最为常见的研究模型。基于系统协同理论分析，作为典型的复合系统，供应链自组织就是各子系统在发展演化过程中的耦合协调过程，且子系统耦合协调的程度决定供应链系统在临界点是走向有序或是无序的状态。

1. 模型理论

在供应链复杂系统内，各构成要素相互关联、相互影响，自然因素与人为因素交互作用，使得该系统的发展演化难免会发生耦合关联。当供应链要素之间配合得当、互惠互利时，便形成一个良性耦合的系统；反之，一旦供应链主体之间相互摩擦、彼此掣肘，那么就会形成恶性耦合系统。在耦合理论中，耦合度主要用以描述系统或要素相互影响的程度，是一种静态衡量。[1]但供应链复合系统的发展具有自组织性、协同性、可度量性特点，其表示两个及两个节点企业之间的相互协同、相互配合，最终使整个供应链协同系统从无序走向有序的过程，是一个动态发展过程。故在耦合度模型基础上引入系统协调度的测量，形成耦合协调度模型。供应链复合系统的耦合协调实际上是一个协同的过程。[2]较多学者将协调度与耦合融合用于研究供应链协同管理领域，研究发现，供应链协同系统内存在各节点企业在空间上相互制约、在时间上相互衔接，最终构成具有特定功能的复杂动态的协同系统。

2. 模型的算法

复合系统耦合协调度模型主要用于测量供应链复杂系统内各企业或各

---

[1] 刘耀彬，李仁东，宋学锋. 中国城市化与生态环境耦合度分析［J］. 自然资源学报，2005, 20（01）: 105-112.

[2] 孟庆松，韩文秀. 复合系统协调度模型研究［J］. 天津大学学报，2000, 33（04）: 444-446.

产业集群之间的耦合协调发展水平与趋势，用于探索供应链系统的协同演化规律。

假设测算供应链协同管理系统中的两个节点企业或两个产业集群的耦合协调度。那么，设 u_i、g_i 分别表示各企业或各产业集群的第 i 个指标的权重，各指标权重的赋值采用熵值赋权法计算，得出各企业或各产业集群综合贡献模型分别为：

$$U = \sum_{i=1}^{m} u_i \times U_i \quad G = \sum_{i=1}^{m} g_i \times G_i \quad (6\text{-}1)$$

于是，可得到供应链各节点企业或各产业集群的耦合关联度 M，可用以下公式估算：

$$M = \frac{2\sqrt{U \times G}}{U + G} \quad (6\text{-}2)$$

按耦合关联度的大小，可将各企业或各产业集群之间的耦合发展分为四个阶段（见表 6-1）。

表 6-1 耦合阶段与判别标准

耦合阶段	低水平耦合阶段	颉颃阶段	磨合阶段	高水平耦合阶段
耦合关联度（M）	（0，0.3]	（0.3，0.5]	（0.5，0.8]	（0.8，1]

如若采用面板数据对供应链子系统进行测算，则需要进一步测算两系统的耦合协调度（D），以更加精准地研究两系统间发展的整体功效与协同效应，并根据耦合协调等级的判别标准，划分供应链各节点企业或各产业集群的耦合协调等级，如公式（6-3）：

$$D = \sqrt{C \times T}, \quad T = aU + bG \quad (6\text{-}3)$$

式中 D 为耦合协调度，T 为供应链各节点企业或各产业集群整体协同效应的综合评价指数，它反映系统的整体协同效应或贡献。根据耦合协调度的不同取值，将协调水平进行等级划分（见表 6-2）。

表 6-2　耦合协调水平等级

耦合协调度	(0.0, 0.1]	(0.1, 0.2]	(0.2, 0.3]	(0.3, 0.4]	(0.4, 0.5]
协调状态	极度失调	严重失调	中度失调	轻度失调	濒临失调
协调等级	1	2	3	4	5
	低协调等级					
耦合协调度	(0.5, 0.6]	(0.6, 0.7]	(0.7, 0.8]	(0.8, 0.9]	(0.9, 1]
协调状态	勉强协调	初级协调	中级协调	良好协调	优质协调
协调等级	6	7	8	9	10
	高协调等级					

衡量供应链复合系统时，耦合协调度越高，整个供应链系统则会表现出一直发展的趋势；反之，则说明供应链系统之间相互影响的程度较低，各子系统之间不能协调与配合，彼此相互牵制和约束，整个系统将会从原来的有序慢慢走向无序，甚至可能出现停滞不前或衰退消亡。因此，形成的耦合协调度测量机制共同描述供应链系统协同要素在发展过程中彼此和谐一致的程度，反映了系统由无序走向有序的趋势，体现了系统间的动态发展过程和协同水平。

3.供应链耦合协调度模型的应用范围

近年来，复合系统的耦合协调度模型广泛应用于供应链协同管理领域，根据模型的研究角度和供应链协同的性质，模型的应用范围主要涉及以下三个方面。

（1）宏观层面的应用。主要用于分析供应链上局部子系统群（如区域创新体系、产业集群等子系统群）的协同演化特点与规律，以及通过与统计方法相结合，研究局部子系统群演化发展的关键作用机理和发展模式等。

（2）中观层面的应用。一方面，基于模型改进，将改进后的复合系统协同度模型用于检验研究供应链系统的动态协同、修正网链上的合作绩效指标等方面；另一方面，应用于研究供应链系统的协同发展。从系统的角度研究验证供应链内部不同子系统之间的耦合协调度，探究各要素之间的耦合度、协调度、关联性强弱。

（3）微观层面的应用。主要应用于链上产品、价格、技术等要素之间的关联性强弱的测量，剖析单个企业、区域产业等系统的协调发展机制。

（三）供应链复合系统的耦合协调度模型学说的贡献与局限

为了对供应链复合系统要素之间发展的协同程度进行科学的测量，供应链复合系统的耦合协调度模型被广泛应用于供应链协同的实证研究中，并取得了良好的效果。

该模型学说的贡献主要体现在：复合系统耦合协调度模型是供应链协同管理中最为常见的研究模型，该模型主要用于衡量供应链各子系统之间协调一致的程度，反映系统从无序走向有序的趋势，从而揭示复杂供应链系统的动态发展过程和协作水平，为整个供应链系统做出更好的发展决策。

但该模型仍存在一些局限性。

（1）供应链耦合协调指标体系的研究需要进一步完善。一方面，耦合协调度模型要求测量指标大多以定性为主，但大部分供应链研究仍采用定量指标，导致所构建的指标体系在逻辑层面存在一些不完善的地方；另一方面，在后续的研究工作中，要求从主观和客观权重相结合方面，确定供应链协同的复合系统指标权重，从而获得更加完善和科学的模型指标体系。

（2）缺乏综合测评方法。供应链复杂系统的耦合协调关系评价是一项系统工程，如果能够综合运用多种方法进行测评，结果会更加科学。因此，在后续的研究工作中可以通过与结构方程模型、系统动力学等模型结合，综合性探索各种变量与供应链协同的耦合协调关系或影响机理。

三、供应链协同的优化分析方法学说

为应对供应链协同发展的复杂性、动态性、综合性,供应链协同研究领域的学者引入博弈优化模型、灰色关联模型、Logistic 增长模型等数理分析方法以衡量和研究供应链协同的综合过程,这些聚类的优化分析方法共同形成了供应链协同管理的优化分析方法学说,为供应链协同管理体系提供了方法支撑。

(一)供应链协同优化分析方法学说的演进

由于博弈论思想强调在合作关系中找寻协调,部分主张协同理论的学者便试图借助博弈模型工具,从合理分配收益的角度对供应链进行协同优化。1993 年,Parkhe 提出供应链协同系统的研究需要基于非零和博弈,以处理供应链上的多元利益关系。[1] 1998 年,刘鹤玲在传统博弈模型上延伸,通过实证研究验证 Parkhe 的非零和博弈观点。[2] 2003 年,李世新、刘飞等通过研究供应链合作问题局限性,指出供应链企业合作的博弈论定价机制是经过一轮讨价还价博弈实现的。[3]

但由于博弈优化只适用于供应链上局部化或分散化的决策优化,针对供应链复合系统多方企业主体的决策分析往往不能给予合理的决策方案,故供应链协同研究领域学者开始借助测量与预测的数理模型(如灰色关联模型、Logistic 模型)从战略视角为供应链协同的整体决策提供方案。一方面,部分学者从不同角度构造灰色关联度模型以测量供应链协同的发展

---

[1] Parkhe A. Strategic alliance structuring: a game theoretic and transaction cost examination of interfirm alliances [J]. Academy of Management Journal, 1993, 36 (4): 794-829.
[2] 刘鹤玲. 利他之谜及其博弈论分析 [J]. 科技导报, 1998 (03): 62-65.
[3] 李世新, 刘飞, 刘军, 杨育. 供应链企业合作问题的博弈研究 [J]. 机械工程学报, 2003 (02): 123-128.

程度。2004年,王振等基于供应商竞争力的分析指标体系,构建灰色关联模型,以分析对供应商竞争力分析中所遇到的信息不完全、评价指标较多、部分指标之间存在相关或重复等复杂多因素综合决策问题。① 2009年,李静芳等针对绿色供应链的特征,构建多层次灰色关联分析法,得出合理的绿色供应链绩效评价体系。② 另一方面,基于Logistic增长模型,供应链协同领域学者将其进一步改进,用于供应链协同程度的测量。2013年,龙宇等运用Logistic函数方程拟合长江经济带下、中、上游货运量和GDP,分析与测算物流通过供应链作用对经济增长的影响程度。③ 2015年,黄浩运用Logistic模型对武汉市物流业与经济增长的关系进行了实证分析。2018年,张艳彬等从协同必要性的角度,运用Logistics模型及"订单共享"的合作机制,构建城乡物流协同网络运作模型。④

(二)供应链协同优化分析方法学说的主要内容

从目前的研究文献来看,供应链协同管理的优化分析方法主要分为两大类。一类是博弈优化。它是基于成本优化的市场运作角度,并以博弈理论来分析供应链博弈主体之间的关系,以确定博弈多方的优化策略。另一类是整体优化。它是基于灰色关联模型、Logistic模型等数理模型的预测分析,将供应链整体看成利益统一体,从战略性视角整体确定供应链协同整体的较优决策,使得整个供应链的效益最大化。

---

① 王振,徐晋,綦振法.供应商竞争力分析及其灰色关联模型[J].系统工程与电子技术,2004(09):1212-1216.
② 李静芳,余松,黄芳.基于多层次灰色关联模型的企业绿色供应链绩效评价[J].物流工程与管理,2009,31(12):89-91+80.
③ 龙宇,徐长乐,徐廷廷.长江经济带物流业对区域经济发展影响的实证分析[J].物流科技,2013,36(12):61-65.
④ 张艳彬,何东东.基于Logistic增长模型的城乡协同物流网络优化[J].物流工程与管理,2018,40(05):17-19.

1. 供应链协同的博弈优化

博弈论思想在合作关系中，强调合作关系的协调，以及主要节点企业如何采用博弈论协调各方利益主体的策略，注重研究整体供应链上各组成企业合作关系的制衡发展以及均衡条件，而实现供应链上各方面其利益最大化。① 既然供应链协同管理的决策过程离不开预测选择，自然少不了各主体之间的博弈，即每一个链上的协同主体在做出决策之前，会基于对他人可能选择的方案的判断，后进行适应的决策优化行动。②

综合相关研究，供应链的协同博弈优化分析过程可简化（见图6-5）。

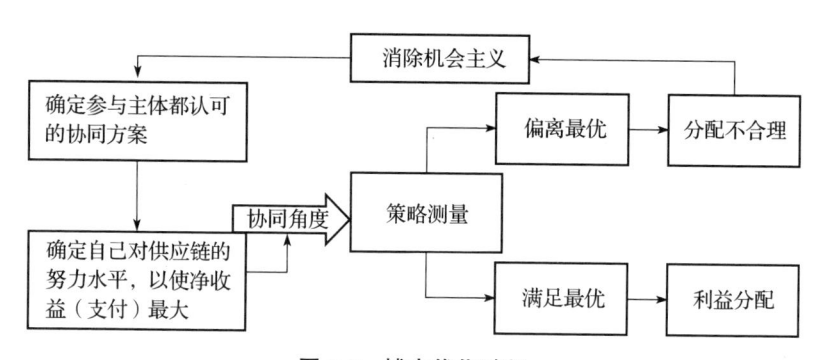

图6-5 博弈优化过程

供应链协同的博弈优化需要经历如下两个环节。

（1）第一个环节。分两步：第一步是确定博弈主体都认可的利润分配方案（系数），确定协同机制；第二步是根据利润分配方案，博弈参与方确定对供应链协同的努力程度。

（2）第二个环节。从协同的角度对供应链复杂系统的策略进行衡量。若测量结果偏离最优，便会导致供应链成员的利润下降，破坏供应链成员

---

① 刘倩，丁慧平，侯海玮. 供应链环境成本内部化利益相关者行为抉择博弈探析[J]. 中国人口·资源与环境，2014，24（06）：71-76.

② 王丽丽，陈国宏. 供应链式产业集群技术创新博弈分析[J]. 中国管理科学，2016，24（01）：151-158.

之间的合作关系,尤其是当不断引入新的合作伙伴、新的零售渠道时,倘若收益分配不合理,就会导致部分企业产生机会主义倾向。所以,合理的收益分配才能保障整个供应链的长久合作。若整体供应链收益达到最优,则可进一步确立合理的利益分配方案。

2.供应链协同的整体优化

整体优化模式是对博弈优化的一种弥补,其将供应链看成利益一致的统一体,由于提升供应链协同发展能力的前提是清晰了解目前供应链协同发展的程度,而供应链协同的发展水平又依赖科学、合理的预测分析方法。[①] 基于不同的系统测量角度有不同的测量方法,通过文献总结,整体优化模式基于主流的预测方法(Logistic 模型和灰色关联模型等),进而确定供应链协同的战略性决策。

(1)基于灰色关联模型的协同测量。

灰色关联模型是主要用于度量系统间要素关系强弱、大小和次序的一种方法,[②] 也是灰色系统理论中成果最丰硕、应用最广泛的方法之一。此外,灰色关联模型的算法主要从以下三个方面入手(见图 6-6)。

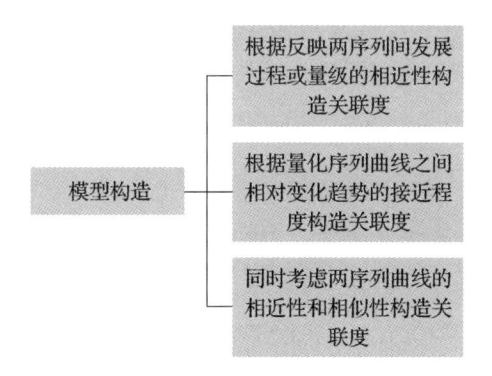

图 6-6 灰色关联模型的构造思路

[①] 吕国清,袁金龙.物流协同发展研究综述:基于协同测量的角度[J].物流工程与管理,2019,41(08):38-41+20.

[②] 邓聚龙.灰色系统理论教程[M].武汉:华中理工大学出版社,1990.

由于灰色关联模型对研究主体分析不需要典型的分布规律，而且分析的结果也采取定量与定性分析相结合的方式，因此广泛运用于供应链复杂系统的测量，尤其是测量供应链协同主体之间的关联性与演化逻辑。

供应链灰色关联模型的构建实现了以下四个方面的转变。

1）应用领域转变。从传统的系统因素分析转为供应链协同组合的预测、协同指标方案评价与决策等领域。

2）适用范围转变。从曲线之间的关系分析转变为 n 维的供应链超平面间的关系分析。

3）研究对象转变。供应链协同关联度模型的研究对象向多元化、系统化指标和面板数据过渡。

4）研究角度的转变。从早期基于点关联系数关联分析，转变为基于相似性的关联分析。

（2）基于 Logistic 模型的协同测量。

基于 Logistic 增长模型，供应链协同学派将其进一步改进，用于供应链协同程度的测量。Logistic 增长模型在我国供应链决策预测中得到广泛运用，得益于 Logistic 模型分析方法对供应链协同变量度量准确率较高、变量的逻辑回归分析条件不那么苛刻、实证分析操作相对简单等优点。具体模型构建流程如图 6-7 所示。

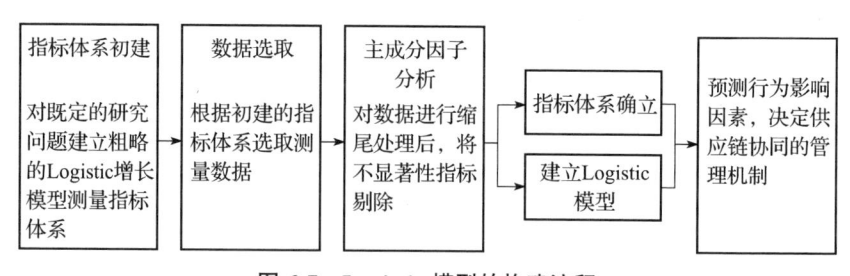

图 6-7 Logistic 模型的构建流程

综合分析，供应链整体优化的功能主要有两个方面。第一，合理分配或分摊供应链协同收益或者供应链总管理成本。通过 Logistic 模型和灰色关联模型的数理分析，可对供应链成员合作的方式进行优化，塑造供应链整体的竞争优势，增加系统的总收益或者减少总运作成本，但是必须建立公平有效的分配机制，实现供应链成员的双赢，才能够保持供应链系统的良好运作。第二，激励成员提供真实的信息。根据数理模型的预测分析，可寻找某些观测变量，将它们写入供应链协同契约，起到监督或激励变量的作用。如果信息激励成本太高，则可寻求其他方法（如通过根本的改变管理模式等）进行制约与激励。

（三）供应链协同优化分析方法学说的贡献与局限

具体贡献如下所述。

（1）从博弈优化看，基于成本的优化的市场运作角度的新视角，以博弈理论来分析供应链博弈主体之间的关系，为供应链协同参与主体的决策提供依据。

（2）从整体优化看，整体优化主张从战略角度进行供应链决策的优化，即：基于Logistic模型、灰色关联模型等数理模型的预测分析，从战略性视角整体确定供应链协同整体的较优决策，以最终满足供应链协同统一体的整体目标，从而达到了既合理分配协同收益和总管理成本，又激励供应链复合系统"协同多赢"的局面避免"双重边际效应"问题。

具体局限性如下所述。

（1）从博弈优化看，博弈模型的参与方通常为供应商和零售商，只适用于供应链上局部化或分散化的决策优化，针对供应链复合系统的多方面企业主体的决策分析往往不能给予合理的决策方案。

（2）从整体优化看，战略预测需要基于历史的综合数据，以追求对未知样本的预测分析，这在供应链这一复合系统的数据获取方面就存在一定的难度，预测的准确性也需要在未来实践中不断提升。

第四节 研究评述

随着经济全球化的推进，链上企业的生存与发展不得不与其所在的供应链竞争力挂钩，动态市场竞争环境要求供应链具备更高程度的适应性、灵活性和快速响应能力。基于消费者响应学派的客户视角、供应链运作模型学派的产品视角，以及供应链网链结构学派的集成视角对供应链管理的思考，产生了全新的供应链协同学派。

一、供应链协同学派的发展现状及局限性

在激烈竞争和变幻莫测的外部环境中，供应链协同学派主张通过对系统内各要素之间的协调、协作，推动系统（元素、组织等）共同前进，并利用适宜的研究方法不断优化供应链内部和外部的协调局势，将整条"链"当作集成组织，"链"上的各个企业都是集成共同体成员，对整条"链"进行协同管理。最终建立以协同管理为理论研究框架，以供应链流程重组模型学说、供应链复合系统的耦合协调度模型学说、供应链协同的优化分析学说为基点的学派体系。

（一）供应链协同学派的发展现状

随着信息技术和动态联盟思想的发展，在产品生命周期越来越短、顾客对产品和服务的个性化需求日益明显、企业订单响应速度加快等因素的

影响下，局部优化的分布式供应链管理模式和整体优化的集中式管理模式不足以适宜外部发展环境。主张高效响应顾客思想、围绕产品构建标准运作管理方案的消费者响应理论学派和供应链运作模型学派，仅能解决供应链的局部矛盾，无法为日渐复杂的供应链系统解决全局性难题。因此，在继承供应链网链结构学派思想的基础上，供应链协同学派以协同的方式对原本分散的企业信息、组织、流程等供应链实施要素与环节进行灵活协调，以达到全局动态"合作、共赢、集成"的协同管理范式，则将成为供应链管理研究的主流。

供应链协同学派的发展并非孤立静止的，它与其他学派共同推动供应链管理进入进阶式的发展阶段。与消费者响应学派、供应链运作模型学派、供应链网链结构学派、可持续供应链学派相比，供应链协同学派从六个层次做出了创新。

（1）内容层次。供应链协同学派将供应链从一种运作工具上升为更高层次的管理方法，强调基于合理利润和风险分配机制，寻求一种能联合具体不同优势企业，实施分工、优势互补、强强联合、利益共享的协同管理模式。

（2）结构层次。基于供应链流程重组模型学说，供应链系统建立了包含客户、供应商、研发、制造商、分销商和服务提供商等合作伙伴的协作式供应链结构体系。这种结构体系更注重各实体之间业务的无缝集成，强调供应链和供应链中资源的合理配置。

（3）操作层次。供应链协同管理更强调在供应链整体边际信息收益等于边际信息成本基础上实现信息共享。

（4）优化层次。基于供应链协同的优化分析方法学说，供应链协同学派通过局部优化与整体优化，为供应链协同整体确定较优决策，以最终满足供应链协同统一体为整体目标，从而达到了既合理分配协同收益和总管理成本，又激励供应链复合系统"协同多赢"的局面避免"双重边际效应"问题。

（5）模式层次。供应链协同学派体系下的供应链管理具有开放式的协同演变特点，其是以各子系统（链上成员企业）之间的契约合作或联合为基础，并以文化、信息和组织整合、资源、过程和功能重组等形式进行物资能量和信息的交流，以实现供应链管理系统的协同效应，提升供应链整体竞争力。基于协同管理理论，供应链系统整合了各子系统资源，使得供应链内各要素双方或多方获益，减少内耗，提高了供应链核心竞争力。

（6）目标层次。在供应链协同学派体系下，供应链管理已经从关注物流单一功能，向包含产品研发、原料采购、生产制造、产品营销等功能的全面协同整合方向发展。不仅关注供应链成员企业内部的功能整合和集成，而且更加强调和重视企业成员间的整合优化和共同目标。

（二）供应链协同学派的局限性

虽然供应链协同学派已获得较为完整的理论研究框架与主要代表学说，但仍存在研究的局限性，具体体现在以下两个方面。

1. 供应链协同学派模型的研究不足

通过剖析相关文献可知，在供应链流程重组模型、供应链复合系统的耦合协调度模型学说和供应链协同的优化分析方法学说中，对供应链协同测量与分析研究的大部分是基于数理模型理论，存在以下几个方面的不足。

（1）有待提高对系统动态变化特征的研究能力。

一是对供应链协同管理的静态特征进行描述已不合时宜。虽然静态数学理论或模型在优化计算方面具有一定的优势，但供应链系统的节点之间存在许多随时间变化的非线性关系，因此需要在定量分析和动态分析方面进一步加强。二是缺乏对供应链中复杂系统各要素的相互作用进行全面的模拟和预测。缺乏系统全面的研究，就很难揭示供应链复杂系统的动态变化特征、各种影响因素的耦合机制，也很难有效优化和控制供应链复杂系统的演化。

（2）未考虑供应链系统正负能量因素对模型结论的影响。

供应链协同学派的部分学者引入博弈优化模型、灰色关联模型、Logistic增长模型等数理分析方法，以衡量和研究供应链协同的综合过程。但在测量模型中并未考虑供应链复合系统内存在相互吸引（有序）的作用力或相互排斥（无序）的作用力，只有当相互吸引的作用力大于相互排斥的作用力时，供应链才能表现出协同效应，得出的决策结果才能符合协同管理观点。

（3）有待形成综合测评的模型方法。

供应链复杂系统的协同评价是一项系统工程，不仅需要在模型内添加"环境参数"，还需要设立科学的指标体系。因此，在后续的研究工作中有待开发综合测评的模型方法。

2. 供应链协同管理机制研究的深入性不足

一个好的供应链的协同效应需要建立在一个有效的协同管理机制上，如收益分配机制、风险共担机制等，这样供应链协同的稳定状态才能长期保持。目前，供应链协同学派主要依托流程重组模型、耦合协调度模型、优化分析方法，对供应链流程合理性、供应链协同水平、供应链决策优化分析等方面进行研究。对于供应链协同管理机制的研究还有待深入。供应链协同管理机制的研究是供应链协同管理得以运行的关键，供应链协同学派需要从收益分配、社会责任、绿色发展等视角，在现有模型分析基础上考虑制订合理的协同管理机制，并对管理实践提供指导。

二、供应链协同学派未来研究方向的展望

从现有文献看，国内外学者从不同视角、采用不同模型方法对供应链协同管理进行深层次探索，最终形成供应链协同学派。虽然协同学派体系

已基本成型，但随着时间和空间的转换，仍需要结合经济全球化和中国企业改革的不断深入，使得相关理论在理论上更加系统化，在实践上更具应用性。未来的研究可考虑从以下两个方面拓展。

1. 把握动态重组的发展动向，构建信息高度协同的供应链系统

供应链是一个相互依存的系统，未来供应链的战略重点在于供应链的高度协同管理。而在资源、技术、业务流程等方面的信息共享是供应链高度协同的标志，这种供应链协同效应将为整个行业带来更大的价值。

首先，引入组织理论加强供应链的协同管理。目前，国内很少有学者将组织管理应用于供应链协同管理，而从组织理论的角度探讨供应链协同管理的原理及其应用具有重要的现实意义：一是提高供应链协同管理理论的实践性；二是拓宽供应链协同管理的研究视野；三是有利于提升供应链协同理论的高度；四是使各学科的研究成果和研究方法围绕组织管理核心理论进行整合，并在整合的基础上有所改进和突破。

其次，需要及时进行供应链的动态重组。供应链的协同演化具有动态联盟的趋势，当原有的供应链节点没有充分协同时，则需要建立有效的供应链动态协作网络对供应链协同系统进行多方协调与流程重组。

2. 融合"绿色经济"理念，发展绿色协同供应链

供应链上、中、下游企业的协同运作是优化社会资源配置、提高供应链整体绩效的关键。但在当代，协同优化离不开绿色发展的话题。因此，保持供应链的绿色性是供应链中全体企业应尽的共同责任。在未来，需要供应链协同学派结合我国企业实践，在更大程度上，从研发设计、原材料的采购、产品的（代工）加工、产成品的物流运输和销售，以及回收再制造等环节融合"绿色经济"理念，充分考虑可能对环境造成的影响，做到协同运作。

本章小结

在企业竞争格局日渐从个体转向供应链协同的大环境下，供应链管理更加注重在战略目标、响应能力、运行管理能力和组织文化等方面的综合匹配度。消费者响应学派与供应链运作模型学派的局部管理已不再适用，在继承与供应链网链结构学派思想的基础上，供应链协同学派将供应链管理引导至更高的管理层次。供应链协同学派的研究促使供应链从一种运作工具上升为更高层次的管理方法体系，供应链协同管理也上升为企业间的协同与整合过程，最终形成以协同管理思想为理论框架，以供应链流程重组模型学说、供应链复合系统的耦合协调度模型学说和供应链协同的优化分析方法学说为基点的学派体系。

第一，阐述哈肯《协同学》的思想与本质。哈肯认为系统是由诸多子系统构成的复杂集合，宏观可观察系统的行为并非各个子系统行为的简单叠加，而是所有子系统通过有调节的、有目的的自组织作用对总系统贡献的结果。协同的思想理论给予局部分散化供应链以启迪，学术界开始重视协同理念对供应链节点企业集团或大企业的管理作用。自此，协同学派逐渐开始将协同理念引入供应链的实践管理中，产生供应链协调管理、供应链协同管理等理论体系。

第二，阐述供应链协同学派的发展历程。供应链协同学派的发展遵循萌芽期、奠基期、拓展期三个发展历程。萌芽期主要对协同的概念、内涵、本质特征等相关问题进行一定程度的阐述。奠基期在协同思想理论初步形成的基础上，诸多学者开始不断探索协同思想在供应链协同管理的现实应用，逐渐形成了企业内部视角的供应链协同管理思想、企业之间的协同管理思想、基于产学研的第三方协同管理思想等，原来被排斥在供应链之外的最终用户、消费者因此被纳入供应链的管理范畴，推动供应链成为一个涵盖了整个产品"运动"过程的增值链。在拓展期，供应链管理更加注重加强企业间全方位的协作，提高供应链的运作效率成为核心问题，形成以供应链流程重组模型学说、供应链复合系统的耦合协调度模型学说、供应链协同的优化分析学说为基点的学派体系。

第三，总结与梳理供应链协同学派的主要代表理论。总结了供应链协同学派所包含的主要三大学说内容，即供应链流程重组模型学说、供应链复合系统的耦合度模型学说与供应链协同的优化分析学说，并对各学说的演进、主要内容、相应的贡献与局限性进行阐述。

第四，研究评述。首先，阐述供应链协同学派的发展现状，与消费者响应学派、供应链运作模型学派、供应链网链结构学派、可持续供应链学派等相比较，供应链协同学派将供应链管理引导至更高的管理系统层次，从六个层次做出创新；其次，阐述供应链协同管理在发展过程中的研究局限；最后，展望协同学派在未来研究的可能性与方向，力求相关理论在理论上更加系统化，在实践上更具应用性。

第七章
可持续供应链学派

CHAPTER 7

近年来，在全球化趋势日益加剧的形势下，可持续供应链研究越来越受到政府、企业及学术界等的高度重视。一方面，可持续供应链学派的研究在不断吸纳和批判其他主要学派（消费者响应学派、供应链网链结构学派、供应链运作模型学派和供应链协同学派）观点的基础上，不断地发展与完善；另一方面，它将可持续发展的理念深深地融入了供应链管理之中，通过可持续发展的思想理念整合知识、技术等，以求达到经济效益、社会效益和环境效益的协调优化，最终实现供应链的可持续发展。

第一节　可持续理论的思想与本质

一、三重底线理论

"三重底线"一词最早由英国学者约翰·埃尔金顿（John Elkington）于1980年提出，1997年他的畅销书《食人族与叉子：21世纪商业的三重底线》阐释了这一概念，至此三重底线理论开始为人们重视，逐渐成为企业社会责任概念的共同基础。该理论认为，企业的行为不仅要考虑经济底线，还应当考虑社会底线与环境底线，即企业在生产经营过程中不能只追求单一的经济效益，还必须追求社会绩效和环境绩效，将利润、环境保护和社会责任同时作为企业生存与发展的三条基本底线；如果超出这三条底线，企业将失去可持续发展的基础。从本质上讲，三重底线以人类可持续发展为前提，为衡量企业经营活动提出了三维标准。三重底线理论意味着企业的特性包括三个方面，作为"经济人"，企业以追求企业价值最大化为经营目标；作为"社会人"，企业需要考虑和其他利益相关者之间的关系，需要履行自身的社会责任，这样才能在激烈的竞争中立足；作为"生态人"，企业不能只向自然索取，不去维护生存环境，因为只有生存环境持续向好的方向发展，企业才能真正实现可持续发展。这三个底线分别为经济底线、社会底线和环境底线。

1. 经济底线

经济底线也就是传统的公司关注的主要活动对股票价值的影响。它通过计算所有公司活动并计算公司是否正在赚取经济利润或亏损来实现这一目的。虽然每家企业都追求财务盈利，但根据三重底线理论企业将其视为商业计划的一部分。可持续发展的组织认识到"利润"与"社会"或"环境"有着不可分割的联系，例如，对全球性公司而言，改变运营以最大限度地降低风险和应对气候变化需要大量的时间和金钱。但是，对企业来说，可持续发展的前期投资可以带来回报。企业可持续发展计划的成功和盈利能力取决于如何将三重底线理论从理论变为现实。企业必须汇聚环境科学、会计和经济学等各个方面的人才，制定可持续发展的战略。经济底线的主要测量标准有公司规模、缴纳税额和总产值等经济指标。

2. 社会底线

社会底线关注公司除股东以外的利益相关者，包括公司员工、供应商、客户以及业务运营更广泛的社区。社会底线是对这些利益相关者的福利感兴趣。这包括员工、供应商和其他业务运营商是否收到与其工作相应的福利以及受到人性化的管理和对待。社会底线的主要测量标准有就业率、女性参与率、供应商和客户评价等指标。

3. 环境底线

环境底线表现为企业应该尽可能地减少其碳生态足迹。这些努力包括减少浪费，投资可再生能源，更有效地管理自然资源和改善物流。环境底线关注公司碳生态足迹的大小以及如何尽可能减少碳足迹，是通过控制能源消耗，减少制造废物（特别是有毒物质）并安全处置它来实现的。此外，它意味着从头到尾管理公司产品的生命周期，包括减少从原材料采购阶段到报废处置阶段的环境影响。环境底线的主要测量标准有温室气体排放量、用水量和碳排放等指标。

4. 经济、社会、环境协同发展

经济、社会、环境协同发展，指人类活动能够充分地开发和利用环境系统的物质和能量资源以满足经济增长的需要，又不超越环境系统自我稳定的限度，使经济、社会、环境大系统能够均衡发展。具体来说，企业发展要达到最优状态，不是企业在这三个层面分别做到最优，受已有客观条件的制约企业不可能都做到最优，而是企业根据自身实际情况对有限的资源进行合理分配，兼顾经济、社会、环境的共同发展。

从最广泛的意义上讲，三重底线不仅用经济、社会和环境变量去衡量和报告企业的业绩，而且包含一系列的价值观、问题和过程。企业必须分析所有方面以尽可能减少其活动可能带来的危害，同时创造经济、社会和环境价值。这意味着企业要考虑所有责任对象的需求，股东、客户、员工、商业合作伙伴、政府、当地社区以及公众。

二、可持续发展理论

"可持续发展"首次出现在1972年6月斯德哥尔摩举行的第一届联合国人类环境会议所通过的《人类环境宣言》中。1987年，由布伦特兰夫人主持的世界环境与发展委员会发表的《我们共同的未来》专题报告，第一次系统地对可持续发展内涵进行了阐述，指出可持续发展是"既满足当代人的需要，又不损害后代人满足需要的能力的发展"。同时，报告还从需求满足、消费标准、经济发展、技术开发、社会公正、资源利用、生物多样性和生态完整性等方面阐述了可持续发展的原则要求。实质上，可持续发展指将环境发展保持在可持续的水平，从而在长期内保护环境和人口的需求和资源。"可持续发展"中的"发展"既不是单纯的经济持续发展或社会持续发展，也不是单纯的生态持续发展，完整意义的可持续发展应当是可持续经济、可持续生态和可持续社会等的和谐统一，是一个涵盖内容极为广泛的概念。

1. 经济可持续

经济的可持续性能够提供重要能源，以确保环境和社会的可持续性。它强调通过适当的预算编制、预算透明度和财政激励等措施促进发展项目的自给自足。

2. 生态可持续

生态可持续性也称环境可持续性，它与维护自然资源基础和生命支持系统的承载能力有关。主要通过减少对环境的威胁、对环境的污染，使用环保清洁和绿色技术来实现。

3. 社会可持续

社会可持续发展的重点是通过满足基本需求来提升人类环境生活质量，将人类从最危险的动物转变为最重要的创造性资源。它强调当地社区充分了解可持续的资源利用方式，改善公共卫生、教育和基本需求，减少利益攸关方之间在资源方面的冲突。这将通过提高公众环境意识，增强当地社区的性别平等和自信心，以及经济的平等和一致性来实现。

4. 企业可持续

企业可持续性是对组织和企业而言，严格执行法律、法规的标准，它是实现可持续发展目标的必要条件。企业家应该承担社会责任，并通过积极的人力和强大的机构能力来解决环境可持续性的问题。

实际上，可持续理论的基本思想主要包括既鼓励经济的稳定增长，又谋求社会的全面进步，更承认资源环境的价值，强调资源的永续利用和良好的生态。可持续理论的本质是追求经济、社会和环境的共同发展，这是可持续供应链学派的理论基石。

第二节 可持续供应链学派的发展历程

经过彼得·德鲁克的"经济链"和迈克尔·波特的"价值链"的演变，供应链概念在20世纪80年代应运而生，至今虽然只历经了40年左右的时间，但企业所面临的市场环境发生了巨大的转变：从过去以供应商为主导的、静态的、简单的市场环境，变成了现在以顾客为主导的、动态的、复杂的市场环境。不同的时代背景下，企业所面临的内外部环境不同，消费者的需求也有所不同，这就萌生了不同的学派分支。一般而言，一个学派的发展不是一蹴而就的，往往需要经历萌芽期、奠基期、拓展期等一系列阶段才能形成，可持续供应链学派的发展也不例外，它是在不断吸纳和批判其他主流学派，如消费者响应学派、供应链网链结构学派等观点基础上，不断发展与完善的。目前，可持续供应链学派已经历了萌芽期、奠基期和拓展期三个发展阶段，即在传统供应链思想（萌芽期）的基础上，历经了闭环供应链、绿色供应链（奠基期），再到低碳供应链和可持续供应链的发展过程[①]。

（一）萌芽期（1982—1991年）：破茧而出，开启征程

时间：始于1982年供应链管理思想的初步形成，终于1991年海湾战争石油污染事件的爆发，可持续供应链学派处于萌芽阶段。

---

① 林金钗，祝静，代应. 低碳供应链内涵解析及其研究现状［J］. 重庆理工大学学报（社会科学），2015，29（09）：48-54.

特色：把追求经济利益放在首位；将供应链视为从原材料的采购到最终用户获得产品的单向线性的过程；关注公司内部的业务和战略能力。

代表人物：凯思·奥立夫（Keith Oliver）、麦考尔·威波尔（Michael D. Webber）、Stevens、Houlihan 等。

代表性论著：凯思·奥立夫和麦考尔·威波尔发表的《供应链管理：物流的更新战略》。

可持续供应链学派的萌芽期始于1982年"供应链管理"思想正式在凯思·奥立夫和麦考尔·威波尔发表的《供应链管理：物流的更新战略》一文中被首次提出[①]，这标志着"供应链管理思想"的初步形成。1988年，Houlihan将供应链视为一个单一的过程，认为供应链中各个环节的责任不是分散的，而是归入生产、采购、分销和销售等职能领域。1989年，美国管理学家Stevens提出供应链管理是通过前馈的信息流和反馈的物料流及信息流，将供应商、制造商、分销商、零售商直到最终用户连成一个整体的管理模式。这一全新的供应链管理理念的提出，被后来的学者接纳并不断发展、深化。直至1991年年初发生的海湾战争石油污染事件，标志着可持续供应链学派萌芽期的结束。因海湾战争大量原油涌入海湾，造成了人类有史以来最大的一起石油污染，给海洋生态环境等带来了深重的灾难。此后，人们深刻地认识到环境污染对人类造成的沉重灾难，各国纷纷开始更加注重解决环境污染的问题。

在可持续供应链学派的萌芽期，中国正处于经济外向发展的初级阶段，此时以大规模生产为主导的企业，主要关注的是企业内部物流，故此阶段的供应链是物质单向流动的线性结构的供应链（也称为"传统供应链"）。在这种传统供应链下，各节点企业利益分配不平衡，供应链成员之间缺乏信任，信息无法充分共享，供应链协调问题不断产生且愈演愈

---

① 迈克尔·波特. 竞争优势［M］. 北京：华夏出版社，1997.

烈，企业亟待优化传统供应链，以提升供应链的整体竞争力和绩效。也就是说，传统供应链的思想已不能适应新的要求，尤其是海湾战争石油污染事件给人们带来的深刻教训，这就迫使企业寻找新的供应链模式，环境问题逐渐受到企业的重视，可持续供应链学派应时而生。

从1982年到1991年，可持续供应链学派处于萌芽期，主要模式是传统供应链。这一时期，全球一体化进程的日益加深，越来越多的企业面临着"产品成本压缩困难、客户对产品多样化和快速响应的需求提升、竞争愈发激烈"等问题。学术界和业界逐渐发现商业竞争已经从企业间的竞争悄然演化成供应链之间的竞争。尤其是1987年，世界环境与发展委员会向联合国提交了一份题为《我们共同的未来》的报告，可持续发展的思想贯穿了整个报告，也席卷了全球，为此后可持续供应链学派的发展奠定了理论基调。

可持续供应链学派的出现并不是孤立的，它融合了其他学派的思想，借鉴了消费者响应学派的以市场为中心的战略思想，供应链网链结构学派的企业内部运作和供应链运作模型学派等的注重效率和效益的特点，从传统供应链破茧而出，这为开启可持续供应链学派的新征程指引了方向。

（二）奠基期（1992—2009年）：奠定基础，初具雏形

时间：始于1992年"逆向物流"思想的提出，终于2009年哥本哈根世界气候大会的召开，可持续供应链学派的理论体系逐渐形成。

特色：除了考虑经济效益外，特别关注环境效益问题；重视废品、废物的回收再利用，实行闭环运作方式；并行考虑材料的生产、产品制造过程和回收与再利用等产品生命周期的全过程，减少各环节对环境的影响。

代表人物：Guide、姚卫新等（闭环供应链）；Handfield、马祖军、王能民等（绿色供应链）。

代表性论著：Stock 的论著《逆向物流》，Guide 发表的文章《再制造环境下订单发布策略的评估》。

经过萌芽期的积淀，1992 年"逆向物流"思想的提出标志着可持续供应链学派进入奠基期；直到 2009 年年底哥本哈根世界气候大会的召开，标志着可持续供应链学派奠基期的结束。由于传统的供应链仅仅考虑供应链上企业利益最大化，虽然它也涉及原材料、能源的节约，但只是考虑企业的成本和企业内部环境的改善，并没有充分考虑在制造和流通过程中所选择的方案会对环境等产生的影响，也没有考虑如何处理、回收与再利用产品的废弃物等。随着环境的恶化和可持续发展思想的深入，越来越多的企业开始重视产品和包装容器的回收处理，同时考虑从制造商到最终用户的正向流和从最终用户到制造商的逆向流，由此形成了闭环供应链。

1992 年，Stock 在其论著《逆向物流》中最早提出了"逆向物流"的思想，他指出逆向物流为一种包含产品退回、物料替代、物品再利用、废弃处理、再处理、维修与再制造等流程的物流活动[1]。在此基础上，闭环供应链孕育而生。实际上，闭环供应链思想最早是 1997 年由 Guide 提出，他认为闭环供应链是传统的正向供应链和包含废弃品回收再利用的逆向供应链的结合，呈现出"生产—消费—再生产"的封闭式特征[2]。2007 年，姚卫新等人分析了闭环供应链的渠道模式，邱若臻等人则讨论了闭环供应链结构的问题[3]。相较于传统供应链思想，闭环供应链思想引入了环境影响因素，强调回收再利用和逆向物流。虽然闭环供应链在减少废弃物、减轻环境污染等方面有较大贡献，但它强调的是逆向物流，忽略了从全局的

---

[1] Stock J R. Reverse logistics [M]. Oak Brook Illinois IL: Council of Logistics Management, 1992: 1-10.

[2] Guide J, Srivastava R. An evaluation of order release strategies in a remanufacturing environment [J]. Computers and Operations Research, 1997, 24（1）: 37-47.

[3] 姚卫新, 陈梅梅. 闭环供应链渠道模式的比较研究 [J]. 商业研究, 2007（01）: 51-54.

视角考虑整个供应链的环境影响和资源优化利用的问题。因此,绿色供应链如期而至。

实际上,绿色供应链(Green Supply Chain),或称环境供应链,最早起源于美国,即在供应链中增加环境因素思想。美国密歇根州立大学的制造研究协会进行了一项"环境负责制造"的研究,并于1996年首次提出了绿色供应链的概念。同年,国际标准化组织(ISO)开始推出 ISO 14000 系列标准,促进了绿色供应链的发展,与此同时 Handfield 则给绿色供应链下了一个比较全面的定义,即绿色供应链是包括从原材料到最终用户的同商品及信息的流动和转移相关的所有活动,物流和信息流都是贯穿于供应链的上下游[1]。1997年,Min 等讨论了在选择供应商的决策中如何考虑环境保护因素[2]。2002年,马祖军探讨了绿色供应链的集成特性和体系结构[3]。2007年,王能民等人则研究了绿色供应链的发展模型[4]。相比而言,绿色供应链思想的特色在于:不仅以更全面的视角来研究供应链各个环节对环境的影响,而且要使得产品从物料获取、加工、包装、仓储、运输、使用到报废处理的整个过程中对环境的影响最小、资源利用率最高[5]。

从1992年到2009年,可持续供应链学派处于奠基期,其主要表现模式有闭环供应链和绿色供应链。这一时期,随着市场环境的变化和技术的发展,企业传统的生产与经营模式已经无法应对迅速变化且无法预测的买卖方市场,更难从根本上满足客户的多样化、个性化需求。在此背景下,

---

[1] Handfield R B. Green supply chain: best practices from the furniture industry[C]. Annual Meeting of the Decision Sciences Institute, USA, 1996: 1295-1297.

[2] Min H, Galle WP. Green purchasing strategies: trends and implications [J]. International Journal of Purchasing and Materials Management, 1997(4): 10-17.

[3] 马祖军. 绿色供应链管理的集成特性和体系结构[J]. 南开管理评论, 2002(06): 47-50.

[4] 王能民, 杨彤, 乔建明. 绿色供应链管理模式研究[J]. 工业工程, 2007(01): 11-16+47.

[5] 但斌, 刘飞. 绿色供应链及其体系结构研究[J]. 中国机械工程, 2000(11): 1233-1236.

可持续供应链学派在不断吸收消费者响应学派更有效地响应消费者需求的优点、供应链网链结构学派将注意力转向供应链外部环境，试图将内部节点企业和外部供应商及客户完全集成的优点，以及摒弃了其他各学派只重视经济效益的缺点的基础之上，循序渐进，相继提出了闭环供应链和绿色供应链，这为可持续供应链学派的发展奠定了基调。

（三）拓展期（2010年至今）：与时俱进，蓬勃发展

时间：始于2010年低碳供应链思想的正式提出，发展至今，可持续供应链学派处于发展完善阶段。

特色：以最小的环境代价实现可持续的发展，更强调"低碳"指标的细化和深入；通过上下游各个成员企业的合作和企业各部门之间的沟通，实现供应链污染排放的最小化；强调经济、社会和环境的"三赢"。

代表人物：杨红娟、赵道致等（低碳供应链）；Ahi和Searcy、贺彩虹、朱庆华等（可持续供应链）。

代表性论著：杨红娟发表的《基于DEA方法的低碳供应链绩效评价探讨》；Ahi和Searcy发表的《绿色与可持续供应链管理定义的比较文献分析》。

2010年至2020年，中国物流总额由125.4万亿元增至300.1万亿元，迈上了上百万亿元新台阶，有力地佐证了中国物流业的快速发展，但随着中国物流业的快速发展，在物流运行各环节不可避免地产生了诸多的环境污染问题。全球气候变暖，全球各国都在努力谋出路。

1997年，日本京都通过的《京都议定书》是世界上第一部以法律约束力控制温室气体排放的国际性条约，这是引发低碳经济概念的触点。低碳经济是全球气候变暖后提出的新概念，尤其是在2009年哥本哈根世界气候大会召开以后，低碳经济更是引起了全社会的广泛关注。目前，低碳供应链理论尚在探索中，但毋庸置疑的是，供应链在低碳经济中占有

特殊地位。"低碳经济"这一术语在20世纪90年代末已提出,但这一概念的官方提法首次出现在2003年英国政府发布的能源白皮书《我们能源的未来:创建低碳经济》(*Our Energy Future*:*Creating a Low Carbon Economy*)中[1]。低碳经济指用更少的自然资源生产更多的东西,同时产生更少的污染。而"低碳供应链"的思想于2010年由杨红娟等在云南省应用基金项目中首次正式提出,她指出低碳供应链是在绿色供应链的基础上,通过优化供应链流程,最大限度地降低供应链内部各个环节的碳排放量,在供应链优化过程中不但要提高供应链内部行为主体与环境相容的程度,还需考虑整个链条中的碳排放指标[2]。2014年和2016年,赵道致等人探讨了二级低碳供应链减排合作的问题[3][4]。低碳供应链实质上是低碳思想在供应链系统运行中的应用,相比而言,低碳供应链思想的特色在于:引入碳排放指标,强调"低碳"指标的细化与深入。

随着资源环境和社会问题的日益突出,企业越来越注重经济、环境和社会全面协调发展的可持续供应链理念,强调经济、环境和社会三个方面协调统一的可持续供应链应运而生。实际上,可持续供应链正式提出是在2013年,由Ahi和Searcy在其文章《绿色与可持续供应链管理定义的比较文献分析》中提炼并对比绿色供应链和可持续供应链的关键特征,指出可持续供应链是把绿色供应链从环境维度进一步拓展到了经济和社会两个维度[5],认为可持续供应链的思想是在绿色供应链基础上发展而来的。之

---

[1] 付允,马永欢,刘怡君,牛文元. 低碳经济的发展模式研究[J]. 中国人口·资源与环境,2008,18(03):14-19.
[2] 杨红娟,郭彬彬. 基于DEA方法的低碳供应链绩效评价探讨[J]. 经济问题探索,2010(09):31-35.
[3] 李媛,赵道致. 考虑公平偏好的低碳化供应链两部定价契约协调[J]. 管理评论,2014,26(01):159-167.
[4] 赵道致,原白云,徐春秋. 低碳环境下供应链纵向减排合作的动态协调策略[J]. 管理工程学报,2016,30(01):147-154.
[5] Ahi P,Searcy C. A comparative literature analysis of definitions for green and sustainable supply chain management[J]. Journal of Cleaner Production,2013,52(4):329-341.

后，贺彩虹等人研究了可持续供应链的驱动和制约因素[①]；2017年，朱庆华提出了可持续供应链协同管理与创新的研究框架[②]。到目前为止，可持续供应链还处于不断探索和尝试阶段，但学术界对可持续供应链思想的主要观点已经成型（见表7-1）[③]。与其他供应链模式不同的是，可持续供应链思想强调在实现产品价值的同时，产品的各个阶段不应给环境和社会带来负担，其出发点是经济、社会和环境的"三赢"。

表 7-1　可持续供应链思想的主要观点

学者	主要观点
Milt（2013）等	不仅仅是关于环境的，更是经济、社会和环境三个维度的可持续发展
Hall（2012）等	通过从供应商到制造商或服务提供商再到客户的服务和原材料的整个过程来改善企业对社会和环境的负面影响
施先亮，乔晓慧（2010）	综合考虑可持续发展的经济、社会和环境这三个目标，来管理供应链中的物流、信息流、资金流和企业间的合作
叶勇（2009）	强调经济、环境、社会三位一体结合，它以绿色环保理念为基础，以社会责任为要求，使产品或服务在采购、加工、包装、运输、仓储、消费以及终极产品的处理的整个环节中，实现经济、环境、社会的可持续发展
Müller（2008）等	供应链上各企业之间的合作，以及物质、信息和资本流动都同时从可持续发展的三个维度着眼，组织将环境实践纳入供应链，并受到监管
Carter（2004）等	供应链的社会可持续问题包括平等、安全、健康和福利、道德和人权

资料来源：笔者整理

因此，可持续供应链学派的拓展期是从2010年开始的，主要模式是

---

① 贺彩虹，周鲜成.可持续供应链管理的驱动和制约因素[J].湖南社会科学，2013（01）：131-135.

② 朱庆华.可持续供应链协同管理与创新研究[J].管理学报，2017，14（05）：775-780.

③ 荆浩，刘悦.可持续供应链绩效评价综述[J].沈阳航空航天大学学报，2018，35（06）：1-13.

低碳供应链和可持续供应链。这一时期，一方面，全球的环境破坏和污染越来越严重，温室气体的排放严重超标，同时我国企业也面临着十分严峻的国内外环境，承担着来自多方面的挑战；另一方面，经济全球化的加深、技术创新的加速、产品生命周期的缩短、市场环境变化的不确定性等，致使任何一家企业的生存与发展均以前所未有的程度依赖其他企业的生存与发展。

在此背景下，可持续供应链学派在吸收消费者响应学派中精益供应链关注减少废弃物的理念，以及在批判供应链协同学派对供应链上下游企业协同研究中缺乏考虑"绿色经济发展"的基础上，逐渐形成了低碳供应链的理念。同时，在传承供应链协同学派从整个供应链角度综合考虑，实现利益共享"双赢"目标的理念及摒弃其他学派如供应链网链结构学派、供应链运作模型学派等对环境因素欠考虑的基础上，提出了可持续供应链的思想，并推动着可持续供应链学派与时俱进。

第三节　可持续供应链学派的主要代表理论

国内外学术界已有不少有关可持续供应链学派理论框架的研究，总结而言，大概可以根据不同视角分为不同的理论模型，从宏观延续性视角看主要有传统供应链和可持续供应链；从完整性结构视角看主要有逆向供应链和闭环供应链；从行业或企业环境保护的视角看主要有绿色供应链和低碳供应链。本节阐述目前可持续供应链学派的主要代表理论（闭环供应链、绿色供应链、低碳供应链和可持续供应链）的演进、主要内容、贡献与局限。

一、闭环供应链学说

随着社会经济的不断发展，由于人们过度开发和消耗导致环境恶化、资源衰竭等问题层出不穷，人们开始意识到保护环境的重要性。出于利益的驱动，越来越多的制造商开始重视回收再造，由此闭环供应链学说孕育而生。

（一）闭环供应链学说的演进

闭环供应链是20世纪90年代后期提出来的，国内外学者已经对双向物流同时存在的实际问题进行研究，并提出"闭环供应链"这一全新概念。根据1997年Guide等人的研究，传统的正向供应链是新产品从原材料的生产到配送再到消费者手中的一系列过程；逆向供应链则是消费者使用过的废弃产品的再处理（包括回收和再制造），使之恢复剩余市场价值的一系列活动。闭环供应链不仅包含传统的正向供应链，同时还包含废弃品回收再利用的逆向供应链，两条链上的物流并非相互独立，而是相互联系，呈现出"生产—消费—再生产"的封闭式特征①。2007年姚卫新等在《闭环供应链渠道模式的比较研究》一文中提出了闭环供应链的概念模型。同年，邱若臻等在《闭环供应链结构问题研究进展》一文中提到闭环供应链的结构类型。2009年，张宝友等提出了闭环供应链的绩效评价指标体系。

实际上，将正向物流与逆向物流整合起来，形成一个封闭的供应链系统，即闭环供应链，它是生产及流通过程中，企业从采购到最终销售的完整的供应链网络结构，包含产品回收以及产品生命周期支援的逆向物流②。因此，闭环供应链并不是正向物流和逆向物流的简单相加，而是一个整合的过程。闭环供应链旨在设计、控制和运行一个系统，通过不同方式和程度的回收，实现产品在其全生命周期内的动态价值恢复，使产品价值生成最大化。与其他供应链不同的是，闭环供应链强调物料的双向流动和价值恢复，旨在形成"资源—消费—再生资源"的闭环反馈流程③。

（二）闭环供应链学说的主要内容

1. 闭环供应链的基本概念

闭环供应链是将商品从生产地流通到消费者，又将消费者退回的商品

---

① Guide J, Srivastava R. An evaluation of order release strategies in a remanufacturing environment [J]. Computers and Operations Research. 1997, 24（1）: 37-47.
② 徐家旺，朱云龙，黄小原，邱若臻. 闭环供应链管理问题的研究进展 [J]. 系统工程, 2008（08）: 1-10.
③ 施先亮，乔晓慧. 区域生态供应链的内涵研究 [J]. 管理世界, 2010（02）: 171-172.

运送到生产地,它是正向供应链和逆向供应链的一体化整合,因此形成了一个封闭的物品供应链。图 7-1 所示为闭环供应链的概念模型[1],它体现以下四个方面的内涵。

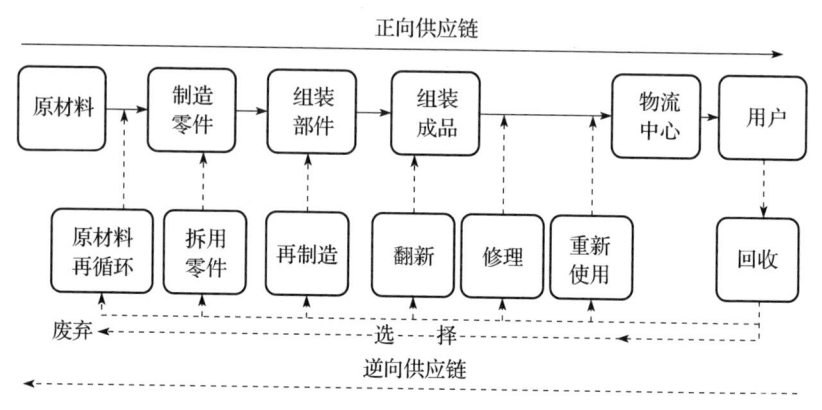

图 7-1 闭环供应链的概念模型图

注:实线和实框表示正向供应链,虚线表示逆向供应链

(1)传统正向供应链的一般活动,是将商品从生产地流通到消费者的过程。

(2)回收供应链从终端用户手中收集废旧产品。

(3)检测、分类和处理,以确定产品是否在经济上具有再利用的价值。

(4)为产品创造新的价值的整修,包括直接再使用、产品修复、再制造、回收、处理以及营销等环节。

2. 闭环供应链的结构类型

根据回收物品种类及处理方式的不同,闭环供应链结构类型也有所不同,可将闭环供应链分为再利用闭环供应链网络、再制造闭环供应链网络、再循环闭环供应链网络和商业退货闭环供应链网络[2]。

(1)再利用闭环供应链网络。适用于回收的物品不需要经过复杂的

---

[1] 姚卫新,陈梅梅. 闭环供应链渠道模式的比较研究[J]. 商业研究,2007(01):51-54.
[2] 邱若臻,黄小原. 闭环供应链结构问题研究进展[J]. 管理评论,2007(01):49-55+64.

设备处理就可直接再利用，如各类包装。网络功能主要是收集、运输和存储等。

（2）再制造闭环供应链网络。适用于价值较高的产品，如发动机、机电设备、复印机等。该网络结构通过对回收物品进行增值性修复获取经济效益，是应用和研究颇为广泛的一类供应链结构。目前，再制造过程大多是在前向供应链基础上进行扩展，形成多级闭环供应链网络。

（3）再循环闭环供应链网络。适用于价值较低的废弃物，如废钢、废玻璃、废纸、沙子、塑料等。这类产品一般需要先进的处理技术和专用设备，投资成本较高，因此要求回收处理设施集中，从而进行批量处理，获得规模经济效应。这种供应链结构相对简单，其逆向物流过程直接由终端消费到生产厂商。

（4）商业退货闭环供应链网络。适用于消费者因购买的商品不符合需求或因质量问题而将产品退给销售商。电子商务交易的实施，使得这种退货情况极为频繁。福布斯对40家电子商务企业的调查显示，在线销售的退货率高达30%。设计一个高效、合理的闭环供应链结构能够将这种因退货而导致的损失降至最低。

（三）闭环供应链的渠道模式

根据闭环供应链中渠道参与者［主要包括生产商（Manufacturer）、零售商（Retailer）、客户（Customer）和专门从事逆向物流的第三方（Third Party）］的不同，可以将其组成常见的五种渠道模式（具体见图7-2）。[①]

（1）第一种渠道是MRCRM（生产商→零售商→客户↦零售商↦生产商），它指零售商从生产商取得商品后进行销售，并且负责回收客户退回的商品并转交生产商进行处理，如图7-2（a）所示。

---

① 姚卫新，陈梅梅. 闭环供应链渠道模式的比较研究［J］. 商业研究，2007（01）：51-54.

(a) 第一种渠道 MRCRM

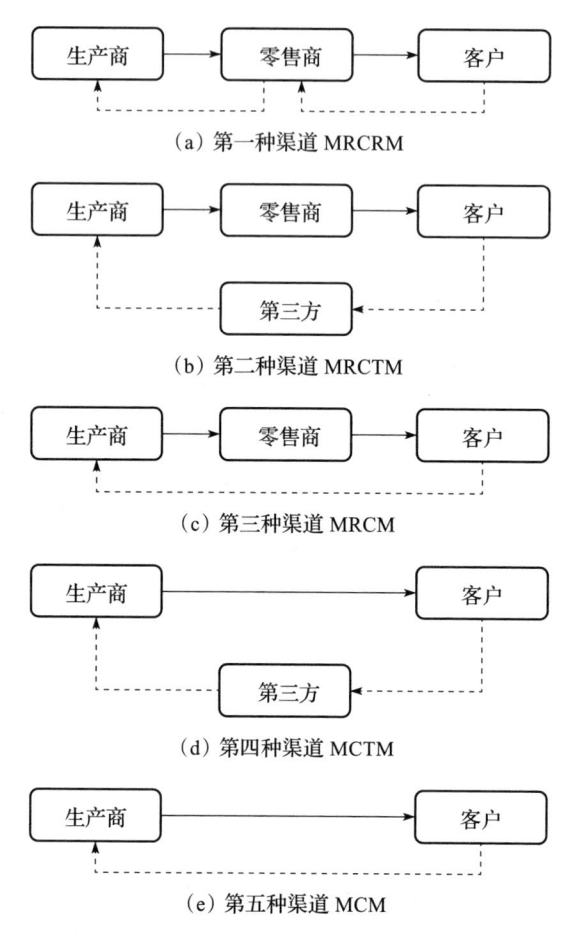

(b) 第二种渠道 MRCTM

(c) 第三种渠道 MRCM

(d) 第四种渠道 MCTM

(e) 第五种渠道 MCM

图 7-2　闭环供应链的渠道模式图

注：为方便起见，渠道模式的名称用渠道参与者的英文首字母组成。为了方便理解，用符号"→"表示正向，用符号"↦"表示逆向。

（2）第二种渠道是 MRCTM（生产商 → 零售商 → 客户 ↦ 第三方 ↦ 生产商），它指零售商从生产商取得商品后进行销售，第三方负责回收客户退回的商品并转交生产商进行处理，如图 7-2（b）所示。

（3）第三种渠道是 MRCM（生产商 → 零售商 → 客户 ↦ 生产商），它指零售商从生产商取得商品后进行销售，生产商直接负责回收客户退回的商品并进行处理，如图 7-2（c）所示。

（4）第四种渠道是MCTM（生产商→客户↦第三方↦生产商），它指生产商直接进行销售，第三方负责回收客户退回的商品并转交生产商进行处理，如图7-2（d）所示。

（5）第五种渠道是MCM（生产商→客户↦生产商），它指生产商直接销售产品，负责回收客户退回的商品并进行处理，如图7-2（e）所示。

这五种类型的闭环供应链的渠道模式，生产商可以根据自身和市场的情况选择其中一种模式，也可将各种模式进行组合，以便快速适应变化的市场环境。

（四）闭环供应链的绩效评价

闭环供应链的主要目标有缩短响应时间、提高柔性、提倡资源循环再利用、保护环境、减少浪费、获得利润等等[①]。闭环供应链绩效评价指标体系一般包含五个方面，即客户维度、内部过程、发展维度、财务维度和环境保护，具体见表7-2。

表7-2　闭环供应链绩效评价指标体系

目标指标	一级指标	二级指标
闭环供应链绩效	客户维度	订单完成总周期、客户价值率、对供应链柔性认可、客户价值率、有效提前期率、顾客满意度等
	内部过程	供应链订单完成的总周期、回收物品的处理总周期、逆向和前向物流的运作流程整合程度、退货率、产品返修率、运输的准确率、单位物流成本、生产柔性、员工满意度等
	发展维度	科教投入比率、新产品开发成功率、自主知识产权比率、员工受教育程度、员工流动率等
	财务维度	供应链资本收益率、现金周转率、回收物资利润率、逆供应链管理成本、产品的生命周期平均成本等
	环境保护	污染物环保水平、资源再生率、原材料综合利用率、原料的可回收率等

资料来源：笔者根据文献整理

---

① 张宝友，黄祖庆，朱卫平. 基于BSC思想和AHP/DEA模型的网络环境下闭环供应链系统绩效评价[J]. 工业技术经济，2009，28（04）：55-61.

（1）客户维度。该指标用于反映提高客户满意度和降低供应链客户管理成本，主要是通过订单完成总周期、客户价值率、对供应链柔性认可、客户价值率、有效提前期率、顾客满意度等来衡量。

（2）内部过程。该指标用于反映降低闭环供应链成本和降低生产成本，主要是通过供应链订单完成的总周期、回收物品的处理总周期、逆向和前向物流的运作流程整合程度、退货率、产品返修率、运输的准确率、单位物流成本、生产柔性、员工满意度等来确定。

（3）发展维度[①]。该指标用于反映加强环保技术的投入，主要通过科教投入比率、新产品开发成功率、自主知识产权比率、员工受教育程度、员工流动率等来衡量。

（4）财务维度。该指标用于反映加快自己流动、增加供应链收益，主要通过供应链资本收益率、现金周转率、回收物资利润率、逆供应链管理成本、产品的生命周期平均成本等来确定。

（5）环境保护。该指标用于反映增加回收利用率、降低排放的负面影响，通过污染物环保水平、资源再生率、原材料综合利用率、原料的可回收率等来衡量。

（五）闭环供应链学说的贡献与局限

闭环供应链模型的贡献在于：首先，它强调物料的双向流动和价值恢复，旨在形成"资源—生产—消费—再生资源"的闭环反馈流程，是一种正向供应链与逆向供应链相整合的新模式；其次，它不再是只把追求经济利益放在首位，除了考虑经济效益外，还特别关注环境效益问题；最后，它非常重视废品、废物的回收再利用，实行闭环运作方式。

---

① 余子洋. 低碳环境下闭环供应链的绩效评价问题研究［J］. 物流工程与管理，2017，39（02）：68-70.

与此同时，闭环供应链模型也有一定的局限性，比如缺乏对社会效应的考虑，虽然它是一种正向供应链与逆向供应链相结合的模式，但它并未从整体上考虑如何使各个环节的环境影响最小化。

二、绿色供应链学说

闭环供应链的产生在减少废弃物、减轻环境污染、以较低成本满足顾客需求等方面有了较大提高，但闭环供应链更强调逆向物流。随着闭环供应链内涵的演变，后来的研究者提出了绿色供应链概念，以更全面的视角来研究供应链各个环节对环境的影响。①

（一）绿色供应链学说的演进

绿色供应链也是在20世纪90年代后期提出来的，它起源于两个方面：一是环境管理者开始使用生命周期评价方法（LCA）来评估产品的环境影响；二是具有创造性的供应链管理者和分析者试图通过将环境问题整合到供应链管理实践来改善和优化供应链过程。绿色供应链的概念最早由美国密歇根州立大学的制造研究协会在1996年进行的一项"环境负责制造（ERM）"的研究中首次提出，又称环境意识供应链（Environmentally Conscious Supply Chain）或环境供应链（Environmentally Supply Chain）②，是一种在整个供应链中综合考虑环境影响和资源效率的现代管理模式。它以绿色制造理论和供应链管理技术为基础，涉及供应商、生产厂、销售商和用户，其目的是使得产品从物料获取、加工、包装、仓储、运输、使用到报废处理的整个过程中，对环境的影响（副作用）最小，资源效率最高。

---

① 林金钗，祝静，代应. 低碳供应链内涵解析及其研究现状 [J]. 重庆理工大学学报（社会科学），2015，29（09）：48-54.

② Handfield R B. Green supply chain : best practices from the furniture industry [C]. Annual Meeting of the Decision Sciences Institute，USA，1996：1295-1297.

同年，Handfield给绿色供应链下了一个比较全面的定义。1997年，Min等讨论了在选择供应商的决策中如何考虑环境保护因素。张华伦等人于2006年、董雅丽等人于2008年分别提出了绿色供应链绩效评价指标体系。2007年，王能民等在《绿色供应链管理模式研究》一文中提出了绿色供应链的概念模型。随着市场环境的瞬息变幻，绿色供应链的模型不断扩展和延伸。2009年，宋志国等在《绿色供应链管理若干问题研究》的专著中提出了绿色供应链的发展模型。

实质上，绿色供应链指基于对社会和企业的可持续发展的要求而对供应链进行生态设计，并将环保意识融入供应链过程当中，包括产品设计、原料采购和选择、制造工艺选择、产成品分销以及废弃品管理的整个过程[①]。绿色供应链最本质的特征在于强调最大限度地消除对环境的影响，将产品和流程引起的直接或间接的环境影响最小化，包括从原材料开采、产品使用到这些产品的最终处置的各个环节。最终目标是为了环境友好而进行的设计、采购、生产、分销、使用及再利用，并在供应链内采取的管理策略、行动及所形成的合作关系。与其他供应链不同的是，绿色供应链强调通过优化供应链各环节来减少或消除运作过程中的废弃物，其主要出发点是消除环境影响[②]。

（二）绿色供应链学说的主要内容

1. 绿色供应链的基本概念

绿色供应链主要包含绿色设计、绿色采购、绿色制造、绿色包装、绿色营销、绿色物流和绿色产品回收与处理等环节，试图从源头开始实现供

---

① Zhu Q, Sarkis J. Relationships between operational practices and performance among early adopters of green supply chain management practices in Chinese manufacturing enterprises [J]. Journal of Operations Management, 2004, 3（22）: 265-289.

② 施先亮，乔晓慧. 区域生态供应链的内涵研究 [J]. 管理世界，2010（02）: 171-172.

应链中资源消耗和环境影响的最小化[1]，如图 7-3 所示。

```
绿色设计 → 绿色采购 → 绿色制造 → 绿色包装 → 绿色营销 → 绿色物流
              ↓         ↓         ↓         ↓         ↓
                    绿色产品回收与处理
```

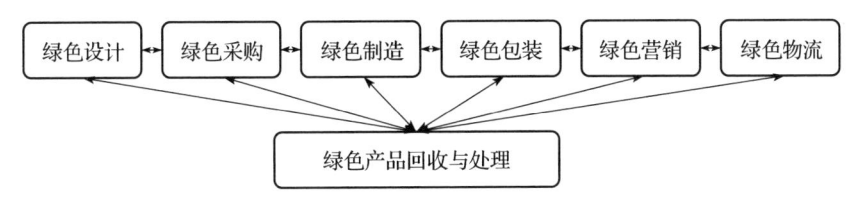

图 7-3　绿色供应链的概念模型

（1）绿色设计。美国国会技术评估办公室（OTA）将绿色设计定义为将环境属性作为设计目标而非设计限制的过程，关键在于将环境属性与产品性能、使用年限和功能最大化相结合。因此绿色设计包含两个互补的目标：预防浪费和优秀的材料管理。预防浪费在第一阶段避免了浪费的产生，优秀的材料管理有利于产品在其使用寿命结束时得到更好的处理[2]。

（2）绿色采购。绿色采购指在购买产品或服务时考虑供应商提供的产品和工艺性能的环保性，制定出能将环境影响降到最低的采购策略。其中供应商的选择是绿色采购实施过程中最为重要的内容。绿色采购包含多个层次，企业是绿色采购的实施者以及采购策略的制定者，政府则通过制定政策监督企业的行为，为绿色采购创造良好的外部条件。

（3）绿色制造。绿色制造是一种使用更加环保的资源、提供最大的输出产量、产生最少浪费和污染的生产方式。它要求企业从产品设计到最终消费都将环境因素纳入考虑，在生产活动中最大限度地减少废弃物、节约能源和稀缺资源、减少对自然环境的污染，同时满足经济生产的

---

[1]　王能民，杨彤，乔建明. 绿色供应链管理模式研究［J］. 工业工程，2007（01）：11-16+47.

[2]　United States. Congress. Office of Technology Assessment，États-Unis. Congress. Office of Technology Assessment，Government Printing Office Staff. Green products by design：choices for a cleaner environment［M］. Washington D. C.：Office of Technology Assessment，1992.

需求①。

（4）绿色包装。绿色包装指包装材料从原料采集、加工制造、使用和回收直到最终处理的生命周期全过程不应对人类和生态造成危害，避免过度包装，同时使用的包装制品要利于回收再生和循环利用。因此，绿色包装需要满足资源节约、保质减量、易回收再生、可降解易处理等要求。

（5）绿色营销。绿色营销指企业在产品盈利方式、销售渠道设计、促销方式选择等环节上注重环境、生态管理，倡导绿色理念，积极引导绿色营销，培养和加强员工和供应商的可持续发展观念，完善绿色企业文化，实施绿色营销。绿色营销作为一种健康的营销理念，能够帮助企业保留客户、培养忠诚，提升品牌价值。

（6）绿色物流。绿色物流指在物流过程中引入环境标准，在产品的装卸搬运、包装、运输、流通加工、配送和信息处理的过程中抑制对环境造成的危害。绿色物流的评价标准包括物流过程中的资源、能源消耗和污染物排放；包括物流过程中的运输、装卸、保管等过程中的产品损耗、资源浪费和环境污染，以及物流过程中使用的作业方式和材料的环保性等②。

（7）绿色产品回收与处理。绿色产品回收与处理主要是考虑产品及零部件的回收处理成本与回收价值，以最少的成本代价，获得最高的回收价值。绿色回收不同于传统的简单回收包装物的行为，它是一种从消费者利益出发，主动承担相应社会责任的行为③。

2. 绿色供应链的发展概念

随着市场环境的瞬息变幻，绿色供应链的概念不断扩展和延伸。绿色供应链不仅仅包括绿色设计、绿色采购、绿色制造、绿色包装、绿色营

---

① Gopalakrishnan K, Yusuf Y Y, Musa A, et al. Sustainable supply chain management: a case study of British Aerospace (Bae) Systems [J]. Int. J. Prod. Econ, 2012, 140 (1): 193-203.

② Mollenkopf D, Tate W. Green, lean, and global supply chains [J]. International Journal of Physical Distribution & Logistics Management, 2010, 1/2 (40): 14-41.

③ 叶萍. 绿色供应链管理的系统研究 [J]. 经济经纬, 2005 (02): 130-133.

销、绿色物流等环节，还应该是绿色供应链管理的目标、实施对象、专题技术和支撑技术等方面的集合，应能给人们研究和实施绿色供应链管理提供多方位的视图和模型（见图7-4）。

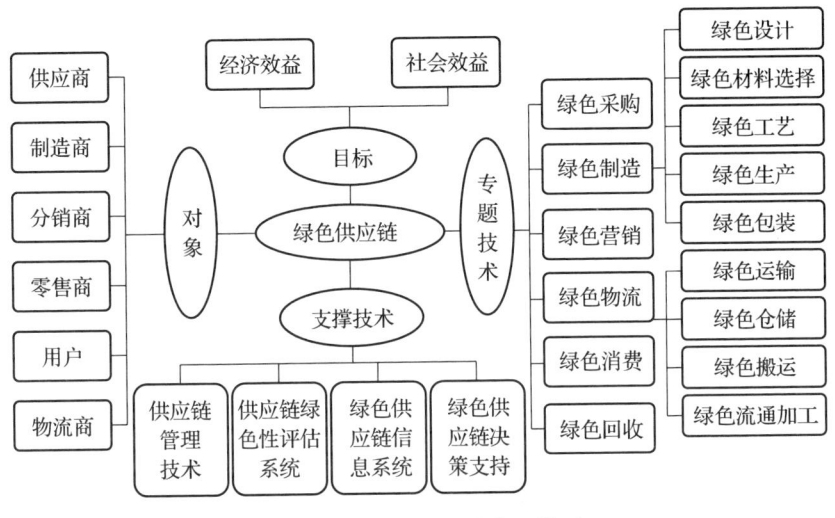

图 7-4 绿色供应链的发展模型

（1）绿色供应链发展模型的目标。其目标不仅仅有社会效益（环境保护和资源优化利用），还有经济效益及两者的协调优化。尤其应强调的是，在整个供应链的各个环节，要求对环境的影响（副作用）尽可能小，资源利用效率尽可能高[1]。

（2）绿色供应链发展模型的对象。除供应商、制造商、零销商和用户外，还应该包括分销商和物流商等。因为在实施绿色供应链管理过程中，不仅要求关键节点企业制定并严格实施环境管理标准，而且其上、下游厂商及最终用户也必须遵守同样的环境管理标准，只有这样才能提高整条供应链的绿色性[2]。

---
① 马祖军. 绿色供应链管理的集成特性和体系结构[J]. 南开管理评论，2002（06）：47-50.
② 代颖. 绿色供应链管理——现代企业的可持续发展模式[J]. 经济体制改革，2003（01）：64-67.

（3）绿色供应链发展模型的专题技术。采用系统工程的观点，综合分析供应链管理从原材料采购到报废产品回收处理的全过程中各个环境的环境及资源问题，主要包括绿色采购、绿色制造、绿色营销、绿色物流、绿色消费和绿色回收等。

（4）绿色供应链发展模型的支撑技术。绿色供应链发展模型的本质是在供应链管理过程中融入了环境保护意识，增加对环境的考虑。因此，在实施绿色供应链过程中，如何将环境信息与其他信息有机集成、实现数据和信息的共享是一个必须解决的关键问题。为此，必须研究开发适合绿色供应链的数据库、知识库及信息系统，以及如何测算和评估供应链过程中的环境影响和资源消耗状况，如何评估绿色供应链实施的状况和程度等技术。

3. 绿色供应链的绩效评价

绿色供应链绩效评价涉及经济、社会、环境等多个方面的因素，这些因素不但具有不确定性，并且存在因素间的相互影响和干扰[1]。一般而言，绿色供应链绩效指标体系（见表7-3）主要覆盖六个领域：绿色供应链的当前营利性（财务状况指标）、绿色供应链的运营状况（运营绩效）、绿色供应链的服务水平（顾客服务指标）、绿色供应链的持续能力（业务流程指标）、绿色供应链的经济状况（经济效益）和绿色供应链的环境保护能力（环境绩效指标）[2]。

表 7-3　绿色供应链绩效评价指标体系

目标指标	一级指标	二级指标
绿色供应链绩效	财务状况	总资产报酬率、总资产周转率、利润增长率、净资产收益率等

---

[1] 张华伦, 冯田军, 董红果. 绿色供应链管理绩效评价研究 [J]. 情报杂志, 2006 (06): 42-44.

[2] 董雅丽, 薛磊. 基于ANP理论的绿色供应链管理绩效评价模型和算法 [J]. 软科学, 2008 (11): 56-63.

续表

目标指标	一级指标	二级指标
绿色供应链绩效	运营绩效	产品质量、库存、生产能力、产品及时供货能力、产品生产线效率、边角余料的产生等
	顾客服务	产品合格率、准时交货率、顾客抱怨率、绿色认同率等
	业务流程	产品柔性、时间柔性、数量柔性等
	经济效益	供应链运营的单位成本、产品产销率、废物排放费用、废物处理成本、能源消耗成本等
	环境绩效	环保效率比率、资源利用率、资源再利用率、产品回收收益率等

资料来源：笔者根据文献整理

（1）财务状况。它反映了直接实施绿色供应链带给商家的利益，显示绿色供应链管理的战略及其实施和执行是否正在为最终运营结果的改善做出贡献，体现了绿色供应链管理的价值增值，是最终推动绿色供应链发展的动力之一。因此，绿色供应链绩效的改善应该在该指标上得到体现。

（2）运营绩效。该指标反映绿色供应链的运营状况，主要通过产品质量、库存、生产能力、产品及时供货能力、产品生产线效率、边角余料的产生等来衡量。

（3）顾客服务。该指标主要是从客户角度来看待绿色供应链的运作，以衡量绿色供应链在顾客服务方面的效果和绩效。绿色供应链管理把用户满意作为最高目标，通过信息共享和供应链上节点企业的协作，实现对需求的快速反应，以提高用户满意度获取竞争优势，并最终获利。

（4）业务流程。该指标的根本目的是运用多种技术手段，理解既有的业务流程，从而为企业组织的流程重组和优化提供决策依据。将业务流程指标纳入绿色供应链绩效评价体系中，将有利于管理者对现有的绿色供应链运作在流程的层次上进行监控，发现其在运营过程中存在的问题并及时纠正，不断地创新产品和服务，以满足现有和未来目标客户的需求。

（5）经济效益。该指标从财务角度衡量在一定时期内绿色供应链的经营效益和管理业绩。它的选取基于能够激励绿色供应链内组织进行持续的改进，从中可以直接感受到绿色供应链的效益和价值变动。其评价内容与企业财务评价相类似，包括资本营运状况和资产收益状况。资产营运状况主要反映绿色供应链的资金周转及营运能力；资本收益状况主要反映绿色供应链的投资回报和营利能力。

（6）环境绩效。该指标是评价供应链实现绿色化的程度，是真正体现绿色供应链绩效的指标。由于供应链的绿色化必须将绿色制造的思想融入供应链的整个流程中，因此，该指标的设立将对供应链的全部节点具有约束力，通过改进绿色技术与供应链管理手段，减少业务流程中的污染、浪费行为，实现产品生命周期内环境负影响最小，资源、能源利用率最高和供应链系统整体效益最优的目标。

（三）绿色供应链学说的贡献与局限

绿色供应链的主要贡献在于：第一，它是一种以消除环境影响为目的，强调通过优化供应链各环节来减少或消除运作过程中的废弃物的新模式；第二，它是并行考虑材料的生产、产品制造过程和回收与再利用等产品生命周期的全过程，旨在减少各环节对环境的影响。但绿色供应链也有其不足之处，比如它经常出现逆向物流与正向物流的难以协调的问题，且欠缺对整条供应链的可持续发展的考虑。

三、低碳供应链学说

在低碳经济背景下，"低碳"引起了全社会的广泛关注。为尽可能减少温室气体的排放，尤其是二氧化碳的排放，研究者们提出了低碳供应链，将碳元素融入供应链中，相对于"绿色供应链"提出了更多挑战。

（一）低碳供应链学说的演进

低碳供应链是 21 世纪提出来的，虽然绿色供应链将环境因素融入了供应链各个环节，以使供应链各个环节对环境的影响最小化、资源的效率最高化，对"绿色"研究一直在推进，并取得了很多成果，但学术界对绿色供应链的研究更多地集中在供应链中提高资源利用效率、将用过的产品回收等方面。然而，在低碳经济背景下，碳排放受到越来越多的关注，特别是在 2009 年 12 月 7—18 日在丹麦首都召开的哥本哈根世界气候大会之后，全球的关注点聚焦于温室气体排放，"低碳"即刻成为各种媒体上的热点词汇和社会公众探讨的热门话题。

然而，"低碳供应链"的思想是在 2010 年由杨红娟在云南省应用基金项目中首次提出。结合供应链和低碳的含义，低碳供应链的概念理解为：将低碳、环保的意识渗透至整个供应链的构建与运行，在从原材料等资源的计划、采购，到产品的生产制造，再到物流配送、市场营销、交付使用和回收这一完整的运作过程中，综合考虑链条中企业进行资源整合时对环境的影响。2012 年，瞿群臻等在《低碳供应链管理绩效评价模型的构建》中，提出了低碳供应链的概念模型及绩效评价指标体系。随后，不少学者提出低碳供应链的运营模式。2013 年，谢鑫鹏和赵道致在《低碳供应链企业减排合作策略研究》中，提出了两级低碳供应链的运营模式，主要是考虑单个供应商和单个制造商，以及单个制造商和单个零售商的情形。2017 年，樊世清等在《政府补贴下的三级低碳供应链减排博弈研究》中，提出了考虑由一个供应商、一个制造商和一个零售商构成的三级低碳供应链的运营模式。实质上，低碳供应链是一个复杂的系统，实施低碳供应链的最终目的是实现链条上企业经济效益、生态效益与社会效益的多方面共赢①。它提倡增效、减排、清洁生产，通过上下游企业之间合作和企业各部门之间沟通实现整条供应链的低碳化②③。

（二）低碳供应链学说的主要内容

1. 低碳供应链的基本概念

低碳供应链的目标包括减少碳排放，并在从采购、产品设计、生产过程、配送到物流的整个供应链过程中保持控制碳排放，每一个碳排放的供应链过程都为碳排放管理的减少做出了贡献④。低碳供应链的概念模型如图 7-5 所示，它涉及从设计、消费到循环的各个过程，主要包括低碳采购、低碳设计、低碳生产、低碳配送和低碳物流循环五个部分。

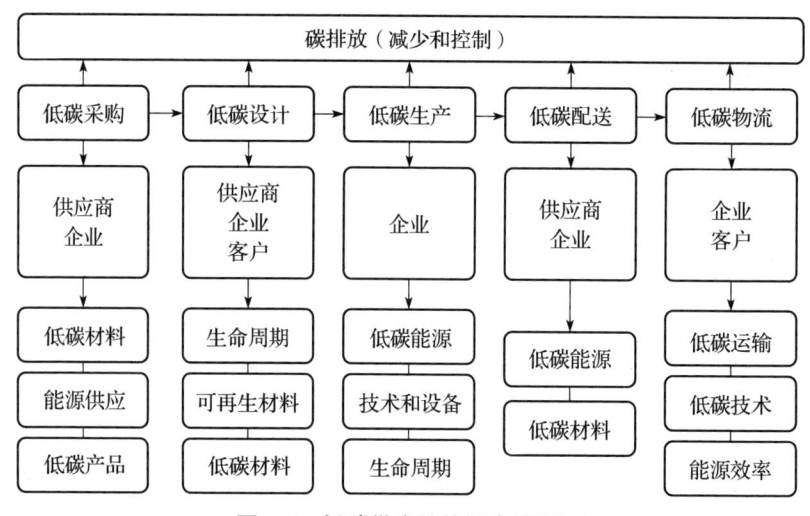

图 7-5　低碳供应链的概念模型图

---

① 瞿群臻，王明新.低碳供应链管理绩效评价模型的构建［J］.中国流通经济，2012，26（03）：39-44.

② 张新.低碳供应链初探［J］.物流工程与管理，2011，33（08）：80-82.

③ 林金钗，祝静，代应.低碳供应链内涵解析及其研究现状［J］.重庆理工大学学报（社会科学），2015，29（09）：48-54.

④ Shaharudin M S, Fernando Y, Jabbour C J C, et al. Past, present, and future low carbon supply chain management: a content review using social network analysis [J]. Journal of Cleaner Production, 2019, 218: 629-643.

（1）低碳采购。企业通过购买低碳能源或可再生能源、购买低碳材料和购买低碳商品与服务，减少与供应商采购活动中的碳排放。

（2）低碳设计。通过整合合作的供应商和客户，以减少设计阶段的碳排放。在设计阶段，企业可通过使用可再生和可循环利用的低碳材料来替代传统材料以减少碳排放，并通过应用生命周期评估，鉴别在产品生命周期的不同阶段改造其环境问题的机会。

（3）低碳生产。制造阶段是碳排放最多的一个环节。为此，企业可采取一系列措施来实现低碳生产。首先，可通过使用低碳能源，如可再生能源来减少碳排放；其次，可投资节能和提高能源效率的项目、低碳技术和设备，利用低碳材料，进行生命周期评估，来控制碳排放；最后，可通过使用环保包装来间接降低污染和减弱环境退化，从而减少碳排放等。

（4）低碳配送和低碳物流。物流贯穿整个供应链的全过程，通过提高运输工具的实载率，减少空驶率，避免无效运输和重复运输，促进运输合理化，提高仓储设施利用率，优化运输路径和搬运装卸系统，可有效降低供应链物流的碳排放，实现低碳物流、低碳配送。

此后，不少学者提出低碳供应链的运营模式。2013年，谢鑫鹏和赵道致在《低碳供应链企业减排合作策略研究》中，提出了两级低碳供应链的运营模式，主要是考虑单个供应商和单个制造商，以及单个制造商和单个零售商的情形。2017年，樊世清等在《政府补贴下的三级低碳供应链减排博弈研究》中提出了三级低碳供应链的运营模式。

2. 低碳供应链的运营模式

低碳供应链的运营模式目前比较流行的主要有两级低碳供应链运营模式和三级低碳供应链运营模式。

（1）两级低碳供应链。

两级低碳供应链的运营模式主要考虑两种情况：一是单个供应商和单个制造商；二是单个制造商和单个零售商。

① 单个供应商和单个制造商[①]。考虑由单个供应商 S 和单个制造商 M 组成的具有长期合作关系的两级低碳供应链，随着消费者 C 低碳意识的增强，部分消费者具有低碳偏好，促使制造商积极申请低碳产品认证，推出低碳产品，这不仅要求制造商进行减排技术投资，也要求供应商向制造商提供低碳化的原材料，因此制造商为激励供应商积极配合减排，考虑给供应商提供一定比例的减排成本补贴。在供应链上下游联合减排过程中，制造商为供应链上的核心企业，占主导地位，负责产品的总体减排（提出最终产品的低碳产品认证申请），供应商负责原材料的减排。具体运营模式如图 7-6 所示。

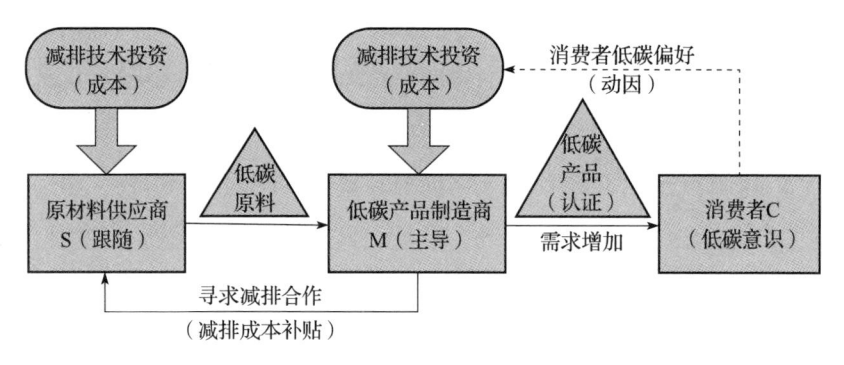

图 7-6　两级低碳供应链运营模式（供应商和制造商）

② 单个制造商和单个零售商[②]。考虑由单个制造商和单个零售商组成的两级低碳供应链，假设具有分配公平偏好的制造商可以通过碳交易市场进行碳配额买卖，政府在初期免费分配给制造商一定数量的碳配额，制造商在生产产品过程中排放 CO_2。当制造商生产排放的 CO_2 数量多于政府分配的配额时，在碳交易市场买入超出的碳配额；当制造商生产排放的 CO_2 数量小于政府分配的配额时，可将全部剩余的碳配额卖出，获得收益。具体运营模式如图 7-7 所示。

---

① 赵道致,原白云,徐春秋. 低碳环境下供应链纵向减排合作的动态协调策略[J]. 管理工程学报, 2016, 30 (01): 147-154.
② 李媛,赵道致. 考虑公平偏好的低碳化供应链两部定价契约协调[J]. 管理评论, 2014, 26 (01): 159-167.

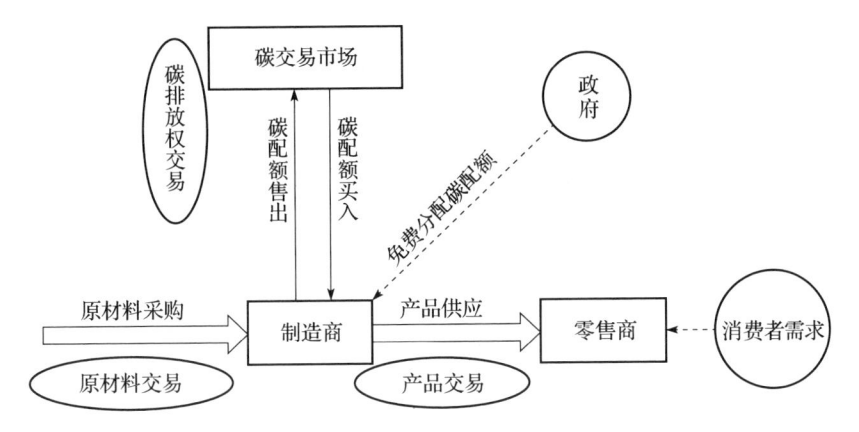

图 7-7 两级低碳供应链运营模式（制造商和零售商）

（2）三级低碳供应链。

三级低碳供应链是由一个供应商、一个制造商和一个零售商所构成的情况。[①] 假设制造商为低碳供应链上的核心企业，占主导地位，负责产品生产减排及最终产品的低碳认证申请，供应商负责原材料的减排，零售商负责低碳产品的宣传促销。制造商为激励供应商及零售商，积极配合减排及低碳产品的宣传促销，考虑给供应商及零售商提供一定比例的减排和宣传促销成本补贴[②]。具体运营模式如图 7-8 所示。

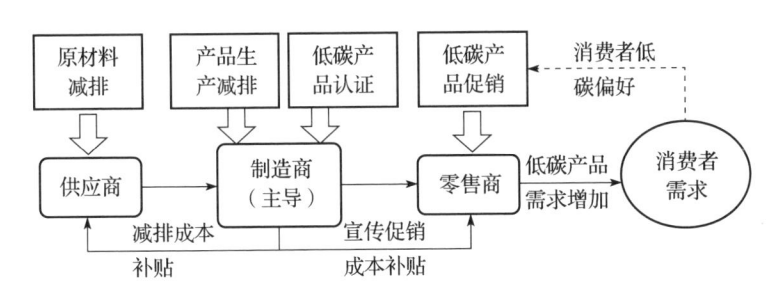

图 7-8 三级低碳供应链运营模式

[①] 向小东，李翀. 三级低碳供应链联合减排及宣传促销微分博弈研究[J]. 控制与决策，2019，34（08）：1776-1788.

[②] 樊世清，汪晴，陈莉. 政府补贴下的三级低碳供应链减排博弈研究[J]. 工业技术经济，2017，36（11）：12-20.

3. 低碳供应链的绩效评价

低碳供应链绩效评价体系应该是一套典型的多层次、多指标的综合评价体系，但目前并没有被普遍接受的、具有较好系统性科学性的评价指标体系。一般而言，低碳供应链绩效评价指标主要覆盖五个领域[①]：当前营利能力（财务和成本指标）、业务水平（业务运作指标）、服务水平（顾客服务指标）、创新能力（研发创新指标）和可持续发展能力（减排环保指标）[②]，详见表7-4。

表 7-4 低碳供应链绩效考评指标体系

一级指标	二级指标
财务和成本指标	总资产报酬率、资产负债率、总资产周转率、利润增长率、速动比率、销售增长率、运输成本、人力资源成本、信息成本、环保成本、库存成本
业务运作指标	响应速度、准时运输率、低碳信息共享率、信息流通速率、传输错误率、产品销售率、生产柔性
顾客服务指标	顾客对低碳的认可度、顾客投诉率、顾客抱怨解决时间、顾客流失率、准时交货率、退货成本
研发创新指标	科研投资率、研究与开发投入回报率、低碳产品或服务增加的比例、科技开发人员比例
减排环保指标	单位产品的能耗量、单位产值的能耗量、能源节约率、设备设施利用提高率、碳足迹

资料来源：笔者根据文献整理得到

（1）财务和成本指标。该指标是对一定时期内低碳供应链的经济效益和管理水平进行绩效考评。在低碳供应链的绩效评价中，财务和成本占有很重要的位置，财务指标很多、很复杂，所以应该选取能够激励供应链整体及各节点持续改进的，并从中得到效益提高的关键考评指标。供应链成本降低的经济效益是同低碳减排的社会效益相一致的，因为碳排放的标准以及污染治

[①] 瞿群臻，王明新. 低碳供应链管理绩效评价模型的构建[J]. 中国流通经济，2012，26（03）：39-44.

[②] 杨红娟，郭彬彬. 基于DEA方法的低碳供应链绩效评价探讨[J]. 经济问题探索，2010（09）：31-35.

理的成本会随着能源价格的上升而提高。因此在价格制度的引导下，有利于激发供应链整体和各节点企业在追求利润的同时注重低碳减排。

（2）业务运作指标。该指标主要体现在对运输、信息、效率等方面的考查。

（3）顾客服务指标。该指标是低碳供应链整体绩效的外部表现，而顾客对产品的满意程度是顾客服务水平的最直接表现。

（4）研发创新指标。该指标主要是衡量在研发节能减排方面，创新新技术、新方法、新设备等方面进行的努力程度。碳供应链作为一种新的理念，要想在实践中得到发展，必然要有鼓励节能减排的政策及技术上的创新和应用推广，如提高仓储、运输工具的设备、能源的利用效率，提高控制排放技术。

（5）减排环保指标。该指标主要体现在减排环保方面取得的成效。低碳供应链的绩效考评除一般供应链涉及的经济效益考评外，还涉及社会效益和环境效益。由于我国目前供应链的碳排放量还缺乏详尽的统计数据，因此在进行绩效考评时更多的是通过能源消耗情况来做出分析。

（三）低碳供应链学说的贡献与局限

低碳供应链的贡献主要有两个：一是低碳供应链将碳排放量尽可能减少到最低限度乃至零排放，获得最大的生态经济效益，其本质是以最小的环境代价实现可持续的发展；二是低碳供应链的实现主要是从供应链碳排放的测度出发，从供应链内外两个方面同时进行"双重减排"，对内主要通过优化供应链网络、调整运输方式等来减少供应链的碳排放，对外主要通过加强供应链中各成员的协作、选择低碳供应商、引导消费者低碳行为等来减少供应链的碳排放。

它的不足之处主要体现在低碳供应链往往只考虑碳排放率这一个指标，缺乏对整条供应链的经济、社会和环境三种效应的综合考虑。

四、可持续供应链学说

传统的粗放型经济发展方式效益低下,不仅影响社会经济的发展,而且威胁人类的健康和子孙后代的生存及发展。人们越来越意识到经济、社会和环境可持续性的重要性,可持续供应链学说应运而生。

(一)可持续供应链学说的演进

早期关于可持续供应链的思想是从绿色供应链发展而来的,最早有关可持续供应链(Sustainable Supply Chain)的研究始于20世纪90年代,是建立在供应链概念的基础上[①]。首次提出是在1994年,Drumwright指出企业应该具有社会责任意识,在追求经济效益的同时应该注重社会效益[②]。同年,Murphy和Poist提出在物流管理中应该重视环境问题,把环境理念纳入供应链之中[③]。由此,可持续供应链思想孕育而生,而其正式提出则是在2013年由Ahi和Searcy总结提炼。2014年,曹裕等人提出可持续供应链的绩效评价指标体系;2017年,朱庆华在《可持续供应链协同管理与创新研究》中,提出可持续供应链的概念模型;2021年,赵军等在《可持续供应链LARG-P指数:基准测试与案例分析》中,提出可持续供应链的发展模型。

21世纪,随着全球化的到来,全球环境问题日益严重,可持续发展的理念应运而生,越来越多的企业将可持续供应链发展的理念融入供应链管理中,使供应链各节点企业按照可持续发展的理念来整合知识和技术,

---

① 张荣杰,张健. 可持续供应链管理研究现状综述[J]. 生态经济,2012(01):90-93+97.
② Drumwright M E. Socially responsible organizational buying: environmental concern as a noneconomic buying criterion [J]. Journal of Marketing, 1994, 58(03): 1-19.
③ Murphy P R, Poist R F, Braunschweig C D. Management of environmental issues in logistics: current status and future potential [J]. Transportation Journal, 1994, 34(01): 48-56.

以提高企业自身乃至整条供应链的竞争力。实质上，可持续供应链强调了经济、社会和环境的结合，它是以经济发展为前提、社会责任为要求、绿色环保理念为基础，使产品或服务在采购、加工、包装、运输、仓储、消费以及信息处理等的整个环节实现经济、社会和环境的可持续发展的供应链模式①。

（二）可持续供应链学说的主要内容

1. 可持续供应链的基本概念

经典的可持续供应链是从原材料供应商、产品制造商、销售商到顾客的流程结构，其中包含各项物流活动和信息流活动，这些流程和活动在经济、环境和社会可持续发展条件下协调发展，形成了经济、社会、环境三者双向环形结构，具体如图7-9所示。

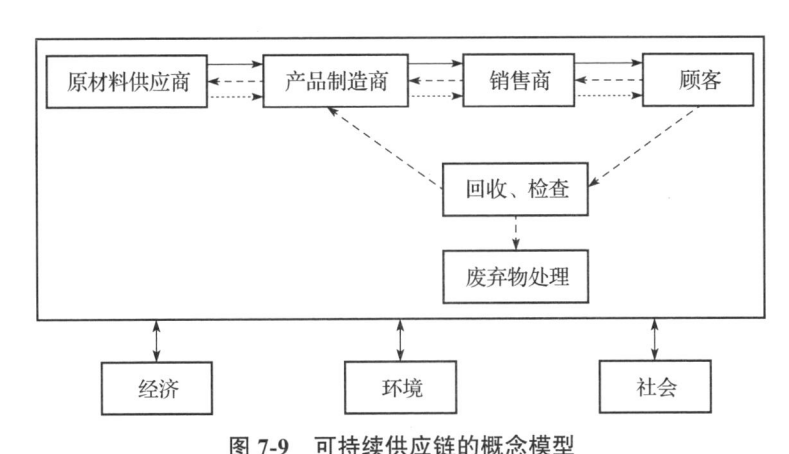

图 7-9　可持续供应链的概念模型

（──▶正向物流，--▶逆向物流，……▶信息流，◀──▶三者的相互关系）

（1）经济可持续发展。经济可持续发展是可持续供应链的核心内容，最终目的是达到人们的生存需求，改善人们的生活质量，保持经济的持续

---

① 刘璠. 供应链信息披露成熟度差异研究——基于可持续发展视角［M］. 武汉：武汉大学出版社，2015.

发展。

（2）社会可持续发展。社会可持续发展的本质是人类如何与自然和谐相处，它是可持续供应链的必要条件，需要提高当今社会对生存环境与未来社会发展的责任感。

（3）环境可持续发展。环境可持续发展是可持续供应链至关重要的要素，是人类赖以生存的基础。随着经济的快速增长，环境承载废弃物的能力有限，一旦超过环境的自净能力，生态系统便会遭到破坏，进而影响人类的健康和生存，这反过来必然会影响经济的发展。

2. 可持续供应链的发展概念

近年来，国外学者们尝试建立的一个新的基准框架——精益敏捷弹性绿色实践框架（LARG Frame-work）[①]，从单个企业到供应链的思想，将精益（Lean）、敏捷（Agile）、弹性（Resilient）和绿色（Green）理念整合在一起，作为企业和其供应链可持续发展政策的战略考量[②③]。LARG-P（精益敏捷弹性绿色实践）指数框架可用于评估企业和供应链层面上的精益实践（策略）、敏捷实践（策略）、绿色实践（策略）和弹性实践（策略），该模型以阿兹维多等[④⑤]的研究成果为基础，聚焦在典型的小型供应链（由供应商、企业及其客户构成）上，这三个关联企业的可持续实践行为聚合成典型供应链的策略，以衡量可持续供应链的LARG实践（见图7-10）。

---

① 国内学术界尚未涉及该模型的研究。

② Carvalho H, Duarte S, Cruz Machado V. Lean, agile, resilient and green: divergencies and synergies [J]. International Journal of Lean Six Sigma, 2011（2）: 151-179.

③ Cabral I, Grilo A, Cruz Machado V. A decision making model for lean, agile, resilient and green supply chain management [J]. International Journal of Production Research, 2012（17）: 4830-4845.

④ Azevedo S G, Carvalho H, Cruz Machado V. LARG index: a benchmarking tool for improving the leanness, agility, resilience and greenness of the automotive supply chain [J]. Benchmarking: An International Journal, 2016（6）: 1472-1499.

⑤ Azevedo S G, Carvalho H, Duarte S, et al. Influence of green and lean upstream supply chain management practices on business sustainability [J]. IEEE Transactions on Engineering Management, 2012（4）: 753-765.

第七章 可持续供应链学派 / 363

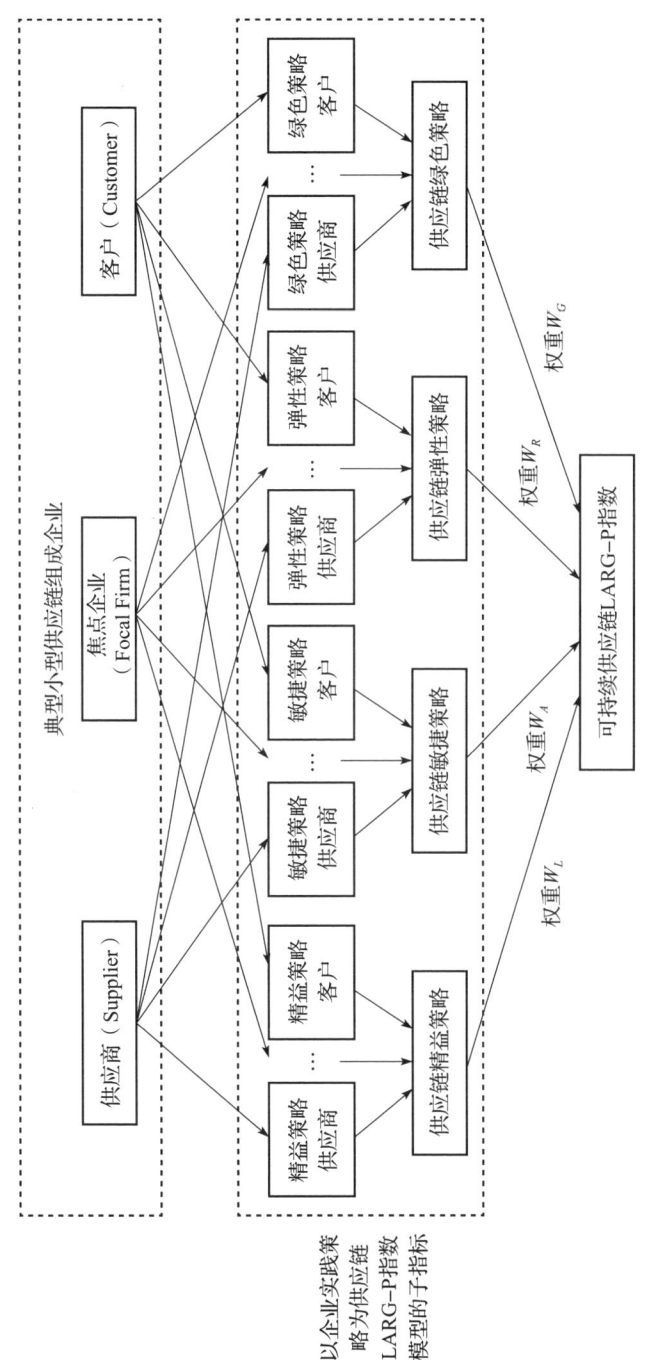

图 7-10 典型供应链 LARG-P 指数的层次关系

典型供应链的三种企业（供应商、焦点企业和客户）都独立拥有各自的 LARG 实践行为，这些企业的 LARG 实践指数由精益策略、敏捷策略、弹性策略和绿色策略构成。策略是一级指标，每个一级指标下还有若干二级子指标，即实践（Practices），如表 7-5 所示。

表 7-5　典型供应链上代表企业的 LARG-P 指数模型

指数	一级指标（策略）	权重	二级（子）指标（实践）	权重
企业 LARG-P 指数构成	精益策略（J）	W_{LJ}	$P_{(Li)} \cdots P_{(Ly)}$	W_{PLJ}
	敏捷策略（J）	W_{AJ}	$P_{(Ai)} \cdots P_{(Ay)}$	W_{PAJ}
	弹性策略（J）	W_{RJ}	$P_{(Ri)} \cdots P_{(Ry)}$	W_{PRJ}
	绿色策略（J）	W_{GJ}	$P_{(Gi)} \cdots P_{(Gy)}$	W_{PGJ}

资料来源：赵军，陈磊. 可持续供应链 LARG-P 指数：基准测试与案例分析［J］. 中国流通经济，2021，35（01）：24-35.

其中，精益策略（Strategy Lean）指企业采取密切关系管理、减少浪费和准时制生产方式（JIT）等实践行为以实现"以最小的代价获得最大的利益"的目标；敏捷策略（Strategy Agile）指企业为应对并及时响应快速变化的市场需求而采取的行动；弹性策略（Strategy Resilient）指在面对变化和不确定性时企业通过保持所需的连续性，如对结构和功能控制的连续性，以应对破坏并从中恢复的管理实践策略；绿色策略（Strategy Green）指企业为应对环境压力采取的内外部绿色实践，如绿色采购、物料和产品回收机制、与客户的绿色合作等，在兼顾生态效率的同时取得经济效益[①]。

3. 可持续供应链的影响因素

可持续供应链的影响因素有很多，根据制度理论和利益相关者理论，可以将可持续供应链的影响因素分为内部驱动因素、外部驱动因素、内部

---

① 赵军，陈磊. 可持续供应链 LARG-P 指数：基准测试与案例分析［J］. 中国流通经济，2021，35（01）：24-35.

制约因素和外部制约因素四个方面①，如图 7-11 所示。

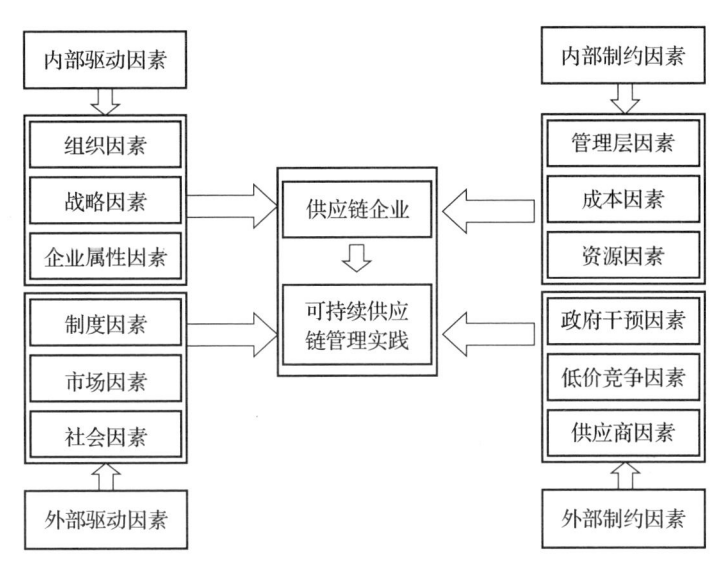

图 7-11　可持续供应链的驱动和制约因素

其中，内部驱动因素指来源于企业内部，能在企业运营过程中体现出来并促进企业可持续供应链管理的影响因素，主要包括组织因素（高层管理者的承诺、员工参与、企业文化和投资者要求）、战略因素（企业战略联盟和可持续供应链管理战略）和企业属性因素（组织规模、财务绩效和学习创新能力）。外部驱动因素指来自企业外部环境，能对企业运营过程产生影响并促进企业可持续供应链管理的影响因素，主要包括制度因素（政府政策和法规、非政府组织的压力和行业压力）、市场因素（消费者需求、竞争对手的压力和采购商压力）和社会因素（舆论影响、企业声誉和社区压力）②。

内部制约因素指由于企业内部资源条件等方面的限制或管理方面存在不足而制约企业可持续供应链管理的影响因素，主要包括管理层因素、成本因素（成本投入和传统的绩效评估）和资源因素。外部制约因素指企业

---

① 贺彩虹，周鲜成. 可持续供应链管理的驱动和制约因素 [J]. 湖南社会科学，2013（01）：131-135.
② 朱庆华. 可持续供应链协同管理与创新研究 [J]. 管理学报，2017，14（05）：775-780.

外部环境给企业运营带来的、制约企业可持续供应链管理的影响因素，主要包括政府干预因素、低价竞争因素和供应商因素[①]。

4. 可持续供应链的绩效评价

可持续供应链评价指标体系一般分为：经济效益指标、社会效益指标和环境效益指标三大类指标。各大指标还可进一步细分为二级指标、三级指标（见表7-6）。[②]

表7-6 可持续供应链评价指标体系

指标	二级指标	三级指标
经济效益	财务价值	供应链整体利润增长率、供应链整体运营成本
	流程优化	供应链流程持续优化能力、供应链柔性
	客户价值	市场占有率、客户满意度
	学习与成长	生产和研发投资回报率、持续改进供应链的信息管理能力
社会效益	对股东的责任	每股收益
	对员工的责任	员工工资及福利、职业健康与安全、防止歧视与腐败
	对顾客的责任	客户投诉处理能力、绿色产品、绿色营销、社会形象、准时交货率
	对债权人的责任	现金流量负债比率
	对合作伙伴的责任	应付账款周转率、绿色采购、节点企业战略合作关系稳定性
	对社区的责任	供应链总体对社区活动支出占利润比率、对社区就业贡献
	对政府的责任	对政府税收的贡献
	对公益事业的责任	公益事业贡献率
环境效益	效率	能源资源利用率、产品回收利用率、万元产值三废排放量、节能减排投入、绿色GDP效率、环境投资利润率

[①] Walker H, Jones N. Sustainable supply chain management across the UK private sector [J]. Supply Chain Management: An International Journal, 2012, 17（1）: 15-28.

[②] 曹裕, 易丹, 熊寿遥. 基于TBL理论的可持续供应链评价 [J]. 系统管理学报, 2014, 23（05）: 668-673.

（1）经济效益指标[①]。供应链各节点企业以利益最大化为最终目的结成长期稳定的战略合作伙伴关系，供应链的可持续发展需要以创造经济效益增加值为支撑。在这里，主要以平衡计分卡理论为依据，从财务价值、流程优化、客户价值和学习与成长角度，设立8个三级指标。

（2）社会效益指标。社会效益是对社会做出贡献而得到的一些非经济的回报，国际社会普遍认为应赋予企业在社会中新的责任内涵和价值追求，将社会责任作为其核心价值观寓于企业经营哲学思想当中，以利益相关者理论为基础，对可持续供应链的社会效益分8个二级指标，17个三级指标。

（3）环境效益指标。环境问题的突出使企业有必要提高其环境管理效率，可持续供应链的环境效益充分考虑资源、环境和发展三者之间的辩证关系，因此依据科学发展观的要求，设立了6个三级环境效益指标。对可持续供应链进行评价时，如何确定上述指标的权重，是亟待解决的问题。

（三）可持续供应链学说的贡献与局限

可持续供应链的贡献主要体现在它为可持续供应链学派提供了一种经济、社会、环境相互协调的"三赢"的新模式，且强调在实现产品价值的同时，产品的各个阶段不会带来环境和社会负担。但这种模型也有一定的局限性，比如，可持续供应链目前仍处于起步阶段，要真正实现经济、社会和环境的"三赢"谈何容易，其实践效果并不明显等。

[①] 刘昌年，张宇. 基于灰色关联度和DEA的可持续供应链绩效研究［J］. 物流科技，2020，43（12）：1-6+14.

第四节 研究评述

可持续供应链学派的发展并不是偶然的,它是时代发展的需要。一方面,可持续供应链学派融合了其他学派的思想,如借鉴消费者响应理论学派的更有效地响应消费者需求的战略思想等,传承供应链网链结构学派将内部节点企业和外部供应商及客户完全集成的优点,吸纳供应链协同学派的信息协同共享等的特点,吸收供应链运作模型学派基于"流程再造"的变革思想。另一方面,可持续供应链学派也摒弃其他学派如供应链网链结构学派、供应链运作模型学派等对环境因素欠考虑的特点。因此,可持续供应链学派是在不断吸纳和批判其他主要学派的观点的基础上发展并不断完善的。

一、可持续供应链学派的发展现状及局限性

(一)可持续供应链学派的发展现状

可持续供应链学派目前已经取得了一定的成果,研究涉及多个方面、多个角度。具体而言,可以从可持续供应链学派的研究背景、研究领域、研究视角和研究内容来分析。

1. 研究背景

可持续发展是社会进步的必由之路。经历了近40年的发展,可持续供应链学派的思想理论不断丰富,虽然传统供应链的思想理论难以应

对可持续发展的要求，但它却为可持续供应链学派指明了方向。为适应新时代发展的需求，可持续供应链学派先后经历了闭环供应链、绿色供应链、低碳供应链、可持续供应链的发展历程。而这些主要代表理论是在不同的背景下产生的，它们有相似之处，同时又有各自的侧重点（见表7-7）。

2. 研究领域

从研究领域来看，可持续供应链学派涉足经济、社会和环境三个大方面，每个大方面又包括两大类：一类是相关的理论研究，另一类是实证研究。它们的理论基础主要有两个：一个是三重底线理论，另一个是可持续发展理论。前者包括经济底线、社会底线、环境底线及三者的协同发展；后者包括经济可持续、生态可持续、社会可持续和企业可持续发展。此外，可持续供应链学派主要还关注供应链绩效评价、供应商选择和利益相关者（供应商、制造商、零售商）等相关领域的研究。从已有研究成果来看，在实际研究中，对于经济、社会和环境这三个维度的关注度有较为明显的差异，大多数有关经济和环境方面的研究，如关注增效、减排、清洁生产等，但对社会责任的研究则比较少。

3. 研究视角

从研究视角看，可持续供应链学派可以分为不同的学说。从宏观延续性视角可以分为传统供应链和可持续供应链；从完整性结构视角可以分为逆向供应链和闭环供应链；从行业或企业环境保护的视角可以分为绿色供应链和低碳供应链。除此之外，从研究的时间维度来看，可持续供应链学派经历了萌芽期（1982—1991年）、奠基期（1992—2009年）和拓展期（2010年至今）的发展阶段，它是在传统供应链思想（萌芽期）的基础上，历经了闭环供应链、绿色供应链（奠基期），再到低碳供应链和可持续供应链（拓展期）的发展过程。第四次工业革命以前所未有的速度改变着科技的发展和未来，当前世界经济形势仍然复杂严峻，复苏不稳定不平衡，

表 7-7 可持续供应链学派主要代表理论的比较

模型	提出时间	所属阶段	产生背景	共同点	不同点
闭环供应链	20世纪90年代后期	奠基期（1992—2009年）	由于市场环境的变化和技术条件的改进，企业无法适应迅速变化预测的买卖方市场，更难从根本上满足客户多样化、个性化需求	将降低污染物排放、废物回收利用等资源与环境问题纳入研究范畴；在研究目标上强调经济利益与环境影响的统一与协调	• 强调物料的双向流动和价值恢复旨在形成"资源—生产—消费—再生资源"的闭环反馈流程 • 正向供应链与逆向供应链的整合
绿色供应链	20世纪90年代后期				• 强调通过优化供应链各环节来减少或消除运作过程中的废弃物 • 主要出发点是消除环境影响
低碳供应链	21世纪初	拓展期（2010年至今）	一方面，全球的环境破坏和污染越来越严重，温室气体的排放严重超标，同时我国企业也面临着十分严峻的国内外环境，承担着来自多方面的挑战；另一方面，技术创新的加剧，技术的缩短，市场环境变化的不确定性等，致使任何一个企业的生存与发展均以前所未有的程度依赖其他企业的生存与发展		• 强调"低碳"指标通过上下游各合作成员企业的各个环节的碳排放 • 出发点是通过减少供应链各个环节的碳排放
可持续供应链	21世纪初				• 强调在实现产品价值的同时，产品的各个阶段不会带来环境和社会的负担 • 出发点是经济、社会、环境的"三赢"

资料来源：笔者根据文献整理

疫情冲击导致的各类衍生风险不容忽视。而已有的可持续供应链学派的研究几乎很少涉及供应链风险的问题，且是基于理性人的假设，欠缺对人的行为作用因素（如认知）的研究等。

4. 研究内容

从研究内容上看，可持续供应链学派主要包括闭环供应链、绿色供应链、低碳供应链和可持续供应链的理论框架。其中，闭环供应链是正向供应链和逆向供应链的一体化整合，它包括四种结构类型和五种渠道模式；绿色供应链主要包含绿色设计、绿色采购、绿色制造、绿色包装、绿色营销、绿色物流和绿色产品回收与处理等环节，并在此基础上延伸到发展模型；低碳供应链主要包括低碳采购、低碳设计、低碳生产、低碳配送、低碳物流五个部分，它还包括二级和三级低碳供应链的运营模式；可持续供应链形成了经济、社会、环境三者双向环形结构，它有诸多来自企业内外部的制约和驱动因素，除了有概念模型外，还具备发展模型。但从现有的研究来看，可持续供应链学派主要在供应链绩效评价、供应商选择及利益相关者（供应商、制造商、零售商）关系等方面进行研究，重点关注的是核心企业降低总成本、稳定供应等的前向供应链，对关注客户需求的后向供应链深入探讨的研究偏少。

（二）可持续供应链学派的局限性

随着全球环境问题的凸显和不可再生能源的日益枯竭，可持续供应链的发展受到了越来越多的关注。近几年，国内外学者对可持续供应链学派的研究取得了长足进步并得到了一系列的成果，但还不够深入与全面，尤其与其他学派相对比还存在一些不足之处，主要体现在以下三个方面。

1. 研究领域上缺乏对社会责任问题的关注

从研究领域来看，与其他学派相比，尤其是消费者响应学派和供应链协同学派比较关注企业社会责任及企业成员间的整合优化、协同,而可持续供应链学派对经济、环境的研究比较广泛,针对社会责任问题的关注还不够。可持续供应链学派大致可以分为经济、社会和环境三大研究维度,但在实际研究中,对于这三个维度的关注度有较为明显的差异,多是对经济、环境的研究,对社会责任的研究比较少,且缺乏对利益相关方的社会外部性的深入探讨。尤其是随着各类企业社会责任相关负面事件的曝光,公众关注度的提升和企业社会责任理念及实践的普及,社会责任问题越来越需要广泛和深入的研究[1]。

2. 研究内容上对后向供应链深入探讨的研究偏少

从研究内容来看,相较于其他学派,尤其是消费者响应学派以快速响应和高效响应顾客为基本着力点,注重后向供应链即快速响应和高效响应顾客的需要,可持续供应链学派的研究较多针对的是前向供应链[2],对闭环供应链,尤其是逆向供应链的研究较少。可持续供应链学派主要在各模式的供应链绩效评价、供应商选择和利益相关者(供应商、制造商、零售商)等方面进行研究,重点关注满足核心企业自身稳定供应和降低总成本的需要,而对后向供应链深入探讨的研究偏少。随着外部环境的变化,领先企业应转变理念,意识到需要对产品的整个生命周期负责,这不仅应包括制造和销售产品,更应包括对末端产品的循环利用和处置[3]。

3. 研究层面上对人的行为、考虑不确定和弹性的研究偏少

从研究层面来看,一方面,对比其他学派,尤其是消费者响应学派侧

---

[1] 刘军军,冯云婷,朱庆华. 可持续运营管理研究趋势和展望[J]. 系统工程理论与实践,2020,40(08):1996-2007.

[2] 以采购和销售来分,供应链可分为前向供应链和后向供应链。前向供应链主要涉及生产计划、供应、供应物流,其管理目标在于满足核心企业自身稳定供应和降低总成本的需要,并且寻求供需双方之间的利益平衡,以提升综合竞争力。

[3] Kleindorfer P R, Singhal K, Van Wassenhove L N. Sustainable operations management[J]. Production and Operations Management, 2005, 14(4): 482-492.

重于研究消费者对企业社会责任行为的认知、态度和归因，而在可持续供应链学派的研究中，通常是基于理性人假设建立研究模型，人的行为作用常常被忽视，针对可持续供应链学派中的行为运营，即对人的行为的研究偏少，尤其是分析人的行为因素（如认知）的局限性对可持续供应链造成的影响等；另一方面，可持续供应链学派的研究面临的外部环境具有明显的不确定性，2021年世界经济形势仍然复杂严峻，复苏不稳定不平衡，疫情冲击导致的各类衍生风险不容忽视，但综合考虑不确定和弹性对可持续供应链影响的研究非常鲜见，无论是在可持续供应链的实证研究还是量化建模中，考虑这类因素的研究都比较少[①]。

二、可持续供应链学派未来研究方向

近十几年来，随着环境和社会问题日益受到重视，供应链上的社会责任日益受到重视，可持续供应链学派的主要模式（闭环供应链、绿色供应链、低碳供应链、可持续供应链等）已经成为运营管理领域的重要研究方向。可持续供应链学派的研究主题已经从环境拓展到对社会责任的关注，进一步拓展到宏观层面的循环经济和微观层面的全球供应链，尤其需要关注新冠肺炎疫情、贸易战、新兴技术对可持续供应链学派的影响。国内外学者对可持续供应链学派的研究主题有了一些新的进展，未来的研究新方向可从宏观层面和微观层面展开。

（一）宏观层面

1. 重视全球供应链的环境可持续研究

1970年以来，发达国家在改善空气质量方面已经取得了巨大进步，

---

① 唐金环，张益阁，赵礼强. 基于文献计量法的可持续供应链管理现状、热点、趋势研究[J]. 科技和产业，2019，19（08）：68-77.

但世界的空气污染整体继续上升。环保问题是涉及人类社会生活最重要的问题之一，为了下一代，保护环境和资源，是每个国家不可推卸的责任。尤其是发展中国家，他们的污染大多来源于制造产品以出口给高收入国家的消费者[①]，这导致由全球供应链所驱动的大量隐含排放[②]。1906—2005年，全球平均接近地面的大气层温度上升了0.74摄氏度，面对恶化的气候变化，2015年12月，《联合国气候变化框架公约》近200个缔约方在巴黎气候变化大会上达成了《巴黎协定》，这是人类历史上应对气候变化的里程碑的国际法律文本。在此背景下，如何推动全球供应链的环境可持续亟待关注。

2. 关注减塑的循环供应链管理研究

近年来，可持续供应链领域对循环经济的关注度迅速增长，循环供应链管理将循环思维整合到供应链及其周围的工业和自然生态系统的管理中，扩展了可持续供应链管理的边界[③]，对循环供应链的涉及、协调、协作及其障碍/推动因素都值得进一步研究。尤其是新冠肺炎疫情流行以来，居家隔离的防疫措施导致全球对石油的需求大幅度缩减，进而引发石油价格暴跌，使得用化石燃料制造原生塑料的成本低于再生塑料；疫情期间个人防护用品的使用量提高，一次性塑料的大量使用，使得克服塑料污染的挑战变得更加复杂。因此，瞄向减塑的循环供应链管理研究可成为未来重要的研究方向之一[④]。

[①] Morand, Kanemoto K. Tracing global supply chains to air pollution hotspots [J]. Environmental Research Letters, 2016, 11 (9).

[②] Yang Y, Qu S, Cai B, et al. Mapping global carbon footprint in China [J]. Nature Communications, 2020, 11 (1): 2237.

[③] De Angelis R, Howard M, Miemczyk J. Supply chain management and the circular economy: towards the circular supply chain [J]. Production Planning & Control, 2018, 29 (6): 425-437.

[④] Adyel T M. Accumulation of plastic waste during COVID-19 [J]. Science, 2020, 369 (6509): 1314-1315.

（二）微观层面

1.可持续供应链的韧性研究

新冠肺炎疫情暴发后，可持续供应链中的韧性得到关注[1]，研究主题包括在可持续供应链中管理大流行病风险的采购和制造战略、物流战略，供应链的中断及其对可持续性的影响，大流行病干扰造成的社会可持续风险及其缓解措施，重塑供应链和物流抵御大流行病干扰的能力，结合可持续性和复原力的供应链的关键业绩指标，稳健的可持续供应链和物流网络设计，以及缓解新冠肺炎疫情期间供应链中断的新兴技术（工业4.0、区块链、物联网等）的应用[2]。

2.可持续供应链社会责任的影响研究

可持续供应链对社会责任影响的关注可聚焦在两个方面：一是从社会技术视角研究发展中国家供应商底层的劳工问题，包括如何以及在多大程度上能够增强其供应商底层工人权力的信息和技术理论；因供应链的快速变化、调整或适应，发展中国家的供应商的底层工人是否更容易受到虐待。二是在新冠肺炎疫情环境中，供应链上的企业如何平衡财务和社会目标的矛盾，非营利性组织如何通过创新影响供应链企业和整条供应链的可持续发展[3]。

3.可持续供应链管理中的行为运营研究

可持续供应链管理研究已经关注到人的行为研究方面，未来可进一步拓展的研究主题主要包括：消费者行为及其对可持续供应链管理的影

---

[1] Ivanov D. Viable supply chain model：integrating agility, resilience and sustainability perspectives-lessons from and thinking beyond the COVID-19 pandemic [J]. Annals of Operations Research, 2020（5）：1-21.
[2] 刘军军, 冯云婷, 朱庆华. 可持续运营管理研究趋势和展望 [J]. 系统工程理论与实践, 2020, 40（08）：1996-2007.
[3] 朱庆华, 尉芳芳. 动态环境下可持续供应链管理研究 [J]. 供应链管理, 2020, 1（12）：32-47.

响[1][2]；供应链决策者对可持续的态度和其行为之间的相关性；二元（买家—供应商）或三元（买家—供应商—子供应商）关系中的权力平衡及其对可持续性决策的影响；等等。

4.新兴技术对可持续供应链的影响研究

新兴技术对可持续供应链的影响主要包括：共享经济对可持续运营的影响；嵌入数字孪生和物理互联网的可持续供应链；应用工业4.0的社会和环境影响理论观点；以提高可持续供应链管理绩效为目的的基础技术；在平台经济中促进绿色和可持续供应链管理的技术创新。另外，还有一些涉及金融技术对可持续供应链的影响，如利用技术和运营创新以实现可持续发展目标。此外，通过大数据技术提炼供应链可持续的路径，通过云平台进行碳排放的追踪，结合云大物移技术来解决供应链的设计、规划、运营等问题，这些都是值得期待的研究方向。

5.发挥区块链对可持续供应链的未知潜力研究

供应链的全球化使得可持续供应链管理和控制变得更加困难。区块链技术作为一种确保透明度、可追溯性和安全性的分布式数字分类技术，有望缓解一些全球供应链管理问题。真正以区块链为主导的商业和供应链转型仍在进行中并处于早期阶段。此外，制造业如果在短时间内无法降低能源消耗和污染排放，那么可以尝试从物流领域进行控制，运用区块链技术推动绿色供应链发展，让绿色物流率先节能减排。由于区块链已上升至国家层面，特别是部分欧洲国家已经提出将区块链技术发展成国家战略。在这一大前提下，探讨如何借助区块链技术，提升供应链的资源与能源效率，区块链赋能绿色供应链将是经济发展的大趋势、大产业、大未来。

---

[1] Abbey J D, Kleber R, Souza G C, et al. Remanufacturing and consumers' risky choices: behavioral modeling and the role of ambiguity aversion [J]. Journal of Operations Management, 2019, 65（1）: 4-21.

[2] Zhang F Q, Zhang R Y. Trade-in remanufacturing, customer purchasing behavior, and government policy [J]. Manufacturing & Service Operations Management, 2018, 20（4）: 601-616.

本章小结

可持续供应链学派的主要模式（闭环供应链、绿色供应链、低碳供应链、可持续供应链）是实现可持续发展的重要途径，尤其在环境问题、社会问题日益受到越来越多的关注的当下。本章重点探讨了以下几个方面的内容。

第一，探讨了可持续供应链学派的发展阶段，萌芽期（1982—1991年）、奠基期（1992—2009年）和拓展期（2010年至今）三个阶段，在传统供应链思想（萌芽期）的基础上，随着闭环供应链、绿色供应链（奠基期），再到低碳供应链和可持续供应链（拓展期）等学说思想的逐步成形，可持续供应链学派得以确立。

第二，在可持续供应链学派的两大理论（三重底线理论和可持续发展理论）基础上，分析了可持续供应链学派的主要代表理论，即闭环供应链、绿色供应链、低碳供应链、可持续供应链的演进、主要内容、贡献与局限。

第三，从研究背景、研究领域、研究视角和研究内容四个方面总结了可持续供应链学派的发展现状。

第四，阐述了目前可持续供应链学派存在的不足之处，主要体现在：研究维度上缺乏对社会责任问题的关注、研究内容上对后向供应链深入探讨的研究偏少、研究层面上对人的行为及考虑不确定和弹性的研究偏少。

第五，在总结可持续供应链学派所取得的成就的基础上提出了它未来发展的新方向，主要从宏观（全球供应链的环境可持续、减塑的循环供应链）和微观（可持续供应链的韧性、可持续供应链社会责任的影响、可持续供应链管理中的行为运营、新兴技术对可持续供应链的影响、发挥区块链对可持续供应链的未知潜力）两个层面进行分析，以期为可持续供应链学派的进一步研究提供一些方向和建议。

第八章
前沿命题与未来发展

CHAPTER 8

随着信息技术日新月异的进步，商业模式与时俱进的更新迭代，数字经济、共享经济、平台经济的异军突起，供应链的演进已经悄然超越了过去传统的发展范式。近年来，业界供应链发展的突飞猛进促进了供应链管理的学术研究，使研究主题变得更加丰富多样，一个百花齐放的学术局面正在出现。在本书前七章，我们对国内外学术界主流的供应链管理研究进行了一个较为系统的学派划分，并在探究各学派的思想本质基础上对该学派的理论研究观点、研究范式、研究局限与展望进行了梳理与分析。在本章，我们将围绕现今供应链领域若干前沿命题（供应链创新、智慧供应链管理、基于知识管理的供应链管理等）进行探讨，研判供应链管理未来发展和学术研究的走向趋势。

第一节　供应链创新的动力机制

众所周知，供应链创新已上升为我国的国家战略，重要性不言而喻。然而，"理念、组织、技术、模式"何种层面的供应链创新都意味着变革，变革必然会面临风险和阻力。新理念、新方法、新工具的施行带来的风险、困难和挫折会阻碍供应链创新。基于此，学者们非常有必要挖掘供应链创新的内在规律与驱动机制。研究供应链创新的动力机制对于我国在全球产业链、供应链的调整期，抓住机遇找寻国际竞争突破口意义重大。

一、供应链创新的基石——TRIZ 理论

在日益激烈的市场竞争下，产品设计、生产过程的持续创新是企业求得生存与发展的重要路径。创新已经成为当今时代的重要特征，那么人们是否可以通过科学方法和法则实现新的发明创造或解决技术难题呢？

苏联军方技术员根里奇·阿奇舒勒（G. S. Altshuller）和他的研究团队在对全球两百多万件专利进行研究的基础上，于 1946 年提出了 TRIZ 理论。TRIZ 是 "Teoriya Resheniya Izobretatelskikh Zadatch" 的缩写，译为中文就是"发明问题解决理论"。他们认为，发明、创新所面临的基本问题是趋同的，要解决的矛盾从本质上来说也是相同的。

自 1946 年理论提出，经过七十多年的发展，TRIZ 理论日趋完善，形成了一套较为完整的解决创新问题的方法和工具，较为完整的创新理论

方法体系。根据 TRIZ 理论的发展历程及其适用范围，可将其分为经典 TRIZ 理论和现代 TRIZ 理论，经典 TRIZ 理论主要聚焦于工程类和技术领域的发明创造规律研究，而现代 TRIZ 理论则已延伸至企业管理、政治、教育等非技术领域。

（一）经典 TRIZ 理论

"系统朝着不断增加的理想状态进化"这是根里奇·阿奇舒勒对 TRIZ 理论总结出来的一个基本观点。经典 TRIZ 理论包含四大基本概念、四大理论基础，以及分析工具。

1. 四大基本概念

（1）技术系统。技术系统是由具有相互联系的元件与运作所组成的、以实现某种功能或职能的事物的集合。每个技术系统都包含若干个子系统，这些子系统各自执行自身功能，同时还可以拆分为更小的子系统。所有的子系统都在更高层系统中链接，任何子系统的改变都会影响更高层系统。因此，当解决技术问题时，通常需考虑子系统与更高层系统之间的互动作用。

（2）矛盾。矛盾是用来表达技术活动中遇到的问题，通常被分为技术矛盾、物理矛盾和管理矛盾等类型。TRIZ 理论持有一个重要观点，即所谓创造性问题包含至少一个矛盾问题。当系统某两个特性或参数呈现出此消彼长的关系，即某一特性或参数得到改善时，另外的特性或参数便会劣化，这种矛盾被称为"技术矛盾"。传统的解决技术矛盾问题的方法包括在多个要求之间找"折中"，也就是"优化设计"，但若每个参数均无法达到最佳值，则努力寻求突破性方法以消除冲突，即"无折中设计"。TRIZ 理论认为创新问题的核心在于矛盾的解决，没有矛盾的问题便不属于创新问题。

（3）资源。TRIZ 理论认为，任何没有达到理想状态的系统都有可用资源。①TRIZ 理论从问题解决的角度研究系统的资源，强调在解决问题之前，考虑系统内外部是否还有可用资源。这样在转化问题时，可减少成本和问题的复杂度。而在解决问题的过程中，则可以利用系统的特点，将不利于系统的资源转化为有益的资源。资源分析，是解决创新问题的首要任务之一。

（4）理想度，也称为理想化水平。TRIZ 理论认为，首先要建立理想化的模型，这就是理想度（Ideality）。理想度被定义为：Ideality= 系统有益功能之和 / 系统有害功能之和。TRIZ 问题求解的过程是经过抽象化将一般问题转化为标准问题，利用 TRIZ 工具得到标准解，进而通过具体化确定问题的特殊解，它是一个向"理想解"步步逼近的过程。

2. 四大理论基础

（1）创新问题定义。根里奇·阿奇舒勒把有待解决的问题分为两种：一种是解决方案已知，按照固定步骤解决即可的常规问题；另一种解决方案则是某一关键解决步骤或解决方案未知，存在冲突，属于创新问题。

（2）创新模式。TRIZ 理论将解决相同理论模型问题的创新解决方案重复使用，这些解决方案称为创新模式。

（3）创新等级划分。TRIZ 理论将创新问题分为五个等级：一是技术系统的简单改进，属于常规改进问题，无技术创新，TRIZ 理论认为该等级不属于真正的创新；二是对技术系统的少量改进，包括技术矛盾解决方法的发明，要求系统相关的不同行业知识；三是对技术系统的根本改进，包含物理矛盾解决方法的发明，要求系统相关行业以外的知识；四是设计新一代系统，包含突破性解决方法的新技术，要求不同科学领域知识；五是真正的科学新发现。②

（4）技术系统演化模式。根里奇·阿奇舒勒认为技术系统类似于生

---

① 邵冬. 基于 TRIZ 的管理创新解的理想化水平判定方法研究 [D]. 天津：河北工业大学，2016.

② 仇成. 创新问题解决理论（TRIZ）在产品设计领域的应用研究 [D]. 南京：南京理工大学，2008.

物系统和经济系统，遵循独特的进化发展规律。技术系统演化模式就是对这些系统独特进化发展规律的有效总结，可用于指导产品开发创新，进行市场预测等。这些系统演化模式包含很多子进化路线，可帮助在解决问题时，依据问题特点选择不同的进化路线。

除四大基本概念和四大理论基础，经典TRIZ理论的主要分析工具有冲突（矛盾）矩阵、分离原理、物质—场分析、ARIZ（发明问题解决算法）。TRIZ理论中有40条具有普遍用途的创新原理，将它们与实际需要解决的问题结合，便可以找出解决问题的方法。这40条创新原理大致可分为三类：第一类是增加现有创新方法及组合；第二类是改进现有创新方法及组合；第三类是提供一种新的创新方法及组合，这是TRIZ理论的主要创新方式，对企业创新提供一种新的创新方法及组合。[1]

（二）现代TRIZ理论

经典TRIZ理论的很多工具功能非常强大，但也存在一些局限。因此，以鲍里斯·兹洛廷（Boris Zlotin）为代表的TRIZ理论专家，在传播TRIZ理论的同时也与其他学者一起着手对经典TRIZ理论的缺陷进行改进。经过多年研究和实践，推出了经典TRIZ理论的高级版本I-TRIZ，它不仅包含经典TRIZ工具，还包括扩展的知识库、用于应用这些知识和更有效地分析问题的新工具、新方法等。

TRIZ理论在技术领域的广泛应用已取得显著成效。欧洲TRIZ协会会长Darrell Mann认为，TRIZ理论解决问题的框架，其实也可以运用于商业及管理。[2] 因此，现代TRIZ理论在学术和商业应用两个方面都得到了进一步的发展，延伸到了企业管理、政治、教育等非技术领域。

---

[1] 庞金珠. TRIZ用于管理创新的可行性及管理冲突矩阵构建［D］. 洛阳：河南科技大学，2013.

[2] Mann D, Catháin Ó. 40 inventive (architecture) principles with examples［J］. The TRIZ Journal, 2001（7）.

（三）TRIZ 理论的基本思想与本质

1. TRIZ 理论的基本思想

TRIZ 理论的基本思想主要体现在三个方面。

（1）无论是一个产品还是一个技术系统，其核心技术的发展都遵循着客观的规律而发展演变，即创新有客观的演进规律和模式，也是发明创造的本质特征。

（2）各种技术难题、冲突和矛盾的不断解决是推动创新的动力。

（3）技术系统发展的理想状态是用尽可能少的资源来实现尽可能多的功能。

2. TRIZ 理论的本质

TRIZ 理论成功地揭示了嵌套于创造发明内部的规律及原理，其本质是分析问题中的矛盾，利用资源来解决系统中存在的矛盾，从而解决问题，获得最终的理想解。图 8-1 显示了 TRIZ 的基本理论体系。

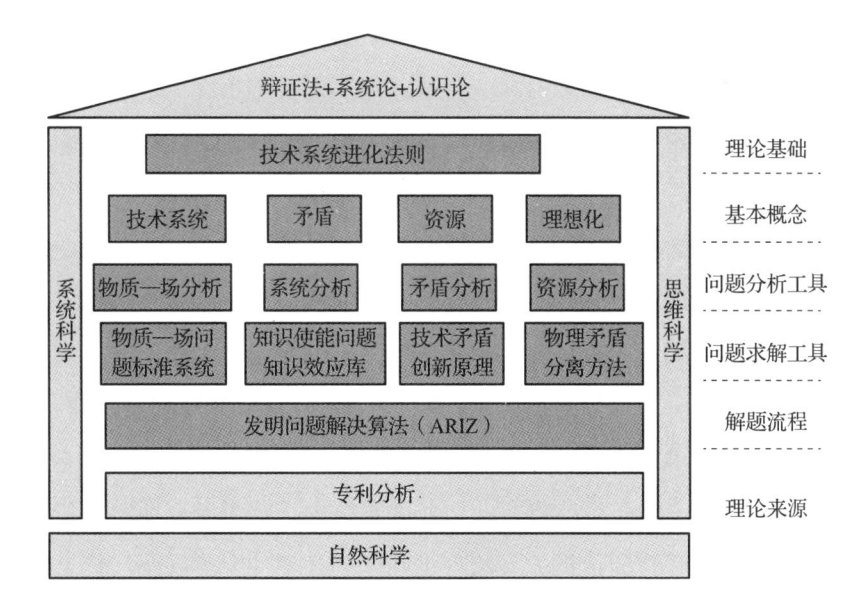

图 8-1　TRIZ 的基本理论体系

二、供应链创新的原理

基于 TRIZ 理论的核心要义,我们认为供应链的创新源于四个基本要素,即技术系统、矛盾、资源、理想度。

(1)技术系统。由于供应链中各节点企业不一定能同时达成各自满意度最大的目标,这些节点企业之间便会产生矛盾与冲突。若不妥善解决供应链系统中的利益协调、运作协调,就会产生系统内耗,造成系统总体功能的负效应或是整体功能小于子系统功能之和的情形。

(2)矛盾。供应链管理中存在若干要素之间的此涨彼消、此赢彼亏、相互损益、效益背反的矛盾。供应链管理中常见的矛盾有:物流各功能间的效益背反,物流成本与服务间的效益背反,供应链企业内部不同职能部门间的效益背反,供应链企业间利益诉求的效益背反,压缩库存和运营成本与保持供应链韧性之间的效益背反等。

(3)资源。早期,企业通常采用投资自建、投资控股或兼并的"纵向一体化"管理模式来获取原材料、半成品或零部件等资源。现今,人们通过全球制造链及由此产生的供应链管理的"横向一体化"思维方式,借助其他企业的资源,实现快速响应市场的目标。

(4)理想度。供应链管理要解决的冲突问题通常都是处于一定的约束条件或资源有限的情况下,同时通常都涉及利润、成本、生命周期、客户服务质量、提前期等约束。在有限资源和一定约束条件的束缚下,供应链难以同时实现每一个目标的最优化。因此,在供应链冲突问题解决的过程中,通常只能追求对整条供应链而言最为理想化的整合目标。

因此,在供应链各个节点企业组成的系统中,基于矛盾冲突点找到要解决的问题。这些问题包括关系治理类问题、技术冲突类问题、信息共享类问题、经济效益竞争类问题、供应链集成问题、供应链协同问题、契约机制类问题等。针对这些问题，从资源盘点的角度找到解决问题的最优解，达到化解供应链冲突和解决问题的目标，这就是供应链创新的基本原理。

三、供应链创新动力机制的研究框架

供应链创新是一个交叉的新兴研究领域，日渐成为学术界和业界的关注热点。最早的供应链创新研究出现在1999年，随着市场竞争日趋激烈，信息技术快速发展，供应链创新的实践日趋丰富多样，概括起来有：面向物流的创新活动，面向营销的创新活动，面向技术发展的创新活动，面向环境和社会责任的创新活动，面向知识分享的创新活动，面向运营和服务效率提升的创新活动，面向价值创造的创新活动。供应链创新的研究主要聚焦于"供应链协同创新""可持续（绿色）供应链创新""供应链金融创新""智慧供应链创新""供应链知识分享创新"等主题。

供应链创新动力机制，顾名思义是激发供应链中各个不同利益主体进行创新的动机，这种动机将转化为供应链实现创新目标的推动力。学者们从不同视角针对不同类型的问题对供应链创新的动力机制进行探究，具体的研究框架详见图8-2。

从图8-2中可看到，关于供应链创新动力机制的研究主要集中在以下方面。

1. 关系导向

关系导向意味着供应链创新是围绕供应链合作关系进行的，这种供应链合作关系的创新不仅包括组织结构上的变化，还有观念上的改变。通过供应链上各节点企业之间共享信息、共担风险、共同获利的合作关系，达到改善供应链企业的财务和业绩状况，提高质量、产量、用户满意度

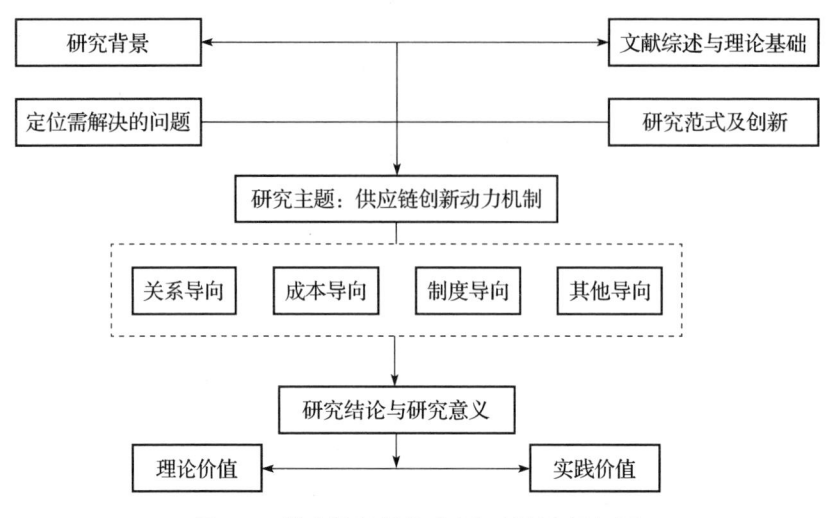

图 8-2　供应链创新的动力机制研究框架图

等。其发展使得供应链管理从以产品/物流为核心转向以集成/合作为核心，从传统关系到物流关系，再到合作伙伴关系，最终实现网络资源关系。从"供应链单链上的纵向合作创新"和"供应链链链横向合作创新"两个角度构建供应链创新路径演化指标体系和供应链创新路径的研究表明，供应链合作创新应注重纵向合作和横向合作相结合。①

2. 制度导向

制度导向意味着供应链创新需要从制度、体制和思想观念上入手，注重制度创新和体制创新，从而有效地推动供应链创新。模块化组织网络结构具有催生企业创新的有效内生机制，因此构建起由规则和功能模块组成的模块化供应链系统，以模块化推动供应链创新将是有效的推动机制之一。②

3. 成本导向

供应链成本传递机制促进了供应链上的各个节点进行创新。通过目标

---

① 许冰凌. 供应链创新路径动态演化影响因素研究 [D]. 合肥：安徽大学，2015.
② 张庭溢. 模块化供应链创新动力机制探讨 [J]. 现代管理科学，2012（09）：115-117.

成本法，将产品的成本压力由供应链下游传导至上游，使得各节点企业或主动或被动地采取各种创新方法以降低成本，从而对这一过程中的创新源泉及创新方法等问题进行探讨。[①]

4. 供应链创新的影响因素

通过文献梳理，影响供应链创新的因素可概括为个人、组织、社会三个层面。

（1）个人层面。领导力对供应链创新有重大的影响，支持创新的变革型领导对供应链创新具有促进作用；企业高管对供应链合作关系的支持度对供应链创新也有重要影响。[②]

（2）组织层面。影响供应链创新的组织层面因素，主要包括组织内部、组织外部两个方面。供应链创新的组织内部影响因素主要来自组织自身的能力，这些能力主要包括问题洞察能力、供应链设计能力、大数据分析能力以及快速响应变化环境的能力等。供应链创新可由公司或供应链其他成员发现的各种问题触发。供应链创新的组织外部影响因素主要来自供应链成员及其相互之间的关系。表 8-1 列出部分代表性的研究成果。

表 8-1 组织层面对供应链创新造成影响的因素研究

学者	年份	研究主题	研究结论
Cohen 等人	1990	组织内部影响因素相关研究	供应链创新可以通过流程合规性来增强，这是一种从吸收能力范式中有效吸收（识别、评估、吸收和应用）供应方和需求方能力的方式
Malone T. W. 等人	1994		供应链创新主要由链上企业进行合作，企业间需要建立适当的关联、协调关系，保持目标、决策的一致性，从而达到供应链整体的目标，实现供应链整体利益最大化

---

① 王炳成，于泉，王显清. 供应链成本传递机制下的企业创新动力源与创新方法研究 [J]. 科技进步与对策，2009，26（15）：77-81.

② 许冰凌. 供应链创新路径动态演化影响因素研究 [D]. 合肥：安徽大学，2015.

续表

学者	年份	研究主题	研究结论
Douglas M.	1998	组织内部影响因素相关研究	将供应链上的各种资源以及信息进行分配与整合，并利用合作关系管理工具，实现供应链上合作企业双方共同的预期
Bruno Versaevel	2002		针对技术合作关系对制造业企业供应链创新的影响进行研究，认为单个企业松散的技术协同形式对创新不存在显著的影响；将供应链上单个企业的技术互相联系起来更容易提高供应链整体创新绩效
Thomas Y. Choi 等人	2005		供应链的复杂程度对供应商创新的影响呈倒U形
Kim Hua Tan 等人	2015		采用演绎图分析法证明了收集大数据的能力有助于促进供应链创新
Santanu Mandal	2015		从实证的角度验证了供应链成员之间的信任、承诺、沟通、合作、协调等关系对供应链创新具有正向影响
曹丽莉	2008	组织外部影响因素相关研究	对产业集群中的供应链创新进行研究，研究以我国本土产业集群中的企业作为样本，探究了这些企业在创新方面存在的问题。分析了产业集群中的供应链创新模式、产业集群中的供应链创新主体和动力，最后对产业集群中供应链创新的路径进行了具体说明
刘俊伏	2016		验证了成员异质性、网络耦合性与供应链创新网络绩效的关系，结果表明，供应链成员异质性与供应链创新网络绩效呈正相关关系，网络耦合性的四个维度中自组织与自适应、耦合与共生、竞合与协同与供应链创新网络绩效呈正相关关系，吸收与反馈对供应链创新网络绩效没有显著影响
Lee 等人	2011		构建了一个供应链创新、供应商合作、供应链效率和质量管理实践对组织绩效的影响模型，并利用243家医院的数据，采用结构方程模型对该模型进行了检验，研究结果表明，各供应链创新因子与组织绩效呈正相关，供应链创新设计对优秀供应商的选择与合作、供应链效率的提高以及质量管理实践的鼓励具有重要的影响
Seo	2014		研究结果表明，供应链创新对供应链集成具有正向影响，可以提高企业内部、供应商以及客户的集成度

（3）社会层面。社会层面对供应链创新的影响因素主要来自外部环境以及政府等。研究结果表明，环境不确定性、政府性补贴均对供应链创新产生积极的影响。也有研究表明，不同的国家、地域、企业文化背景、体制环境的监管文化对供应链创新也会造成影响。

四、供应链创新动力机制的研究局限与研究展望

2017年10月13日，《国务院办公厅关于积极推进供应链创新与应用的指导意见》标志着供应链创新升格为国家战略。

自2020年3月以来，我国出台了一系列重要纲领性政策。不论是在五中全会公报还是"十四五"规划，抑或是2035年远景目标中，"创新"都是首屈一指的高频词。"坚持创新在我国现代化建设全局中的核心地位"的表述标志着我国已将创新提升到国家战略高度。但是与供应链创新的重要战略地位和"创新"主题的重大机遇期相比，我国关于供应链创新动力机制的研究现状还与之存在差距，还需要我们进一步探索以弥合这一差距。

（1）从供应链创新动力机制研究涉及的层级来看，对于组织层面中影响供应链创新的因素研究较多，个体层面与社会层面研究较少，未来可以进一步加强个体、社会层面的相关研究。也可以考虑采用多层线性模型（HLM）等研究工具来验证跨层级交互因素是否会影响供应链创新。

（2）从供应链创新动力机制的研究方法来看，已有研究多为理论研究，少数学者采用系统动力学、博弈论、案例研究的方法进行了研究。未来可以采用多种研究方法来进行相关研究，如进一步强化实证性研究。

（3）从供应链创新动力机制的研究内容来看，一是开发供应链创新的测度工具，完善评价体系。现阶段的研究集中在供应链创新机制结构的概

念化上，而忽略了度量尺度的开发，未来的研究可考虑开发一种能经受得起实践检验的、通用性的供应链创新机制测量方法。二是深化动态视角下的供应链创新动力机制研究。现今大多集中在"创新前"即创新的前因研究，未来可增加创新中"实施创新"和创新后"创新的采用和传播"方面的"再创新"动力机制研究。三是细化创新分类，紧跟时代趋势做针对性的研究。国际知名管理咨询公司科尔尼管理咨询公司在其发布的调查报告《未来五年全球五大关键趋势》中指出："2020年无疑是充满挑战的一年。新型冠状病毒大流行震惊全球，反对结构性种族主义的抗议活动在国际上蔓延，世界面临自大萧条以来最严重的金融危机。这些健康、社会和经济危机交织在一起，将我们带入一个风云变幻的未来五年（2020—2025）"。环境的不确定性和复杂性将大大增加企业界面临剧烈变革的概率，如新冠肺炎疫情的流行一度造成航空业，特别是国际航空业旅客人数的断崖式下跌，货运能力也被大大削弱。这对航空业的服务供应链造成的空前影响是否会倒逼供应链创新？由此可见，类似这样的剧烈变革和转型升级都会对现有的供应链格局造成巨大冲击，极有可能促使所在的供应链主动或被动地进行颠覆式创新。未来，研究者应当关注行业动态，细分创新种类，进行针对性的深入研究。四是丰富实现可持续性供应链创新的研究。创新意味着改变现有格局，意味着创新者需要承担由此带来的风险。供应链创新由于涉及供应链上多个相互独立又相互关联的行为主体，因此建立利益共享和风险承担是激励或阻碍供应链创新的两个关键问题，加强对供应链可持续性创新闭环动力机制的研究，从而促进供应链生生不息地创新，从中汲取源源不断的发展动力，获得长期的竞争优势。

（4）从供应链创新的实践来看，已有许多企业陆续将新兴技术应用于供应链的各类场景，通过技术创新驱动供应链流程与方法创新，从而实现供应链的敏捷性。相对来说，这方面的研究还有一定的滞后性，未来可以加强新兴技术应用场景下的供应链创新动力机制研究。

第二节　智慧供应链管理

从信息处理角度来看，供应链管理是对信息进行有效管理，它以客户的需求信息为起点，强调供应链中各企业之间或企业内部之间的信息共享，是对供应商、制造商、零售商、最终消费者之间信息的集成管理。近年来，信息技术越来越多地应用于社会各行业的供应链中，在供应链的构成和运营上发挥着巨大作用。[①] 以"大数据、云计算、区块链、人工智能、物联网、机器学习"为代表的新兴技术的涌现与应用极大地改变了传统供应链的结构、流程和要素，供应链正日益向数字化、智能化和价值驱动转型。发展智慧供应链已经成为大势所趋，智慧供应链领域的研究热度不断升温。

一、智慧供应链管理的思想与本质

IBM 公司在其发布的《2009 年全球首席供应链调查报告——智慧的未来供应链》报告中，总结出供应链管理所面临的五项挑战，分别是：一是供应链无法与成本波动保持同步；二是管理者难以利用信息协同管理；三是风险管理形式化程度高，缺乏标准化的流程、充分的数据分析以及先进的技术来进行风险评估；四是企业内部计划未与客户同步；五

---

① 李东，郑晓娜. 中国供应链管理研究报告 2008［M］. 北京：科学出版社，2009.

是全球化提高了成本并增加了管理的难度。为解决这些问题，IBM 首次提出构建一个具有先进、互联、智能三大特征的"智慧供应链"的理念。[①]

（一）智慧供应链与智慧供应链管理

1. 智慧供应链

IBM 认为智慧供应链可以通过人工智能、物联网（IoT）、自动化和区块链等技术实现端到端的供应链可视性，帮助企业实时洞察和迅捷响应，从而让企业超越束缚手脚的僵化工作流程，供应链具有安全永续性，改善客户体验并降低运营成本。

2009 年，在上海市信息化与工业化融合会议上我国学者罗钢首次引入"智慧供应链"的概念，认为"智慧供应链"是结合物联网技术和现代供应链管理的理论、方法和技术，在企业中与企业间构建的，供应链的智能化、网络化，搭建自动化的技术与管理综合集成系统。

国内外学者通常从技术和管理两个视角对"智慧供应链"进行定义，详情见表 8-2。

表 8-2　智慧供应链定义

学者	定义
Noori 等（2002）	智慧供应链是一种根据客户需求提供定制产品的网络
Butner（2010）	智慧供应链是依托数字基础设施和物理基础设施，实现从支持决策到授权决策，再预测需要做出哪些决策。他认为智慧供应链具有仪器化、互联化、智能化三大核心特征
Ivanov 等（2012）	认为一个预先确定的稳定供应链结构将演变成一个动态和临时的网络。以客户为中心的智慧供应链更加强调灵活、强适应能力、高智能化，可以实现在无人参与情形下的运作

---

① 丁俊发. 供应链理论前沿 [M]. 北京：中国铁道出版社，2017.

续表

学者	定义
Oh 等（2019）	智慧供应链是运用通信网络连接供应链中所有组件，并通过信息和通信技术与定制产品和服务进行协作，进而实现运用生产技术执行多功能
宋华（2015）	智慧供应链是将一系列现代科学技术应用到产业供应链管理过程中，实现供应链体系的高度智能化
徐新新等（2018）	智能供应链是一种具备按需定制化、流程可视化、智能反应以及拥有良好的预警系统等特点的柔性组织，能够实现供应链的精敏化
黄成成等（2018）	智慧供应链是将智能技术与管理融合的集成系统，具备可视化、透明化和协同性三大特点
刘伟华等（2020）	智慧供应链是以信息技术为依托，通过智慧技术、模式创新和全链条整合，实现产品开发、采购、生产、分销等全过程高效协同的新型供应链，其"智慧"特征主要体现在现代智慧技术的应用

资料来源：笔者整理

2. 智慧供应链管理

随着以大数据、机器学习、云计算、物联网等为代表的新一代信息技术逐渐发展成熟，供应链已从信息化时代发展到与互联网、物联网深度融合的智慧供应链新阶段。智慧供应链管理则可实现决策层的智慧化，管理层的数字化，治理层的生态化和作业层的自动化。

在决策层，依托大数据挖掘和分析、机器学习、人工智能等技术，智慧供应链可通过利用高水平的建模和模拟技术，如贝叶斯法、神经网络法等，将从过去的"感应—响应"模式转变为"预测—执行"模式。智慧供应链可以通过机器学习实现无须人工干预的自主决策，提高在需求预测和计划、定价、选品等方面决策的及时性和精准性。

在管理层，可通过对覆盖供应链全员、全程、全链的生产环境和市场环境的数据进行采集、存储、分析等提高数据价值，进一步提升智慧供应链成员之间的协同运营能力和对用户消费行为的洞察能力。

在治理层，供应链核心企业以创造消费者价值为最终目标，依托移动互联网、物联网、人工智能等技术，将过去不相关的产品或服务关联起来，形成网络化和动态化的生态圈。供应链创造价值越来越多地依赖其所处的生态系统，从消费者需求到原材料供应的过程中，供应链从人工治理转向智能化治理方式，从单向管理转到协同治理的机制，从生态圈的视角全局考虑企业的运营管理。

在作业层，智慧供应链可在对供应商供货量、供货合理价格、仓储量、入仓位置、用户偏好等进行数据分析和量化处理的基础上做出精准预测，从而指导企业经营、运输、仓储等自动化作业。

（二）智慧供应链管理的基本思想

智慧供应链管理建立在新型信息技术基础上，融合信息技术与供应链管理于一身，实现供应链体系的高度智能化。其基本思想体现在以下四个方面。

（1）敏捷思想。在数字经济时代，"数"与"智"是供应链管理发展的主旋律。"数"指的是从消费端到供给端的全域、全链路的数字化；"智"是智能化，是基于闭环的数字化来进行智能决策，实现对市场需求变化的精准响应、实时优化和智能决策。

用户主导的新消费时代，如何迅速洞察和精准预测消费者需求是智慧供应链需要解决的首要问题。智慧供应链管理的敏捷思想体现在敏捷洞察需求、精准决策以及快速响应上。智慧供应链可通过5G、智能硬件和物联网实时获取多维度高颗粒的用户、产品数据；借助大数据和自然语言处理技术对数据进行处理与分析，挖掘价值与机会；利用人工智能、机器学习、关联法则、集群分析等技术，对结构化数据和非结构化数据进行数据挖掘，分析客户端购买行为，将数据资源转化为迅速响应市场的预测能力。智慧供应链在数据支撑下实现的高效决策，甚至是自感知、自学习和自动化决策，体现了敏捷思想"拥抱变化，高效决策，短周期交付，用户价值导向"的精髓。

（2）协同思想。智慧供应链的"智慧"特征可帮助企业间打通IT信息系统之间的孤岛，实现数据共享与流动，建立高效的信息交互通道，并能有效地改善供应链合作伙伴之间的信任缺失问题。在工业4.0时代，随着数据由区域走向"云端"，智慧供应链的需求预测、产品研发、采购、库存、物流都将遵循数据化——在线化——数据流动——数据共享——数据赋能的发展路径，形成协同供应机制。

（3）精益思想。在智慧供应链的构建和运营过程中，供应链在可视化、可感知、可调节的供应链环境下，能有效地控制计划、运输、生产、仓储、分销等环节的成本，减少每个环节中资源的占用，实现整体效益最佳化，促进企业降本增效。

（4）共生思想。智慧供应链的打造，仅靠核心企业自身供应链的运作是无法实现向智慧供应链转型的，它需要推倒供应链伙伴之间的信息孤岛藩篱，获取供应链中不同参与者的数据。为此，必须依靠供应链所有企业的协同参与，转变思维，树立共生思想，打通供应链节点，协调各方，共享数据，共担风险，协作共赢。

（三）智慧供应链管理的本质

近年来，随着数字技术的蓬勃发展，数字技术与人类生产生活在诸多方面开始了前所未有的深度融合，全球数据呈现出海量爆发的特点。针对海量数据展开充分挖掘与有效利用，不但可以优化资源配置与使用效率，还能深刻改变人们的生产、生活和消费模式，数据逐渐成为重要战略资源和继"土地、劳动、资本、企业家才能"之后的第五种新生产要素。

数据要素是助推数字经济发展的"催化剂"，对数据生产、采集、存储、加工、分析、服务等多个环节的价值创造和生产力发展有广泛影响，推动人类社会迈向一个数据连接、融合发展的数字经济新时代。

智慧供应链管理的本质就是在供应链中引入数据要素，利用大数据、机器学习、物联网、云计算、区块链等新兴信息技术手段实现数智化决策，促进各个节点企业间的网状协同，减少供应链运营过程中的不确定性，实现供应链管理的创新。

二、智慧供应链管理的研究框架及内容

"智慧供应链"从战略、战术、运营层面优化企业的核心价值，获取竞争优势。因此，智慧供应链管理的研究框架应是以发现和解决供应链管理的具体问题为核心，沿着战略层、战术层和运营层三个维度展开。

（一）战略层面

战略层面的研究主要包含：国家层面智慧供应链的部署与推进问题，产业层面智慧供应链的构建、应用与风险管理问题，企业层面的智慧供应链技术选择与发展程度的适配性问题。

1. 国家层面智慧供应链

2012年，美国政府出台了"美国全球供应链国家安全战略"。该战略指出"我们谋求加强全球供应链，以维护美国人民福祉和利益，保障我国的经济繁荣"。在美国率先提出并系统实施供应链国家战略之后，各个国家都意识到不可能单打独斗，要在全球范围内去发展产业链、供应链与价值链，以取得国家间的平衡与优势。近年来，发达国家开始积极布局推动智慧供应链创新与应用，各国扶持和促进智慧供应链发展的政策也相继出台（见表8-3）。[1]

---

[1] 刘伟华，金若莹. 国内外智慧供应链创新应用的比较分析与经验借鉴[J]. 物流研究，2020（01）：17-26.

表 8-3　部分发达国家推进智慧技术和智慧供应链创新应用的相关政策

国家	政策年份	政策/文件名称或来源	核心要点
美国	2009	"再工业化计划"	实现制造业智能化,保持价值链上的高端控制地位
	2012	美国先进制造业国家战略计划	消除本土研发活动和制造技术创新发展之间的割裂,重振美国制造业竞争力
	2016	美国国家人工智能研究与发展策略规划	规划了美国未来的人工智能发展方向,展示了本届美国政府对于人工智能等新技术的重视
	2016	美国国会与众议院	宣布成立国会区块链决策委员会,达成关于区块链技术大规模应用的共识,对于区块链保持开放态度,并做好准备将其应用于教育、商业和政府业务中
	2018	制定成功路线图:美国 STEM 教育战略	所有美国人将终生获得高质量的科学、技术、工程、数学教育,认为美国将成为该方面的全球领导者
		国家先进制造业战略计划	进一步推进先进制造业国家战略计划,确保供应链的可靠性和弹性
	2019	行政部门和机构负责人备忘录	支持美国先进制造业部门研发投资应支持优先智能制造、数字制造和工业机器人技术,特别是由物联网、机器学习和人工智能推动的系统
英国	2008	"高价值制造"战略	强调了应用智慧技术提高制造业附加价值
	2013	制造业的未来:英国面临的机遇与挑战	注重制造业整体价值链发展,政府应鼓励新商业模式,发展研发集群,满足制造业价值链的特定要求
	2015	加强英国制造业供应链政策和产业行动计划	在国家战略层面要求不断促进物联网、大数据等智慧技术在供应链不同环节的应用
	2018	英国技术发展部门	将投资总额为 1900 万英镑的项目,大力支持新兴科技(包括使用区块链)领域的新产品或服务

续表

国家	政策年份	政策/文件名称或来源	核心要点
德国	2012	德国联邦政府ICT战略：数字德国2015	制订运输研究计划，重点研究领域包括智慧物流；尝试在整个供应链上应用信息技术
	2013	德国工业4.0战略	在制造业积极构建智能化、信息化的供应链
	2019	国家工业战略2030	促进人工智能、数字化、生物科技、纳米技术，促进中小科技企业、促进风险资本、打造欧洲自主的数据基础设施
法国	2013	新工业法国战略	发展大数据、云计算、物联网、智能工厂等技术，意在通过创新重塑工业实力
	2015	新工业法国Ⅱ	生产制造转向数字化、智能化，发展大数据经济、智慧物流、物联网等
日本	2015	日本机器人战略：愿景、战略、行动计划	在制造业与服务业将机器人与IT、大数据、网络、人工智能等深度融合
	2017	"未来投资战略"	加大人才投资，促进物联网和人工智能的开发应用

引自：《国内外智慧供应链创新应用的比较分析与经验借鉴》

2017年10月13日中国国务院办公厅在《关于积极推进供应链创新与应用的指导意见》中明确提及："高效整合各类资源和要素，提升产业集成和协同水平，打造大数据支撑、网络化共享、智能化协作的智慧供应链体系"。这是一个里程碑式的政策，它标志着我国物流发展进入智慧供应链的新阶段。2020年4月，中国国家发改委明确了新型基础设施的范围，包括以人工智能、云计算、区块链等为代表的新技术基础设施。

2. 产业层面智慧供应链

智慧供应链对各个产业的影响是深刻而又全方位的。[①]学者们分别对

---

① 宋华. 新兴技术与"产业供应链+""互联网+"下的智慧供应链创新[J]. 人民论坛·学术前沿，2015（22）：21-34.

第一产业、第二产业、第三产业的智慧供应链展开了研究。

农业智慧供应链指将互联网、物联网等技术引入农业产供销各环节，实现供应链结构优化和供应链环节信息化，从而提升农产品供应链各环节的运转效率和质量。针对农业智慧供应链的研究主要包括：农业智慧供应链的构建；技术应用对农业智慧供应链的影响；农业智慧供应链的关系治理；农业智慧供应链的信息协同以及农业供应链的风险管理等方面。

关于制造业的智慧供应链研究占比最大。主要集中在智慧供应链的构建以及在构建过程中的问题解决，结合实践探讨如何借助物联网、区块链、深度强化学习算法等技术实现供应链全局协同性、供需精准匹配性、数据集成共享性、供应链决策科学性等方面的提高。而以智能制造为研究背景的供应链研究则主要围绕智能制造对供应链的影响，构建智慧供应链的必要性，制造业智慧供应链绩效评价等方面展开。

第三产业中关于智慧供应链的研究主要集中于"零售""旅游""金融"行业。

商业云端化的"产业生态链"正在形成，以社会化媒体、搜索引擎、电子商务、移动互联网组成的社交网络，新商业生态系统催生了商业智慧供应链。商业智慧供应链具体表现为：一是形成了跨媒体、多要素的无缝整合平台（共享同一个媒介资源），同时服务商业中的多种要素，包括交易、物流、服务传递、信息和金融等要素的高度融合；二是C2B新商业模式的确立使大众化的定制成为可能，定制不再是少数人的专属，普通消费者也可以体验、享受这种服务；三是营销/价值智能化。从商业智能发展而来的大数据技术里，逐步诞生的营销智能化技术。[1]学者们大多结合企业实践对新零售背景下的智慧供应链构建、协同进行了探究。

---

① 宋华. 新兴技术与"产业供应链+""互联网+"下的智慧供应链创新[J]. 人民论坛·学术前沿，2015（22）：21-34.

金融行业中，学者们普遍认为智慧供应链金融是智慧供应链与金融科技结合的新形态。在实践方面，区块链是业界采用最多的智慧供应链金融技术手段。区块链技术可解决核心企业不愿提供信用背书的难题。在供应链金融方面，通过搭建各方共享的联盟平台，智能调整剩余可用的授信额度，利用智能合约实现按时还款和结算。在风险管控方面，依托于对供应链商流、物流、信息流、资金流等数据的整合，保证数据的安全性和业务的透明可视化，实现应收账款确权，进行质押物及其价格管理，提高风险管理水平，强化资金流监控。

旅游行业中，国内学者主要从旅游服务供应链的构建与演进、旅游智慧供应链的应用三个方面展开理论研究，而国外学者较多从区块链等新兴信息科技技术带来的影响方面着手研究。

（二）战术层面

战术层面的研究主要有智慧供应链的形成要素、构建、创新等问题。

1. 智慧供应链的形成要素

有学者认为智慧供应链的核心要素主要有可视化、生态化、智能化、集成化四大要素，由此可以引申出一系列新的研究问题：一是通过数据挖掘实现可视化、实现供应链优化和瓶颈突破问题；二是利用 TOC（约束理论）引导生产，为研究供应链新模式提供了样本；三是基于供应链全流程的决策智能化；四是基于供应链研究产业的组织生态化问题；五是通过可视化、信息技术、组织生态化实现流程的标准化，供应链的集成化和智能化。[1] 也有学者认为关键要素为供应链渠道、供应链柔性、供应链可持续性。[2] 智慧供应链与传统供应链的区别体现在三个方面：一是智慧供应

---

[1] 宋华. 智慧供应链的核心要素与实现路径 [J]. 物流技术与应用，2015，20（12）：58-59.

[2] 刘伟华，金若莹. 国内外智慧供应链创新应用的比较分析与经验借鉴 [J]. 物流研究，2020（01）：17-26.

链对于技术的应用更加深入；二是智慧供应链趋向于实现更高的可视化；三是智慧供应链能够对其涉及的各种信息进行更强的整合。

2. 智慧供应链的构建

目前，大多数学者主要从功能要素、构建途径和体系结构三个角度进行智慧供应链的体系构建研究（见表8-4）。

表8-4 智慧供应链构建的代表性研究梳理表

地域	学者	研究内容
国内	蔡进（2017）	供应链创新的理念是开放与包容，关键是整合和优化，核心是协同，目标是互利共赢，方向是智慧化和智能化，本质是价值创造
	宋华（2015）	针对互联网如何推动三大产业供应链创新的问题，提出智慧供应链创新应把握供应链管理的三大核心要素，即供应链六大能力体系、核心结构和流程实现
	赵振强等（2019）	基于新时代背景下，针对农产品供应链一体化和智能化的发展模式，从信息共享平台搭建等四个方面构建了新型农产品智慧供应链体系框架
	王鹤（2015）	基于物联网和供应链之间的内在联系提出了智慧供应链平台建设思路
	邱伏生（2017）	针对制造企业供应链管理过程中出现的问题，提出从智能战略、智慧供应链平台、供应链预警等方面建设智慧供应链
	黄成成等（2018）	从业务、技术及管理三大模块进行智慧供应链体系的构建
	林小彬等（2018）	以延川四苹果农业科技有限公司为例研究ICT赋能供应链的生产、加工、流通、服务的智慧供应链构建
国外	Oh等人（2019）	研究了智能制造供应链的属性，识别出智能制造供应链的功能结构特征，并提出了一个供应计划模型以找到利润与交货期之间的最佳平衡，根据该模型确定智慧供应链绩效
	Wu等人（2019）	提出了一种将供应链与物联网相结合的新模式，并认为该模式将演化为智慧供应链生态系统，从而提高供应链的生产率
	Li等人（2019）	构建了云计算下的沿海港口智能物流供应链分布式节点部署模型，仿真结果表明，该模型可以提高沿海港口智能物流供应链的调度路径优化和智能控制能力

续表

地域	学者	研究内容
国外	Zhou等人（2019）	针对传统供应链系统中设计的软硬件在传输过程中缺乏协作、效率低下、导致大量的信息失真等问题，提出了一种基于物联网技术的智能供应链信息系统
	Ghadimi等人（2019）	提出了一种多代理系统（MAS）方法来解决可持续供应商评估和选择过程，从而在供应商和制造商之间提供适当的沟通渠道、结构化的信息交换和可见性

资料来源：笔者整理

3.智慧供应链的创新

IBM公司在调研报告 *Supply chains are changing. Here are 5 things we know now*（《供应链在发生变化，这里有五件我们已经知道的事情》）中，预测了基于智慧供应链的五大创新趋势。一是客户需求驱动供应链变革，供应链领导者正在重新设计流程，打造一个主动应对中断的灵活供应链，使其具有动态性、响应性和互联性。二是供应链领导者正在利用人工智能更快地做出更明智的决定。未来供应链的目标是使用需求感知网络，以数字方式连接所有元素，并提供从采购到实现的透明度和可视性。三是物联网（IoT）和人工智能的融合使供应链能够访问和关联更多不同的数据集，以便在事件和场景发生时看到它们。未来，从人工智能和机器学习、物联网、5G和边缘计算的结合中获得的见解将使组织能够发现建立更有弹性的运营机会，并使整个供应链的智能更加透明。四是使用区块链的多企业网络正在整个供应链中建立信任和透明度。五是供应链领导者正在利用智能订单管理来兑现更多的客户承诺。

（三）运营层面

运营层面的研究主要有智慧供应链的技术应用、绩效评价等问题。

1. 新兴技术在智慧供应链领域的应用

物联网（IoT）、大数据（Big Data）、区块链（Block Chain）、人工智能（AI）、云计算等现代新型技术在供应链中的广泛应用，推动着智慧供应链的创新与发展。

（1）物联网（IoT）。研究表明，物联网可以实现供应链的可视化，实现信息共享，提升供应链的智能化水平。Gartner公司的《2019年数字业务对供应链的影响调查报告》显示，有59%的受访企业表示已完成物联网的局部或完整部署，22%的企业已展开前导工作，15%的企业虽尚未投入发展，但已计划在未来两年启动投资。由于物联网对于供应链的许多领域都有机会产生深远的影响，因此已被列为一项转型性科技。大多数学者在"企业采用物联网的动机和必要性"以及在"各种商业场景中的应用"等方面进行了研究和探讨。表8-5展示了较具代表性的研究成果。

表8-5　物联网在供应链中的应用梳理表

学者	年份	主要观点
Dweekat 和 Park	2016	物联网技术使得绩效评估系统可以实时、集成、协同地监控、管理和控制整个供应链
Gunasekaran 等人	2016	物联网是解决农产品供应链信息共享问题的重要途径之一
Dweekat 等人	2017	研究了物联网的作用及其对供应链管理的影响。结果表明，物联网可以增强供应链管理，因为物联网能够实现实时数据收集，实现供应链内部的实时通信，提高数据
Abdel Basset 等人	2018	通过应用物联网技术构建智能安全的供应链管理系统，实现数据、信息、产品、实物以及供应链的所有流程的融合，使供应商和管理者可以获得完整的产品全生命周期信息，从而实现供应链管理的透明化
Manavalan 和 Jaya-krishna	2019	对嵌入在可持续供应链中的物联网进行了综述，发现制造公司需要加快向可持续转变，并利用物联网等技术来实现组织目标，并提出了一个从企业、技术、可持续发展、协作和管理战略多个角度评估供应链的框架

资料来源：笔者整理

（2）大数据（Big Data）。著名大数据专家维克托·迈尔-舍恩伯格在其经典著作《大数据时代》中，指出"大数据是当今社会所独有的一种新型技术，以一种前所未有的方式，通过对海量数据进行分析，获得有巨大价值的产品和服务，或深刻的洞见"。面对浩瀚的数据海洋，如何将智能供应链上静态的商品流通转化为动态的数据信息，通过商品的动态数据实现供应链上节点企业之间的有效互动已经成为企业数字化转型过程中的一道必答题。供应链、制造企业和客户形成紧密的联系，实现消费者和制造商的紧密融合。通过对大数据的挖掘和处理，可以支持基于消费者数据的前端研发和生产，有效减少链条的反应时间和节约供应链成本，实现供应商、企业、第三方物流、客户等的互动连接，构建全连接的智能供应链网络。

研究表明，现有关于大数据在供应链管理中应用的研究主要集中于：对供应链预测分析的研究、对供应链绩效的研究、对供应链框架和设计的研究三方面。[①] 表 8-6 列出了较具代表性的研究成果。

表 8-6 大数据在供应链中的应用梳理表

研究内容	学者	年份	研究结论
大数据对供应链预测分析的影响	Waller 等人	2013	大数据和预测分析将给供应链设计和管理带来的变革进行了详细分析
	Richey 等人	2016	对六个国家的供应链管理者进行调查，建立了一个基于行业的大数据定义。供应链环境下的大数据定义包含四个维度：数量、速度、种类和准确性。该研究进一步提炼出了对未来供应链关系策略与绩效有重要意义的多个概念
	Zhao 等人	2017	利用大数据分析，提出了一种绿色供应链管理方案的多目标优化模型，该模型能最大限度地降低有害物质、相关碳排放和经济成本所带来的内在风险

---

① 程晏萍，黄千芷，董慈蔚. 大数据在供应链管理中应用的研究现状——基于 CiteSpace 的知识图谱分析 [J]. 华中师范大学学报（自然科学版），2021，55（03）：453-461.

续表

研究内容	学者	年份	研究结论
大数据对供应链预测分析的影响	Lai 等人	2018	探讨了影响企业在日常经营中采用大数据分析的因素：技术、组织环境因素和供应链特征
	Jeble 等人	2018	基于资源基础观和权变理论，大数据和预测分析对供应链可持续性（包括碳排放、社会可持续性、经济可持续性）具有积极的调节作用
	Sodero 等人	2019	用户参与塑造大数据和预测分析以适应组织结构的方法
大数据与供应链绩效的关系	Gunasekaran 等人	2017	基于资源基础观点，发现大数据和预测分析对供应链绩效和组织绩效具有正向的影响，且若高层管理人员能够获得外部资源并创造更好的预测能力，可以得到更好的供应链绩效和组织绩效
	Yu 等人	2018	数据驱动供应链对供应链能力的四个维度（信息交换、协调、企业间活动整合和供应链响应）都有显著的正向影响，而其中协调和供应链响应能够提高财务绩效，阐明了数据驱动供应链对财务绩效的重要性
	Wamba 等人	2019	大数据分析有助于提高供应链敏捷性、供应链适应性和组织绩效，但这些影响取决于环境动态水平
	Zhan 等人	2020	提出了一种打破信息孤岛的集成基础设施，以提高供应链绩效
对供应链框架和设计的研究	Sing 等人	2018	运用大数据解决了冷链位置分配设计的问题
	Jiao 等人	2018	基于数据驱动框架研究了可持续闭环供应链的设计问题
	Long	2017	建立了一个六层四视点的框架，系统地提出了供应链网络中数据驱动的计算实验应用于组织决策支持的技术解决方案

资料来源：笔者整理

（3）区块链（Block Chain）。从学术研究方面来看，关于区块链在供应链中的研究尚处于起步阶段，主要探讨了区块链技术在供应链领域的应用优势、面临挑战、实现框架以及其在物流、农业、环境保护、供应链金融、医疗等行业和领域的应用。现有研究结果表明，区块链技术可以帮助供应链实现各种关键目标，包括压缩成本，提高质量、速度、可靠性，降低风险（Baird 和 Thomas，1991；Bettis 和 Mahajan，1985），增强可持续性（Bowen，Cousins，Lamming 和 Faruk，2001）和灵活性（Goldbach，Seuring 和 Back，2003；科瓦奇，2004；迈耶和霍曼，2000；饶和霍尔特，2005；怀特，1996）。表 8-7 呈现了较具代表性的研究成果。

表 8-7　区块链在供应链中的应用梳理表

学者	年份	研究结论
Tse	2018	在食品供应链信息安全中引入了区块链技术的概念，认为区块链技术是一种有效的、可追溯的产品质量安全管理和控制手段
Hofmann	2018	商品物流的可见性是供应链金融有效实施的一个关键要素，而区块链为其提供了技术支撑
Kshetri	2018	对区块链技术如何影响供应链管理目标进行了研究，探讨了区块链对供应链成本、质量、速度、可靠性、降低风险、可持续性和灵活性的影响。研究证明供应链活动中使用区块链可以提高透明度和责任感
Wong 等人	2019	采用了技术、组织和环境框架：涵盖技术层面的相对优势和复杂性，高层管理支持的组织维度，市场动态、竞争压力和监管支持的成本和环境维度；探讨了区块链给中小企业带来革命性变革的可能性
Queiroz 等人	2019	综述发现，区块链与供应链整合仍处于初级阶段。虽然区块链在供应链领域引起了实践者的关注，并且有多种激励因素导致公司将区块链技术纳入其供应链，但许多障碍和挑战可能会阻碍区块链的成功采用
Van Hoek	2019	侧重于供应链中区块链的采用率和关注领域、供应链中应用区块链的驱动因素以及供应链中区块链实施的障碍
Saberi	2019	对区块链技术和智能合约进行了批判性研究，文章还介绍了四种区块链技术采用的障碍类别，包括组织间、组织内、技术和外部障碍，并对其在供应链管理中的应用以及如何克服许多潜在障碍进行了展望

续表

学者	年份	研究结论
李勇建等人	2021	探讨了区块链技术为供应链管理带来的机遇与挑战，构建了区块链赋能供应链管理的框架图。他们认为区块链依托供应商的透明化、制造商上的智能化、物流上的安全化、销售上的平台化、治理上的生态化，并从信息共享、信息追溯和信任三个方面为供应链管理赋能

资料来源：笔者整理

（4）人工智能（AI）。目前，关于人工智能在供应链中应用的研究主要集中于技术和管理两个领域。技术流派的学者对于人工智能在供应链中应用的支撑技术按照其运用的流行程度进行了梳理和分类。管理流派的学者则更多地关注人工智能对于供应链管理的优化与改善起的作用，详见图 8-3。[1]

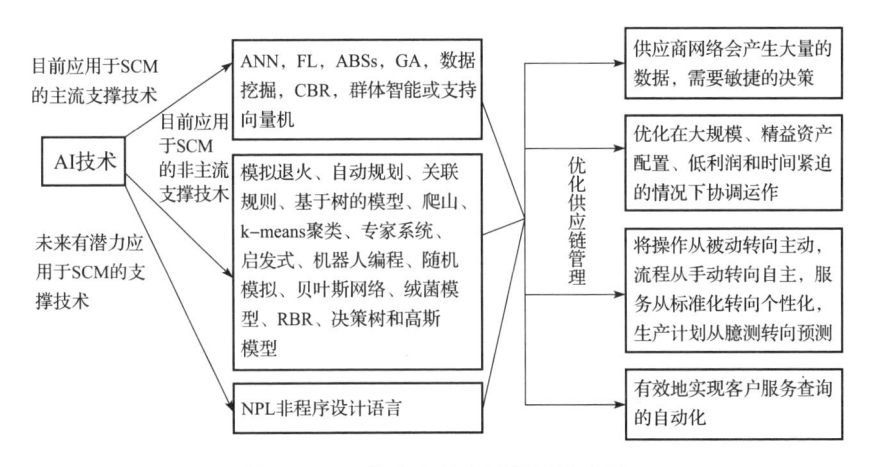

图 8-3 AI 技术在供应链领域的应用

资料来源：笔者整理

（5）云计算。Gartner 公司的迈克尔·多米尼（Michael Dominy）指出将云计算运用于供应链管理，可以实现供应链横向、纵向流程创新，从而

---

[1] Toorajipour R，Sohrabpour V，Nazarpour A，et al. Artificial intelligence in supply chain management：a systematic literature review [J]．Journal of Business Research，2021，122：502-517.

克服供应链众多主体在地域、规模、流程、工作方式等方面存在的差异，实现低成本、可视化以及快速的沟通与资源整合。[①]

根据学者们的研究，云计算可以用于解决供应链的库存、协调、集成、融资等方面的问题（见表8-8）。

表8-8 云计算在供应链中的应用梳理

学者	年份	研究结论
包厚华	2012	采用云计算平台改造传统的供应链库存管理体系，从而产生了全新的供应链库存协同管理体系，实现数据快速响应、供应链全局范围共享、成本降低
翟胜辉	2013	开展基于供应链契约的云计算服务供应链协调机制及其仿真平台研究
李晓磊	2014	构建基于云计算实现ERP在供应链管理中的集成应用框架
张迎迎等	2017	基于云计算先进的技术，引入云服务商，建立云平台，并且运用SCOR模型构建云计算环境下的农产品绿色供应链运作模式
Lu Qiang 等	2021	研究云计算同化如何降低中小企业的供应链融资风险，并研究了内外部供应链整合在云计算同化与中小企业供应链融资风险之间的中介作用，以及环境竞争力的调节作用

资料来源：笔者整理

2. 智慧供应链的绩效评价

目前，针对智慧供应链绩效评价的研究尚处于起步阶段，主要包括绩效评价指标体系构建问题以及寻找科学有效的评价方法。该主题的研究方法主要采用的是供应链绩效评价传统运用的方法和模型，针对指标筛选主要有粗糙集、相关性分析、DEMATEL和专家评价等方法，针对供应链绩效评价模型构建主要有DEA、BP神经网络、灰色关联分析、模糊综合评价等方法。在研究内容方面，关于具体行业供应链、绿色低碳供应链、智

---

① Michael Dominy. Impact of Cloud Computing on Supply Chain Management［EB/OL］. (2012-09-26). http://www.informationweek.in/cloud_computing/12-09-26/impact of cloud computing on supply chain management.aspx.

能制造模式下以及精益供应链的绩效评价研究较为普遍,针对其他形式智慧供应链绩效的研究还较少。

三、智慧供应链管理的发展趋势

从国际发展的趋势来看,智慧供应链创新与应用已经关系到新一轮国家间的创新竞争。从国内发展趋势来看,加快智慧供应链创新与应用不仅是顺应我国物流与供应链行业发展的客观要求,也是响应时代变革发展的迫切需要。从政府体制改革趋势来看,加快智慧供应链创新与应用,不仅是推进政府深化体制改革的重要抓手,也是建设智慧政府的必然选择。展望未来,智慧供应链管理可能会重点向以下几个方向发展。

1. 供应链前端未来改造潜力巨大

前向供应链包括产品设计、原材料、生产制造三大职能,后向供应链包括分销、批发、零售、广告营销以及消费者触达。目前,企业普遍聚焦于靠近消费者的后端。因此,与前向供应链相比,后向供应链智能化发展得更为成熟。相较之下,前端的智能化升级投入还不充分。未来在产品设计与开发、供应商合规、原材料采购、工厂采购与生产控制、配送中心与货运代理、批发、增值服务方面都有智能化改造和升级的巨大空间。

2. 智能制造领域发展空间巨大

目前,我国以京东、阿里巴巴为代表的电子商务企业在智慧供应链的构建方面表现良好。然而,我国制造行业智慧供应链系统建设基础还比较薄弱。供应链系统数字化基础的薄弱与我国制造业大国的地位极不相称。要改变我国制造业大而不强的现状,实现制造强国建设的目标,构建智慧供应链是一个重要突破口。智能制造背景下制造型企业在供应链智能化迭代升级方面有较大发展空间。

3. 无人化场景将得到不断丰富

随着物联网、5G、无人驾驶等技术的发展和应用，未来供应链无人化的场景将会持续增加。目前，搭载先进拣货路径、配送智能物流算法的无人设备已经承担常态运营，无人仓也实现了从收货、上架、拣货、打包、出库的机器人自动全线运营。

4. 应用于疫情下的供应链中断风险防范

受逐利因素驱动，许多企业持续关注供应链的效率提升和成本优化。然而持续压缩成本的背后，可能暗含陷阱。近二十年来，自然灾害、贸易冲突、区域局势、流行病、全球经济危机等大环境的变化，给供应链带来巨大冲击，其影响程度和发生频率都在不断上升。2019年年末的新冠肺炎疫情曾一度导致个别行业在一段时期内物资和产品无法正常供应和生产。疫情让过去只关注响应消费者需求的企业意识到了强化供应链网络，预防供应链中断风险的迫切性。未来可通过数字孪生实施智慧供应链建模和场景分析，利用搭载AI技术的供应链控制塔系统在日常运营中实时监控风险，规避供应链中断风险。

四、智慧供应链管理的研究局限与研究展望

关于智慧供应链管理产生的积极影响和巨大潜力，学者们达成了共识。但是，智慧供应链的研究还存在一些局限。我们将在此结合研究现状对未来的研究方向进行展望。

（1）现有研究滞后于实践发展。任何领域的学术研究通常都会落后于实践发展。然而在政府政策的引导、业界的积极参与之下，近年来数字化技术实现了突飞猛进的发展。新冠肺炎疫情的流行更是进一步助推了智慧供应链的发展。有许多供应链实践的发展速度已经大大超出预期。比如，根据麦肯锡管理咨询公司的调查，许多高管表示，在建立供应链冗余度

（Supply-chain Redundancy）、提高数据安全性、在运营中应用先进技术方面，推进的速度比预想的快 20～25 倍。

Gartner 的调查报告《2020 年八大供应链技术趋势》指出供应链技术的趋势包括：超自动化（Hyperautomation）、孪生数字供应链（Digital Supply Chain Twin）、持续智能（Continuous Intelligence）、供应链管控与安全（Supply Chain Governance and Security）、边缘计算和分析（Edge Computing and Analytics）、人工智能（Artificial Intelligence）、5G 网络、沉浸式体验（Immersive Experience）。学者们应当关注供应链技术趋势，加强与业界的交流与互动，在飞速发展的供应链技术应用中厘清思路，从战略决策、运作流程、运行平台、保障机制、绩效评价等方面入手解决实践中亟待解决的瓶颈问题，促进我国智慧供应链理论应用与研究工作的蓬勃发展。

（2）现有文献多为单一情境下的研究。一是支撑技术要素单一。缺乏对多种技术叠加如"区块链+物联网"或"大数据+物联网"等情境下的智慧供应链研究。二是研究视角单一。目前的研究当中，除了少数研究者表明在区块链的推进过程中由于数据隐私、权限受限等原因遭遇障碍，其他学者较少涉猎新兴 ICT 技术应用在供应链管理推行过程中面临的实施困难和障碍，如大量冗余大数据造成的影响。未来，研究者们可以对此进行充分调研和研究。三是假设前提单一。目前的研究大多是考虑的确定性、单一产品等比较简单的情形。未来的研究可以考虑将研究背景设置为不确定性、多种产品等复杂或随机的情形，加以研讨。四是研究区域单一。未来可以开展对不同国家背景下的智慧供应链研究，或是探索跨国公司全球智慧供应链的构建及运营问题。

（3）现有研究的方法比较单一。根据对相关文献的回顾，笔者发现目前智慧供应链管理的研究定性的理论研究居多，实证研究、定量研究还不多。未来的研究可以尝试采用问卷调查法、案例法、行动研究法、网络和复杂性理论（如贝叶斯网络、马尔可夫链、网络理论、生态建模），仿真（基于智能体的仿真、离散事件仿真、系统动力学），优化（随机规划、鲁棒优化、混合整数线性规划、启发式、动态规划）等方法来开展相关研究。

（4）现有的研究思维受限。一是将新兴 ICT 技术视为一种支撑性生产要素，而未发现其作为资产的一片蓝海。现阶段，大数据通常被视为生产资料，还未被视为"数据资产"。在智慧供应链时代，如何实现业务数据化，数据资产化，资产应用化，应用价值化？如何让数据为我所用？这些问题都值得业界和学术界的共同关注。在"资源基础管理理论"视角下，研究大数据资产给供应链管理带来的变化和造成的影响是一个值得探讨的方向。二是许多研究还停留在智慧供应链的概念、使能因素、构建、绩效评价等传统研究框架中，在未来的研究中应加强对智慧供应链与当前形势下的重要命题的交叉研究。比如，人工智能技术如何有助于在流行病场景中开发响应性供应链模型？3D 打印取代缺失的供应商（疫情期间，3D 打印替代个人防护设备、对抗新冠肺炎的机械通气机等紧急缺失物资）的具体应用及带来的影响有哪些？[1]

---

[1] Maciel M. Queiroz, Dmitry Ivanov, Alexandre Dolgui, Samuel Fosso Wamba. Impacts of epidemic outbreaks on supply chains：mapping a research agenda amid the COVID-19 pandemic through a structured literature review.[J]. Annals of Operations Research，2020（6）：1-38.

第三节　基于知识的供应链管理

供应链间的知识获取、共享、创造能力日益成为当今企业核心竞争力的核心要素。知识流也成为继物流、资金流、信息流之后提高供应链效率与竞争力的第四要素。在当前市场环境下，企业需要进行有效的知识管理，通过知识共享和运用来提高对市场的响应能力，同时运用知识管理可以提高供应链的柔性以适应消费者个性化需求。

一、知识管理的思想与本质

知识是信息与其具体应用环境的结合，可分为显性知识与隐性知识两类。显性知识是可以通过符号表达出来、存储于文献中、易于存储、交流和共享的知识；隐性知识则是难以进行格式化与高度个性化的知识，主要源于经验，并且需要通过直接的、面对面交流的方式来共享、交换知识。

"知识管理"一词最早是由美国麻省一家国际咨询公司提出的，通过借助组织内知识、创造能力来提升自身的竞争力。[①] 可以从狭义的与广义两个角度来理解"知识管理"的概念。狭义的"知识管理"，主要指对知识本身进行管理活动，具体包括对知识的获取、储存、加工、共享创造及应用等活动的管理。广义的"知识管理"，除了对知识本身的管理外，还

---

① 樊驰，赵婷，公艳. 知识管理视角下农产品供应链管理[J]. 知识经济，2020（19）：7-8.

包含对各种知识相关资源的管理，综合来说，是涉及知识组织、知识资产、知识设备、知识人员以及知识活动的全方位、全过程的管理活动。①

（一）知识管理的思想

知识管理是顺应知识经济时代需求孕育而生的一种新型管理模式。其基本思想主要体现在以下几个方面。

（1）知识管理的核心是知识的共享与创新。不同于其他管理活动，知识管理追求知识创新，以便灵活地快速应对不断变化的社会环境。企业在管理活动中需要不断进行知识创新，以便更好地实现知识共享的目标。为此，企业中需要构建有助于知识传播、共享与创新的网状组织结构，以便对错综复杂的环境做出快速反应，进而提升组织的工作绩效。

（2）知识管理的重点是人力资源管理。组织中人不仅是知识的载体，也是知识创新的主体。因此，知识管理的重点是对组织中人的知识、经验、能力等各种要素的整合、提炼与管理，实现知识共享和知识价值的相互转化，进而促进组织知识化和企业的不断发展壮大。

（3）知识管理的主要对象是知识资本。实质上知识资本应是整合与提炼组织结构、组织文化、组织中员工素质以及无形资产等多方的一种资本，内容上是人力资本、市场资本、组织资本三者的融合。

与传统以有形资产管理为主的管理模式相比较，知识管理的性质特征在于其以无形资产管理为主②。此外，知识管理还拥有传统管理不具备的一些优势与特点，虽然不同研究学者的观点有所不同，但可概括为四个方面，即管理观念上知识资产化、管理方式上注重以人为本、管理目标上追求知识创新以及管理组织上实行非等级制③。

---

① 邱均平，段宇锋. 论知识管理与竞争情报［J］. 图书情报工作，2000（04）：11-14.
② 白波，蒋永福. 知识管理研究综述［J］. 情报资料工作，2001（04）：11-14.
③ 白波，蒋永福. 知识管理研究综述［J］. 情报资料工作，2001（04）：11-14.

（二）知识管理的本质

作为一种新型的管理模式，知识管理的本质可从以下几个方面来理解。

1. 以知识生产管理为前提

从内容上看，知识管理是对知识进行管理，是以知识生产管理为前提。知识的生产贯穿对知识的识别、获取、开发、研究、分解、使用与共享的全过程。在这些过程中，知识在被使用的同时，也在不断地产生、形成与发展，新知识不断产生，原有知识也不断完善与发展。

2. 以信息管理为基础

知识管理是以信息管理为基础的，是信息管理的延伸与发展。知识管理活动需要借助信息技术对信息进行分析、整合，从信息系统中提取所需的有价值的知识，再通过一系列知识活动将其转化为知识资本。

3. 实现知识的显性化与共享过程

不同于显性知识，隐性知识不易被他人观察和理解，也难以实现交流和共享等活动。为此，促进隐性知识的显化进而实现知识的共享与互动，是实现有效知识管理的重要前提，也是知识创新能够持续发展的动力与源泉。[1]

二、基于知识的供应链管理研究框架

在供应链管理的过程中，知识管理普遍存在，在供应链节点企业间的物流、资金流和信息流中贯穿始末[2]。将知识应用于供应链管理中可以在

---

[1] 崔波，刘二灿. 论知识管理的特征、本质和运行机制［J］. 河南工程学院学报（社会科学版），2011，26（03）：21-24+32.

[2] 刘开同. 知识管理视角下的供应链管理研究［J］. 物流科技，2019，42（01）：149-151+166.

一定程度上增强供应链管理的能力,因此对供应链管理中的知识管理的研究也是很有必要的。

(一)供应链知识管理的内容

许多学者对供应链知识管理的相关概念进行界定,综合来看,可以将其描述为:借助供应链所有节点企业的智慧,通过对供应链中显性知识与隐性知识的系统进行开发与应用,进而提升供应链整体的工作效率、反应速度、创新能力以及员工技能素质等,达到加强供应链企业的核心竞争力的目的[①]。

供应链中的知识管理在内容上与企业内部的知识管理仍有一定的区别,综合来看,供应链中的知识管理的主要内容可概括为以下几个方面。

(1)知识的获取。企业获取满足供应链整体需要的知识的来源主要有供应链内成员间与供应链外部两个方面。

(2)知识的共享与传播。知识共享与传播强调对象包括显性知识和隐性知识在内的所有知识,不同于企业内部知识管理,供应链知识共享是选择性共享和传播,并非所有知识都在成员之间共享和传播。因此,供应链中知识共享的前提是知识的识别,如涉及成员核心能力相关的知识不应在供应链中进行共享和传播。知识的共享与传播有助于提升知识在整个供应链中的运用效率,继而增强供应链的整体竞争优势,这也是大多数研究人员将其视为知识管理核心的原因。

(3)知识的运用。供应链中知识的运用特别强调成员之间知识水平的协调,包括成员间知识库、知识接受能力以及利用能力的协调。其目标是确保最终产品在所有环节上都能得到保障,从而实现功能的优化与协调。

---

① 左美云,杨波,陈禹. 企业信息技术外包的过程研究[J]. 中国软科学,2003(07):84-87.

（4）支持供应链知识管理中的基础性活动。包括供应链成员间的伙伴关系管理、支持供应链成员间的知识交流与共享的联盟文化管理、基于 Internet 技术的知识库管理，以及对成员的知识教育与培训系统管理等。

（二）供应链知识管理的系统框架模型

在基于知识管理的供应链管理领域，许多学者进行了研究，并构建了各式的框架模型。基于多 Agent 和 Internet 的知识管理系统框架模型[1]就是基于知识的供应链管理典型模型之一（见图 8-4）。该模型将供应链知识管理分为知识收集与整合、问题求解与知识应用两大部分。知识收集与整合主要通过两种方式进行：一种是知识工程师（Knowledge Engineer）通过观察、访谈、总结等方式对供应链中的知识进行收集与整合从而产生知识；另一种是对常规系统（如 ERP、CRM、MIS 等）进行数据挖掘进而产生知识。问题求解与知识应用则是针对供应链中特定问题等进行的活动，如业务协同、知识答疑以及在线帮助等。

1. 知识收集与整合

（1）知识挖掘 Agent。知识挖掘主要指利用各种网络技术从供应链管理中业务管理系统的数据库以及网络中挖掘信息，从而发现潜在的问题和知识等。

（2）知识清洗 Agent。知识清洗的目的是对知识进行必要的过滤，去除知识噪声与杂质，确保知识的有效性与价值性。

（3）知识评价 Agent。知识评价是对知识进行评估，包括检验所获知识是否为已有知识，以及对知识进行定位、判断其价值，决定下一步是否将其放入组织知识库中。

---

[1] 张志清，秦岭. 供应链知识管理及系统框架模型研究[J]. 情报杂志，2007（04）：19-21.

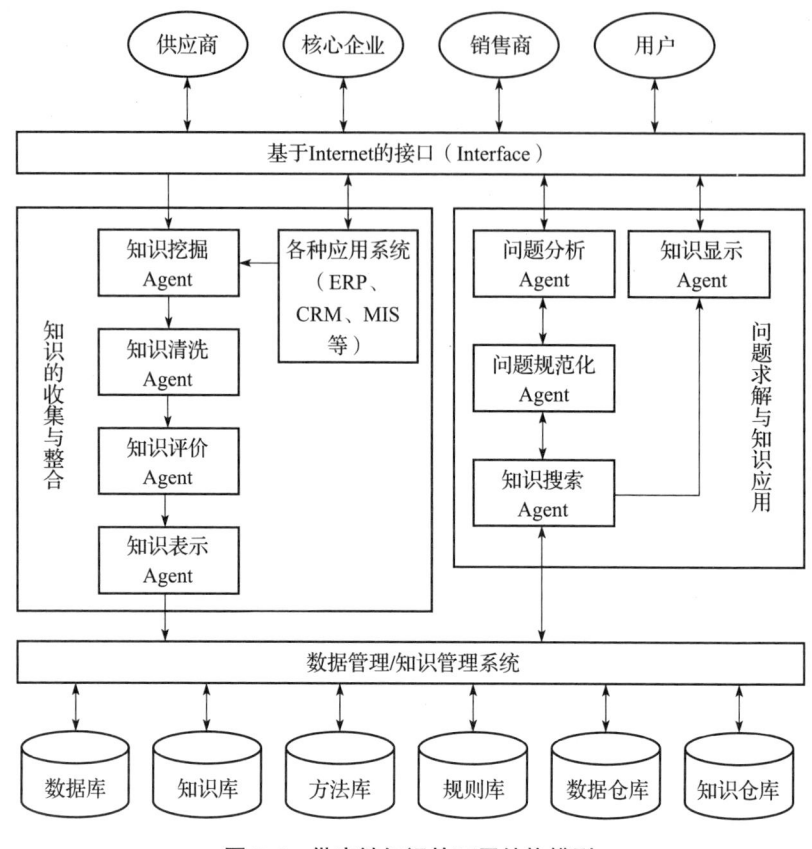

图 8-4　供应链知识的五层结构模型

（4）知识表示 Agent。知识表示指借助一定的规则与方法（语义法、规则法等）对知识进行书面化表示，即将知识结构化，转化为逻辑、规则、元知识等形式。

2. 问题求解与知识应用

这一模型设计了问题求解与知识应用部分的 Agent 及其协作方式。

（1）问题分析 Agent。问题分析 Agent 负责分析生产、管理、协调、用户服务等流程环节中的问题及需求，确定问题的类型与可能的解决途径，并对问题进行初始化处理。

（2）问题规范化 Agent。该 Agent 的作用将上一步分析后的问题进行规范化，对非结构化的问题进行规范化处理，转化为符合要求的结构化、规范化的表述，如简化为关键词，或是用语义对问题格式进行描述等。

（3）知识搜索Agent。根据规范后的问题关键字通过知识搜索Agent在知识库中进行搜索，查找相应解决方案。

（4）知识显示Agent。将知识处理的结果处理、显示为符合用户习惯、更为人性化的方式，如图像、图表等形式。

该模型对资源的多样性有一定要求，将各种数据、知识等资源进行统一管理，进而实现知识管理的系统性、完整性。

（三）供应链知识管理的流程

在知识经济的背景下，对于供应链而言，传统模式下简单的商业联盟已经不足以形成竞争优势，而供应链中知识的优化重组可以达到实现科学管理，提升企业竞争优势的目的。因此，供应链上节点企业间的知识流动将会成为新的核心要素，形成以知识为核心的竞争优势。

基于供应链中知识的特点以及对研究领域内的相关理论进行整合，许铭慧构建了如图8-5所示的知识视角下的供应链流程图[①]。该流程图的主体为供应链的核心企业，综合考量供应链内外部因素给整体带来的影响，以知识库、信息网络技术以及知识图谱作为技术支撑，进而在知识获取、共享以及创新等方面形成知识流的循环。

供应链中的内部因素主要包括个人知识、企业内部知识以及供应链企业间的知识给组织的管理方式所带来的影响。企业员工间的知识水平差距、各部门主导的知识层次不同、供应链节点企业与企业间进行知识协作的水平不同等因素，都会给知识管理的效率带来一定影响。供应链外部因素包括多个方面，主要有企业竞争对手所拥有的知识，各高校、科研机

---

① 许铭慧.供应链知识管理中的问题与对策研究［D］.沈阳：沈阳师范大学，2014.

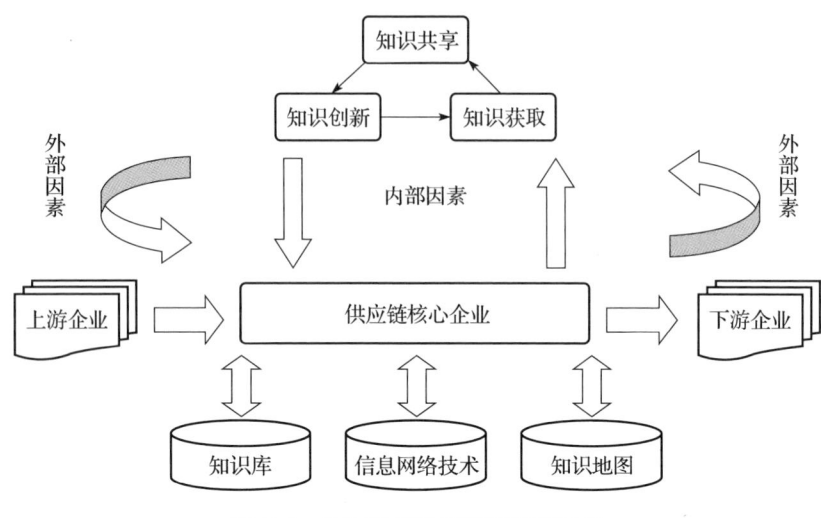

图 8-5　供应链知识管理的流程图 ①

构所掌握的知识以及潜在客户掌握的知识等。在供应链知识管理中，供应链的内外部因素都不容忽视，如何把控并利用好供应链与供应链内外部因素之间的关系也是供应链协作的重点。

流程图中供应链对企业所涉及的领域进行了拓展，其中向上拓展至供应商以及供应商之上供应商，向下拓展至分销商、零售商直至最终客户。在这种网络链结构中，知识分层流动，知识从个人知识向企业内部知识流动，再向供应链各节点企业之间的知识流动引导着研究的方向。

知识的获取过程是个人或组织收集知识的活动，也是知识的来源，这一过程注重知识的积累。供应链中知识获取除了囊括核心企业及其上下游企业中个人知识和企业内部的知识，还包括客户、与供应链有竞争关系的供应链的知识；这一过程中，供应链中可以书面形成的知识和无法书面形成的知识的收集需要被同等重视，不可只取一方；不仅要收集从实践中提炼、升华的知识，还要二次收集从成功案例中总结的知识。但收集知识并不就是获取知识，为提升所获知识的质量与效率，还需要对知识开展筛选、分类、梳理等工作。

---

① 许铭慧. 供应链知识管理中的问题与对策研究 [D]. 沈阳：沈阳师范大学，2014.

知识共享是所研究的管理对象的关键，其本质体现在将知识的流动性与生产率提高，将知识生命周期缩短，同时降低知识成本，企业通过完成知识共享过程进而实现最优化的目标。在整个知识共享过程中，整理在初始阶段获取并分类完成的知识之后，对供应链中知识进行整合、筛选，再对部分不能书面表达的知识进行优化处理。

供应链中知识创新是激发供应链持续不断地有效发展的必要方式，创新技术、研发新产品、开发新用户等活动都需要以知识创新作为支持。作为知识的供给方，只有将知识获取与知识共享过程作为前提才能进行知识创新；新想法也更容易在创造性的供应链环境下产生，从而提升知识的流动性，促进供应链伙伴关系企业间知识的螺旋上升。

要实现以上过程需要以信息技术作保障，编码知识的过程、建立知识共享平台以及知识库不仅依靠理论基础，更要以实践和技术手段作为支持才得以实现。

三、基于知识的供应链管理研究局限与研究展望

基于知识管理的供应链管理研究是近些年才开始的，当前仍处于起步阶段，相关理论与实证研究仍不完善，但各企业及学术界已经开始意识到其重要性，近年来相关研究也不断增多，但综合来看仍有许多有待改进之处。

1. 研究内容与方式

（1）供应链绩效被知识管理影响程度的评估研究。知识管理与供应链绩效在许多方面都呈正相关。但就知识管理对供应链绩效的影响方面，相关的评估研究比较匮乏。供应链学习知识的过程需要通过知识管理活动来激活，因此就需要知识交换与转移的研究从更具实操性的视角开展。此外，许多学者强调，复杂供应链的分散性与知识的复杂性都可能促进知识老化，这方面仍需要更为深入的研究。

在实证研究方面，为更深入地研究运用知识管理策略来提高供应链绩效的方式，往往需将集成技术与管理相结合，研究方法由传统的单一化向多元化转变，将定性分析与定量研究结合，不断将供应链知识的管理领域扩大①。

（2）供应链中进行知识共享的实证研究。供应链知识管理的方式是供应链中进行知识共享的核心，对其进行研究具有重要意义。然而，目前这一方面的研究仍集中于理论研究，规范的实证研究相对较少。因此，在未来的研究中，可增加对相关实证研究的关注度，多开展相关研究，进而提高研究的真实性。

（3）知识共享收益。有学者的相关研究指出，在一定程度上知识共享可以降低运营成本、增加企业利润，但由于企业进行的任意一项活动都必定会产生一定成本，而企业的目标又是利润最大化，故在今后研究中，一方面对供应链知识共享过程特征以及对知识共享前后收益的变化进行研究，另一方面对使供应链绩效达到最优所需要知识共享组合策略进行研究。

虽然学术界对知识共享的收益分配问题已经进行了初步探索，但是由于供应链各节点企业之间并没有形成完全的契约关系，依靠单一的评价方法来进行研究并不能彻底解决问题，因此仍需要对供应链成员之间的知识共享收益分配机制问题进行更为深入的研究②。

2.研究领域

就研究领域而言，当前基于知识管理的供应链管理的研究及实践主要集中于制造业等，服务业方面的研究非常少。然而，服务业作为国民经济收入支柱之一，在供应链中引入知识管理能够有效提升其效率与质量。因此，增加对服务行业的相关研究很有必要。

---

① 曹晓宁，赵帅，王永明.近十年国外供应链知识管理研究综述［J］.图书馆理论与实践，2016（12）：38-43.

② 李瑞，张悟移.供应链知识共享研究综述［J］.江苏商论，2015（12）：70-74.

第四节　未来研究展望

本章前三节对供应链创新的动力机制、智慧供应链管理、基于知识的供应链管理所蕴含的思想本质、涉及的研究内容进行了梳理和分析。然而，除了上述三个尚处于起步阶段的研究领域之外，还有一些研究主题也亟待学者们进行探索。

供应链管理是一门实践性非常强的学科，供应链管理研究可以探索实践问题，也可以为供应链管理实践者提供解决方案。2020年，刘晓红等人在对2006年至2015年期间发表在10个顶级期刊上的125篇中国情境下的供应链管理研究中的57篇理论驱动的文献进行了系统分析后，得出的结论不容小觑。他们开展了一项旨在探究"理论驱动的供应链管理研究在多大程度上与实践关联？"的问卷调查。问卷调查的结论表明，许多供应链管理领域的学术研究结果和研究中提出的解决方案并没有为实践者带来可操作的知识。因此，他们倡导通过建立起与实证结果具有关联性的研究来改善理论驱动的供应链管理研究。[①]正如许多管理学者所呼吁的那样，我们的研究应当是"顶天立地"的，应该兼具理论和实践意义。因此，我们将融合学术界、企业界、咨询界、产业界、政府等多视域的观点，在探讨"供应链创新的动力机制""智慧供应链管理""基于知识的供应链管理"三个领域的研究局限与研究展望后，分析和研判未来的供应链

[①] 刘晓红，艾伦·麦肯农. 基于理论驱动的供应链管理研究的实践关联性[J]. 供应链管理，2020，1（12）：85-104.

管理研究趋势和研究热点。

当今是一个充满不确定性的时代，全世界的供应链正经历着新冠肺炎疫情、变幻莫测的世界政治风云以及气候变化等不确定因素的风险和考验。然而，新冠肺炎疫情和其他不确定性因素没有打败供应链，反而推动了供应链数字化转型、供应链可循环转型和零（低）碳转型的发展。供应链在这种形势的推动下不断地改进与发展。[1]

综合国家政策、供应链领域综述类文献、近年来供应链领域有影响力的学术期刊刊发的研究主题、供应链领域国家三大基金立项项目和课题申报指南以及知名咨询公司预测研判报告等内容，未来探索的重要研究主题可能体现在以下几个方面。

一、现有供应链（管理）模式的强化/重生

（一）供应链韧性与供应链弹性

自新冠肺炎疫情流行以来，无论是国家、企业、专业咨询机构还是学术界都无一例外地将关注点聚焦在"供应链韧性与供应链弹性"这一重要主题上。

在国家治理层面，新冠肺炎疫情给各国政府敲响了警钟，各国政府都不同程度地面临着供应链受限的挑战。这让各国都意识到面对危机时一国在重点经济领域（包括医疗用品与技术）方面自给自足的能力和供应链韧性的重要性。地缘政治也使得疫情后的供应链弹性上升到无以复加的国家安全战略位置。所以"供应链韧性与供应链弹性"在各国的国家战略与政治策略部署上已是箭在弦上。

在企业运营方面，埃森哲管理咨询公司的全球调研显示，在新冠肺炎

---

[1] 唐隆基，潘永刚，余少雯. 2021年及未来供应链发展趋势研究[J]. 供应链管理，2021, 2（04）: 29-47.

疫情流行之前，仅有12%的受访中国企业建立了弹性供应链，以客户为中心，推动业务增长。2020年2月21日发布的一份报告指出，《财富》1000强名单中，94%的公司因新冠肺炎而面临供应链中断。由此可见，不确定时代下的全球供应链是多么的脆弱。

在专业咨询机构的调研结果中，美国供应链管理专业协会（CSCMP）全球管理咨询公司科尔尼（Kearney）、潘世奇物流（Penske Logistics）联合发布的第31次美国年度物流报告 *Resilience Tested*（《韧性的检验》）从供应链前瞻视角，总结了建立长期的供应链弹性所需步骤等问题的洞见。IBM商业价值研究院所发布的《借助AI驱动的工作流程建立供应链弹性》报告认为，疫情永久地改变了供应链，企业必须加速变革，改造运营模式，使其更为动态、灵活、快速且富有弹性，以适应新常态。

从现实角度来看，未来对供应链韧性（弹性）的研究可考虑从以下角度展开：

① 数字化韧性供应链的构建及运行机制；

② 供应链敏捷性与供应链弹性的交叉研究；

③ 供应链弹性与供应链中断后的业绩增长之间的关系；

④ 结合供应链整合能力、柔性能力、敏捷性能力等为提高供应链韧性和弹性提出对策建议；

⑤ 针对供应链韧性和弹性测度的标准，在构建供应链韧性和弹性测度标准的时候考虑供应链脆弱性与供应链弹性管理能力；

⑥ 采用仿真方法和数学建模等研究方法对供应链韧性或弹性的形成机理展开研究；

⑦ 基于不同行业情境特别是战略新兴行业对影响供应链弹性的因素情况进行针对性的研究；

⑧ 未来可以结合时间序列数据或面板数据研究中小型企业随着时间推移供应链韧性（弹性）能力的变迁情况。

（二）突发事件下的供应链管理与供应链安全

未来可以针对救济供应链的构建、协调与评价展开研究；针对多情境下突发事件供应链应对策略进行分析；针对关于供应链柔性、供应链安全和突发事件下供应链管理的交叉研究。

（三）供应链可视化

2021年的第32次物流报告显示："全球性的疫情增加了供应链成本，影响了供应链效率，并导致到货人的需求更加分散。但这也同时强调了供应链端到端的可视化、数据和分析的价值。"

未来，研究者可从如下方面进一步丰富供应链可视化方面的研究。

（1）可视化决策对零售商总是好的，但对供应商则不一定，它取决于期望订货量等多个因素。通过怎样的机制去实现供应链可视化来改善整条供应链，而不是某些环节上的某些企业？这需要后续研究予以揭示。

（2）目前关于供应链可视化的主要对象大多局限在国内企业组成的供应链。随着我国"一带一路"倡议的实施和RCEP贸易协定的签署，未来可加强对跨国供应链可视化的研究。

二、新型供应链（管理）的创生

（一）绿色/零（低）碳供应链转型

降低污染和能耗，减少碳排放已成为影响可持续发展的全球热点。我国政府向全球庄严承诺2030年实现碳达峰、2060年实现碳中和目标，中国减排脱碳被按下了"加速键"。政府对碳排放政策的重视与公众环保意识的不断增强，引导企业加快适应低碳时代的发展模式，许多国际领先企业已将碳中和摆在企业战略的突出位置，评估碳中和对其市场估值、企业运营的实质性影响，着手制订详细的低碳转型路线图。

面对严峻的碳减排时间与目标的双重挑战，碳中和转型之路亟待开启，企业间的竞争已从单纯的价格竞争转向产品的价格和低碳水平竞争。全球供应链正经历范式的改变——向绿色/零（低）碳转型，绿色/零（低）碳供应链的转型。未来绿色/零（低）碳供应链转型拥有很大的研究空间，在这一命题下有许多值得进一步探索的方向：

① 围绕供应链核心企业，研究科学、易行的"碳排放"的科学度量方法以及在供应链上的分配方式；

② 众多产业领域的供应链都要向绿色/零（低）碳供应链转型，尤其是在制造业、建筑业、能源领域的/零（低）碳供应链均有待进一步拓展；

③ 供应链要充分发挥碳减排作用，需要上下游企业的协同发展，集中制订减排决策，进行理论研究、实证分析、定量研究、博弈论分析，以期实现最佳效应；

④ 绿色/零（低）碳供应链转型过程中供应链运营的优化问题；

⑤ 绿色/零（低）碳供应链转型过程中不同利益主体之间运作的协调与优化问题。

（二）供应链金融

当前的研究较多聚焦于风险控制和融资渠道等，而对供应链金融同企业的运营决策、营销决策之间的关注还不足。未来可以针对基于区块链或机器学习等新兴技术的供应链金融、可持续性供应链金融、供应链金融生态系统等主题进行研究。

（三）平台供应链

近年来，新一轮的科技革命已然兴起，广泛应用的物联网、移动互联网、大数据、云计算、人工智能等颠覆性技术催生出更有效率的平台供应链治理模式，打通了企业间的信息壁垒并衍生出平台商业模式。平台模式颠覆传统企业的科层制模式，超越了企业边界构建更加开放的组织形态。企业可利用平台商业模式加速供需双方的动态连接，并通过整合多边资源，形成高速成长并实现价值共创的平台供应链生态系统。

目前，针对平台供应链的相关研究大多集中在其运行模式以及技术应用上。少数学者从内在推动力、外在拉动力及催化剂作用三个维度结合案例分析平台供应链生态系统的形成动因和价值共创模型。总的来说，平台供应链还是一个新兴且有价值的研究领域。未来可从以下方面开展研究：

① 目前的研究大多是概念构建和定性研究，未来可以采用实证研究、博弈论、建模等定量研究方法，探寻平台供应链价值共创的作用机理；

② 研究基于资源拼凑理论、价值共创理论等的平台供应链全流程价值共创协同以及利益分配机制。

（四）双循环格局下的供应链管理

新冠肺炎疫情对全球产业链产生了剧烈冲击，这种冲击既波及供给侧也波及需求侧。在一些国家保护主义和单边主义盛行、地缘政治风险上升的局势下，我国需要做好长时间应对外部环境变化的准备。在这种形势下，我国政府倡导畅通国内国际两个循环。未来，学者们很有必要研究双循环格局下的供应链管理新课题。

本章小结

本章主要围绕当前供应链管理领域的前沿、热点问题进行了述评。

第一节基于 TRIZ 理论，主要从供应链创新的基石、TRIZ 理论基本思想与本质、供应链创新的原理、供应链创新动力机制的研究框架、研究局限与研究展望等方面对供应链创新动力机制进行了探讨。关于供应链创新动力机制的研究框架，主要从关系导向、制度导向、成本导向、供应链创新导向的影响因素角度对相关文献进行了分析，并对代表性文献的主要观点进行了介绍。而后，笔者对供应链创新这一交叉的新兴研究领域的局限进行剖析，从研究层面、应用场景、细分创新类型、使用多元化的研究方法等角度提出了关于未来研究的建议。

关于智慧供应链管理，主要从智慧供应链管理的思想与本质、研究内容、研究框架、发展趋势、研究局限与展望等方面展开了分析和论述。首先，探讨了蕴藏于智慧供应链管理深层的思想与本质，即敏捷、协同、精益、共生思想。智慧供应链管理在本质上是在供应链中引入数据要素，利用大数据、机器学习、物联网、云计算、区块链等新兴信息技术手段实现数智化决策。其次，从战略、战术、运营层面分别对国家和产业层面的智慧供应链，智慧供应链的形成要素、构建、创新，智慧供应链的技术应用、绩效评价等问题的研究现状进行了论述。再次，从供应链前端改造、智能制造、无人化场景应用、疫情下的供应链中断风险防范等角度对智慧供应链的发展趋势进行了展望。最后，根据对相关文献的回顾，笔者对智慧供应链管理领域的研究局限和研究展望进行了总结。

关于基于知识的供应链管理。首先，对知识管理的思想与本质进行了阐述，指出知识管理的基本思想主要是：核心是知识的共享与创新、重点是人力资源管理、主要对象是知识资本。知识管理的本质可以从以知识生产管理为前提、以信息管理为基础、实现知识的显性化与共享过程三个方面来理解。其次，提出供应链知识管理的内容、系统框架模型和流程。最后，从研究内容与方式、研究领域两个方面探讨了基于知识的供应链管理研究局限与研究展望。

关于未来研究的展望。我们结合当前供应链研究存在的问题——"学术研究结果和研究中提出的解决方案并没有为实践者带来可操作的知识"进行思考，从政府、学术界、业界、咨询界等视角，将供应链未来研究热点分为现有供应链（管理）模式的强化/重生和新型供应链管理的创生两大类。它们分别是供应链韧性与供应链弹性；突发事件下的供应链管理与供应链安全；绿色/零（低）碳供应链转型；供应链可视化；供应链金融和平台供应链、双循环格局下的供应链管理。

参考文献

[1] 白波，蒋永福. 知识管理研究综述［J］. 情报资料工作，2001（04）：11-14.

[2] 步晓宁，张天华，张少华. 通向繁荣之路：中国高速公路建设的资源配置效率研究［J］. 管理世界，2019，35（05）：44-63.

[3] 蔡进."数字化赋能产业供应链"的几点思考——在2020第七届中国储运发展高峰论坛上的致辞［J］. 中国储运，2021（01）：32-33.

[4] 曹二保，赖明勇. 多零售商供应链应对突发事件的协调机制研究［J］. 中国管理科学，2009，17（05）：53-60.

[5] 曹细玉，覃艳华，陈本松. 双渠道供应链管理研究综述［J］. 科技管理研究，2014，34（17）：185-189.

[6] 曹晓宁，赵帅，王永明. 近十年国外供应链知识管理研究综述［J］. 图书馆理论与实践，2016（12）：38-43.

[7] 曹裕，易丹，熊寿遥. 基于TBL理论的可持续供应链评价［J］. 系统管理学报，2014，23（05）：668-673.

[8] 陈国权. 供应链管理［J］. 中国软科学，1999（10）：101-104.

[9] 陈菊红，郭福利. 产品服务化供应链的运作模式研究［J］. 物流科技，2010，33（12）：33-36.

[10] 陈新平. 服务业供应链IUE-SSC模型及其在信息服务业的应用［J］. 图书馆学研究，2008（07）：68-71.

[11] 陈正林，王彧. 供应链集成影响上市公司财务绩效的实证研究［J］. 会计研究，2014（02）：49-56+95.

[12] 陈志祥，马士华，陈荣秋，王一凡. 供应链管理与基于活动的成本控制策略［J］. 工业工程与管理，1999（05）：32-36.

[13] 陈志祥，马士华. 企业集成的系统方法论研究——供应链的系统性、协调性和运作范式［J］. 系统工程理论与实践，2001（04）：92-98.

[14] 程晏萍,黄千芷,董慈蔚.大数据在供应链管理中应用的研究现状——基于CiteSpace的知识图谱分析[J].华中师范大学学报(自然科学版),2021,55(03):453-461.

[15] 仇成.创新问题解决理论(TRIZ)在产品设计领域的应用研究[D].南京:南京理工大学,2008.

[16] 崔波,刘二灿.论知识管理的特征、本质和运行机制[J].河南工程学院学报(社会科学版),2011,26(03):21-24+32.

[17] 代颖.绿色供应链管理——现代企业的可持续发展模式[J].经济体制改革,2003(01):64-67.

[18] 但斌,刘飞.绿色供应链及其体系结构研究[J].中国机械工程,2000(11):1233-1236.

[19] 邓颖.服务的不可分割性、多变性及不可贮存性研究[J].中国民航学院学报(综合版).2001,19(02):30-32.

[20] 邓聚龙.灰色系统理论教程[M].武汉:华中理工大学出版社,1990.

[21] 丁俊发.供应链理论前沿[M].北京:中国铁道出版社,2017.

[22] 董雅丽,薛磊.基于ANP理论的绿色供应链管理绩效评价模型和算法[J].软科学,2008(11):56-63.

[23] 杜栋,庞金鑫.基于协同管理系统实施企业知识管理[EB/OL].国际会议,2012-12-27.

[24] 杜栋.协同、协同管理与协同管理系统[J].现代管理科学,2008,(02):92-94.

[25] 段存广,高国武.科技园区企业集群演化动力与模式分析[J].科技进步与对策,2011,28(07):43-46.

[26] 樊驰,赵婷,公艳.知识管理视角下农产品供应链管理[J].知识经济,2020(19):7-8.

[27] 樊世清,汪晴,陈莉.政府补贴下的三级低碳供应链减排博弈研究[J].工业技术经济,2017,36(11):12-20.

[28] 冯国安.论采购管理向供应链管理的发展对研究、教育及专业实践的影响[J].中国物资流通,1997(06):27.

[29] 冯文龙.准时制(JIT)采购的战略价值及实施[J].成都大学学报(社会科学版),2007(04):44-47.

[30] 付允,马永欢,刘怡君,牛文元.低碳经济的发展模式研究[J].中国人口·资源与环境,2008,18(03):14-19.

[31] 高婧杰,杨小奇,马英轩,陈丽娜.国际供应链发展动向对我国"新基建"安

全的影响[J]. 通信世界, 2021 (08): 11-13.

[32] 葛亮, 张翠华. 供应链协同技术与方法的发展[J]. 科学学与科学技术管理, 2005 (06): 151-154.

[33] 葛顺奇, 罗伟. 跨国公司进入与中国制造业产业结构——基于全球价值链视角的研究[J]. 经济研究, 2015, 50 (11): 34-48.

[34] 龚其国, 双珍珍. 供应链管理中快速反应研究综述与展望[J]. 管理评论, 2015, 27 (09): 177-186.

[35] 郭进利. 老节点间有相互连接的供应链型有向网络[J]. 系统管理学报, 2007 (03): 337-340+344.

[36] 海峰, 李必强, 冯艳飞. 集成论的基本问题[J]. 自然杂志, 2000 (04): 219-224.

[37] 韩坚, 吴澄, 范玉顺. 供应链建模与管理的技术现状和发展趋势[J]. 计算机集成制造系统-CIMS, 1998 (04): 9-15.

[38] 何明珂, 王文举. 现代供应链发展的国际镜鉴与中国策略[J]. 改革, 2018 (01): 22-35.

[39] 何明珂. 供应链管理的兴起: 新动能、新特征与新学科[J]. 北京工商大学学报（社会科学版）, 2020, 35 (03): 1-12.

[40] 贺彩虹, 周鲜成. 可持续供应链管理的驱动和制约因素[J]. 湖南社会科学, 2013 (01): 131-135.

[41] 赫尔曼·哈肯. 协同学——自然成功的奥秘[M]. 戴鸣钟, 译. 上海: 上海科学普及出版社, 1988.

[42] 侯琳琳, 邱菀华. 基于信号传递博弈的供应链需求信息共享机制[J]. 控制与决策, 2007, 22 (12): 1421-1424+1428.

[43] 胡海青, 张琅, 张道宏. 供应链金融视角下的中小企业信用风险评估研究——基于SVM与BP神经网络的比较研究[J]. 管理评论, 2012, 24 (11): 70-80.

[44] 胡建波. SCOR模型助力供应链改善[J]. 企业管理, 2018 (10): 82-85.

[45] 黄峤濛. "区块链+供应链管理"开启透明化时代[J]. 金卡工程, 2017 (05): 55-58.

[46] 黄丽娟, 黄小军. 互联网环境下基于SCOR模型的中国农产品供应链构建策略[J]. 广州大学学报（社会科学版）, 2015, 14 (07): 61-66.

[47] 黄培清. 供应链管理的本质[J]. 工业工程与管理, 1997 (06): 12-15.

[48] 黄群慧, 倪红福. 基于价值链理论的产业基础能力与产业链水平提升研究[J]. 经济体制改革, 2020 (05): 11-21.

[49] 黄滨. 透明数字化供应链 [M]. 北京: 人民邮电出版社, 2019.

[50] 霍红, 华蕊. 采购与供应链管理 [M]. 北京: 中国物资出版社, 2005.

[51] 蹇洁, 郭雨, 姜林, 苏加福. 基于多目标优化的绿色供应链博弈模型及利润共享契约 [J]. 计算机集成制造系统, 2021, 27 (03): 943-953.

[52] 江世英, 李随成. 考虑产品绿色度的绿色供应链博弈模型及收益共享契约 [J]. 中国管理科学, 2015, 23 (06): 169-176.

[53] 金立印. 服务供应链管理、顾客满意与企业绩效 [J]. 中国管理科学, 2006, 14 (02): 100-106.

[54] 荆浩, 刘悦. 可持续供应链绩效评价综述 [J]. 沈阳航空航天大学学报, 2018, 35 (06): 1-13.

[55] 李爱军, 黎娜. 基于 BPR 的中小企业供应链业务流程的再造 [J]. 统计与决策, 2010 (14): 177-179.

[56] 李高朋. SCOR 供应链运营参考模型 [J]. 情报杂志, 2004 (07): 61-62.

[57] 李广, 赵道致. 基于自组织理论的供应链系统演化机制研究 [J]. 工业工程, 2009, 12 (03): 7-12.

[58] 李江帆. 服务产品理论及其现实意义 [J]. 教学与研究, 2002 (02): 27-32.

[59] 李静芳, 余松, 黄芳. 基于多层次灰色关联模型的企业绿色供应链绩效评价 [J]. 物流工程与管理, 2009, 31 (12): 89-91+80.

[60] 李曼, 陆贵龙. 基于耦合理论的内部审计绩效评估研究 [J]. 审计与经济研究, 2013, 28 (01): 46-52.

[61] 李瑞, 张悟移. 供应链知识共享研究综述 [J]. 江苏商论, 2015 (12): 70-74.

[62] 李世新, 刘飞, 刘军, 杨育. 供应链企业合作问题的博弈研究 [J]. 机械工程学报, 2003 (02): 123-128.

[63] 李维安, 李勇建, 石丹. 供应链治理理论研究: 概念、内涵与规范性分析框架 [J]. 南开管理评论, 2016, 19 (01): 4-15+42.

[64] 李晓, 刘正刚. 基于区块链技术的供应链智能治理机制 [J]. 中国流通经济, 2017, 31 (11): 34-44.

[65] 李雪, 薛晓芳, 李晓智. 基于 SCOR 和 CPFR 的跨境电子商务物流协同发展研究 [J]. 价格月刊, 2016 (03): 59-63.

[66] 李媛, 赵道致. 考虑公平偏好的低碳化供应链两部定价契约协调 [J]. 管理评论, 2014, 26 (01): 159-167.

[67] 李治, 孙锐, 王伟, 袁圆. 采用监督信号的供应链内部知识转移激励机制 [J]. 中国管理科学, 2020, 28 (09): 106-114.

[68] 李东，郑晓娜. 中国供应链管理研究报告 2008 [M]. 北京：科学出版社，2009.
[69] 梁浩，王渝，吴启迪. 供应链建模、仿真与优化问题的研究 [J]. 中国机械工程，2002（10）：60-62+5.
[70] 廖治东，郑国华. 考虑不同节点行为要素特征的供应链演化规律研究 [J]. 计算机应用研究，2020，37（06）：1679-1682+1692.
[71] 林杰，曹凯. 双渠道竞争环境下的闭环供应链定价模型 [J]. 系统工程理论与实践，2014，34（06）：1416-1424.
[72] 林金钗，祝静，代应. 低碳供应链内涵解析及其研究现状 [J]. 重庆理工大学学报（社会科学），2015，29（09）：48-54.
[73] 林勇，马士华. 集成化供应链管理 [J]. 工业工程与管理，1998（05）：26-30.
[74] 刘昌年，张宇. 基于灰色关联度和 DEA 的可持续供应链绩效研究 [J]. 物流科技，2020，43（12）：1-6+14.
[75] 刘鹤玲. 利他之谜及其博弈论分析 [J]. 科技导报，1998（03）：62-65.
[76] 刘军军，冯云婷，朱庆华. 可持续运营管理研究趋势和展望 [J]. 系统工程理论与实践，2020，40（08）：1996-2007.
[77] 刘开同. 知识管理视角下的供应链管理研究 [J]. 物流科技，2019，42（01）：149-151+166.
[78] 刘丽文. 企业供应链管理的基本策略之一——物料采购管理策略 [J]. 中国管理科学，2001（03）：50-55.
[79] 刘倩，丁慧平，侯海玮. 供应链环境成本内部化利益相关者行为抉择博弈探析 [J]. 中国人口·资源与环境，2014，24（06）：71-76.
[80] 刘松博，王海波. ROI、BSC、SCOR 绩效考核体系的比较分析 [J]. 现代管理科学，2004（04）：27-30.
[81] 刘伟华，金若莹. 国内外智慧供应链创新应用的比较分析与经验借鉴 [J]. 物流研究，2020（01）：17-26.
[82] 刘晓红，艾伦·麦肯农. 基于理论驱动的供应链管理研究的实践关联性 [J]. 供应链管理，2020，1（12）：85-104.
[83] 刘瑶，陈珊珊. 新冠疫情对全球供应链的影响及中国应对——基于供给侧中断与需求侧疲软双重叠加的视角 [J]. 国际贸易，2020（06）：53-62.
[84] 刘耀彬，李仁东，宋学锋. 中国城市化与生态环境耦合度分析 [J]. 自然资源学报，2005，20（01）：105-112.
[85] 刘志彪. 增强产业链供应链自主可控能力 [N]. 经济参考报，2021-01-05（007）.
[86] 刘瑶. 供应链信息披露成熟度差异研究——基于可持续发展视角 [M]. 武汉：

武汉大学出版社，2015.

［87］ 柳虹，周根贵，傅培华. 分层供应链复杂网络局部演化模型研究［J］. 计算机科学，2013，40（02）：270-273.

［88］ 龙宇，徐长乐，徐廷廷. 长江经济带物流业对区域经济发展影响的实证分析［J］. 物流科技，2013，36（12）：61-65.

［89］ 罗仲伟，孟艳华. "十四五"时期区域产业基础高级化和产业链现代化［J］. 区域经济评论，2020（01）：32-38.

［90］ 骆温平. 物流与供应链管理［M］. 北京：电子工业出版社，2002.

［91］ 吕国清，袁金龙. 物流协同发展研究综述：基于协同测量的角度［J］. 物流工程与管理，2019，41（08）：38-41+20.

［92］ 马士华，李华焰，林勇. 平衡记分法在供应链绩效评价中的应用研究［J］. 工业工程与管理，2002（04）：5-10.

［93］ 马士华，王一凡，林勇. 供应链管理对传统制造模式的挑战［J］. 华中理工大学学报（社会科学版），1998（02）：66-68+112.

［94］ 马士华. 供应链运作管理的框架模型［J］. 计算机集成制造系统-CIMS，2002（08）：630-634.

［95］ 马士华，林勇，陈志祥. 供应链管理［M］. 北京：中国人民大学出版社，2005.

［96］ 马士华，林勇. 供应链管理.［M］. 5版. 北京：机械工业出版社，2016.

［97］ 马祖军. 绿色供应链管理的集成特性和体系结构［J］. 南开管理评论，2002（06）：47-50.

［98］ 迈克·波特. 竞争优势［M］. 北京：华夏出版社，1997.

［99］ 孟庆松，韩文秀. 复合系统协调度模型研究［J］. 天津大学学报，2000，33（04）：444-446.

［100］ 聂茂林. 供应链系统管理原理研究［J］. 经济师，2004（01）：151-152.

［101］ 庞金珠. TRIZ用于管理创新的可行性及管理冲突矩阵构建［D］. 洛阳：河南科技大学，2013.

［102］ 钱学森，于景元，戴汝为. 一个科学新领域——开放的复杂巨系统及其方法论［J］. 自然杂志，1990，13（01）：3-10.

［103］ 邱均平，段宇锋. 论知识管理与竞争情报［J］. 图书情报工作，2000（04）：11-14.

［104］ 邱若臻，黄小原. 闭环供应链结构问题研究进展［J］. 管理评论，2007（01）：49-55+64.

［105］ 瞿群臻，王明新. 低碳供应链管理绩效评价模型的构建［J］. 中国流通经济，

2012，26（03）：39-44.

[106] 荣盘祥. 复杂系统脆性理论及其理论框架的研究［D］. 哈尔滨：哈尔滨工程大学，2006.

[107] 芮明杰. 构建现代产业体系的战略思路、目标与路径［J］. 中国工业经济，2018（09）：24-40.

[108] 单汨源，吴宇婷，任斌. 一种服务供应链拓展模型构建研究［J］. 科技进步与对策，2011，28（21）：10-16.

[109] 邵冬. 基于TRIZ的管理创新解的理想化水平判定方法研究［D］. 天津：河北工业大学，2016.

[110] 邵晓峰，季建华，黄培清. 面向大规模定制的供应链驱动模型的研究与应用［J］. 工业工程与管理，2001（06）：10-13.

[111] 沈小平，孙东川，朱怀意. 面向过程系统的综合集成管理研究［J］. 科学学与科学技术管理，2002（10）：85-88.

[112] 盛朝迅. 推进我国产业链现代化的思路与方略［J］. 改革，2019（10）：45-56.

[113] 盛革. 业务流程重组模式的拓展与虚拟价值网构建［J］. 经济管理，2003（08）：36-40.

[114] 施先亮，乔晓慧. 区域生态供应链的内涵研究［J］. 管理世界，2010（02）：171-172.

[115] 石磊. 敏捷与精敏供应链范式研究评介［J］. 外国经济与管理，2007，029（005）：16-22.

[116] 舒辉. 集成化物流研究［D］. 南昌：江西财经大学，2004.

[117] 宋华，于亢亢，陈金亮. 不同情境下的服务供应链运作模式——资源和环境共同驱动的B2B多案例研究［J］. 管理世界，2013（02）：156-168.

[118] 宋华，于亢亢. 服务供应链的结构创新模式——一个案例研究［J］. 商业经济与管理，2008（07）：3-10.

[119] 宋华，于亢亢. 供应链与物流管理研究前沿报告［M］. 北京：中国人民大学出版社，2021.

[120] 宋华. 新兴技术与"产业供应链+""互联网+"下的智慧供应链创新［J］. 人民论坛·学术前沿，2015（22）：21-34.

[121] 宋华. 智慧供应链的核心要素与实现路径［J］. 物流技术与应用，2015，20（12）：58-59.

[122] 宋军. 解体与重构：全球供应链变革及其对中国的启示［J］. 区域金融研究，2019（12）：5-14.

［123］ 宋华. 服务供应链［M］. 北京：中国人民大学出版社，2012.

［124］ 唐金环，张益阁，赵礼强. 基于文献计量法的可持续供应链管理现状、热点、趋势研究［J］. 科技和产业，2019，19（08）：68-77.

［125］ 唐隆基，潘永刚，余少雯. 2021年及未来供应链发展趋势研究［J］. 供应链管理，2021，2（04）：29-47.

［126］ 唐晓波，黄媛媛. SCM协同管理战略及模型评价［J］. 情报杂志，2005（01）：88-90.

［127］ 田军，张海青，汪应洛. 基于能力期权契约的双源应急物资采购模型［J］. 系统工程理论与实践，2013，33（09）：2212-2219.

［128］ 童健，温海涛. 基于SCOR模型的供应链绩效评估：一个创新的参数OFE［J］. 中国管理科学，2011，19（02）：125-132.

［129］ 汪旭晖，杜航. 基于物联网采纳的生鲜农产品冷链物流决策——成本收益分析视角［J］. 系统工程，2016，34（06）：89-97.

［130］ 王炳成，于泉，王显清. 供应链成本传递机制下的企业创新动力源与创新方法研究［J］. 科技进步与对策，2009，26（15）：77-81.

［131］ 王富喜，苏树平，秦予阳. 物联网与现代物流［M］. 北京：电子工业出版社，2013.

［132］ 王康周，江志斌，林文进，谢文明. 服务型制造混合供应链管理研究［J］. 软科学，2013，27（05）：93-95+100.

［133］ 王丽杰，郑艳丽. 绿色供应链管理中对供应商激励机制的构建研究［J］. 管理世界，2014（08）：184-185.

［134］ 王丽丽，陈国宏. 供应链式产业集群技术创新博弈分析［J］. 中国管理科学，2016，24（01）：151-158.

［135］ 王能民，杨彤，乔建明. 绿色供应链管理模式研究［J］. 工业工程，2007（01）：11-16+47.

［136］ 王平该，陈荣秋，纪雪洪，张建林. 汽车制造业准时采购方式实施策略［J］. 武汉理工大学学报（信息与管理工程版），2005（04）：259-262+271.

［137］ 王琦，汤放华. 洞庭湖区生态—经济—社会系统耦合协调发展的时空分异［J］. 经济地理，2015，35（12）：161-167+202

［138］ 王圣广，马士华. 基于全球供应链的虚拟企业［J］. 管理工程学报，1999（03）：9-16.

［139］ 王文举，何明珂. 改革开放以来中国物流业发展轨迹、阶段特征及未来展望［J］. 改革，2017（11）：23-34.

[140] 王晓路,倪丹悦.区域经济、企业社会责任与碳排放[J].现代经济探讨,2018(11):87-92.

[141] 王迅,陈金贤.供应链管理在不同历史时期的演化过程和未来趋势分析[J].科技管理研究,2008(10):194-195+193.

[142] 王兆峰,霍菲菲,徐赛.湘鄂渝黔旅游产业与旅游环境耦合协调度变化[J].经济地理,2018,38(08):204-213.

[143] 王振,徐晋,綦振法.供应商竞争力分析及其灰色关联模型[J].系统工程与电子技术,2004(09):1212-1216.

[144] 王中美.MEGA与全球供应链:变化、响应与反作用[J].世界经济研究,2017(06):3-13+135.

[145] 邬贺铨."大智物移云"时代来临[J].中国战略新兴产业,2017(21):94.

[146] 吴姣.两级多期多产品供应链网络规划模型研究[D].上海:上海交通大学,2009.

[147] 吴涛,李必强,海峰.供应链集成的新思路:管理界面集成[J].中国管理科学,2003(03):37-42.

[148] 吴晓波,窦伟,吴东.全球制造网络中的我国企业自主创新:模式、机制与路径[J].管理工程学报,2010,24(S1):21-30.

[149] 吴忠和,陈宏,梁翠莲.时间约束下不对称信息鲜活农产品供应链应对突发事件协调模型[J].中国管理科学,2015,23(06):126-134.

[150] 向小东,李翀.三级低碳供应链联合减排及宣传促销微分博弈研究[J].控制与决策,2019,34(08):1776-1788.

[151] 肖红军,李平.平台型企业社会责任的生态化治理[J].管理世界,2019,35(04):120-144+196.

[152] 肖伟,赖明勇.全球供应链管理理论的流派分析[J].江西财经大学学报,2009(01):10-15.

[153] 肖玉明,汪贤裕.基于熵理论的供应链稳定性预警分析[J].管理工程学报,2008(03):57-63.

[154] 谢家平.供应链管理[M].上海:上海财经大学出版社,2008.

[155] 熊斌,葛玉辉.基于哈肯模型的科技创新团队系统演化机制研究[J].科技与管理,2011,13(04):47-50.

[156] 徐浩鸣,康姝丽,徐建中.面向客户的中国企业供应链纵向协同研究[J].工业技术经济,2003(03):67-72.

[157] 徐家旺,朱云龙,黄小原,邱若臻.闭环供应链管理问题的研究进展[J].系

统工程，2008（08）：1-10.

[158] 徐琪，Robin Qiu，徐福缘. 集成工作流与Multi-agents技术的供应链协同管理[J]. 计算机工程，2003（15）：19-21+65.

[159] 徐琪，徐福缘. 供需网的一个节点：供应链协同管理与决策[J]. 系统工程理论与实践，2003（08）：31-35.

[160] 徐宣国，刘飞，王云飞. 基于SCOR的制造企业生产物流模型构建及其应用[J]. 科技管理研究，2013，33（13）：233-237.

[161] 许冰凌. 供应链创新路径动态演化影响因素研究[D]. 合肥：安徽大学，2015.

[162] 许龙英，陈晓丹. 供应链管理的数字化转型[J]. 信息记录材料，2020，21（01）：181-183.

[163] 许铭慧. 供应链知识管理中的问题与对策研究[D]. 沈阳：沈阳师范大学，2014.

[164] 许锐，冯春，张怡. 精敏混合供应链解耦策略研究综述[J]. 软科学，2011，25（04）：129-134.

[165] 薛艳肖. 基于CiteSpace供应链管理研究热点及趋势[J]. 物流工程与管理，2020，42（10）：102-105.

[166] 闫妍，张锦. 基于区块链技术的供应链主体风险规避研究[J]. 工业工程与管理，2018，23（06）：33-42.

[167] 颜荣芳，程永宏，王彩霞. 再制造闭环供应链最优差别定价模型[J]. 中国管理科学，2013，21（01）：90-97.

[168] 杨德礼，于江. 供应链管理下节点企业与第三方物流间协同合作的量化研究[J]. 中国软科学，2003（03）：51-55.

[169] 杨红娟，郭彬彬. 基于DEA方法的低碳供应链绩效评价探讨[J]. 经济问题探索，2010（09）：31-35.

[170] 杨隆华，雷明. 国外供应链管理研究的演进路径与展望[J]. 管理学家（学术版），2008，1（01）：71-76+98.

[171] 杨文胜，马士华，李莉. 供应链中准时采购的Stackelberg模型及决策[J]. 系统工程理论方法应用，2005（01）：68-73.

[172] 姚卫新，陈梅梅. 闭环供应链渠道模式的比较研究[J]. 商业研究，2007（01）：51-54.

[173] 姚枝仲. 新冠疫情与经济全球化[J]. 当代世界，2020（07）：11-16.

[174] 叶萍. 绿色供应链管理的系统研究[J]. 经济经纬，2005（02）：130-133.

[175] 叶勇. 可持续供应链绩效评价体系研究[D]. 武汉：华中科技大学，2009.

[176] 伊志宏，宋华，于亢亢. 商业银行金融供应链创新与风险控制研究——以中信

银行的金融创新服务为例［J］. 经济与管理研究，2008（07）：54-60.

［177］ 易余胤，袁江. 渠道冲突环境下的闭环供应链协调定价模型［J］. 管理科学学报，2012，15（01）：54-65.

［178］ 于景元，钱学森. 关于开放的复杂巨系统的研究［J］. 系统工程理论与实践，1992，22（05）：8-12.

［179］ 于亢亢. 服务供应链的模型与构建［J］. 现代商业，2007（21）：156-158.

［180］ 于海斌，朱云龙. 协同制造［M］. 北京：清华大学出版社，2004.

［181］ 余吉安，高全，高向新，高键. 再论集成理论的基本问题［J］. 生产力研究，2009（04）：131-133+136.

［182］ 余子洋. 低碳环境下闭环供应链的绩效评价问题研究［J］. 物流工程与管理，2017，39（02）：68-70.

［183］ 臧艳，方敏，方旭昇. 供应链运作参考模型（SCOR）评析［J］. 现代管理科学，2002（09）：13-14.

［184］ 曾繁清，叶德珠. 金融体系与产业结构的耦合协调度分析——基于新结构经济学视角［J］. 经济评论，2017（03）：134-147.

［185］ 曾忠禄. 从企业价值链看战略联盟优势［J］. 当代财经，2001（01）：61-65.

［186］ 张宝友，黄祖庆，朱卫平. 基于BSC思想和AHP/DEA模型的网络环境下闭环供应链系统绩效评价［J］. 工业技术经济，2009，28（04）：55-61.

［187］ 张诚. 我国供应链管理研究综述［J］. 华东交通大学学报，2011，28（03）：92-97.

［188］ 张翠华，周红，赵淼. 供应链协同的因素模型及对我国的启示［J］. 现代管理科学，2005（06）：53-54.

［189］ 张存禄，黄培清. 供应链风险管理［M］. 北京：清华大学出版社，2007.

［190］ 张枫林，余昌仁，封少娟. 基于SCOR的应急供应链运作模型研究［J］. 物流技术，2007（11）：151-153+157.

［191］ 张华伦，冯田军，董红果. 绿色供应链管理绩效评价研究［J］. 情报杂志，2006（06）：42-44.

［192］ 张梅艳，高远洋. 引入第三方物流的VMI模型优化研究［J］. 管理学报，2007（01）：53-56.

［193］ 张其仔. 提升产业链供应链现代化水平要精准施策［N］. 经济日报，2021-01-21（010）.

［194］ 张荣杰，张健. 可持续供应链管理研究现状综述［J］. 生态经济，2012（01）：90-93+97.

［195］ 张庭溢. 模块化供应链创新动力机制探讨［J］. 现代管理科学，2012（09）：

115-117.

[196] 张辛欣,王黎. 新冠肺炎疫情对全球供应链的影响和政策建议[J]. 供应链管理,2021,2(02):5-12.

[197] 张欣,马士华. 信息共享与协同合作对两级供应链的收益影响[J]. 管理学报,2007,4(01):32-39.

[198] 张新. 低碳供应链初探[J]. 物流工程与管理,2011,33(08):80-82.

[199] 张新安,田澎. 集成化供应链的历史与发展[J]. 中国流通经济,2002(02):45-48.

[200] 张艳彬,何东东. 基于Logistic增长模型的城乡协同物流网络优化[J]. 物流工程与管理,2018,40(05):17-19.

[201] 张轶璐. 浅议金融危机对我国企业供应链管理的影响[J]. 湖南工业职业技术学院学报,2009,9(05):42-43.

[202] 张志强,王春香. 西方企业社会责任的演化及其体系[J]. 宏观经济研究,2005(09):19-24.

[203] 张志清,秦岭. 供应链知识管理及系统框架模型研究[J]. 情报杂志,2007(04):19-21.

[204] 赵道致,白马鹏. 解析基于应收票据管理的NRF-LC物流金融模式[J]. 西安电子科技大学学报(社会科学版),2008(02):45-52.

[205] 赵道致,原白云,徐春秋. 低碳环境下供应链纵向减排合作的动态协调策略[J]. 管理工程学报,2016,30(01):147-154.

[206] 赵军,陈磊. 可持续供应链LARG-P指数:基准测试与案例分析[J]. 中国流通经济,2021,35(01):24-35.

[207] 赵侃,茅宁莹,姚敏,刘理,晏鹏,沃田,冉兴玉. 我国近十年供应链管理的研究综述——基于词频分析[J]. 现代商贸工业,2017(02):37-39.

[208] 赵先德,谢金星. 现代供应链管理的几个基本概念[J]. 南开管理评论,1999,2(01):62-66.

[209] 赵志刚,周根贵,潘瑞芳. 基于位置吸引力的加权复杂供应链网络局域世界演化模型研究[J]. 计算机科学,2018,45(12):71-76.

[210] 郑霖,马士华. 供应链是价值链的一种表现形式[J]. 价值工程,2002(01):9-12.

[211] 中国电子商务协会供应链管理委员会. 中国企业供应链管理绩效水平评价参考模型(SCPR1.0)构成方案[Z]. 2003,10.

[212] 中国应抓住新一轮产业革命机遇,破解"反全球化"困局[N]. 21世纪经济

报道，2020-08-19（001）.

[213] 周熙登. 考虑品牌差异的双渠道供应链减排与低碳宣传策略［J］. 运筹与管理，2017，26（11）：93-99.

[214] 周艳菊，邱莞华，王宗润. 供应链风险管理研究进展的综述与分析［J］. 系统工程，2006（03）：1-7.

[215] 周国梅，张建宇，李霞. 中国绿色供应链管理：政策与实践创新［M］. 北京：中国环境出版社，2016.

[216] 朱锋，倪桂桦. 美国对华贸易战与新冠肺炎疫情对全球化的影响［J］. 当代世界，2021（05）：41-49.

[217] 朱海波. 考虑服务水平的闭环供应链网络规划模型［J］. 计算机集成制造系统，2013，19（10）：2582-2589.

[218] 朱庆华，窦一杰. 基于政府补贴分析的绿色供应链管理博弈模型［J］. 管理科学学报，2011，14（06）：86-95.

[219] 朱庆华，尉芳芳. 动态环境下可持续供应链管理研究［J］. 供应链管理，2020，1（12）：32-47.

[220] 朱庆华. 可持续供应链协同管理与创新研究［J］. 管理学报，2017，14（05）：775-780.

[221] 朱志光. 企业信息化协同管理模式分析［J］. 信息系统工程，2010（08）：58-59+53.

[222] 邹凯，何岸，陈能华. 面向供应链管理的图书馆业务流程重组［J］. 中国图书馆学报，2005（04）：34-37.

[223] 邹伟进，李旭洋，王向东. 基于耦合理论的产业结构与生态环境协调性研究［J］. 中国地质大学学报（社会科学版），2016，16（02）：88-95.

[224] 邹雅丽，凌鸿，胥正川. 供应链跨组织流程重组协调的激励机制研究［J］. 科技进步与对策，2006（09）：176-178.

[225] 左美云，杨波，陈禹. 企业信息技术外包的过程研究［J］. 中国软科学，2003（07）：84-87.

[226] Abbey J D, Kleber R, Souza G C, et al. Remanufacturing and consumers' risky choices: behavioral modeling and the role of ambiguity aversion［J］. Journal of Operations Management，2019，65（1）：4-21.

[227] Abdallah A B, Alfar N A, Alhyari S. The effect of supply chain quality management on supply chain performance: the indirect roles of supply chain agility and innovation［J］. International Journal of Physical Distribution &

Logistics Management, 2021, 51 (7): 785-812.
[228] Abdel-Basset M, Manogaran G, Mohamed M. Internet of Things (IoT) and its impact on supply chain: a framework for building smart, secure and efficient systems [J]. Future Generation Computer Systems, 2018, 86 (9): 614-628.
[229] Abukhader S M, Jonson G. Logistics and the environment: is it an established subject? [J]. International Journal of Logistics, 2004, 7 (2): 17-149.
[230] Adyel T M. Accumulation of plastic waste during COVID-19 [J]. Science, 2020, 369 (6509): 1314-1315.
[231] Agarwal A, Shankar R, Tiwari M K. Modeling the metrics of lean, agile and leagile supply chain: an ANP-based approach [J]. European Journal of Operational Research, 2006, 173 (1): 211-225.
[232] Ahi P, Searcy C. A comparative literature analysis of definitions for green and sustainable supply chain management [J]. Journal of Cleaner Production, 2013, 52 (4): 329-341.
[233] Alletto A, Bruccoleri M, Mazzola E, et al. Collaboration experience in the supply chain of knowledge and patent development [J]. Production Planning & Control, 2017, 28 (6-8): 574-586.
[234] Anderson D L, Lee H L. Synchronized supply chains: the new frontier [J]. Advanced Simulation and Control Engineering Tool, 1999, 6 (4): 1-11.
[235] Anderson E G, Morrice D J. A simulation model to study the dynamics in a service oriented supply chain [C]//WSC'99.1999 Winter Simulation Conference Proceedings. 'Simulation-A Bridge to the Future' (Cat. No. 99CH37038). IEEE, 1999, 1: 742-748.
[236] Andrew J Clark, Herbert Scarf. Optimal policies for a multi-echelon inventory problem [J]. Management Science, 1960, 6 (4): 475-490.
[237] Aynur Ünal. Electronic commerce and multi-enterprise supply/value/business chains [J]. Information Sciences, 2000, 127 (1): 63-68.
[238] Azevedo S G, Carvalho H, Cruz Machado V. LARG index: a benchmarking tool for improving the leanness, agility, resilience and greenness of the automotive supply chain [J]. Benchmarking: An International Journal, 2016 (6): 1472-1499.
[239] Azevedo S G, Carvalho H, Duarte S, et al. Influence of green and lean upstream supply chain management practices on business sustainability [J]. IEEE

Transactions on Engineering Management, 2012 (4): 753-765.

[240] Baines T, Ziaee Bigdeli A, Bustina O F, et al. Servitization: revisiting the state of the art and research priorities [J]. International Journal of Operations & Production Management, 2017, 37 (2): 256-278.

[241] Bakhsharab E, Ebrahimi M. Designing a robust supply chain network using MADM and complex network theory [J]. 2017 9th International Conference on Information and knowledge Technology (KT) Tehran, Iran IKT Press. 2017: 11-15.

[242] Barabasi A L, Albert R. Emergence of scaling in random networks [J]. Science, 1999, 286: 509-512.

[243] Beamon B M. Supply chain design and analysis: models and methods [J]. International Journal of Production Economics, 1998, 55 (3): 281-294.

[244] Ben Daya Mohamed, et al. The role of internet of things in food supply chain quality management: a review [J]. Quality Management Journal, 2020, 28 (1): 17-40.

[245] Berger S L T, Tortorella G L, Rodriguez C M T. Lean supply chain management: a systematic literature review of practices, barriers and contextual factors inherent to its implementation [J]. Progress in Lean Manufacturing, 2018, 1: 39-68.

[246] Blanchard OJ. The production and inventory behavior of the American automobile industry [J]. J Political Economy, 1983, 91 (3): 365-400.

[247] Blinder AS. Can the production smoothing model of inventory behavior be saved? [J]. Quarterly Journal of Economics, 1986, 101 (3): 431-454.

[248] Blome C, Schoenherr T, Rexhausen D. Antecedents and enablers of supply chain agility and its effect on performance: a dynamic capabilities perspective [J]. International Journal of Production Research, 2013, 51 (4): 1295-1318.

[249] Bolstorff P, Rosenbaum R. Supply chain excellence: a handbook for dramatic improvement using the SCOR model [M]. New York: AMACOM, 2003.

[250] Bowen F E, Cousins P D, Lamming R C, et al. The role of supply management capabilities in green supply chain [J]. Production and Operations Management, 2001, 10 (2): 174-189.

[251] Bruce M, Daly L. Adding value: challenges for UK apparel supply chain management—a review [J]. Production Planning & Control, 2011, 22 (3):

210-220.

[252] Cabral I, Grilo A, Cruz Machado V. A decision making model for lean, agile, resilient and green supply chain management [J]. International Journal of Production Research, 2012 (17): 4830-4845.

[253] Cachon G P, Swinney R. Purchasing, pricing, and quick response in the presence of strategic consumers [J]. Management Science, 2009, 55 (3): 497-511.

[254] Cachon G P, Zipkin P H. Competitive and cooperative inventory policies in a two-stage supply chain [J]. Management Science, 1999, 45: 936-953.

[255] Carter C R, Rogers D S. A framework of sustainable supply chain management: moving toward new theory [J]. International Journal of Physical Distribution & Logistics Management, 2008, 38 (5): 360-385.

[256] Carvalho H, Duarte S, Cruz Machado V. Lean, agile, resilient and green: divergencies and synergies [J]. International Journal of Lean Six Sigma, 2011 (2): 151-179.

[257] Cheng J. Effective strategy of enterprise supply chain quality management [J]. International Journal of Social Science and Education Research, 2021, 4 (4): 27-31.

[258] Chopra S, Meindl P. Supply chain management: strategy, planning and operation [M]. Upper Saddle River, NJ: Prentice-Hall, 2001.

[259] Christopher M. Logistics and supply chain management strategies for reducing costs and improving service [M]. 2nd ed. London: Financial Times Professional Ltd, 1992.

[260] Christopher M, Towill D. An integrated model for the design of agile supply chains [J]. International Journal of Physical Distribution & Logistics Management, 2001, 31 (4): 235-246.

[261] Christopher M. The agile supply chain: competing in volatile markets [J]. Industrial Marketing Management, 2000, 29 (1): 37-44.

[262] Christopher S, Tang. Robust strategies for mitigating supply chain disruptions [J]. International Journal of Logistics Research and Applications, 2006, 9 (1): 33-45.

[263] Clark A J, Scarf H. Optimal policies for a multi-echelon inventory problem [J]. Management Science, 1960, 6 (4): 475-490.

[264] Clark K B. Project scope and project performance: the effect of part strategy and supplier involvement on project development [J]. Management Science, 1989, 35(4): 1247-1263.

[265] Clausen J, J Hansen, J Larsen, A Larsen. Disruption management [J]. OR/MS Today, 2001, 28(5): 40-43.

[266] Cooper M C, Lambert D M, Pagh J D. Supply chain management: more than a new name for logistics [J]. The International Journal of Logistics Management, 1997, 8(1): 1-14.

[267] Corsten D, Kumar N. Do suppliers benefit from collaborative relationships with large retailers? An empirical investigation of efficient consumer response adoption [J]. Journal of Marketing, 2005, 69(3): 80-94.

[268] Davenport T H. Process innovation: reengineering work through information technology [M]. Boston: Harvard Business School Press, 1993.

[269] David Simchi-Levi, Philip Kaminsky, Edith Simchi-Levi. Designing and managing the supply chain: concepts, strategies and case studies [M]. New York: McGraw-Hill, 1999.

[270] De Angelis R, Howard M, Miemczyk J. Supply chain management and the circular economy: towards the circular supply chain [J]. Production Planning & Control, 2018, 29(6): 425-437.

[271] Diane Mollenkopf, Hannah Stolze, Wendy L Tate, Monique Ueltschy. Green, lean, and global supply chains [J]. International Journal of Physical Distribution & Logistics Management, 2010, 40(1/2): 14-41.

[272] Dirk de Waaut, Steeve Kempei. Five steps to service supply chain excellence [J]. Supply Chain Management Review, 2004, 10(4): 8.

[273] Doğan A Serel. Inventory and pricing decisions in a single-period problem involving risky supply [J]. International Journal of Production Economics, 2008, 116(1): 115-128.

[274] Dove R. Agile supply-chain management [J]. Automotive Production, 1996, 108(4): 16-17.

[275] Drumwright M E. Socially responsible organizational buying: environmental concern as a noneconomic buying criterion [J]. Journal of Marketing, 1994, 58(03): 1-19.

[276] Duarte S, Cabrita M R M F, Machado V A C. Exploring lean and green supply

chain performance using balanced scorecard perspective [C] //Proceedings of the 2011 International Conference on Industrial Engineering and Operations Management (IEOM). IEOM Research Solutions Pty Ltd, 2011: 520-525.

[277] Dubey V K, Chavas J P, Veeramani D. Analytical framework for sustainable supply-chain contract management [J]. International Journal of Production Economics, 2018, 200: 240-261.

[278] Dudek G, Stadtler H. Negotiation-based collaborative planning between supply chains partners [J]. European Journal of Operational Research, 2005, 163: 668-687.

[279] Dües C M, Tan K H, Lim M. Green as the new lean: how to use Lean practices as a catalyst to greening your supply chain [J]. Journal of Cleaner Production, 2013, 40: 93-100.

[280] Duystets G. Gerard Kok, Maaike Vaanderager. Creating win-win situations: partner selection in strategic technology alliances [C]. Technology Strategy and Strategic Alliances Proceeding R&D Management Conference, Avila, Spain, 1998.

[281] Elhanan Helpman. Trade, FDI, and the organization of firms [J]. Journal of Economic Literature, 2006, 44 (3): 589-630.

[282] Ellram L M, Tate W L, Billington C. Understanding and managing the services supply chain [J]. Journal of Supply Chain Management, 2004, 40 (4): 17-32.

[283] Espinoza-Orias N, Stichnothe H, Azapagic A. The carbon footprint of Bread [J]. International Journal of Life Cycle Assessment, 2011, 16 (4): 351-365.

[284] Fagotto E. Governing a global food supply: how the 2010 FDA food safety modernization act promises to strengthen import safety in the US [J]. Erasmus L. Rev., 2010, 3: 257.

[285] Farris T, Manuj I. Innovative distribution company: a total cost approach to understanding supply chain risk [J]. Council of Supply Chain Management Professionals Cases, 2018 (1): 1-9.

[286] Fisher M L. What is the right supply chain for your product? [J]. Harvard Business Review, 1997, 75: 105-117.

[287] Fisher M, Raman A. Reducing the cost of demand uncertainty through accurate response to early sales [J]. Operations Research, 1996, 44 (1): 87-99.

[288] Flynn B B, Huo B, Zhao X. The impact of supply chain integration on performance: a contingency and configuration approach [J]. Journal of Operations Management, 2010, 28 (1): 58-71.

[289] Forrester J. Industrial dynamic [M]. New York: MIT Press and Wiley & Sons, Inc., 1961.

[290] Fox M S. 60 month progress report: NSERC industrial research chair in enterprise integration [R]. Enterprise Integration laboratories, University of Toronto, 1996: 3-5.

[291] Gene M Grossman, Elhanan Helpman, Adam Szeidl. Optimal integration strategies for the multinational firm [J]. Journal of International Economics, 2005, 70 (1): 216-238.

[292] Gligor DM, Esmark CL, Holcomb MC. Performance outcomes of supply chain agility: when should you be agile? [J]. Journal of Operations Management, 2015, 33: 71-82.

[293] Gopalakrishnan K, Yusuf Y Y, Musa A, et al. Sustainable supply chain management: a case study of British Aerospace (Bae) Systems [J]. Int. J. Prod. Econ, 2012, 140 (1): 193-203.

[294] Graham C Stevens. Integrating the supply chain [J]. International Journal of Physical Distribution & Logistics Management, 1989, 19 (8): 3-8.

[295] Graham C Stevens. Successful supply-chain management [J]. Management Decision, 1990, 28 (8): 25-30.

[296] Graves A. Multicommodity distribution system design by benders decomposition [J]. Management Science, 1980, 26 (8): 855-856.

[297] Grossman G M, Helpman E. Outsourcing in a global economy [J]. The Review of Economic Studies, 2005, 72 (1): 135-159.

[298] Guide J, Srivastava R. An evaluation of order release strategies in a remanufacturing environment [J]. Computers and Operations Research. 1997, 24 (1): 37-47.

[299] Gustafsson C, Chirumalla K, Johansson G. Application of lean methods and tools in servitization: a literature review [C] //ISPIM Conference Proceedings. The International Society for Professional Innovation Management (ISPIM), 2018: 1-17.

[300] Hajmohammad S, Vachon S, Klassen R D, et al. Reprint of lean management

and supply management: their role in green practices and performance [J]. Journal of Cleaner Production, 2013, 56: 86-93.

[301] Hammer M. Re-engineering work: don't automate, obliterate [J]. Harvard Business Review, 1990, July-august: 104-112.

[302] Handfield R B. Green supply chain: best practices from the furniture industry [C]. Annual Meeting of the Decision Sciences Institute, USA, 1996: 1295-1297.

[303] Handfield R, Nichols E. Introduction to supply chain management [M]. Eaglewood Cliffs: Prentice Hall, 1999.

[304] Hariprased Thadakamalla, Usha Nandini Raghavan, Soundar Kumara, et al. Survivability of multiagent-based Supply Networks: A Topological Perspective [J]. IEEE Intelligent Systems, 2004, 19 (5): 24-31.

[305] Hofmann E. Inventory financing in supply chains a logistics service provider approach [J]. International Journal of Physical Distribution & Logistics Management, 2009, 39 (9): 716-740.

[306] Huang S H, Sheoran S K, Keskar H. Computer-assisted supply chain configuration based on supply chain operations reference (SCOR) model [J]. Computers & Industrial Engineering, 2005, 48 (2): 377-394.

[307] Ivanov D. Viable supply chain model: integrating agility, resilience and sustainability perspectives-lessons from and thinking beyond the COVID-19 pandemic [J]. Annals of Operations Research, 2020 (5): 1-21.

[308] Jasti N V K, Kodali R. A critical review of lean supply chain management frameworks: proposed framework [J]. Production Planning & Control, 2015, 26 (13): 1051-1068.

[309] John D Sterman. Modeling managerial behavior: misperceptions of feedback in a dynamic decision making experiment [J]. Management Science, 1989, 35: 321-339.

[310] John McMillan. Managing suppliers: incentive systems in Japanese and US industry [J]. California Management Review, 1990, 4: 38-55.

[311] Kannan G, Hassan M, Ali E, Seyed M. An integrated hybrid approach for circular supplier selection and closed loop supply chain network design under uncertainty [J]. Journal of Cleaner Production, 2020, 242: 11-31.

[312] Kazim Sari. A novel multi-criteria decision framework for evaluating green

supply chain management practices [J]. Computers & Industrial Engineering, 2017, 105: 338-347.

[313] Kleindorfer P R, Singhal K, Van Wassenhove L N. Sustainable operations management [J]. Production and Operations Management, 2005, 14 (4): 482-492.

[314] Kleindorfer P, Saad G. Managing disruption risks in supply chains [J]. Production and Operations Management, 2005, 14 (1): 53-68.

[315] Kotzab H. Improving supply chain performance by efficient consumer response? A critical comparison of existing ECR approaches [J]. Journal of Business & Industrial Marketing, 1999, 14 (5/6), 364-377.

[316] Koufteros X A, Cheng T C E, Lai K H. "Black-box" and "gray-box" supplier integration in product development: antecedents, consequences and the moderating role of firm size [J]. Journal of Operations Management, 2007, 25 (4): 847-870.

[317] Koufteros X, Vonderembse M, Jayaram J. Internal and external integration for product development: the contingency effects of uncertainty, equivocality, and platform strategy [J]. Decision Sciences, 2005, 36 (1): 97-133.

[318] Kovacs G, Spens K M. Humanitarian logistics and supply chain management: the start of a new journal [J]. Journal of Humanitarian Logistics and Supply Chain Management, 2011, 1 (1): 5-14.

[319] Kraljic Peter. Purchasing must become supply management [J]. Harvard Business Review, 1983, 61 (5): 109-117.

[320] Krane SD, Braun SN. Production smoothing evidence from physical product data [J]. J Political Economy, 1991, 99 (3): 558-581.

[321] Krnidge S, Slade A, Kemidge S, et al. Supplypoint: electronic procurement using virtual supply chains-an overview [J]. Electronic Markets, 1998, 8 (3): 28-31.

[322] Kyle Cattani, et al. Boiling frogs: pricing strategies for a manufacturer adding a direct channel that competes with the traditional channel [J]. Production and Operations Management, 2006, 15 (1): 40-56.

[323] Lambert D M, Cooper M C, Pagh J D. Supply chain management: implementation issues and research opportunities [J]. The International Journal of Logistics Management, 1998, 9 (2): 1-20.

[324] Lambert D M, Cooper M C. Issues in supply chain management [J]. Industrial Marketing Management, 2000, 29 (1): 65-83.

[325] Lamming R, Johnsen T, Zheng J, et al. An initial classification of supply networks [J]. International Journal of Operations & Production Management, 2000, 20 (6): 675-691.

[326] Lamming R. Squaring lean supply with supply chain management [J]. International Journal of Operations & Production Management, 1996, 16 (2): 183-196.

[327] Lee H L, Billington C. The evolution of supply-chain-management models and practice at Hewlett-Packard [J]. Interfaces, 1995, 25 (5): 42-63.

[328] Lee H L, Padmanabham V, Seungjin Whang. The bullwhip effect in supply chains [J]. Sloan Management Review, 1997, 38: 93-102.

[329] Lee K H. Integrating carbon footprint into supply chain management: the case of Hyundai Motor Company (HMC) in the automobile industry [J]. Journal of Cleaner Production, 2011, 19 (11): 1216-1223.

[330] Lin F R, Shaw M J. Reengineering the order fulfilment process in supply chain networks [J]. International Journal of Flexible Manufacturing Systems, 1998, 10 (3): 197-229.

[331] Lo S M, Power D. An empirical investigation of the relationship between product nature and supply chain strategy [J]. Supply Chain Management, 2010, 15 (2): 139-153.

[332] Michael Hammer, James Champy. Reengineering the corporation: a manifesto for business revolution [M]. New York: Harper Collins Publishers Inc., 1993.

[333] Michael Hammer. The agenda: what every business must do to dominate the decade [M]. New York: Crown Business, 2001.

[334] Mann D, Conall Catháin, Lecturer S. 40 inventive (Architecture) principles with examples [J]. Triz journal, 2001 (7).

[335] Manthou V, Vlachopoulou M. Folinas D. Virtual e-chain (VeC model for supply chain collaboration [J]. Production Economics, 2004, 87: 241-250.

[336] Martin Christopher. Logistics and supply chain management: strategies for reducing cost and improving service (second edition) [J]. International Journal of Logistics: Research and Applications, 1999, 2 (1): 103-104.

[337] Mason Jones R, Naylor B, Towill D R. Engineering the leagile supply chain [J].

International Journal of Agile Management Systems, 2000, 1 (2): 53-61.

[338] Mason Jones R, Naylor B, Towill D R. Lean, agile or leagile? Matching your supply chain to the marketplace [J]. International Journal of Production Research, 2000, 38 (17): 4061-4070.

[339] Mason Jones R, Towill D R. Using the information decoupling point to improve supply chain performance [J]. The International Journal of Logistics Management, 1999, 10 (2): 13-26.

[340] Michael Dominy. Impact of cloud computing on supply chain management [EB/OL]. (2012-09-26). http//www. informationweek. in/cloud_computing/12-09-26/impact of cloud computing on supply chain management. aspx.

[341] Min H, Chang S K, Ko H J. The spatial and temporal consolidation of returned products in a closed-loop supply chain network [J]. Computers and Industrial Engineering, 2006, 51 (2): 309-320.

[342] Min H, Galle W P. Green purchasing practices of US firms [J]. International Journal of Operations and production management, 2001, 21 (9): 1222-1238.

[343] Min H, Galle W P. Green purchasing strategies: trends and implications [J]. International Journal of Purchasing and Materials Management, 1997 (4): 10-17.

[344] Mitra S, Singhal V. Supply chain integration and shareholder value: evidence from consortium based industry exchanges [J]. Journal of Operations Management, 2008, 26 (1): 96-114.

[345] Mollenkopf D, Stolze H, Tate W L, et al. Green, lean, and global supply chains [J]. International Journal of Physical Distribution & Logistics Management, 2010, 40 (1/2): 14-41.

[346] Mollenkopf D, Tate W. Green, lean, and global supply chains [J]. International Journal of Physical Distribution & Logistics Management, 2010, 1/2 (40): 14-41.

[347] Morand, Kanemoto K. Tracing global supply chains to air pollution hotspots [J]. Environmental Research Letters, 2016, 11 (9).

[348] Murphy P R, Poist R F, Braunschweig C D. Management of environmental issues in logistics: current status and future potential [J]. Transportation Journal, 1994, 34 (01): 48-56.

[349] Naylor J B, Naim M M, Berry D. Leagility: integrating the lean and agile

manufacturing paradigms in the total supply chain [J]. International Journal of Production Economics, 1999, 62 (1-2): 107-118.

[350] Oliver R Keith, Michael D Webber. Supply-chain management: logistics catches up with strategy [J]. Outlook, 1982, 5 (1): 42-47.

[351] ONU. International standard industrial classification of all economic activities (ISIC)[M]. Rev. 4. United Nations, 2008.

[352] Ozlem Bak. Supply chain risk management research agenda: from a literature review to a call for future research directions [J]. Business Process Management Journal, 2018, 24 (2): 567-588.

[353] Pamela J Zelbst, et al. The impact of RFID, IIoT, and Blockchain technologies on supply chain transparency [J]. Journal of Manufacturing Technology Management, 2020, 31 (3): 441-457.

[354] Parkhe A. Strategic alliance structuring: a game theoretic and Transaction Cost Examination of interfirm Alliances [J]. Academy of Management Journal, 1993, 36 (4): 794-829

[355] Perera S, Perera HN, Kasthurirathna D. Value chain approach for modelling resilience of tiered supply chain networks [C]. Moratuwa Engineering Research Conference (MERCon) Moratuwa: MERCon Press, 2017.

[356] Pettit T J, Croxton K L, Fiksel J. The evolution of resilience in supply chain management: a retrospective on ensuring supply chain resilience [J]. Journal of Business Logistics, 2019, 40 (1): 56-65.

[357] Purvis L, Gosling J, Naim M M. The development of a lean, agile and leagile supply network taxonomy based on differing types of flexibility [J]. International Journal of Production Economics, 2014, 151: 100-111.

[358] Queiroz M M, Ivanov D, Dolgui A, et al. Impacts of epidemic outbreaks on supply chains: mapping a research agenda amid the COVID-19 pandemic through a structured literature review [J]. Annals of Operations Research, 2020 (6): 1-38.

[359] Ramish A, Aslam H. Measuring supply chain knowledge management (SCKM) performance based on double/triple loop learning principle [J]. International Journal of Productivity and Performance Management, 2016, 65 (5): 704-722.

[360] Randall T, Ulrich K. Product variety, supply chain structure, and firm performance: analysis of the US bicycle industry [J]. Management Science,

2001, 47（12）: 1588-1604.

[361] Renato Orozco Pereira, Ben Derudder. The cities/services-nexus: determinants of the location dynamics of advanced producer services firms in global cities [J]. The Service Industries Journal, 2010, 30（12）: 2063-2080.

[362] Riddalls C E, Bennett S, Tipi N S. Modelling the dynamics of supply chains [J]. International Journal of Systems Science, 2000, 31（8）: 969-976.

[363] Roy T V. Multi-level production and distribution planning with transportation fleet optimization [J]. Management Science, 1989, 35（12）: 1443-1453.

[364] Sari K. A novel multi-criteria decision framework for evaluating green supply chain management practices [J]. Computers & Industrial Engineering, 2017, 105: 338-347.

[365] Seiichi Kawasaki, John McMillan. The design of contracts: evidence from Japanese subcontracting [J]. Journal of the Japanese and International Economies, 1987, 1（4）: 327-349.

[366] Selldin E, Olhager J. Linking products with supply chains: testing Fisher's model [J]. Supply Chain Management: An International Journal, 2007, 12（1）: 42-51.

[367] Shaharudin M S, Fernando Y, Jabbour C J C, et al. Past, present, and future low carbon supply chain management: a content review using social network analysis [J]. Journal of Cleaner Production, 2019, 218: 629-643.

[368] Shapiro R D. Get leverage from logistics [J]. Harvard Business Review, 1984, 62（3）: 119-126.

[369] Sherman R J. Collaborative planning, forecasting & replenishment (CPFR): realizing the promise of efficient consumer response through collaborative technology [J]. Journal of Marketing Theory and Practice, 1998, 6（4）: 6-9.

[370] Simpson N C, Hancock P G. Fifty years of operational research and emergency response [J]. Journal of the Operational Research Society, 2009, 60: 126-139.

[371] Snyder L V, Shen Z J M. Supply and demand uncertainty in multi-echelon supply chains [J]. Submitted for Publication, Lehigh University, 2006, 15.

[372] Stock J R. Reverse logistics [M]. Oak Brook Illinois IL: Council of Logistics Management, 1992: 1-10.

[373] Supply-Chain Council. Supply-chain operations reference-model (SCOR ⑧)

Version 1.0 [R]. Houston: Supply-Chain Council, 1996.

[374] Supply-Chain Council. Supply-chain operations reference-model (SCOR⑧) Version10.0 [R]. Houston: Supply-Chain Council, 2012.

[375] Svensson G. Efficient consumer response its origin and evolution in the history of marketing [J]. Management Decision, 2002, 40 (5): 508-519.

[376] Talluri S, Baker R C. A quantitative framework for designing efficient business process alliances [C] //IEMC 96 Proceedings. International Conference on Engineering and Technology Management. Managing Virtual Enterprises: A Convergence of Communications, Computing, and Energy Technologies. IEEE, 1996: 656-661.

[377] Tan K C. A framework of supply chain management literature [J]. European Journal of Purchasing & Supply Management, 2001, 7 (1): 39-48.

[378] Toorajipour R, Sohrabpour V, Nazarpour A, et al. Artificial intelligence in supply chain management: a systematic literature review [J]. Journal of Business Research, 2021, 122: 502-517.

[379] Tortorella G L, Miorando R, Marodin G. Lean supply chain management: empirical research on practices, contexts and performance [J]. International Journal of Production Economics, 2017, 193: 98-112.

[380] Tseng M L, Lim M K, Wong W P, et al. A framework for evaluating the performance of sustainable service supply chain management under uncertainty [J]. International Journal of Production Economics, 2018, 195: 359-372.

[381] Tuncdan Baltacioglu, et al. A new framework for service supply chains [J]. The Service Industries Journal, 2007, 27 (2): 105-124.

[382] United States. Congress. Office of Technology Assessment, États-Unis. Congress. Office of Technology Assessment, Government Printing Office Staff. Green products by design: choices for a cleaner environment [M]. Washington D. C.: Office of Technology Assessment, 1992.

[383] Van Der Vaart T, Van Donk D P. A critical review of survey-based research in supply chain integration [J]. International Journal of Production Economics, 2008, 111 (1): 42-55.

[384] Van Mieghem J A. Coordinating investment, production, and subcontracting [J]. Management Science, 1999, 45 (7): 954-971.

[385] Venkatasubramanian V, Katare S, Patkar P R, et al. Spontaneous emergence of complex optimal networks through evolutionary adaptation [J]. Computers & Chemical Engineering, 2004, 28 (9): 1789-1798.

[386] Vila D, Martel A, Beauregard R. Designing logistics networks in divergent process industries: a methodology and its application to the lumber industry [J]. International Journal of Production Economics, 2006, 102 (2): 358-378.

[387] Vokurka R J, et al. Supply partnership: a case study [J]. Production and Inventory Management, 1998, (1): 30-35.

[388] Walker H, Jones N. Sustainable supply chain management across the UK private sector [J]. Supply Chain Management: An International Journal, 2012, 17 (1): 15-28.

[389] Walker W T, Alber K L. Understanding supply chain management [J]. APICS the Performance Advantage, 1999, 9: 38-43.

[390] Watts D J, Strogatz S H. Collective dynamics of small-world networks [J]. Nature, 1998, 393 (6684): 440-442.

[391] Wee H M, Wu S. Lean supply chain and its effect on product cost and quality: a case study on Ford Motor Company [J]. Supply Chain Management, 2009, 14 (5): 335-341.

[392] West K D. A variance bounds test of the linear quadratic inventory model [J]. J Political Economy, 1986, 94 (4): 374-401.

[393] Whybark D C, Steven A M, Jamison D, et al. Disaster relief supply chain management: new realities, management challenges, emerging opportunities [J]. Decision Line, 2010, 41 (3): 4-7.

[394] Winter Nie, Deborah L Kellogg. How process of operations management view service operations [J]. Production and Operations Management, 1999, 8 (3): 339-355.

[395] Witkowski K. Internet of things, big data, industry 4.0—innovative solutions in logistics and supply chains management [J]. Procedia Engineering, 2017, 182: 763-769.

[396] Yang Y, Qu S, Cai B, et al. Mapping global carbon footprint in China [J]. Nature Communications, 2020, 11 (1): 2237.

[397] Zhang F Q, Zhang R Y. Trade-in remanufacturing, customer purchasing behavior, and government policy [J]. Manufacturing & Service Operations Management,

2018, 20（4）: 601-616.

［398］ Zhao X. The impact of internal integration and relationship commitment on external integration［J］. Journal of Operations Management, 2011, 29（1/2）: 17-32.

［399］ Zhu Q, Sarkis J. Relationships between operational practices and performance among early adopters of green supply chain management practices in Chinese manufacturing enterprises［J］. Journal of Operations Management, 2004, 3（22）: 265-289.

企业管理思想史系列

1. 《管理思想史》
2. 《组织管理思想史》
3. 《知识管理思想史》
4. 《人力资源管理思想史》
5. 《营销管理思想史》
6. 《战略管理思想史》
7. 《财务管理思想史》
8. 《创业管理思想史》
9. 《商业模式思想史》
10. 《供应链管理思想史》
11. 《信息管理思想史》
12. 《公司治理思想史》
13. 《科技管理思想史》
14. 《商业伦理思想史》
15. 《企业管理思想史精读》
16. 《协同管理思想史》
17. 《质量管理思想史》
18. 《电子商务思想史》
19. 《组织行为学思想史》
20. 《公共管理思想史》
21. 《价值链管理思想史》
22. 《企业管理前沿理论》
23. 《运营管理思想史》
24. 《生产管理思想史》
25. 《旅游管理思想史》
26. 《跨国公司经营管理思想史》
27. 《项目管理思想史》
28. 《投资管理思想史》
29. 《创新管理思想史》
30. 《公司金融思想史》
31. 《物流管理思想史》
32. 《风险管理思想史》
33. 《成本管理思想史》
34. 《内部控制思想史》
35. 《企业文化思想史》
36. 《管理决策思想史》
37. 《系统管理思想史》
38. 《国际贸易思想史》
39. 《品牌管理思想史》
40. 《数字管理思想史》
41. 《服务管理思想史》
42. 《人力资本管理思想史》

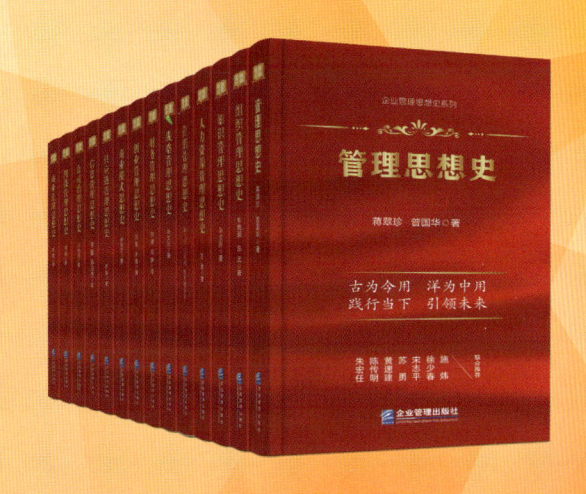

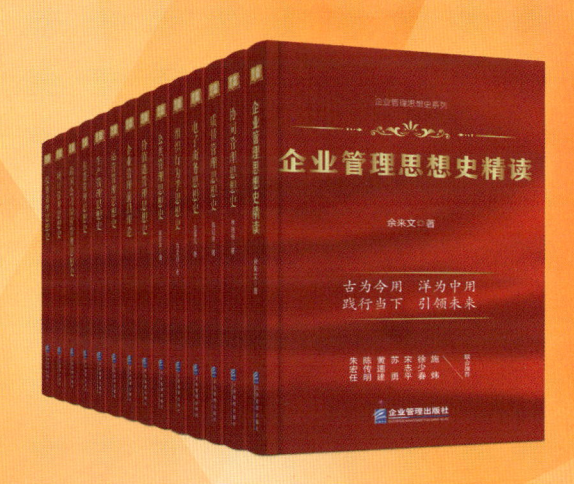

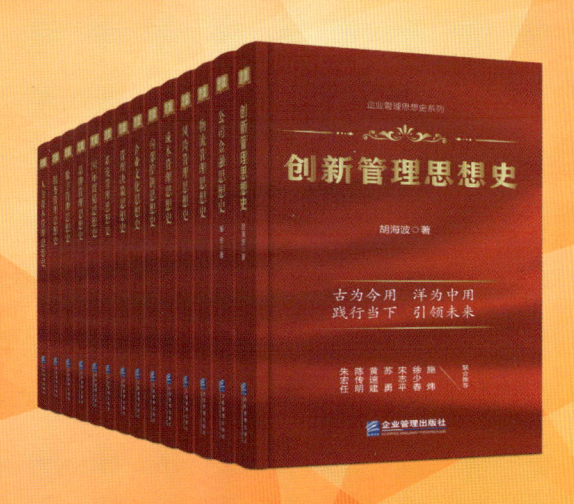

| 企业管理思想史系列 |

《管理思想史》

作者：蒋翠珍　曾国华
定价：98.00元

《组织管理思想史》

作者：李晓园　陈武
定价：98.00元

《知识管理思想史》

作者：孙立新
定价：98.00元

《人力资源管理思想史》

作者：万金
定价：98.00元

《营销管理思想史》

作者：谌飞龙　王新刚　甄英鹏
定价：98.00元

《战略管理思想史》

作者：朱文兴
定价：98.00元

| 企业管理思想史系列 |

《财务管理思想史》

作者：陈鹰　周静
定价：98.00元

《创业管理思想史》

作者：刘磊　许菱
定价：98.00元

《商业模式思想史》

作者：余来文
定价：98.00元

《供应链管理思想史》

作者：舒辉
定价：98.00元

《信息管理思想史》

作者：李晶　郭同济
定价：98.00元

《公司治理思想史》

作者：刘元秀
定价：98.00元

企业管理思想史系列

《创新管理思想史》

作者：胡海波
定价：98.00元

《商业伦理思想史》

作者：陈 颖
定价：98.00元

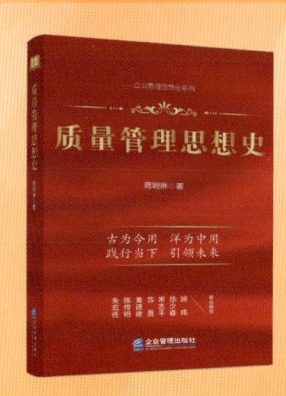

《质量管理思想史》

作者：蒋明琳
定价：98.00元

《协同管理思想史》

作者：林晓伟
定价：98.00元

《企业管理思想史精读》

作者：余来文
定价：98.00元

《科技管理思想史》

作者：周 丽
定价：98.00元

企业管理思想史系列

《电子商务思想史》

作者：范春风
定价：98.00元

《组织行为学思想史》

作者：马孟丽
定价：98.00元

《公共管理思想史》

作者：陈丽琴
定价：98.00元

《公司金融思想史》

作者：邹 玲
定价：98.00元

《民营经济思想史》

作者：卢 锐
定价：98.00元